广视角·全方位·多品种

中国皮书网：www.pishu.cn

BLUE BOOK

权威·前沿·原创

中国产业竞争力报告
（2010）

ANNUAL REPORT
ON INDUSTRIAL COMPETITIVENESS OF CHINA
(2010)

主　编／张其仔
副主编／郭朝先　陈晓东

社会科学文献出版社
SOCIAL SCIENCES ACADEMIC PRESS (CHINA)

法律声明

“皮书系列”（含蓝皮书、绿皮书、黄皮书）为社会科学文献出版社按年份出版的品牌图书。社会科学文献出版社拥有该系列图书的专有出版权和网络传播权，其 LOGO（ ）与“经济蓝皮书”、“社会蓝皮书”等皮书名称已在中华人民共和国工商行政管理总局商标局登记注册，社会科学文献出版社合法拥有其商标专用权，任何复制、模仿或以其他方式侵害（ ）和“经济蓝皮书”、“社会蓝皮书”等皮书名称商标专有权及其外观设计的行为均属于侵权行为，社会科学文献出版社将采取法律手段追究其法律责任，维护合法权益。

欢迎社会各界人士对侵犯社会科学文献出版社上述权利的违法行为进行举报。电话：010－59367121。

社会科学文献出版社

法律顾问：北京市大成律师事务所

产业蓝皮书编委会

学术顾问 金　碚

主　　编 张其仔

副 主 编 郭朝先　陈晓东

编委会成员 （以姓氏笔画为序）

王燕梅　白　玫　叶振宇　江飞涛
刘戒骄　刘志雄　孙秋鹏　李　钢
张其仔　陈晓东　胡文龙　郭朝先
郭文杰　原　磊　曾宪奎

前　言

受全球化巨浪的冲击，一国的经济发展，日益取决于该国产业国际竞争力的高低。“二战”后日本经济增长的奇迹，在美国人的眼中，主要表现就是日本产品潮水般涌进美国，美国的产业竞争力逊于日本。面对此种危机，美国专门组织专家，研究日美产业竞争力优劣产生的根源，并提出因应之策。为了及时解决美国产业竞争力提升过程中出现的问题，美国还专门成立了产业竞争力委员会，聚集政界、商界和学界精英，共同分析、评估产业竞争力提升过程中面临的重大问题，及时提出解决之道。

中国自1978年以来的高速经济增长，离不开产业竞争力不断提升的支撑。中国未来发展的快慢，仍然取决于产业竞争力基础是否坚实。培育新的产业竞争优势，是发展方式转变的最坚硬内核。

中国正处于产业竞争优势的转型期。处此时期，产业竞争力对政策的变动极其敏感。2008年国际金融危机爆发前的经验表明，政府政策的设计与实施略有不慎，就会对产业竞争力产生较大冲击。为了防止产业竞争优势转型过程中聚集的大量风险、增加政府制定和实施产业竞争优势转型战略的科学性，对产业竞争力的变化进行跟踪评价，就是一项十分必要的基础性工作。《中国产业竞争力报告》由此而生。

《中国产业竞争力报告（2010）》共分三部分：总论、行业篇和地区篇。总论重在探讨中国产业竞争力的变动趋势和国际金融危机对中国产业竞争力的影响；行业篇重在对钢铁、汽车、机械等多个产业的竞争力变化进行评估；地区篇重在分析、评估各省市的产业竞争力状况及存在的问题。课题组撰写本报告的目的，就是力图通过多层次、多角度的分析，通过跨国或跨地区间的比较，系统地对中国产业竞争力现状及走势进行评估，及时揭示产业竞争优势转型过程的新变化、新风险，为国家和地方政府制定政策、为企业制定竞争战略起到支持作用，对中国产业竞争力变化起到预警作用。

《中国产业竞争力报告（2010）》得到国家科技支撑计划课题“跨区域经济发展动态仿真模拟技术开发”的支持。受此课题支持，课题组开发了“中国政策评估系统”，它是课题组对中国产业竞争力开展跟踪评价的支撑平台。在此，我们对科技部表示由衷的感谢，对项目组织单位——中国21世纪议程管理中心表示由衷的感谢。

《中国产业竞争力报告（2010）》是我们计划出版的第一本竞争力年度报告，其内容和方法，都有待于进一步完善。我们衷心地期望有更多的人参与到这个报告的写作中来，也衷心地期望读者对我们的产业竞争力报告提出批评意见，以便我们进一步完善中国产业竞争力的研究方法和内容。

最后，课题组的全体成员对社科文献出版社表示衷心的感谢！没有出版社领导的大力支持和徐小玖、陈帅编辑的不辞辛劳，本书能如此快地得以付梓，是难以想象的。

《中国产业竞争力报告（2010）》编委会

2010年5月30日

目　录

总　论

中国产业竞争力的变化趋势 …… 张其仔 / 001

国际金融危机对中国产业竞争力的影响 …… 李　钢　董敏杰 / 009

宏观调控与中国产业竞争力 …… 郭朝先 / 020

行业篇

能源工业竞争力 …… 白　玫 / 035

钢铁工业竞争力 …… 江飞涛 / 052

有色金属工业竞争力 …… 郭朝先 / 067

化学工业竞争力 …… 刘戒骄 / 083

食品工业竞争力 …… 刘志雄 / 095

汽车工业竞争力 …… 江飞涛 / 108

船舶工业竞争力 …… 郭文杰 / 124

电子信息工业竞争力 …… 王燕梅 / 137

机械工业竞争力 …… 王燕梅 / 155

航空航天工业竞争力 …… 陈晓东 / 172

医药工业竞争力 …… 陈晓东 / 184

地 区 篇

北京产业竞争力 …………………………………………………… 伍业君 / 193
上海产业竞争力 …………………………………………………… 伍业君 / 203
天津产业竞争力 …………………………………………………… 曾宪奎 / 212
广东产业竞争力 …………………………………………………… 曾宪奎 / 226
江苏产业竞争力 …………………………………………………… 郭文杰 / 239
浙江产业竞争力 ……………………………………… 王 松 原 磊 / 251
山东产业竞争力 …………………………………………………… 梁泳梅 / 270
辽宁产业竞争力 …………………………………………………… 梁泳梅 / 281
江西产业竞争力 …………………………………………………… 胡文龙 / 291
安徽产业竞争力 …………………………………………………… 胡文龙 / 304
湖南产业竞争力 …………………………………………………… 王 磊 / 316
湖北产业竞争力 …………………………………………………… 叶振宇 / 327
河南产业竞争力 ……………………………………… 刘 宏 白 玫 / 338
广西产业竞争力 …………………………………………………… 叶振宇 / 355
四川产业竞争力 …………………………………………………… 孙秋鹏 / 365
新疆产业竞争力 …………………………………………………… 孙秋鹏 / 381
内蒙古产业竞争力 ………………………………………………… 刘志雄 / 392

皮书数据库阅读**使用指南**

CONTENTS

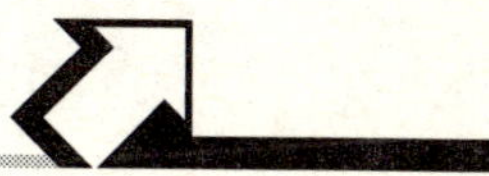

General Reports

The Trends of Industrial Competitiveness of China *Zhang Qizi* / 001

International Financial Crisis Effects on China's Industrial Competitiveness *Li Gang, Dong Minjie* / 009

Macro-regulations Effects on Industrial Competitiveness *Guo Chaoxian* / 020

Industrial Competitiveness of China at National level

The Competitiveness of Energy Industry *Bai Mei* / 035

The Competitiveness of Steel Industry *Jiang Feitao* / 052

The Competitiveness of Non-ferrous Industry *Guo Chaoxian* / 067

The Competitiveness of Chemical Industry *Liu Jiejiao* / 083

The Competitiveness of Food Industry *Liu Zhixiong* / 095

The Competitiveness of Auto Industry *Jiang Feitao* / 108

The Competitiveness of Shipbuilding Industry *Guo Wenjie* / 124

The Competitiveness of Machinery Industry *Wang Yanmei* / 137

The Competitiveness of Electronic and Information Industry *Wang Yanmei* / 155

The Competitiveness of Aviation and Aerospace Industry *Chen Xiaodong* / 172

The Competitiveness of Pharmaceutical Industry *Chen Xiaodong* / 184

Industrial Competitiveness at Provincial Level

The Industrial Competitiveness of Beijing *Wu Yejun* / 193

The Industrial Competitiveness of Shanghai *Wu Yejun* / 203

The Industrial Competitiveness of Tianjin *Zeng Xiankui* / 212

The Industrail Competitiveness of Guangdong *Zeng Xiankui* / 226

The Industrial Competitiveness of Jiangsu *Guo Wenjie* / 239

The Industrial Competitiveness of Zhejiang *Wang Song, Yuan Lei* / 251

The Industrial Competitiveness of Shangdong *Liang Yongmei* / 270

The Industrial Competitiveness of Liaoning *Liang Yongmei* / 281

The Industrial Competitiveness of Jiangxi *Hu Wenlong* / 291

The Industrial Competitiveness of Anhui *Hu Wenlong* / 304

The Industrial Competitiveness of Hunan *Wang Lei* / 316

The Industrial Competitiveness of Hubei *Ye Zhenyu* / 327

The Industrial Competitiveness of Henan *Liu Hong, Bai Mei* / 338

The Industrial Competitiveness of Guangxi *Ye Zhenyu* / 355

The Industrial Competitiveness of Sichuan *Sun Qiupeng* / 365

The Industrial Competitiveness of Xinjieng Uygur Autonomous Region *Sun Qiupeng* / 381

The Competitiveness of Inner Mongolia Autonomous Region *Liu Zhixiong* / 392

总　论

GENERAL REPORTS

中国产业竞争力的变化趋势

张其仔*

一　“十一五”中国产业竞争力的变化

“十一五”前三年，中国的产业竞争力总体趋于上升，分类型看，工业制成品的国际竞争力一路走强，初级产品的国际竞争力则呈现逐步弱化的趋势（见图 1）。进入 2008 年，中国的出口就开始出现下降，2008 年 8 月之前，中国进口同比的增长率大多数月份要低于出口。2008 年前 10 个月，中国产品在美国市场上所占份额开始下降，退居为第 2 位（见图 2）。这些都充分表明，中国产业的竞争力进入 2008 年就已经开始下降。

国际金融危机爆发前，中国的产业竞争力之所以出现下降，一个重要原因是中国政府当时集中出台了一系列可导致企业成本增加的政策措施。这些政策对企业经营产生了或多或少的负面影响，企业对劳动工资、节能减排、出口退税和加

* 张其仔，中国社会科学院工业经济研究所研究员。

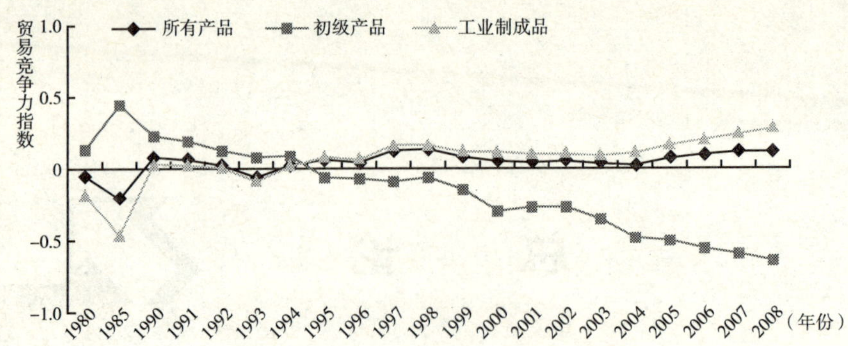

图1　中国产业贸易竞争力指数变化趋势

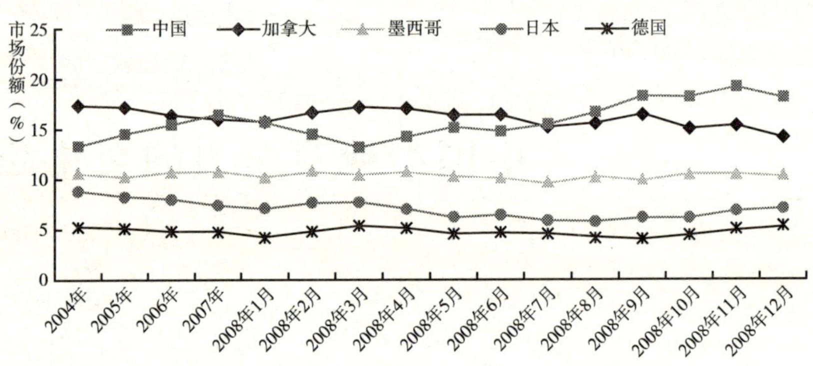

图2　中国、加拿大、墨西哥、日本、德国产品占美国市场份额的变化

工贸易、人民币汇率、信贷紧缩调整等政策的集中出台反应十分强烈。一些企业因难以适应政策的调整而停产、倒闭。如果这些政策不是密集出台，企业可以通过一些措施加以化解，而集中出台，造成综合性成本上涨，很多企业难以承受。美国金融危机爆发之前，中国不少企业都是因综合性成本上涨而关闭、停产或收缩业务的。从一些企业反映的情况看，美国出现严重经济衰退前，企业总成本上升趋势非常明显，能源、原材料成本的上升幅度平均在20%以上；资金成本上升20%～30%；劳动力成本上升20%～30%；因人民币升值而造成的汇兑损失增加，平均超过5%；出口退税减少，平均超过5%。这些因素同时作用，使很多企业变得十分脆弱，出现经营困难。

增长方式转变的实质就是要找到这样一种产业，既满足促进经济增长的标准，又满足资源消耗低、环境污染小、人力资源得到充分利用的标准。从促进经济增长的角度看，中国应重点选择那些影响力大、带动性强、成长性好的产业。满足这个标准的产业都是工业，有些是高能耗、高排放行业。从环境友好、资源节约和促进就业的角度考虑，中国应选择那些能源消耗低、环境污染小的可持续发展产业，在这方面，第三产业具有优势。大力发展第三产业，对于实现节能减排和促进就业是有利的，但在调整结构的过程中，一些地区第二产业的增长下滑较快，增长率就受到了影响。一些地区在传统产业发展受到抑制的同时，新的后续接替产业难以跟上。如为了解决资源环境问题，一些地区采取了腾笼换鸟战略。这种战略本身并无不当，但在实践中遇到的问题是，笼子腾出来了，新鸟却进入困难，对经济增长造成了冲击。在产业链的升级上，在条件有限的情况下，急于实现向高端转移，试图在较短的时间内，通过大幅度的政策调整、高强度的政府推动以改变中国在国际分工体系中的地位。

国际金融危机爆发后，中国政府对相关的政策进行了调整，使中国的产业竞争力出现了明显回升。但在国际经济复苏的过程中，由于西方发达国家实施了一系列提升其国内产业竞争力的政策措施，中国的产业竞争力出现了下降的苗头。2010 年 3 月，中国 26 年来首次出现了贸易逆差。这种格局虽然可以减轻中国平衡国际贸易的压力，但同时也表明，中国的产业竞争力在国际上下降了，对这个苗头应引起高度重视。

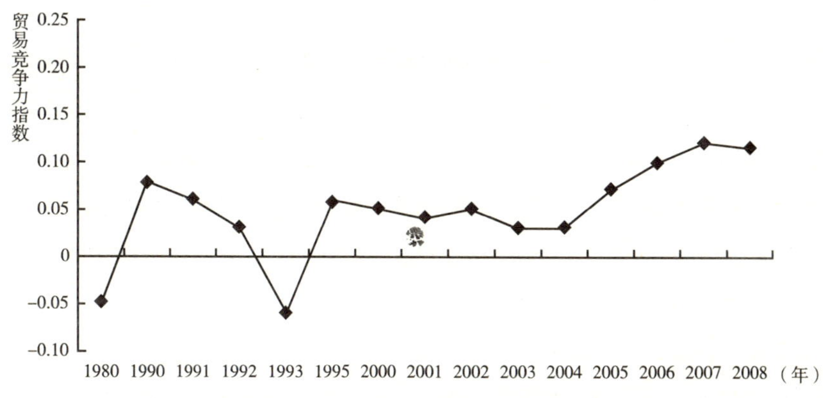

图 3　中国贸易竞争力指数的变化

二 “十二五”中国产业竞争力提升面临的主要挑战

1. 中国面临潜在的产业竞争优势断档的风险

中国已经跨入中等收入国家行列，今后的任务就是由一个中等收入国家向中高收入国家迈进，最终进入高收入国家之列。但在进入中等收入国家之后，中国要完成向中高收入国家转变并最终成为高收入国家的历史重任，会经历一个转型期。在这个时期，随着工资成本、环境保护标准等的提高，传统的有竞争优势的产业，必然会受到其他发展中国家的严峻挑战。中国要想实现向高收入国家迈进的目标，必须创新竞争优势，发展技术密集型和附加价值高的产业。但在发展这些产业的过程中，中国将不得不面临与一些经济技术实力超强的发达国家的竞争，这种竞争是十分残酷的。在这样一个产业竞争优势的转型期，如果应对不当，就会面临较大的竞争优势断档风险。一些有竞争优势的产业在其他发展中国家的冲击下会失去竞争力，新的具有竞争优势的产业一时难以形成，在竞争优势上形成一个“真空”期。中国的一些地区已经出现了这种苗头。如何有效化解这些地区业已显现的竞争优势断档风险，防止由局部断档演化成全局性断档，是中国未来一个时期产业竞争力提升上面临的一项最艰巨的任务。

2. 中国的低碳竞争力较弱

国际金融危机使许多西方发达国家经济受到重创。针对此次金融危机产生的原因，国内外的讨论很多。第一种观点认为，国际金融危机是由美国的房产泡沫造成的；第二种观点认为，此次金融危机的产生是由中国的过度储蓄造成的；第三种观点把此次金融危机归结到人类行为方面的因素；第四种观点则把金融危机产生的原因归之于企业找不到新的投资方向。这些观点从不同的方面对全球金融危机的发生做出了解释。但在各种各样的解释背后反映出来的都是这样一个事实，那就是西方发达国家，特别是美国制造业的产业竞争力在全球化的过程中出现了相对下降。

为了维护和提升其产业的国际竞争力，西方发达国家一方面采取一系列的贸易保护主义措施，另一方面，则努力推动竞争优势的转型，力图重建国际竞争秩序。为了应对国际金融危机，西方国家纷纷出台了一揽子经济刺激计划。在一揽子经济刺激计划中，不仅包括了短期的政策，而且还包括了大量会产生长期影响的政策。这些一揽子经济刺激计划的共同特点是，把摆脱金融危机与塑造新的竞争优势相结合。这充分反映了发达国家对其自身在全球经济中地位逐步削弱的深层次认识。

发达国家重振其产业竞争优势的措施很多，如实行贸易保护主义、调整汇率等，但最为突出的是力图通过向低碳经济的转型，重构国际竞争秩序。早在金融危机爆发之前，一些西方国家就开始把低碳经济作为其新的竞争战略支点。1992年6月，在里约热内卢召开的联合国环境会议——地球峰会上，155个国家共同通过了《联合国有关气候变化的框架公约》。1997年12月，125个国家通过了《京都议定书》。根据这个议定书，发达国家在2008～2012年必须使温室气体的排放量比基准年1990年削减5.2%。这个协议对欧盟实现向低碳经济的转型起到了推动作用。欧洲国家是温室气体减排的积极倡导者。欧洲在世界上首先建立了对二氧化碳进行严格管制的政策，并建立了全球最大的碳排放交易市场，目的就在于重建欧洲国家在全球的竞争优势。但在国际金融危机爆发前，美、日等国对发展低碳经济、实现经济向低碳转型并无太大兴趣。2001年美国布什政府宣布退出《京都议定书》，日本也有许多人指责，称《京都议定书》受欧盟的主导，是一个不平等条约。国际金融危机爆发后，欧盟更加重视低碳经济的发展，美、日也改变对发展低碳经济的态度，开始注重向低碳经济的转型。发达国家向低碳经济的加快转型，对中国会造成压力，原因在于中国产品中的碳密度较大（见图4）。

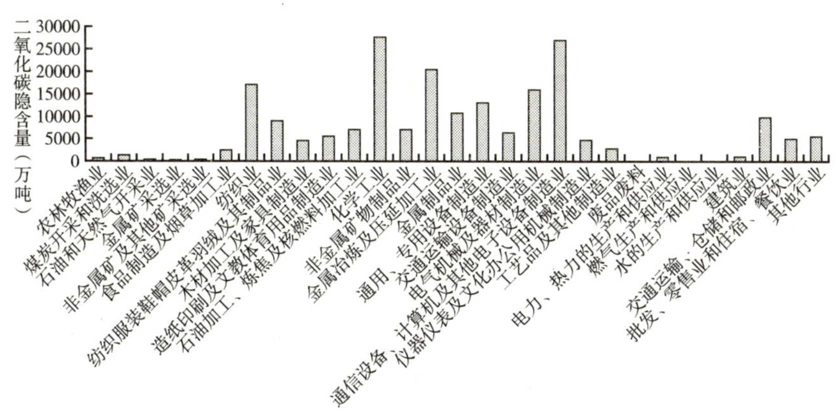

图4　2007年中国出口产品隐含的二氧化碳

表1　地区二氧化碳排放强度（基于工业能源消费的计算）

单位：吨/万元

地区＼年份	2000	2003	2004	2005	2006	2007
北　京	3.22	1.60	1.47	1.35	1.20	1.06
天　津	4.41	3.43	3.08	2.82	2.44	2.19
河　北	5.23	4.67	4.38	4.38	3.98	3.84
山　西	17.31	14.33	12.54	12.26	12.01	10.18
内蒙古	8.68	7.72	7.63	7.26	6.82	6.23
辽　宁	6.77	5.87	6.02	5.36	4.95	4.42
吉　林	5.83	4.94	4.49	4.60	4.24	3.56
黑龙江	5.23	4.53	4.22	4.19	3.90	3.69
上　海	2.86	2.31	2.00	1.86	1.58	1.34
江　苏	2.53	2.16	2.15	2.22	2.05	1.88
浙　江	2.34	1.94	1.92	1.92	1.86	1.77
安　徽	4.23	4.07	3.55	3.33	3.10	2.85
福　建	1.38	1.53	1.53	1.64	1.57	1.44
江　西	2.96	2.54	2.60	2.36	2.24	2.10
山　东	2.68	3.08	3.09	3.29	3.18	2.93
河　南	3.80	3.38	3.79	3.72	3.61	3.27
湖　北	3.31	3.45	3.26	3.05	2.90	2.60
湖　南	2.25	2.47	2.47	2.99	2.75	2.46
广　东	1.84	1.40	1.32	1.22	1.19	1.13
广　西	2.26	1.93	2.03	1.91	1.80	1.68
海　南	1.05	2.64	1.90	1.31	1.83	3.14
重　庆	4.15	2.60	2.40	2.42	2.41	2.20
四　川	2.77	3.06	2.89	2.43	2.30	2.10
贵　州	10.45	9.58	9.56	8.77	8.77	7.77
云　南	3.18	3.65	3.72	3.87	3.78	3.23
陕　西	4.37	4.24	4.37	4.43	4.41	3.95
甘　肃	7.79	6.93	6.31	5.92	5.36	5.02
青　海	5.00	4.82	4.30	3.99	4.13	3.69
宁　夏	8.90	15.15	11.43	11.77	10.78	10.03
新　疆	6.73	5.77	5.64	5.35	5.20	4.86

对中国而言，从地区考察，山西、贵州、宁夏、内蒙古等低碳竞争力很弱，东部地区相对于中西部地区，其低碳竞争力更强，发达国家向低碳经济转型不仅会对中国的整体产业竞争力造成影响，也会对中西部的经济发展造成很大影响，更不利于地区间的协调发展。

三　中国实现产业竞争优势转型的政策建议

1. 经济增长方式转变要调整节奏、优化路径

为了促进经济增长方式转变，中国采取了一系列政策措施。这些政策措施从长期看都是十分必要的，但问题出在政策出台的时机和节奏上。如果政策出台的密集度过大、时间过于集中、时机不当，就会对企业产生过大的压力，对经济增长也会产生负面影响。发达的经济体实现经济增长方式转变大约花了 40 年的时间。中国虽然可以借鉴发达国家的经验，从而相对缩短增长方式转变的时间，但中国的经济增长方式转变也不可能在 3～5 年内完成。中国仍处于工业化的过程当中，工业化的任务还没有完成，经济增长方式要分步骤、有重点地加以推进。在当前的形势下，对经济增长方式转变的节奏、步调进行适应性调整是十分必要的，要把调整经济增长方式转变的节奏、优化经济增长方式的路径作为当前宏观调控的极其重要的组成部分加以实施。

为了避免在经济增长方式转变上过急、步子过大，避免新出台的政策对企业和短期经济增长造成过大冲击，就要科学地选择政策出台的时机和政策组合，尽可能把由于各种政策调整给企业经营带来的压力分散到不同的时期，使企业有相对充足的时间调整其生产经营活动，形成新的技术能力，以适应新的政策需要。经济增长方式的转变要调整节奏、优化路径。中国近一两年来政策出台的密集度过大，其主要原因在于，各个部门都从部门的角度抢先出台政策，部门之间在政策出台的时间、节奏上缺乏协调。为了解决这一问题，建议成立产业竞争力委员会，以评估各种政策对中国产业竞争力的影响，为提高产业竞争力、协调相关政策提供组织保障。

2. 支持传统优势行业的产业内升级，加大传统优势行业关键技术的开发，防止传统优势行业竞争力下滑

美国的金融危机对中国高新技术产业的打击是比较大的。2008 年，中国对美出口机电产品增速回落 9.6 个百分点，而在出口额超过 25 亿美元的 9 类传统劳动密集型产品中，鞋类和纺织纱线、织物及制品的出口有所提速，其余7类产品出口虽然增速均有不同程度的回落，但回落幅度较小，服装及衣着附件、塑料制品和玩具只分别下降了1.2%、0.9%和3.1%。这些传统的劳动密集型产业在国际上是有竞争力的。为了支持中国产业竞争优势的转型，避免竞争优势转型病，就需要进一步加大对传统优势行业关键技术的研发力度，促进其进行工艺升级、降低成本，进一步提升其竞争力。要实施传统产业新技术开发计划，为传统产业的升级，提供持续的动力。

3. 加大对未来关键性引导产业的关键技术开发，大力扶持在下一轮产业竞争中具有关键支撑的引导产业的发展

要积极推进一批高科技成果的产业化工作，选择一批在未来国际竞争中具有战略意义的产业进行扶持、引导，为中国新的产业竞争优势形成奠定基础，如加大新能源产业的投入和扶持力度。新能源产业在中国仍属弱质产业，还需要各级政府有关方面的具体产业政策支持。例如，可考虑以政府资助、技术援助或政府购买技术服务的方式，加大对新能源产业（风能、太阳能等）工程建设、扩大再生产的支持力度，在因地制宜的基础上力争引入产业化程度较高的设备和技术；联合大学和产业研究机构，对培养新能源产业生产、管理、营销人才提供一定的资助和支持；加大对新能源产业链的建设力度，降低成本；实施未来产业主导技术开发计划，为未来的产业发展提供战略性技术储备，大力推进未来主导产业和主导技术的发现机制建设。

4. 设立中小企业出口技术支持计划

为了支持中小企业的出口，建议制订中小企业出口技术支持计划，目的是要为中小企业的出口提供技术支持，协助中小企业实施产业升级。充分利用来自大学、研究机构的技术专家，通过支持中小企业进行质量改进、工艺改进、降低成本等方式，使企业的产品能满足国外的市场需求与技术标准，克服技术障碍。

5. 优化进口产品结构，加大技术引进和高新技术产品的引进力度

2008年，中国从美国进口高新技术产品由2007年的增长16%逆转为下降0.5%，占当年中国从美国进口总额的比重回落了5.3个百分点，同期，从美国进口农产品增长57.8%，增速大幅提高了37.5个百分点。政府要加大对新技术的引进力度，鼓励支持关键性高新技术产业的装备进口，为中国未来实施高等级进口替代做准备。

国际金融危机对中国产业竞争力的影响

李钢　董敏杰*

一　金融危机后中国产业的国际竞争力变化

美国次贷危机以来，国内外经济形势发生了明显变化，不仅使中国出口额急剧下滑，而且导致了中国出口结构的若干变化。

1. 进出口总体状况

改革开放尤其是加入 WTO 以来，中国出口高速增长，2005～2007 年增速分别达到 28.4%、27.2% 与 26%（见图 1）。在美国次贷危机演变成全球性金融危机之后，中国出口增长速度逐月滑落，2008 年 11 月出现十年以来的首次负增长。随着中国一系列政策措施作用的显现以及国际经济形势的逐步恢复，2009 年 1～11 月，尽管中国出口依旧是负增长，但降幅逐步收窄，到 12 月已实现

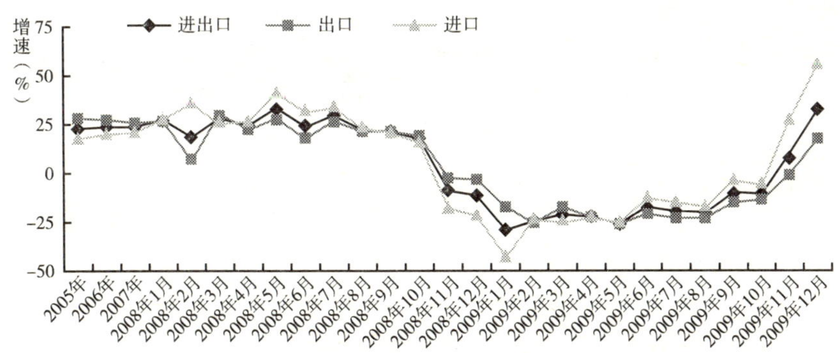

图 1　进口、出口与进出口总额同比增长速度（以美元计价）

资料来源：2005～2007 年数据来源于历年《中国统计年鉴》，2008 年、2009 年月度数据来源于国研网对外贸易数据库。

---

* 李钢，中国社会科学院工业经济研究所副研究员，《中国经济学人》编辑部主任；董敏杰，中国社会科学院研究生院博士。

17.7%的增长（见图1）。2009年中国货物出口12017亿美元，比2008年下降16.0%。

2. 出口产品结构

中国出口商品以劳动密集型制成品为主。受益于提高出口退税率等政策措施，再加上需求弹性相对较小、国内竞争优势明显，劳动密集型产品在危机中的出口降幅明显低于出口的总体降幅。2009年，家具及其零件、服装及衣着附件、鞋类、塑料制品、玩具比上年同期出口额分别下降了6%、11%、5.7%、10.1%与10%，低于出口总额的下降幅度16.0%。同时，由于在机械与运输设备的各个生产环节中，中国主要从事劳动密集型环节的生产，机械与运输设备的出口下降幅度也较小，导致其在总出口的比重明显上升。

3. 出口来源地结构

中国有近90%的出口产品来自东部地区。金融危机以来，东部地区出口占全国出口的比重有所下降，从2006年的89.9%、2007年的89.8%下降到2008年的86.8%，其他地区，尤其是中部与西部地区出口所占的比重则相应提高。进入2009年之后，尽管东部地区的出口比重有所反弹，但仍低于危机之前的水平（见图2）。

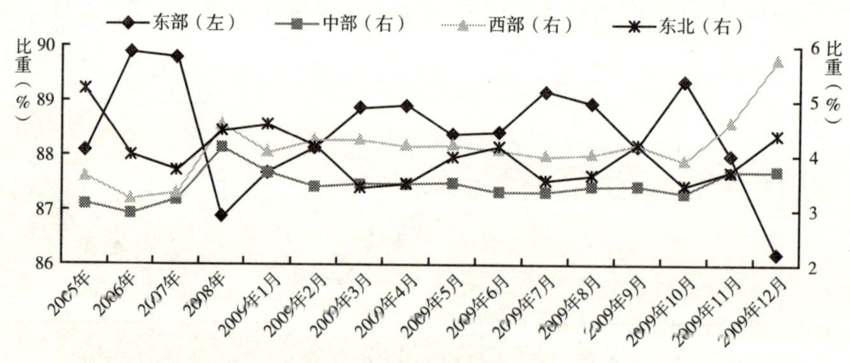

图2　出口来源地结构

资料来源：2005～2008年数据来源于历年《中国统计年鉴》，2009年数据为1～12月份数据，根据国研网区域经济数据库数据计算。

4. 目标市场结构

亚洲、欧洲与北美是中国的主要出口目的地。2007年，中国对亚洲、欧洲与北美的出口额占总出口额的比重分别为46.6%、23.6%与20.7%，对非洲、拉丁美洲与大洋洲的出口额占总出口额的比重分别为3.1%、4.2%与1.7%（见图3）。金融危机发生后，由于发达国家进口需求大幅下降，导致中国对北美与欧洲的出口跌落幅度较大，这些地区在中国总出口额中的比重也相应降低，对非洲与拉丁美洲的出口占总出口的比重则相应提高。

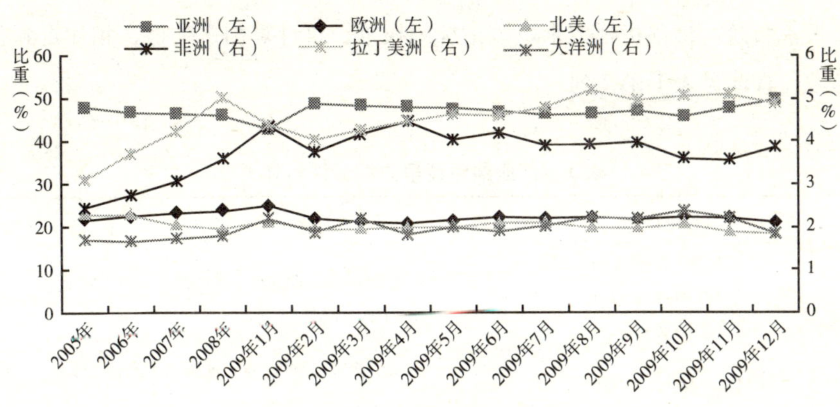

图3　出口目的地结构

资料来源：2005～2008年数据来源于历年《中国统计年鉴》，2009年数据为1～12月份数据，来源于国研网对外贸易数据库。

二　中国产业国际竞争力的变化趋势及存在的问题

衡量产业国际竞争力的指标有多种，这些指标从不同的侧面反映了产业的国际竞争力状况。为全面评价中国制造业的国际竞争力状况，我们将建立一个综合评价体系来测量中国制造业的国际竞争力。

1. 综合评价体系

基础指标。主要采用两类指标测量中国制造业的国际竞争力：一类指标是衡量产业国际竞争力的比较优势，包括各行业出口占该国出口总额的比例、出口增长率优势指数、相对出口优势指数三种指标；另一类指标是衡量产业国际竞争力的竞争优势，包括各制成品的国际市场占有率、市场渗透率、贸易竞争指数三种指标。

指标指数。设定2005年为基期，则该年度我国制造业国际竞争力综合指数为100。然后，根据公式①与公式②计算出各指标指数。其中，出口增长率优势指数、贸易竞争指数按公式①计算，其他指数按公式②计算。

A 指标 2008 年指数 =（A 指标 2008 年值 − A 指标 2005 年值）+100　　①

B 指标 2008 年指数 =（B 指标 2008 年值/B 指标 2005 年值）×100　　②

因素指数。将各指标数乘以该指标的权重，再计算出平均值，相加得到各因素指数。具体见表 1 第 2 列。

表 1　产业国际竞争力综合评价体系

目标层	因素层	基础指标	计算公式	变量解释	指标权重
产业国际竞争力	比较优势权重 1/2	目标行业出口额占该国商品出口总额的比重	X_iX_0	X_i 为中国第 i 种商品（或服务）的出口额； X_0 为中国商品（或服务）的出口总额	1/6
		出口增长率优势指数	$(g_i - g_0) \times 100$	g_i 为中国第 i 种商品（或服务）的出口增长率； g_0 为中国商品（或服务）出口总额增长率	1/6
		相对出口优势指数	$\frac{X_i/X_0}{X_{wi}/X_{w0}}$	X_i 为中国第 i 种商品（或服务）的出口额； X_0 为中国商品（或服务）的出口总额； X_{wi} 为世界第 i 种商品（或服务）的出口额； X_{w0} 为世界商品（或服务）的出口总额	1/6
	竞争优势权重 1/2	国际市场占有率	X_i/X_{wi}	X_i 为中国第 i 种商品（或服务）的出口额； X_{wi} 为世界第 i 种商品（或服务）的出口额	1/4
		贸易竞争指数	$\frac{X_i - M_i}{X_i + M_i}$	X_i 为中国第 i 种商品（或服务）的出口额； M_i 为中国第 i 种商品（或服务）的进口额	1/4

综合指数。将各因素指数乘以各自的权重，再计算出平均值，相加得到产业国际竞争力综合指数。

产业国际竞争力综合指数越大表明该产业的国际竞争力相对 2005 年增长提升得越快；反之，如果某一行业该指数小于 100，则说明该行业的国际竞争力下降。

2. 中国制造业国际竞争力分析

根据上述计算方法，我们计算出中国产业及主要分项产业的国际竞争力综合指数。其中，基础指标见表 2，比较优势指数、竞争优势指数及综合指数见表 3。从中可以初步得出以下结论。

表 2　2008 年中国各产业国际竞争力基础指标（以 2005 年为基期）

指　　标	目标行业出口占该国商品(服务)总出口的比重(%)	出口增长率优势指数(%)	相对出口优势指数	国际市场占有率(%)	贸易竞争指　　数
全部商品	100	0	1.0	8.9	0.12
农产品	3.0	-8.4	0.4	3.2	-0.34
食物	2.5	-8.9	0.4	3.2	-0.16
燃料及矿产品	3.8	13.9	0.2	1.6	-0.70
燃料	2.2	40.2	0.1	1.1	-0.69
制成品	93.1	0.0	1.4	12.7	0.29
钢铁	5.0	20.6	1.4	12.1	0.45
化学成品及有关产品	5.6	14.3	0.5	4.7	-0.20
医药品	0.6	17.3	0.2	1.9	0.19
机械和运输设备	47.2	-0.5	1.4	12.6	0.21
办公设备和电子产品	26.8	-7.3	2.8	24.5	0.25
EDP 和办公设备	12.4	-10.6	3.6	32.2	0.58
电信设备	11.3	-6.5	3.1	27.1	0.63
集成电路和电子元件	3.1	4.9	1.2	10.5	-0.55
汽车产品	2.0	7.3	0.3	2.3	-0.01
纺织品	4.6	-0.6	2.9	26.1	0.60
服装	8.4	-13.1	3.7	33.2	0.96
商业服务：	100	0	1.0	3.9	-0.04
交通运输	26.2	2.3	1.1	4.3	-0.13
旅游	27.9	-10.7	1.1	4.3	0.06
其他商业服务	45.9	6.2	0.9	3.5	-0.03

资料来源：根据 WTO“International Trade Statistics 2009”计算。

（1）2008 年中国产业的国际竞争力综合指数分别为 105.6 与 107.5，表明“十一五”期间，中国产业的国际竞争力有明显提高。

（2）各行业国际竞争力变化趋势不尽相同。在商品中，农产品、燃料及矿产品的竞争力有所下降，表明中国商品国际竞争力的提升主要来源于制成品竞争力的提升；进一步分析可以发现，在制成品中，钢铁、化学成品及有关产品、机械和运输设备等资本与技术密集型产业的竞争力提升幅度要高于纺织品与服装等劳动密集型产业，表明中国正经历着产业结构的升级。

表3　部分年份中国各产业国际竞争力指数（以2005年为基期）

	比较优势指数			竞争优势指数			综合指数		
	2000年	2005年	2008年	2000年	2005年	2008年	2000年	2005年	2008年
全部商品	100.0	100.0	100.0	76.6	100.0	111.2	88.3	100.0	105.6
农产品	145.4	100.0	85.2	93.9	100.0	96.4	119.6	100.0	90.8
食物	143.1	100.0	83.9	93.4	100.0	94.4	118.3	100.0	89.2
燃料及矿产品	134.8	100.0	95.8	91.8	100.0	94.7	113.3	100.0	95.3
燃料	155.4	100.0	105.3	98.5	100.0	95.1	127.0	100.0	100.2
制成品	95.7	100.0	103.0	74.4	100.0	116.4	85.0	100.0	109.7
钢铁	97.3	100.0	156.4	75.2	100.0	149.9	86.2	100.0	153.1
化学成品及有关产品	101.7	100.0	114.1	81.9	100.0	121.7	91.8	100.0	117.9
医药品	153.3	100.0	118.4	109.8	100.0	118.7	131.6	100.0	118.5
机械和运输设备	81.9	100.0	103.8	67.1	100.0	119.0	74.5	100.0	111.4
办公设备和电子产品	73.3	100.0	97.6	62.6	100.0	119.1	67.9	100.0	108.4
EDP和办公设备	68.1	100.0	95.8	60.5	100.0	118.3	64.3	100.0	107.1
电信设备	78.8	100.0	94.2	66.4	100.0	116.3	72.6	100.0	105.2
集成电路和电子元件	84.7	100.0	121.7	64.7	100.0	138.2	74.7	100.0	130.0
汽车产品	63.4	100.0	135.6	62.6	100.0	157.9	63.0	100.0	146.8
纺织品	105.9	100.0	98.6	75.4	100.0	115.0	90.6	100.0	106.8
服装	125.9	100.0	94.3	84.1	100.0	111.9	105.0	100.0	103.1
商业服务：	100.0	100.0	100.0	84.1	100.0	115.1	92.1	100.0	107.5
交通运输	81.3	100.0	114.3	69.6	100.0	130.5	75.4	100.0	122.4
旅游	119.5	100.0	80.7	90.1	100.0	100.1	104.8	100.0	90.4
其他商业服务	90.2	100.0	110.9	82.4	100.0	122.6	86.3	100.0	116.7

资料来源：根据WTO“International Trade Statistics 2009”计算。

（3）通过对比可以看出，决定中国制造业竞争力提升的主要因素是竞争优势的增强，这在机械和运输设备、纺织品与服装等制成品方面表现尤为明显。这说明，中国制造业正经历着从比较优势向竞争优势的转变。

2009年全年，中国货物出口12017亿美元，尽管比2008年下降16.0%，但仍要低于同期世界贸易额的下降幅度：23.1%。2009年与2008年相比，中国占美国进口总额的比重提高了2.2个百分点，占日本进口总额的比重提高了2.6个百分点。虽然目前中国外贸受全球金融危机影响较大，但相比全球外贸的减少量而言，中国外贸下降幅度相对较小，中国商品在美国、日本的市场占有率相对反倒有所提高，表明中国制造业竞争力在金融危机中不是降低了，而是得到了提升。

但我们注意到2008年中国整体上实施出口抑制政策，中国在美国、日本的市场占有率都有所降低。如2008年1～8月与2007年同期比较，中国在日本的市场占有率下降了1.5个百分点，在美国的市场占有率下降了0.3个百分点。而2008年底中国出口政策转变为促进出口，连续上调出口退税率，中国在美、日市场上的占有率又开始提高。

三　中国产业国际竞争力展望

1. 劳动力优势继续保持

根据国际劳工组织（ILO）的预测，“十二五”期间，中国的经济活动人口绝对值将保持在8亿人之上，远高于印度。这主要是因为，虽然印度的总人口与劳动年龄人口数量与中国相差不大，但其女性经济活动人口明显少于中国，导致其全民经济活动人口比例较低，不到60%。绝对数量庞大的劳动力资源，再加上农村劳动力向城镇转移，使得在今后20年左右的时间内，没有必要担心中国的劳动力供给问题。基于此，可以初步判断，中国的劳动密集型产品在“十二五”期间仍将保持较强的国际竞争力。

2. 人民币升值压力增大

就目前来看，人民币升值压力仍然存在。一方面，与新兴市场相比，发达经济体经济恢复过程更为缓慢，国际资本更愿意流向新兴市场；另一方面，由于发达经济体国内经济恢复较为缓慢，产出缺口较大，失业人数增多，美国等发达经济体还面临通缩风险，在经济复苏基础稳固之前，宽松的货币政策还需要维持较长时间。如果中国为防止物价上涨过快而提高利率，可能会吸引更多国际资本进入中国，对人民币产生升值压力。

3. 资源与环境成本提高

2009年11月25日，中国政府宣布，到2020年单位GDP碳排放将比2005年降低40%～45%。这充分说明中国对环境保护日益重视。环保目标的实现不仅需要资金支持与技术支撑，而且还要求形成相应的激励机制与限制措施，如理顺资源价格、提高环境污染成本、制定环境标准等，促使企业提高能源使用效率，减少污染排放。

中国政府在这方面的行动步伐明显加快。2009 年，环境保护部发布了 91 项国家环境保护标准，在 2010 年 1 月 4 日与 6 日又相继发布了《建设项目竣工环境保护验收技术规范》与《废弃电器电子产品处理污染控制技术规范》。中国政府于 2009 年 5 月发布的《关于 2009 年深化经济体制改革工作意见的通知》，提出要“大力推进资源性产品价格和节能环保体制改革，努力转变发展方式”，“加快理顺环境税费制度，研究开征环境税”。在短期内，资源价格的上升与环境税的开征导致生产成本迅速上升，很可能降低中国产业的国际竞争力。

4. 国际经济形势及相关政策的变化

尽管世界经济已呈现复苏迹象，但是未来几年内，中国对外贸易所面临的国际环境依旧严峻。首先，从短期来看，世界经济复苏基础较为脆弱；从中长期来看，世界经济增速难以恢复到危机前的水平。其次，在危机发生后，主要发达国家对经济增长模式做了调整，降低了对中国产品的需求，增加了中国产品的竞争压力，同时，对技术研发的鼓励措施也为其产业未来国际竞争力的增强奠定了基础。最后，受经济增长趋缓以及就业压力增大的影响，国际贸易保护主义将持续较长时间，对环境与劳工标准的关注也使国际贸易规则愈加严格。

四　提高中国产业国际竞争力的政策建议

1. 利用有利时机，推动出口市场多元化

目前中国的出口市场主要集中于美国等发达国家，既容易引起与这些国家的贸易摩擦，也加大了中国出口的市场风险。因此，实现贸易出口的多元化对保持我国出口稳定增加是必要的。如前文所提到的，由于在未来的一段时间内，发展中国家与新兴市场的经济增长速度相对较快，而且在减贫方面取得较大进展，对中国的劳动密集型产品的需求将会增加（这一变化已经显现出来），“十二五”时期将是推动我国出口市场多元化的有利时机。

尽管目前发达国家与发展中国家的进口都在缩减，但背后的原因并不完全相同。发达国家的进口缩减更多的是因发展模式调整而导致的进口意愿的“内部性收缩”，发展中国家的进口缩减更多的是由于进口资金的缺乏以及对本国货币的贬值预期所导致的进口能力的“外部性收缩”。这意味着，与发达国家的进口缩减不同，中国在应对发展中国家的进口缩减方面并非无所作为。对此，可以利用中国驻外商务机构与商业协会等平台，充分掌握国外进口商的信誉、需求与担忧等信息，采取诸如扩大贸易融资范围、提供进口信贷、设立专注于发展中国家的发展基金等针对性措施，开拓发展中国家市场。

2. 利用有利时机，鼓励产业区域转移

从国际经验来看，随着劳动力成本的不断上升，劳动密集型产业（尤其是纺织工业的中低端）会不断向劳动力成本低的地区转移。中国沿海地区劳动力成本优势在不断丧失，可以判断劳动密集型产业从中国沿海地区向外转移的趋势不可阻挡。未来，随着孟加拉国、越南、柬埔寨等国基础设施的改进以及劳动生产率的逐步提高，这些国家对劳动密集型产业投资的吸引力将不断提高。目前中国有些企业已经着手调研在东南亚及非洲国家设立工厂，有些企业已经在东南亚设立了工厂。由于企业进行投资地点的调研到建成投产需要时间，从新地点企业投产到原有企业的关闭也需要一定的时间，企业往往是将两个地点的生产线同时运营一段时间，逐步将订单往新工厂转移。企业开始选择新投资地点到老的生产线关闭往往需要 2～3 年的时间。可以说，企业向东南亚及非洲的转移才刚刚开始。如果不采取有效措施改变产业转移的趋势，产业转移的效应可能要 2～3 年后才能显示，而那时再采取措施可能会付出很高的成本。传统的劳动密集型制造业从发达地区向外转移已经不可避免。国家应采取有效措施使这些企业向国内欠发达地区而不是向国外欠发达地区转移，从而使工作岗位留在中国。

中西部地区仍拥有廉价的劳动力资源，通过推动产业向中西部转移能保持我国产业尤其是劳动密集型产业的国际竞争力。随着外部市场需求的降低，在企业决策体系中，沿海地区区位优势的分量将有所削弱，中西部地区的资源优势与劳动力成本优势分量将有所上升，再加上部分之前在东部沿海地区的外出务工人员返乡，东部地区企业将有更多的动力向中西部地区转移。这一变化已经显现出来，意味着，“十二五”将是推动产业向中西部转移的有利时机。

可以考虑利用财政补贴与税收优惠等鼓励措施，抵消企业因为向中西部转移而增加的运输成本。同时，考虑到中西部地区产业配套尚不健全，可以先鼓励配套要求较低的产业往中西部转移。对于产业关联度较高、对配套产业要求较高的产业，可以由政府或行业协会组织相关企业参加座谈会，协调各企业之间的投资策略，尽量实现整体产业的跨区域转移。

3. 注重中国软实力的提升，加速中国全球话语权的提升

没有具有国际竞争力的品牌，已经成为中国制成品国际竞争力提升的软肋，但拥有国际影响力的品牌可以说在很大程度上不是制造业自身努力所能实现的。国际品牌的出现要以民族影响力的提升为前提，国际品牌是民族文化的集中体现。消费者接受品牌以接受品牌背后的文化为前提，可以说，中国目前拥有大量国际品牌的条件尚不成熟。从这个意义上讲，中国制造业国际竞争力的提升在很大程度上已经不是由制造业企业所决定的，而是取决于中国传媒业的发展。只有当中国拥有一批在国外（特别是欧美）主流人群中有影响力的传媒（包括报刊、电视、广播），中国才会具有拥有大量世界级品牌的必要条件，中国传媒（特别是报刊）“走出去”是中国制造业企业大规模实施国际化品牌战略的前提。因此，国家应加大对中国媒体（特别是使用当地官方语言的媒体）“走出去”的支持。

4. 改革和完善金融体系，加速利率市场化

改善中小企业融资条件。发挥政府的服务功能，对处于困难中的企业提供帮助。对于中小企业普遍面临的资金短缺问题，需要保持目前相关政策的连续性，继续建立健全中小企业担保体系，完善贸易融资和出口信用保险体系，健全中小企业的征信体系，推动中小企业投融资的体制创新和市场化步伐，从制度和市场体系上解决中小企业融资难的问题。

在前一段时间的调研中，我们注意到，企业家担心中国用工环境发生变化而导致用工需求的长期减少趋势。在中国社会科学院工业经济研究所最近的调研中，很多企业家在应对工资成本上涨时都谈到了要积极进行技术改造，提高人员劳动效率，减少用工。考虑到目前劳动力价格上涨的合理性及资本市场的市场化程度，我们认为应加速资本市场特别是利率市场市场化的速度，而不应人为压低资本成本导致资本对劳动的过度替代。

5. 及早准备，应对长期变化趋势

增强部分政策的灵活性。为应对金融危机，中国政府出台了重新调高出口退税率等鼓励性措施。但是从长远来看，为实现外贸增长方式转变的目标，部分鼓励政策将逐渐退出，如出口退税率的再次调低。因此，政府应加强与企业的沟通，使企业对未来政策的调整有充分的预期，做好转型升级的准备，既能减小未来政策调整遇到的阻力，也能避免因企业增加低端产品投入而造成的资源浪费。

促进技术创新。随着模仿国外先进技术的空间越来越小，技术水平对中国产业国际竞争力的制约作用越来越明显，构建技术创新体系非常必要。适合于技术模仿与技术创新的最佳制度安排是不同的。由于制度的“路径依赖”特征，从原有的、技术模仿时期的制度安排，到新的、适合技术创新的制度安排的过渡，会遇到多种问题。这需要在安排制度和制定政策时尽可能使其富有弹性，同时，要合理协调各方面的利益关系，使制度安排的转变能顺利实现。

加快建立稀有金属的储备制度。在过去的一段时间内，中国的稀有金属被过度开采并以低廉的价格出口，这已引起相关部门的注意，稀有金属储备制度正在积极准备之中。随着各国对新能源日益重视，对发展新能源产品所需要的稀有金属的争夺将愈演愈烈，建立稀有金属储备制度显得更为迫切。

宏观调控与中国产业竞争力

郭朝先*

一 大规模投资计划对中国产业竞争力的影响

考虑到数据资料的可获得性，本处测算中央财政支出增加额对国民经济的影响，以代表大规模投资计划对不同产业的影响。根据国务院《关于2008年中央和地方预算执行情况与2009年中央和地方预算草案的报告》（以下简称《预算报告》），2009年中央财政主要支出项目重点安排在农业、教育、医疗卫生、社会保障、就业、保障性安居工程、科学技术、环境保护、地震灾后恢复重建等方面。主要支出项目安排如下：①农林水事务支出3446.59亿元，增加744.39亿元，增长27.5%。②教育支出1980.62亿元，增加382.08亿元，增长23.9%。③医疗卫生支出1180.56亿元，增加326.11亿元，增长38.2%。④社会保障和就业支出3350.69亿元，增加607.1亿元，增长22.1%。⑤保障性安居工程支出493.01亿元，增加311.11亿元，增长171.0%。⑥文化支出279.75亿元，增加26.94亿元，增长10.7%。⑦粮油物资储备等事务支出1780.45亿元，增加675.35亿元，增长61.1%。⑧科学技术支出1461.03亿元，增加297.74亿元，增长25.6%。⑨环境保护支出1236.62亿元，增加196.32亿元，增长18.9%。⑩公共安全支出1161.31亿元，增加285.54亿元，增长32.6%。⑪ 地震灾后恢复重建资金1080亿元。⑫国防支出4728.67亿元，增加627.26亿元，增长15.3%。⑬交通运输支出1887.2亿元，增加286.91亿元，增长17.9%。⑭一般公共服务支出1313.61亿元，增加96.96亿元，增长8.0%。⑮国债利息支出1371.85亿元，增加93.16亿元，增长7.3%。将上述项目汇总，中央在这些主要项目支出中将增加支出4956.97亿元（不包括地震灾后恢复重建资金1080亿

---

* 郭朝先，中国社会科学院工业经济研究所副研究员，产业组织研究室副主任。

元）。如果将上述主要支出项目增加金额按照产业划分（具体数据见表1第2列），就可以测算这些增量部分对国民经济的拉动作用。

投入产出技术揭示了产业之间的普遍联系，是研究政策变化对各产业造成不同影响的有效工具。本文采用的投入产出技术，其测算的结果是相对于不采取这些政策措施而言的。其中，两个基本假设是：第一，新增用于公共投资的财政支出当年就能发挥作用，且只对当年发生作用（这里指拉动经济增长而言，并不是说这些项目今后没有用途）；第二，新增加的公共投资对私营部门的投资没有挤出效应。政府之所以扩大公共投资，就是要弥补经济不景气时私营部门投资的不足，这两个假定还是符合实际的。

1. 产出的增加

中央财政主要支出项目增加4956.97亿元（各产业部门最终支出增加额见表1的第2列），将带来13105亿元总产出的增加（各产业部门总产出增加额见表1的第3列），投入产出总乘数为2.64。其中，总产出增加较多的十大产业是农林牧渔业，化学工业，公共管理和社会组织，卫生社会保障和社会福利业，金属冶炼及压延加工业，石油加工、炼焦及核燃料加工业，电力、热力的生产和供应业，交通运输设备制造业，教育，交通运输及仓储业。从最终支出和总产出的数据对比来看，尽管本次中央政府增加投入部分直接投入制造业的几乎没有（部分物资储备支出和交通运输支出除外），但是，制造业总产出增加额却是很显著的，达5306亿元，占全部总产出增加额的40.5%，说明制造业作为国民经济的投入产出中间部门发挥着巨大的作用。此外，尽管这次中央财政支出项目增加部分并没有直接投入到化学工业，但是化学工业总产出增加额却是非常多的，达1317.8亿元，排在各产业总产出增加额的第2位。这说明，目前我国正处于工业化重化工业阶段，即使政府公共投资直接作用于农业、教育、医疗卫生、社会保障、就业、保障性安居工程、科学技术、环境保护等有关民生的部门和可持续发展部门，制造业特别是重化工业仍然是主要的受益部门。

2. 增加值的变化

中央财政主要支出项目增加4956.97亿元，将导致劳动者报酬增加2646.6亿元、生产税净额增加505.1亿元、固定资产折旧增加633.1亿元、营业盈余增加1172.1亿元，分别占中央财政主要支出项目增加额的53.4%、10.2%、12.8%和23.6%。这反映出中央财政支出增加偏向民生领域的特点，并能收到预期的效果。分产业看，营业盈余增加占增加值增加比重较高的产业是（比重超过40%）：废弃资源和废旧材料回收加工业、金融业、居民服务和其他服务业、住宿和餐饮业、石油和天然气开采业、交通运输及仓储业、批发和零售业、电气机械及器材制造业。营业盈余所占比重高表示企业（资方）获利较多，从而有利于进一步增加投资，以提高这些产业的竞争力。实际上，金融业获利是由大规模贷款产生的，石油和天然气开采业获利较多是因为大规模投资引起能源价格上涨，电气机械及器材制造业获利较多则是因为需求增加引起的，其他产业也可以获得合理的解释。

考虑到投资对生产的拉动作用，本文根据2007年的投入产出表计算了投资的生产诱发系数，见表1最后一列。① 数据显示，投资的生产诱发系数最大的10个产业部门是建筑业，金属冶炼及压延加工业，通用、专用设备制造业，非金属矿物制品业，交通运输设备制造业，化学工业，电力热力的生产和供应业，电气机械及器材制造业，交通运输及仓储业，石油加工、炼焦及核燃料加工业。

表1　大规模投资对产业发展的影响*

单位：亿元，%

产　业	支　出 增加额	总产出 增加额	增加值（初始投入）的变化				营业盈余 所占比重	投资的生产诱发系数
			劳动者报　酬	生产税净　额	固定资产折旧	营业盈余		
农林牧渔业	1019.7	1501.2	834.6	1.5	43.9	0	0	0.0582
煤炭开采和洗选业	0	158.2	34.9	12.1	8.1	17.6	24.21	0.0358
石油和天然气开采业	0	379.6	52	46.8	23.6	104.5	46.06	0.0307
金属矿采选业	0	143.1	19	8.3	4.8	18.2	36.18	0.0291
非金属矿及其他矿采选业	0	44.4	7.1	2.9	2.4	5.1	29.14	0.0208
食品制造及烟草加工业	0	348.9	25.8	27.1	11.7	20.4	24.00	0.0376
纺织业	0	113.9	8.3	4.9	2.6	6.4	28.83	0.0167
纺织服装、鞋、帽、皮革、羽绒及其制品业	0	79.1	8.3	3.6	1.1	4.6	26.14	0.0124
木材加工及家具制造业	0	110.3	10.4	5.4	2	8.4	32.06	0.0376
造纸印刷及文教体育用品制造业	0	239.6	19.9	12.7	8.8	15.6	27.37	0.0244
石油加工、炼焦及核燃料加工业	200	571.5	29.7	28.7	19.1	24.3	23.87	0.0701

① 根据“总投入=总产出”、“最终使用额=初始投入额”的平衡式，劳动者报酬、生产税净额、固定资产折旧和营业盈余增加额之和等于最终使用增加额。

续表 1

产　业	支　出 增加额	总产出 增加额	增加值(初始投入)的变化				营业盈余 所占比重	投资的 生产诱 发系数
			劳动者 报　酬	生产税 净　额	固定资 产折旧	营业 盈余		
化学工业	0	1317.8	80.4	51.4	38.1	97.8	36.53	0.1347
非金属矿物制品业	0	157.9	15.2	9.4	5.7	13.1	30.18	0.1509
金属冶炼及压延加工业	200	828	42.3	42.5	23.1	53.8	33.27	0.2966
金属制品业	0	144.7	10.2	6.1	3.5	10.3	34.22	0.0680
通用、专用设备制造业	0	349.3	29.7	16.4	7.9	26.6	33.00	0.2162
交通运输设备制造业	200	487.9	37.4	23.9	11.3	22.4	23.58	0.1487
电气机械及器材制造业	0	190.6	9.6	6.7	2.7	13.5	41.54	0.0988
通信设备、计算机及其他电子设备制造业	0	246.8	14.1	7.7	6.5	12.5	30.64	0.0475
仪器仪表及文化办公用机械制造业	0	87.3	7.2	3.6	1.7	6	32.43	0.0069
工艺品及其他制造业	0	32.5	3.6	1.7	0.7	2.1	25.93	0.0158
废弃资源和废旧材料回收加工业	0	73.2	0.9	0.4	0.3	57.6	97.30	0.0173
电力、热力的生产和供应业	0	496.7	33.1	18	59.8	28.1	20.22	0.1050
燃气生产和供应业	0	12.1	1	0.2	1	0.3	12.00	0.0023
水的生产和供应业	0	15.9	3.3	1	2.7	0.4	5.41	0.0024
建筑业	200	258.5	30.5	7.4	3.2	18.7	31.27	0.5357
交通运输及仓储业	86.9	413.5	49.4	18.1	35.7	87.6	45.91	0.0949
邮政业	0	17.6	6.6	0.8	2.4	-1.2	-13.95	0.0011
信息传输、计算机服务和软件业	0	99.9	11.3	3.5	25.1	20.1	33.50	0.0288
批发和零售业	0	230	33.4	33.5	9.8	61.5	44.50	0.0660
住宿和餐饮业	0	193.8	20.1	8.1	7	37.7	51.71	0.0202
金融业	93.2	318.8	57.1	24.8	3.2	134.7	61.28	0.0403
房地产业	111.1	163.3	14.8	20.9	70.8	29.6	21.75	0.0387
租赁和商务服务业	0	134.2	15	4.5	9.5	14.3	33.03	0.0170
研究与试验发展业	198.5	221.5	57.5	2.5	10.3	26.3	27.23	0.0029
综合技术服务业	99.2	154.3	43.4	7.4	10	22.3	26.84	0.0159
水利、环境和公共设施管理业	196.3	213.6	54.5	4.3	27.1	24	21.84	0.0013
居民服务和其他服务业	0	89.8	11.7	2.7	2	24.8	60.19	0.0099
教育	382.1	428.7	188.2	6.1	22.2	23.3	9.72	0.0018

续表 1

产业	支出增加额	总产出增加额	增加值(初始投入)的变化				营业盈余所占比重	投资的生产诱发系数
			劳动者报酬	生产税净额	固定资产折旧	营业盈余		
卫生、社会保障和社会福利业	933.2	955.4	219.6	11.4	29.4	67.4	20.56	0.0034
文化、体育和娱乐业	26.9	69.2	13.5	3.3	3.9	9	30.30	0.0039
公共管理和社会组织	1009.8	1012.3	482.1	2.8	68.5	2.5	0.45	0.0004
合　计	4956.9	13104.9	2646.6	505.1	633.1	1172.1	23.65	—

资料来源：根据《关于2008年中央和地方预算执行情况与2009年中央和地方预算草案的报告》整理。

* 本表对2009年中央财政支出增加部分作如下划分：①农业最终使用增加1019.74亿元，由农林水事务支出增加744.39亿元和粮油储备支出275.35亿元（估计）合计而成；②石油加工业和金属冶炼业最终使用从物资储备中各获得200亿元支出（估计）；③交通运输设备制造业和交通运输及仓储业从交通运输支出中分别获得200亿元和86.91亿元（估计）；④保障性安居工程增加支出311.11亿元划归建筑业最终使用200亿元和房地产业111.11亿元（估计）；⑤国债利息支出增加93.16亿元划归金融保险业最终使用；⑥科学技术支出增加297.74亿元，其中2/3用于研究与试验发展业，1/3用于综合技术服务业（估计）；⑦卫生、社会保障和社会福利业最终使用增加933.21亿元，由医疗卫生支出增加326.11亿元和社会保障和就业支出增加607.1亿元两部分合计而成；⑧公共安全支出增加285.54亿元、国防支出增加627.26亿元、一般公共服务支出增加96.96亿元，共1009.76亿元全部划归公共管理和社会组织最终使用。

综合总产出增加、营业盈余增加所占比重和投资的生产诱发系数，可以发现，大规模投资受益最大的产业部门是：石油和天然气开采业，化学工业，金属冶炼及压延加工业，通用专用设备制造业，通信设备、计算机及其他电子设备制造业，建筑业，交通运输及仓储业，批发和零售业，金融业。可以认为，本次大规模投资计划将对上述产业提升竞争力具有比较明显的作用。由此可见，一些直接投资受益的产业如农林牧渔业、石油加工炼焦及核燃料加工业、研究与试验发展业、水利环境和公共设施管理业、教育、卫生社会保障和社会福利业、公共管理和社会组织等并不是最大的受益者，而一些直接投资力度较小的产业如石油和天然气开采业，化学工业，通用专用设备制造业，通信设备、计算机及其他电子设备制造业，交通运输及仓储业，金融业，批发和零售业等反而受益最大。

二　十大产业调整振兴规划对中国产业竞争力的影响

作为与4万亿元大规模投资计划相配套的供给政策，中国及时出台了十大产

业调整振兴规划。十大产业调整振兴规划所包含的产业是指汽车、钢铁、纺织、装备制造、船舶、电子信息、石化、轻工、有色金属、物流业。但是，需要注意的是，由于这种供给政策是一种产业政策，是一种结构性政策，而非普惠政策、总量政策，因此，有可能对市场竞争造成一定程度的扭曲，这是我们需要防止的。

应用2007年全国投入产出表，以影响力系数和感应度系数均大于1的产业为主导产业，那么这些产业是：纺织业，造纸印刷及文教体育用品制造业，石油加工、炼焦及核燃料加工业，化学工业，金属冶炼及压延加工业，金属制品业，通用、专用设备制造业，交通运输设备制造业，电气机械及器材制造业，通信设备、计算机及其他电子设备制造业，电力热力的生产和供应业。图1反映了十大产业和主导产业之间的对应关系。十大产业中只有物流业不在主导产业之中，其他都属于主导产业；而主导产业中只有电力、热力的生产和供应业未列入十大产业调整振兴规划之中。当然，十大产业调整振兴规划中的具体产业外延一般没有主导产业的外延大（按照国民经济产业部门分类标准），但其中的装备制造业、轻工业的外延是例外，包括了许多不在主导产业中的产业。由此可见，十大产业调整振兴规划首先有助于增强中国主导产业的竞争力。

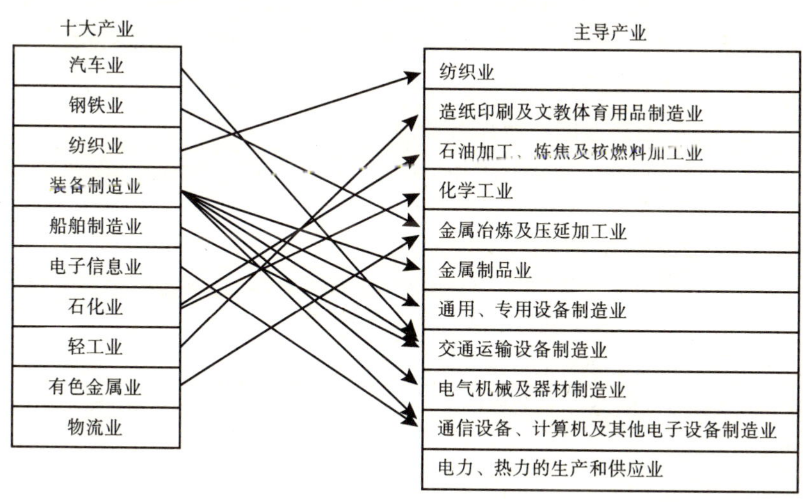

图1　十大调整振兴规划产业与主导产业的对应关系

事实上，十大产业在我国国民经济中占有重要地位，除物流业外，其他九大产业的工业增加值占全部工业增加值的比重接近80%，约占GDP总额的40%，十大产业中就业人数达1亿多人，沪深股市接近6成的上市公司分布在这十大产业当中。同时，十大产业调整振兴规划所覆盖的产业既包括钢铁、有色、石化等原材料行业，也包括纺织、轻工等低加工度的传统产业，还包括装备制造、电子信息、汽车、船舶等高加工度的现代工业，以及为整个工业发展服务的物流业。这十大产业的发展对整个国民经济具有重要的带动作用，如果它们走出金融危机的负面影响，在很大程度上就表明中国经济走出了金融危机的负面影响。

十大产业调整振兴规划从2009年1月14日开始陆续出台，到2009年2月25日出台完毕。截至2009年底，十大产业调整振兴规划已出台实施的主要政策措施如表2所示。从目前实施的效果看，十大产业调整振兴规划对于中国经济走出国际金融危机的阴影、实现"保增长"发挥了积极效果，今后要在"调结构"、"扩内需"和转变经济发展方式上发挥作用，切实提高产业的竞争力和持续发展能力。

表2　截至2009年底十大产业调整振兴规划已实施的主要政策措施

产业	政策措施
汽车业	1.6升及以下乘用车购置税减免，汽车下乡和"以旧换新"，技术改造
钢铁业	调整部分产品出口退税率，技术改造，淘汰落后产能，兼并重组
纺织业	调整部分产品出口退税率，信贷融资支持，减轻中小企业负担，技术改造
装备制造业	农机具购置补贴，国产首台套，调整部分产品出口退税率，技术改造
船舶业	买方信贷，信贷融资支持，技术改造
电子信息业	3G网络投资，加强农村广播电视覆盖，家电下乡和"以旧换新"，调整部分产品出口退税率，信贷融资支持，技术改造
石化业	国家收储，公平税负，信贷融资支持，完善成品油价格机制
轻工业	国家收储，家电下乡和"以旧换新"，调整加工贸易目录，调整部分产品出口退税率，信贷融资支持，降低中小企业负担，技术改造
有色金属业	国家收储，调整部分产品出口退税率，技术改造

资料来源：中国社会科学院工业经济研究所，《"十大产业调整振兴规划"中期评估报告》，内部报告，2010。

十大产业调整振兴规划涉及中国主要的支柱产业和传统优势产业，充分考虑到了产业的层次性和关联性，对未进入规划的其他产业也会产生带动作用，但是，和规划直接扶持的产业相比，未进入规划的产业有可能处于不利态势，而其中的一些行业虽然目前在国民经济中所占比重并不大，但同样有可能会对整个国民经济的健康发展产生十分重要的作用。例如，新能源、新材料、生物医药、航空航天、海洋工程、服务外包、文化创意等新兴产业，虽然目前没有成为拉动经济增长的主要力量，但未来却有可能成为拉动全球经济增长的新的增长点。鉴于此，在实施十大产业调整振兴规划时，应注意尽量减少对市场机制的破坏，同时随着经济形势的好转，政策的重点应考虑从应对危机的短期手段向注重完善市场机制的长期战略转移。

三　增值税转型对中国产业竞争力的影响

所谓增值税转型，就是将我国现行的生产型增值税转为消费型增值税。增值税是对生产、销售商品或者提供劳务过程中实现的增值额征收的税种。就世界各国实施增值税的范围而言，增值税可划分为生产型增值税、收入型增值税和消费型增值税三种类型。由于历史背景和其他多方面原因，多年来我国实施的增值税一直是生产型增值税。

在全面实行增值税转型之前，中国增值税收入一般占全部税收收入总额的40%以上，成为中国的第一大税种。但随着中国经济的快速发展和国际税收制度的趋同，生产型增值税已经不完全适应中国经济发展的客观需要。根据国务院的部署，2004年7月1日起，转型试点首先在东北三省的装备制造业、石油化工业等八大行业进行；2007年7月1日起，将试点范围扩大到中部六省26个老工业基地城市的电力业、采掘业等八大行业；2008年7月1日，又将试点范围扩大到内蒙古自治区东部五个盟市和四川汶川地震受灾严重地区。

鉴于改革试点的成功，同时也是为了应对国际金融危机对中国经济的冲击，经国务院常务会议决定，自2009年1月1日起，在全国所有地区和行业推行增值税转型改革。改革的主要内容是：允许企业抵扣新购入设备所含的增值税；同时，取消进口设备免征增值税和外商投资企业采购国产设备增值税退税政策；将小规模纳税人的增值税征收率统一调低至3%，将矿产品增值税税率恢复到17%。

经财政部、国家税务总局的测算，2009年实施该项改革将减少当年增值税收入约1200亿元、城市维护建设税收约60亿元、教育费附加收入约36亿元，增加企业所得税约63亿元，增减相抵后将减轻企业税负共约1233亿元。据统计，2008年我国增值税税收总额为17997亿元，如果假定2009年增值税规模和

2008 年相当（综合考虑经济规模扩大和增值税转型对增加值变化两个相反因素），则这意味着增值税转型，将使增值税少收 6.7%。但是，增值税带来的减税收益效应对不同行业是不同的。增值税转型对于第二产业尤其是制造业影响最为显著，而对于以营业税为主的第三产业影响要小一些。增值税转型将使大量采购设备、固定资产投入高的行业受益，其中固定资产耗损越快、折旧年数越短的行业，增值税转型的获益越大。

综合考虑增值税在行业的分布、不同行业的资本形成所占份额等行业特性，我们认为，增值税转型相当于使不同行业产生了不同的减税效应，其值如表 3 所示。

表 3　增值税转型的政策效果分析

单位：万元，%

产业类别	代码	减税额	总产出增长额	对价格的影响
农林牧渔业	01	5361	785354	-0.08
煤炭开采和洗选业	02	0	591879	-0.23
石油和天然气开采业	03	0	859974	-0.19
金属矿采选业	04	0	937710	-0.27
非金属矿及其他矿采选业	05	0	190249	-0.23
食品制造及烟草加工业	06	263361	802829	-0.18
纺织业	07	27583	361794	-0.16
纺织服装、鞋帽、皮革、羽绒及其制品业	08	22250	243173	-0.16
木材加工及家具制造业	09	272500	657353	-0.51
造纸印刷及文教体育用品制造业	10	20726	492954	-0.21
石油加工、炼焦及核燃料加工业	11	10000	1200754	-0.20
化学工业	12	85979	3035335	-0.21
非金属矿物制品业	13	14366	1007221	-0.22
金属冶炼及压延加工业	14	147202	5556150	-0.27
金属制品业	15	205007	1210995	-0.41
通用、专用设备制造业	16	3743010	6295509	1.46
交通运输设备制造业	17	2475881	4290273	-1.51
电气机械及器材制造业	18	850246	2141494	-0.67
通信设备、计算机及其他电子设备制造业	19	684792	2629083	-0.58
仪器仪表及文化办公用机械制造业	20	210412	496252	-0.84
工艺品及其他制造业	21	210812	376352	-0.55
废弃资源和废旧材料回收加工业	22	0	458856	-0.02
电力、热力的生产和供应业	23	100000	2028015	-0.26
燃气生产和供应业	24	334	44570	-0.20
水的生产和供应业	25	2000	45282	-0.17

续表 3

产业类别	代码	减税额	总产出增长额	对价格的影响
建筑业	26	2268101	2322594	-0.62
交通运输及仓储业	27	11323	1253539	-0.22
邮政业	28	0	22183	-0.25
信息传输、计算机服务和软件业	29	0	244662	-0.17
批发和零售业	30	518197	1358278	-0.29
住宿和餐饮业	31	1000	339567	-0.12
金融业	32	1000	698024	-0.07
房地产业	33	195392	342645	-0.18
租赁和商务服务业	34	500	418730	-0.26
研究与试验发展业	35	10000	111341	-0.29
综合技术服务业	36	40933	228035	-0.28
水利、环境和公共设施管理业	37	500	24662	-0.19
居民服务和其他服务业	38	500	166853	-0.22
教育	39	500	32656	-0.13
卫生、社会保障和社会福利业	40	500	70224	-0.22
文化、体育和娱乐业	41	500	70299	-0.14
公共管理和社会组织	42	0	6122	-0.14
合　　计	—	12400768	44449824	-0.39

在其他条件不变的情况下，如果企业将由于增值税转型产生的减税等额用于当年的新增投资，那么，计算结果表明，在相当于总减税额度 1240 亿元的政策冲击下，将导致全社会总产出增长 4445 亿元，且同时产生全社会价格总水平下降 0.39 个百分点。其中，增值税转型受惠最多的五个产业分别是通用、专用设备制造业，交通运输设备制造业，电气机械及器材制造业，通信设备、计算机及其他电子设备制造业，建筑业。这些产业的主要特征是采购机器设备较多，缴纳增值税较多，增值税转型将使其总产出增加更多，可以提供的降价空间更大，因此，将显著提高其产业竞争力。

四　出口退税对中国产业竞争力的影响

从本质上说，出口退税政策是一种消除税收歧视、防止国际重复征税的中性的稳定的制度安排。从世界各国的实践来看，大多数国家都选择在 WTO 规则允许的范围内全额退还国内已征的货物与劳务税，即按照“应退尽退”的原则进行出口退税制度的设计。在中国，自从1994年开始实行增值税出口退税以来，出口退税政策在不同场合、为实现不同的政策目标被反复使用，已经背离了中性原则，演变为一项相机抉择的经济调控政策。《中华人民共和国增值税暂行条例》规定："纳税人出口货物，税率为零，国务院另有规定的除外。"这就是说，出口货物原则上应实行零税率，即"征多少，退多少，彻底退税"，只是在特殊情况下可将出口退税率作为调控出口的手段。然而中国的实际情况则是，政府根据经济形势的变化和政策的需要，频繁地调整出口退税率。

1994年中国实行了税制改革，其中增值税制度规定，对出口产品实行零税率。由于受到税收征管水平以及财政承受能力的影响，这个政策只执行了一年多。1995年和1996年中国降低了出口货物退税率，调整为3%、6%和9%三档，这是第一次调整。为了应对亚洲金融危机带来的各种不利影响，促进出口，中国在1998年以后又提高了部分出口产品退税率，变为5%、13%、15%、17%四档，这是出口退税政策的第二次调整。由于出口退税率提高，外贸出口连续三年大幅度、超计划增长，所以在1999年财政出现欠退，到2002年时，累计拖欠退税款已经形成较大规模。为了解决这个问题，国家决定从2004年1月1日起改革出口退税机制，同时降低出口退税率，调整以后的出口退税率变为5%、8%、11%、13%和17%五档，这是第三次调整。第四次调整是从2005年开始的，国家分期、分批调低和取消了部分"高耗能、高污染、资源性"产品的出口退税率，同时适当降低了纺织品等容易引起贸易摩擦的出口退税率，提高重大技术装备、IT产品、生物医药产品的出口退税率。第五次调整是在2007年7月1日，出口退税率变成5%、9%、11%、13%和17%五档，还对部分商品取消了出口退税。调整共涉及2831项商品，约占海关税则中全部商品总数的37%。经过这次调整，大多数"两高一资"（高耗能、高污染排放、资源型）产品的出口退税被取消，对一些重点的"两高一资"产品还要加征关税。

在2007年中国出口退税率达到一个新的低点后，2008年以来为应对国际金融危机，对出口退税率进行了又一次大幅度调整，一改2000年以来调低出口退税率的态势，这次是提高了出口退税率。2008年的8月、11月、12月，2009年的1月、2月、4月、6月，出口退税率被连续上调七次，共涉及商品数量超过8000种，占出口商品总数的58%。据商务部测算，出口商品综合退税率由12.4%上升至13.5%。具体调整过程和所涉及的商品详见表4。

表4　为应对国际金融危机中国出台的7次出口退税调整一览

文件名	文号	实施时间	主要内容
《关于调整纺织品服装等部分商品出口退税率的通知》	财税〔2008〕111号	2008年8月1日	将部分纺织品、服装的出口退税率由11%提高到13%；将部分竹制品的出口退税率提高到11%
《关于提高部分商品出口退税率的通知》	财税〔2008〕138号	2008年11月1日	将部分纺织品、服装、玩具出口退税率提高到14%；将日用及艺术陶瓷出口退税率提高到11%；将部分塑料制品出口退税率提高到9%；将部分家具出口退税率提高到11%、13%；将艾滋病药物、钢化安全玻璃、缝纫机、风扇、部分书籍等商品的出口退税率分别提高到9%、11%、13%
《关于提高劳动密集型产品等商品增值税出口退税率的通知》	财税〔2008〕144号	2008年12月1日	将部分橡胶制品、林产品的退税率由5%提高到9%；将部分模具、玻璃器皿的退税率由5%提高到11%；将部分水产品的退税率由5%提高到13%；将箱包、鞋、帽、伞、家具、寝具、灯具、钟表等商品的退税率由11%提高到13%；将部分化工产品、石材、有色金属加工材等商品的退税率分别由5%、9%提高到11%、13%；将部分机电产品的退税率分别由9%提高到11%、由11%提高到13%、由13%提高到14%
《关于提高部分机电产品出口退税率的通知》	财税〔2008〕177号	2009年1月1日	提高部分技术含量和附加值高的机电产品出口退税率：将航空惯性导航仪、陀螺仪、离子射线检测仪、核反应堆、工业机器人等产品的出口退税率由13%、14%提高到17%；将摩托车、缝纫机、电导体等产品的出口退税率由11%、13%提高到14%
《关于提高纺织品服装出口退税率的通知》	财税〔2009〕14号	2009年2月1日	将纺织品、服装出口退税率提高到15%
《关于提高轻纺电子信息等商品出口退税率的通知》	财税〔2009〕43号	2009年4月1日	将CRT彩电、部分电视机零件等商品的出口退税率提高到17%；将纺织品、服装的出口退税率提高到16%；将部分化工产品、日用品等出口退税率分别提高到13%、11%、9%和5%
《关于进一步提高部分商品出口退税率的通知》	财税〔2009〕88号	2009年6月1日	将电视用发送设备、缝纫机等商品的出口退税率提高到17%；将罐头、果汁、桑丝等农业深加工产品，电动齿轮泵、半挂车等机电产品、光学元件等仪器仪表、胰岛素制剂等药品、箱包、鞋帽、伞、毛发制品、玩具、家具等商品的出口退税率提高到15%；将部分塑料、陶瓷、玻璃制品，部分水产品，车削工具等商品的出口退税率提高到13%；将合金钢异性材等钢材、钢铁结构体等钢铁制品、剪刀等商品的出口退税率提高到9%；将玉米淀粉、酒精的出口退税率提高到5%

资料来源：根据财政部、国家税务总局相关文件整理。

从表4中的数据和调整目录情况来看，本次调整使得一些主要产品的出口退税率提高了2~6个百分点不等，个别产品出口退税率从0一次调整到14%的水平。综合考虑出口退税率上升的百分点、出口退税（增值税）占总税收比重、出口退税惠及的产品面、出口总值占总产值的比率等因素，我们估算的结果是，本轮提高出口退税率将导致增加出口退税243.3亿元，具体产业获得的减税额如表5所示。

表5 出口退税率上升的效果分析

单位：万元，%

产业类别	产业出口率	退税率上升	产品惠及面	增值税所占比重	生产税净额	相当于减税额	对价格的影响
农林牧渔业	1.36	4	50	50	478020	383	-0.02
煤炭开采和洗选业	2.42	2	50	50	7346723	5237	-0.04
石油和天然气开采业	1.82	2	50	50	11752778	6292	-0.04
金属矿采选业	1.34	2	50	50	3563415	1402	-0.04
非金属矿及其他矿采选业	3.91	2	50	50	2500514	2873	-0.05
食品制造及烟草加工业	4.58	2	50	50	32419380	43628	-0.04
纺织业	32.61	5	95	50	10769264	490569	-0.36
纺织服装、鞋帽、皮革、羽绒及其制品业	31.39	5	95	50	8290802	363560	-0.40
木材加工及家具制造业	22.05	4	90	50	5401906	126134	-0.21
造纸印刷及文教体育用品制造业	15.16	4	50	50	7941688	70839	-0.13
石油加工、炼焦及核燃料加工业	3.64	2	50	50	10572537	11330	-0.04
化学工业	11.67	4	70	50	24193076	232598	-0.10
非金属矿物制品业	6.51	2	50	50	13519527	25871	-0.06
金属冶炼及压延加工业	8.44	2	50	50	31326724	77749	-0.06
金属制品业	20.10	2	50	50	7424022	43886	-0.08
通用、专用设备制造业	14.53	4	50	50	18540820	158454	-0.11
交通运输设备制造业	9.95	2	50	50	16176493	47352	-0.09
电气机械及器材制造业	25.14	2	60	50	9612791	85280	-0.11
通信设备、计算机及其他电子设备制造业	51.90	4	60	50	12866439	471361	-0.29
仪器仪表及文化办公用机械制造业	66.34	4	60	50	2013026	94273	-0.34
工艺品及其他制造业	21.18	4	90	50	3302991	74076	-0.21
废弃资源和废旧材料回收加工业	0.73	0	—	—	226130	0	-0.01
电力、热力的生产和供应业	0.21	0	—	—	11433636	0	-0.04

续表 5

产业类别	产业出口率	退税率上升	产品惠及面	增值税所占比重	生产税净额	相当于减税额	对价格的影响
燃气生产和供应业	0.00	0	—	—	156733	0	-0.04
水的生产和供应业	0.00	0	—	—	747812	0	-0.03
建筑业	0.65	0	—	—	18003673	0	-0.05
交通运输及仓储业	12.56	0	—	—	13862761	0	-0.03
邮政业	6.65	0	—	—	337509	0	-0.03
信息传输、计算机服务和软件业	4.45	0	—	—	3469937	0	-0.04
批发和零售业	13.90	0	—	—	42045373	0	-0.03
住宿和餐饮业	4.97	0	—	—	6157651	0	-0.03
金融业	0.44	0	—	—	15160686	0	-0.02
房地产业	0.00	0	—	—	18935208	0	-0.01
租赁和商务服务业	27.23	0	—	—	3950994	0	-0.07
研究与试验发展业	1.89	0	—	—	156009	0	-0.07
综合技术服务业	0.00	0	—	—	2104247	0	-0.05
水利、环境和公共设施管理业	0.00	0	—	—	434963	0	-0.04
居民服务和其他服务业	3.25	0	—	—	2658379	0	-0.06
教育	0.20	0	—	—	1870319	0	-0.04
卫生、社会保障和社会福利业	0.38	0	—	—	1331751	0	-0.06
文化、体育和娱乐业	9.27	0	—	—	1696829	0	-0.05
公共管理和社会组织	0.27	0	—	—	433694	0	-0.04
合计	—	—	—	—	385187230	2433147	-0.064

根据投入产出表的计算，出口退税率调整将对价格产生一定程度的影响，影响最大的几个行业是纺织服装、鞋帽、皮革、羽绒及其制品业，纺织业，仪器仪表及文化办公用机械制造业，通信设备、计算机及其他电子设备制造业，木材加工及家具制造业和工艺品及其他制造业，但最大的影响程度也只是使价格下降了0.40%。从整个国民经济角度看，在其他条件不变的情况下，本次出口退税率上升将导致全社会价格总水平下降0.064%。可见，出口退税政策的调整对整个国民经济的影响甚小。

理论上，提高出口退税率能够缓解出口企业的成本压力，使出口商品价格下降的空间扩大，从而增强出口商品在国际市场上的价格竞争力，最终使出口规模扩大，并以此带动国民经济的增长，增加就业岗位。现实中，要达到出口退税政策的预期效果，必须保证“出口退税率上调——出口商品价格下降——出口额增加”这一政策传导路径通畅。但是，上述计算表明，在整个国民经济体系下，出口退税对于促进商品价格下降的作用有限，由此产生的出口额增加效应也必然有限。

更加值得注意的是，在以欧美为代表的主要进口市场需求普遍疲软的形势下，有退税作支撑的中国出口企业降价竞销还有两个不可忽视的负面效应：其一，当出口退税率提高后，外国进口商会对我国的出口商品进行压价，在“博弈”后拿走相当部分的退税利润，部分财政收入实际是“补贴”了国外进口商；其二，在当前贸易保护主义再次抬头的国际形势下，中国出口企业凭借退税再打价格战可能会引来更多对中国的反倾销、反补贴投诉，增加贸易摩擦的风险。

鉴于将出口退税率作为宏观调控政策工具对整个产业的影响有限，因此，我们认为，维持出口退税政策的相对稳定，避免频繁操作，是一种较好的政策选择。今后，要根据中国转变发展方式的需要，配合出口加工目录的调整，继续维持对“两高一资”产品的低退税、高关税和对劳动密集型产业的“彻底退税”等，将有助于中国经济发展和提高产业国际竞争力。

参考文献

张其仔、郭朝先、白玫：《协调保增长与转变经济增长方式关系的产业政策研究》，《中国工业经济》2009 年第 3 期。

刘起运、陈璋、苏汝劼：《投入产出分析》，中国人民大学出版社，2006。

吕铁、余剑：《国际金融危机对中国经济发展的影响》，《经济管理》2009 年第 4 期。

郭朝先：《扩大内需的政策效果分析》，《湖南社会科学》2009 年第 4 期。

国务院：《关于 2008 年中央和地方预算执行情况与 2009 年中央和地方预算草案的报告》，2009 年 3 月 15 日。

裴长洪：《论转换出口退税政策目标》，《财贸经济》2008 年第 2 期。

蔡昌：《增值税转型的经济效应与对策分析》，《中国税务》2009 年第 1 期。

何晴、张斌：《出口退税与转变经济发展方式》，《税务研究》2008 年第 7 期。

罗琴：《金融危机下提高我国出口退税税制竞争力的思考》，《税务研究》2009 年第 6 期。

闻媛：《金融危机背景下我国出口退税政策研究》，《税务研究》2009 年第 9 期。

行　业　篇

INDUSTRIAL COMPETITIVENESS OF CHINA AT NATIONAL LEVEL

能源工业竞争力

白　玫*

能源是经济发展的动力，能源工业的竞争力直接反映和影响着一个国家的国际竞争力，并决定着国家的经济安全。对中国能源工业竞争力的现状、存在的问题以及决定因素进行研究，将对进一步提升我国能源工业竞争力具有十分重要的现实意义。

一　“十一五”期间能源工业竞争力变化

“十一五”以来，中国能源工业进入一个新的发展时期，竞争力有了较大的提高。2000 年前后，中国经济进入工业化过程中的重化工化阶段，随着房地产业、汽车工业、交通运输等基础设施的迅猛发展，钢铁、建材等行业的产量大幅

* 白玫，中国社会科学院工业经济研究所副研究员。

增长，能源消费量迅速增加，能源工业也以前所未有的规模和速度发展。与此同时，由于化石能源的消费带来了严重的环境问题，从而促进了新能源产业的发展。

1. 国际市场占有率

“十一五”期间，中国不同能源产品的国际市场占有率呈现不同的变化特点。煤炭的国际市场占有率逐年下降，从2001年的13.11%下降到2008年的5.53%，其中，动力煤从2004年的15.03%下降到2006年的不足10%，焦煤、硬煤的国际市场占有率也有不同程度的下降。石油的国际市场占有率缓慢提高，平均市场占有率从“十五”期间的0.84%提高到“十一五”期间的1.08%，其中，成品油的国际市场占有率则从1.70%提高到2.63%。

表1　中国能源产品国际市场占有率

单位：%

年　份	煤炭国际市场占有率				油气国际市场占有率			
	煤炭	动力煤	焦煤	硬煤	石油	原油	成品油	天然气
2001	13.11	—	—	—	0.83	0.0044	1.44	0.31
2002	12.43	—	—	—	0.84	0.0039	1.61	0.40
2003	12.54	—	—	—	0.98	0.0041	2.08	0.18
2004	12.11	15.03	3.04	11.59	0.72	0.0024	1.59	0.18
2005	9.26	11.96	2.67	9.05	0.85	0.0034	1.75	0.15
2006	7.39	9.94	1.98	7.77	0.77	0.0029	1.52	0.17
2007	6.23	—	—	—	0.74	0.0016	1.72	0.26
2008	5.53	—	—	0.19	1.52	0.0020	3.92	0.38
“十五”	11.43	—	—	—	0.84	0.0035	1.70	0.22
“十一五”	6.19	—	—	—	1.08	0.0021	2.63	0.28

资料来源：BP世界能源统计（2009）。

2. 贸易竞争力指数

中国的能源贸易竞争力指数从1995年起开始小于零，且绝对值越来越大。这表明中国能源工业的贸易竞争力不断恶化，其中，石油、天然气的贸易竞争力指数小于零，煤炭的贸易竞争力指数大于零，它表明中国石油、天然气产业是缺乏贸易竞争力的，而煤炭产业具有一定的贸易竞争力。煤炭贸易竞争力指数在2001年达到最高后开始下降，这个指数的下降是因煤炭出口产业政策和经济发展对煤炭的需求所致。石油产业的贸易竞争力指数在1992年以前大于零，之后小于零，且绝对值不断增大。这个指数的变化也反映出中国对石油需求的变化，并且说明中国石油产业的贸易竞争能力不断恶化。天然气贸易竞争力指数有所增加，表明中国天然气产业的贸易竞争力恶化的趋势有所改善。

表 2　1995～2008 年中国能源工业贸易竞争力指数

年份	能源 TCI	煤炭 TCI	石油 TCI	天然气 TCI
1995	-0.01	0.92	-0.17	-0.95
2000	-0.48	0.94	-0.60	-0.75
2001	-0.38	0.95	-0.60	-0.72
2002	-0.42	0.82	-0.62	-0.71
2003	-0.47	0.85	-0.64	-0.84
2004	-0.55	0.79	-0.77	-0.85
2005	-0.58	0.65	-0.71	-0.85
2006	-0.68	0.56	-0.77	-0.80
2007	-0.69	0.44	-0.78	-0.70
2008	-0.69	0.50	-0.79	-0.48

资料来源：根据联合国贸易数据库（http：//comtrade. un. org）中 SITC3 的数据计算。

3. 质量竞争力指数

质量竞争力指数采用单价的同比变化趋势来衡量出口产品的质量变化。从表 3 中可以看出，能源工业的质量竞争力指数是不断提高的，煤炭从“十五”期间

表 3　中国能源工业的质量竞争力指数

单位：美元/吨

年份	煤炭	原油	成品油
2001	30	183	231
2002	30	171	223
2003	29	204	269
2004	44	241	346
2005	60	334	458
2006	58	432	571
2007	62	434	590
2008	115	716	802
2009	106	425	501
“十五”	38	228	314
“十一五”	79	491	607

资料来源：根据 ACMR 数据库计算。

的平均38美元/吨提高到“十一五”期间的平均79美元/吨；原油从“十五”期间的228美元/吨提高到“十一五”期间的491美元/吨；每吨成品油则从“十五”期间的314美元提高到“十一五”期间的607美元。能源工业质量竞争力指数的提升主要是国际市场能源价格普遍上升带来的。

4. 显示比较优势指数（RCA）

中国的煤炭、原油和成品油的显示比较优势指数都小于1，2007年煤炭的显示比较优势指数为0.0625，原油的显示比较优势指数为0.0016，成品油的显示比较优势指数为0.0172，这表明中国能源工业在国际市场上不具有比较优势，国际竞争力相对较弱。

通过以上分析，不难得出以下结论。

第一，“十一五”期间中国煤炭产业国际竞争力较强，但呈下降态势。中国煤炭产业在资源保有量、区位和劳动力成本等方面具有一定的国际竞争优势：①中国煤炭资源比较丰富。截至2005年底，资源保有量为10429.57亿吨。煤炭产业为资源性产业，因此，对资源的拥有是煤炭产业潜在发展、在竞争中占优势的重要因素之一。②中国煤炭产业在国际竞争中具有区位优势，其运距短、运输成本低。在世界煤炭市场中，亚太地区是第一大煤炭市场，其煤炭贸易量占世界贸易总量的一半。日本、韩国和我国台湾是亚太地区主要煤炭进口国家和地区。同样海运煤炭到日本，美国到日本的运距至少是中国到日本运距的14倍，澳大利亚至少是中国的4倍，南非至少是中国的6倍，印尼到日本的运输距离也是中国的3倍左右。运距短给中国煤炭产业在争夺亚洲这个世界最大煤炭市场方面带来了得天独厚的优势。③劳动力成本低，具有生产成本优势。中国低廉的劳动力价格导致了煤炭生产的低成本，而这正是中国煤炭产品能够在国际市场上有较强竞争力的重要原因之一。

然而，中国煤炭产业竞争力受到自身能源需求量快速增加和环境压力增大的限制，国际市场竞争力因国家煤炭出口贸易政策的变化而受到较大的削弱。煤炭产业的国际市场占有率下降主要缘于煤炭出口政策。2003年，中国开始对煤炭进出口贸易采取促“进”抑“出”的政策，煤炭产品出口退税逐步降低直到取消，然后对煤炭加征5%的出口关税；煤炭进口关税则从5%下调为零。与国家政策变化相一致，2003～2009年，中国的煤炭进口数量由1076万吨增加到3825万吨，而同期中国的煤炭出口数量却由9394万吨逐渐下降到6330万吨。煤炭进出口的“一增一减”使得中国煤炭产业的外贸局面发生了重大变化，国际市场占有率不断下降。

第二，“十一五”期间中国石油和天然气的国际竞争力有所提升，但在国际竞争中不具有比较优势。其主要原因：①中国对石油的需求量大，而自给能力较低。中国石油的对外依存度已达到50%以上。②中国的石油资源较为贫乏。③中国对天然气的勘探、开发力度不够。

二　能源工业竞争力的影响因素

能源工业竞争力的影响因素很多，能源消费量、能源产出率、能源市场结构、相关产业的发展和能源产业政策的变化等，都将不同程度影响能源工业的竞争力。出于数据可得性和可比性的考虑，下面选择劳动生产率、产业创新、产业集中度、关联产业等指标来考察。

1. 劳动生产率

通过对表4的分析，可以看出煤炭开采和洗选业、石油与天然气开采业、石油加工业和电力生产的劳动生产率有了不同程度的提高。“十五”的第一年（2001年）电力的劳动生产率仅为154.70千元/人，到“十一五”的2006年，电力行业的劳动生产率提高了一倍，为319.73千元/人。劳动生产率的提高降低了单位产品的生产成本，为中国能源工业竞争力提高起到了重要的作用。

表4　2001～2007年能源工业的劳动生产率

单位：千元/人

年份	煤炭开采和洗选业	石油与天然气开采业	石油加工业	电力生产
2001	—	337.07	192.87	154.70
2002	—	345.85	246.34	173.35
2003	30.59	328.61	308.73	199.51
2004	47.53	364.59	371.29	231.96
2005	66.27	562.53	393.57	270.71
2006	77.37	641.47	446.08	319.73
2007	101.28	711.48	544.18	390.51

资料来源：历年《中国工业经济统计年鉴》。

2. 产业创新

能源工业是一个技术密集型产业，其未来发展的速度与质量不可能再直接取决于自然资源、硬件技术甚至资本的多少，而直接依赖于对知识及技术等软件资源的创新、形成和利用。第一，石油工业。从中国石油石化企业的技术环境看，大多数的理论和前沿技术基本上是跟踪国外，很少有自主知识产权，缺少创新，缺乏竞争优势，总体技术与发达国家差距较大。在勘探开发主体技术方面已经形成了一套具有中国特色的陆相油气地质理论，多数技术处于世界领先水平；但在炼油化工技术上与世界先进水平差距较大，特别是石油石化工艺尚未形成成套技术，严重影响了石油企业的盈利能力和市场竞争能力。第二，煤炭工业。目前中国煤炭工业技术创新能力整体不强，但是发展迅速，绩效较明显，潜力仍然很大。中国煤炭工业技术创新能力不强，表现在企业技术力量薄弱，独立开发能力差；企业用于技术研发的经费十分有限，不足2%。国际上一般认为，技术开发资金低于销售额1%的企业难以生存，达到销售额2%的企业可以维持，达到销售额3%~5%的企业方有竞争力。

3. 产业集中度

能源工业是资金、技术和劳动密集型产业，规模经济效应明显。中国石油工业一直保持极高寡占型市场结构。其产业集中度非常高，中石油、中石化、中海油三大公司2003年的原油生产总量和加工量的和，分别占全国总量的99.77%和83.14%，寡头垄断的市场结构特征明显。

中国煤炭工业是分散竞争性行业。2008年，煤炭工业的产业集中度指标CR_1、CR_4、CR_8，分别为10.27%、19.88%和27.78%。由于CR_4小于20%，根据日本学者植草益的市场结构分类标准，中国煤炭市场是分散竞争性市场。尽管“十一五”期间，煤炭工业通过“建大关小”，产业集中度指标CR_4有所提高，由“十五”期间2004年的14.33%提高到“十一五”期间2008年的19.88%，但是仍然没有超过20%，煤炭工业依然是分散竞争性行业。煤炭产业市场结构的现状，不利于煤炭企业在竞争中获得更多的利益，降低了煤炭企业的盈利能力。

4. 关联产业

1990年、1995年和2002年，煤炭、油气、电力行业的影响力系数都小于1，表明能源工业生产的影响程度小于社会平均影响水平，对其他行业的拉动作用不明显。2007 年，煤炭和油气行业的影响力系数小于 1，但电力行业的影响力系数大于 1，表明煤炭和油气的生产对其他行业的影响仍然较小，而电力行业的生产对其他行业的拉动作用较大。从感应度系数上看，能源工业内部对经济发展需求感应程度差异较大，总体上看能源工业的感应度系数在增加，电力行业的感应度最大，煤炭工业的感应度最小。2002 年、2007 年，电力行业的感应度系数分别是 1.57 和 2.41，油气行业的感应度系数都超过 1，表明电力行业和油气行业对经济发展的需求感应程度强烈。

三　能源工业竞争力的国际比较

我们从能源工业的市场竞争力、资源潜在竞争力、技术竞争力和产业集中度等方面进行比较分析。

1. 市场竞争力

能源工业的市场竞争力主要体现在产量上，具体可由原油产量、煤炭总产量、天然气产量、国际市场占有率等指标反映。中国能源工业在国际市场上不具优势。

中国是世界能源生产大国，是世界第一大煤炭生产国、第二大电力生产国、第五大石油生产国和天然气生产国。

（1）中国是世界第一大煤炭生产国，煤炭产量占世界的 40% 以上。中国、美国、印度、澳大利亚和俄罗斯是世界主要煤炭生产大国，5 国煤炭产量占世界煤炭总产量的 75%。中国煤炭产量远远高于其他产煤国，2008 年其煤炭产量为 27.8 亿吨，约占世界煤炭总产量的 41.0%，是美国煤炭产量 10.6 亿吨（世界第二）的 2.6 倍，是印度煤炭产量 5.1 亿吨的 5.5 倍。

（2）中国是世界第五大石油生产国，但产量远远低于排在前三位的石油国产量。年产 1 亿吨以上的石油主产国有沙特阿拉伯、俄罗斯、美国、伊朗、中国、墨西哥、加拿大、阿联酋、科威特、委内瑞拉等，中国 2008 年的产量为 1.8 亿吨，排在第五位，约占世界石油产量的 4.8%。其中，世界第一大石油生产国沙特阿拉伯 2008 年石油产量是 5.2 亿吨，约占世界石油产量的 13.1%；世界第二大石油生产国俄罗斯 2008 年石油产量是 4.9 亿吨，约占世界石油产量的

12.4%；世界第三大石油生产国美国2008年石油产量是3.1亿吨，约占世界石油产量的7.8%。(见表5)

表5 2008年世界主要能源生产国产量

项目	煤炭(百万吨)		石油(百万吨)		天然气(10亿立方米)		发电量(太瓦时)	
产量	中国	2782	沙特阿拉伯	515.3	俄罗斯	601.7	美国	4316
占比		41.0%		13.1%		19.6%		21.4%
产量	美国	1062.8	俄罗斯	488.5	美国	582.2	中国	3433.4
占比		15.7%		12.4%		19.0%		17.0%
产量	印度	512.3	美国	305.1	加拿大	175.2	日本	1154.3
占比		7.6%		7.8%		5.7%		5.7%
产量	澳大利亚	401.5	伊朗	209.8	伊朗	116.3	俄罗斯	1036.2
占比		5.9%		5.3%		3.8%		5.1%
产量	俄罗斯	326.5	中国	189.7	中国	76.1	印度	834.3
占比		4.8%		4.8%		2.5%		4.1%
世界产量	6781.2		3928.8		3065.6		20201.8	

资料来源：BP世界能源统计（2009）。

2. 资源潜在竞争力

能源工业国际竞争力的表现不同于一般制造业。西方国家普遍把采掘业视为具有自然垄断性的行业，企业间的竞争主要表现在对矿产资源自然属性所带来的稀缺性和品位级差收益的竞争。资源占有量对于能源工业的发展具有非同寻常的意义，煤炭与油气开采和加工过程中低代价、高效率的增值能力，对于能源工业的国际竞争力具有决定性的影响。

（1）煤炭。从煤炭储量上看，中国煤炭占世界煤炭储量的13.9%，位于第三名，低于美国（28.9%）和俄罗斯（19.0%）；从储采比看，中国为41.2%，低于世界平均水平122%，排在第23位，远远低于俄罗斯和美国（见表6）。

（2）石油。观察表7，从石油储量上看，中国石油储量为155亿桶，占世界总储量的1.2%，低于沙特阿拉伯、俄罗斯和美国。从储采比看，我国石油储采比为11.1%，大大低于42.0%的世界平均水平（见表7）。

（3）天然气。从储量与可采比上看，天然气的情况与石油大体相同（见表8）。

表6　2008年世界主要国家煤炭储量与储采比

国　　家	煤炭储量(百万吨)			储采比(%)		煤炭产量(百万吨)	比上年增长(%)	占世界煤炭产量份额(%)	排名
		排名	占世界份额(%)		排名				
世　　界	826001	—	—	122	—	6781.2	5.3	100.0	—
中　　国	114500	3	13.9	41.2	23	2782.0	10.0	42.5	1
美　　国	238308	1	28.9	224.2	8	1062.8	1.3	18.0	2
印　　度	58600	5	7.1	114.4	11	512.3	7.0	5.8	4
澳大利亚	76200	4	9.2	189.8	9	401.5	0.3	6.6	3
俄罗斯	157010	2	19.0	480.9	2	326.5	2.8	4.6	5
南　　非	30408	8	3.7	121.4	10	250.4	0.8	4.2	6
印度尼西亚	4328	15	0.5	18.9	27	229.5	5.3	4.2	7
德　　国	6708	12	0.8	34.9	24	192.4	-7.7	1.4	10
波　　兰	7502	9	0.9	52.1	21	143.9	-3.3	1.8	8
哈萨克斯坦	31300	7	3.8	272.8	7	114.7	17.1	1.8	9

资料来源：BP世界能源统计（2009）。

表7　2008年世界主要产油国石油储量与可采比

国　　家	石油储量(10亿桶)			储采比(%)		石油产量(10亿吨)			
		占世界份额(%)	排名		排名		比上年增长(%)	占世界总产量比重(%)	排名
世　　界	1258.0	—	—	42.0	—	3928.8	0.4	—	—
沙特阿拉伯	264.1	21.0	1	66.5	5	515.3	4.0	13.1	1
俄罗斯	79.0	6.3	7	21.8	15	488.5	-0.8	12.4	2
美　　国	30.5	2.4	11	12.4	36	305.1	-1.8	7.8	3
伊　　朗	137.6	10.9	2	86.9	3	209.8	-0.2	5.3	4
中　　国	15.5	1.2	14	11.1	37	189.7	1.4	4.8	5
墨西哥	11.9	0.9	18	10.3	39	157.4	-9.1	4.0	6
加拿大	28.6	2.3	12	24.1	13	156.7	-2.0	4.0	7
阿联酋	97.8	7.8	6	89.7	2	139.5	2.0	3.6	8
科威特	101.5	8.1	4	99.6	1	137.3	5.3	3.5	9
委内瑞拉	99.4	7.9	5	—	—	131.6	-1.9	3.3	10

资料来源：BP世界能源统计（2009）。

表8　2008年世界主要天然气生产国的储量与可采比

国　家	天然气储量(万亿立方米)			储采比(%)		产量(10亿立方米)			
		占世界份额(%)	排名		排名		比上年增长(%)	占世界份额(%)	排名
世　界	185.0	—	—	60.4	—	3065.6	3.8	100.0	—
俄罗斯	43.3	23.4	1	72.0	5	601.7	1.4	19.6	1
美　国	6.7	3.6	6	11.6	32	582.2	7.5	19.3	2
加拿大	1.6	0.9	20	9.3	35	175.2	-5.1	5.7	3
伊　朗	29.6	16.0	2	*	—	116.3	3.6	3.8	4
挪　威	2.9	1.6	13	29.3	21	99.2	10.4	3.2	5
阿尔及利亚	4.5	2.4	10	52.1	10	86.5	1.7	2.8	6
卡塔尔	25.5	13.8	3	*	—	78.1	4.7	2.5	7
中　国	2.5	1.4	15	32.3	20	76.6	20.9	2.5	8
印度尼西亚	3.2	1.7	11	45.7	14	76.1	9.6	2.5	9
土库曼斯坦	7.9	4.3	4	*	—	69.7	2.7	2.3	10

资料来源：BP世界能源统计（2009）。

3. 技术竞争力

中国的煤矿技术装备总体水平落后，在清洁煤技术领域，美国、德国和日本的技术水平最高。中国的煤矿事故死亡率明显高于西方主要产煤国家。美国、日本、欧盟、俄罗斯等国家和地区在煤炭领域技术能力最强。在最重要的洁净煤技术领域，美国不论是在地下煤炭气化、煤炭液化、煤层气的利用，还是在IGCC、CFBC等领域都占据优势地位；德国在地下煤气化和煤炭液化技术领域可与美国媲美，日本在地下煤气化领域也可与美国一较高下。

中国石油工业的自主创新能力大大弱于美国，而强于欧盟、俄罗斯和日本等国。美国在石油工业技术创新中大约有近千项，中国有几十项，有十项以下的依次是欧盟、俄罗斯和日本。中国在油气资源领域的研发经费投入在整个能源行业研发经费投入的比重是比较大的，超过40%，高于美国、日本、加拿大、法国、英国等，但总的研发投入依然不足，仅占销售额的1%，明显低于国外石油企业。在油田开发领域，美国有814项技术创新，其中的14项是各大石油公司进行的创新，800项是美国海军发明的适合海上开采石油和天然气的技术，由此美国技术创新能力的强大可以窥见一斑；同期，中国共有技术创新28项。在炼油技术方面，中国与世界先进水平存在较大差距，技术水平落后10~15年，研发能力薄弱，关键技术主要依靠引进，但引进后消化吸收能力不足，很难掌握其关键核心技术。中国生产效率较低，石油资源采收率低于30%，低于33%的世界平均水平。

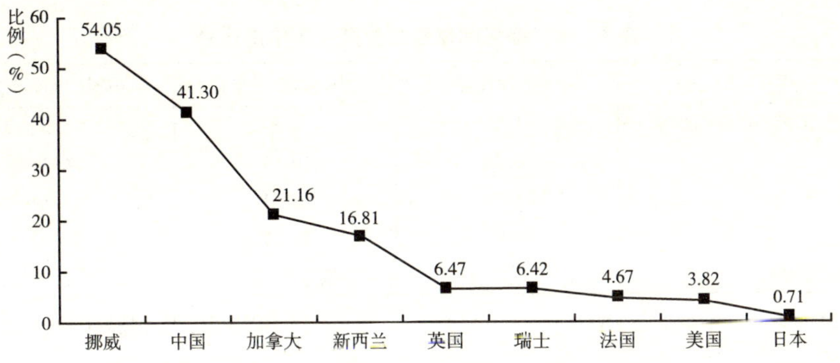

图1　油气领域各国研发经费投入与能源行业研发总投入之比

中国非常重视新能源技术发展，部分新能源技术居领先地位。总体而言，欧盟在太阳能发电、风能和生物质能领域的发展好于其他国家和地区，其中德国在太阳能发电及风能领域占据优势地位，法国在核电领域领先。日本在储能技术上、美国在大型风机设备等领域领先。国外非常重视在核能领域中的研发投入。核能研发经费在能源研发经费中比重超过1/3的有法国（91.43%）、比利时（81.66%）、日本（70.71%）；另外，西班牙（38.69%）、英国（30.22%）、加拿人（28.48%）、瑞士（24.06%）等国在核能领域的研发投入也很高，美国为12.05%。相比之下，中国核能经费在能源研发经费中比重远远低于上述国家。中国在太阳能热利用、光伏电池、风机设备、储能技术方面具有一定的竞争力。

4. 产业集中度

与国外石油产业竞争力较强的国家相比，中国石油工业产业集中度非常高。世界主要石油生产国和石油消费国中，其石油产业的市场结构一般呈三种类型：完全垄断型（一个国家只有一家石油公司）、寡头垄断型（一个国家有不超过3家石油公司）和不完全竞争型（一个国家有多家石油公司并存）。据研究，在世界50个石油主产国与消费国中有38国是完全垄断型，占76%；有10国是寡头垄断型，占20%。美国石油产业的CR_4为50.63%，CR_8是72.63%。

与国外煤炭产业竞争力较强的国家相比，中国的煤炭产业集中度比较低。俄

罗斯煤炭产业 CR_1 为95%，属极度寡占型市场竞争结构；德国、南非和澳大利亚等国家的集中度都很高，属寡占型市场竞争结构；美国的 CR_1 为 20%，CR_4 为 36%，属中度寡占型市场竞争结构。

表 9　中、美两国煤炭工业产业集中度比较

指　　标	中国(2004 年)	中国(2008 年)	美国(2004 年)
第一大公司年产量(亿吨)	1.20	2.81	1.9
CR_1	6.10	10.07	16.7
CR_4	14.33	19.51	43.10
CR_8	20.97	27.27	59.90
市场竞争结构	分散竞争性行业	分散竞争性行业	中度寡占型行业

资料来源：根据 2005 年、2009 年《中国煤炭企业 100 强》,《中国能源统计年鉴》(2009) 计算。

四　国际金融危机对能源工业竞争力的影响

2009 年，中国能源工业化“危”为“机”，在困难中前行，抓住全球能源需求放缓的有利时机，加大结构调整力度，加快推进发展方式转变；把握国际能源资源价格下跌的难得机遇，不断扩大海外能源资源权益；把握核电建设成本下降的有利时机，发展核电工业，优化能源结构，努力提升能源工业整体竞争力。

国际金融危机对能源工业竞争力的影响有利有弊，但总的来说利大于弊，具体有以下三个方面的影响。

1. 中国能源工业发展的市场支撑条件没有根本改变

国际金融危机给中国能源工业带来阶段性影响，但未能改变中国能源供应偏紧的总体趋势，中国能源工业发展的市场支撑条件没有发生根本变化。2009 年，中国能源消费总量为 31 亿吨标煤，比 2008 年的 28.5 亿吨标煤又增加了 2.5 亿吨标煤。2009 年中国原煤生产为 29.65 亿吨，同比增长 25%；原油生产为 1.89 亿吨，与上年基本持平；发电量为 3.6 万亿千瓦时，比上年增长了 7%。

国际金融危机在短期内使能源供给的持续偏紧有所缓解，部分时段、部分地区甚至出现能源需求负增长。2009 年初国内外市场需求萎缩，能源运行低迷。第二季度开始，宏观经济止跌企稳，能源需求逐渐回暖，煤炭、电力、石油消费

结束了持续下滑的势头。

全国范围内电力生产和消费增速明显回落，电力供需总体平衡，有些地区已经出现供大于求。中国电力行业面临前所未有的困难，电力消费从高速增长进入了负增长，一年多时间的新建发电能力整体上无法发挥应有效益，电厂平均设备利用率下降。2009 年，全国 6000 千瓦及以上电厂累计平均设备利用小时数为 4527 小时，同比降低 121 小时，发电行业进入了全面亏损。

成品油市场供大于求。2009 年初石油石化行业市场需求萎缩，价格大幅下滑，炼油厂开工率一度降至 70%，成品油库存居高不下；第二季度以后，随着一系列扩大内需政策效应逐步显现，石油石化产品需求逐渐恢复，价格回升；进入第四季度，国内成品油需求趋于活跃。

表 10　金融危机对中国能源生产的影响

时　间	原煤产量当期值		原油产量当期值		发电量当期值	
	产量（亿吨）	同比增长（%）	产量（亿吨）	同比增长（%）	发电量（亿千瓦小时）	同比增长（%）
2008 年 12 月	2.20	-1.30	1571	0.40	2740	-7.90
2009 年 2 月	1.97	16.00	1432	-4.60	2449	5.90
2009 年 3 月	2.33	10.30	1582	-1.10	2834	-1.30
2009 年 4 月	2.30	7.90	1559	0.80	2713	-3.50
2009 年 5 月	2.48	9.60	1603	-1.10	2839	-2.70
2009 年 6 月	2.79	15.89	1571	-1.78	3100	5.20
2009 年 7 月	2.58	14.75	1614	-0.34	3345	4.77
2009 年 8 月	2.61	14.60	1632	1.60	3443	9.30
2009 年 9 月	2.63	12.70	1572	0.84	3203	9.50
2009 年 10 月	2.73	21.10	1625	-1.80	3121	17.10
2009 年 11 月	2.89	26.30	1567	-1.10	3234	26.90
2009 年 12 月	2.81	25.10	1607	1.60	3498	25.90

资料来源：ACMR 数据库。

2. 有利于能源工业产业结构的优化与升级

本次危机为优化能源结构、加快产业升级、促进清洁高效能源发展提供了条件，为我国可再生能源、核能和节能技术发展提供了机遇。

淘汰传统能源落后产能，优化能源结构。国家加快对传统煤电项目“上大

压小”的步伐，在2006年关停314万千瓦、2007年关停1438万千瓦、2008年关停1458万千瓦小火电机组的基础上，2009年关停小火电机组容量2617万千瓦。

国际金融危机导致了中国核电建设成本降低，为核电产业大规模发展提供了机遇。在4万亿元投资中，有几个项目都是用于核电的，如福建福清、福建宁德、浙江三门、秦山方家山核电项目，这些既符合国家核电中长期发展规划，同时又是积极应对金融危机的举措。国际金融危机使原材料价格下降，核电施工、设备制造成本降低，推进了中国核电机组的建设速度。目前中国核准在建核电机组24台，总装机容量2540万千瓦，是目前世界上核电在建规模最大的国家。

3. 有利于获取能源工业可持续发展的资源权益

国际金融危机对于中国能源企业的境外投资可以说既是机遇，也是挑战，总体而言机遇多于挑战。2009年，一批重大境外能源投资项目陆续完成签约，海外并购活跃。例如中石油投资伊朗南帕斯气田、中石化投资伊朗雅达油田、中石化收购瑞士阿达克斯（Addax）石油公司、中石化收购安哥拉3个海上石油区块权益、中石油收购新加坡石油公司、中石油联合哈萨克斯坦国家石油公司收购哈萨克斯坦曼格什套油气公司上游油气资产、山东兖州煤业收购澳大利亚菲利克斯公司。扩大海外能源资源权益产能，对中国能源工业竞争力的提升具有积极意义。

分布广泛的能源项目投资有利于中国能源工业的安全可持续发展。除澳大利亚、加拿大等能源资源富集的发达国家外，2009年中国企业在境外投资的能源和矿产资源项目很多分布在亚洲、非洲和南美洲的发展中国家，如老挝、哈萨克斯坦、赞比亚、安哥拉、津巴布韦、特立尼达和多巴哥等。

五　能源工业的国际利益冲突

围绕着有限的资源，中国与其他国家之间的摩擦不断发生。中俄供需互补、夹杂摩擦，中美、中日、中印能源资源争夺激烈。

1. 中美摩擦

美国与中国作为世界上两个石油净进口大国的石油进口来源地高度交叉甚至重叠，中美两国从中东、非洲所进口的石油数量、比重都很大，在石油利益面前两国摩擦不可避免。

2. 中日摩擦

“俄石油管道之争”和“东海石油勘探之争”是中日石油贸易摩擦的最典型事例。随着中国对石油需求的不断加强，中日两国主要进口油气资源的同源性和地缘政治经济的相关性，将不可避免地导致中日两国在国际石油市场展开竞争。

3. 中印摩擦

随着印度经济的快速发展，其对石油及天然气等资源的需求也不断增长，超过了其国内能源供应的限度。目前印度的石油产量只有3700万吨，尚不足本国需求的1/2，70%的石油需求需要进口。面对油气供需的严峻形势，中印两国的在原油贸易和上游油气资源收购项目上竞争日益激烈，并且有不断升级之势。

六 2010年能源工业竞争力的判断

1. 国际市场竞争能力不会有根本改变

中国能源工业在国际市场上的竞争地位不会发生根本性改变，能源产品在国际市场的占有率总体表现为下降趋势，特别是煤炭的国际市场占有率将会进一步下降，能源的显示比较优势指数将会有所下降。但是，随着中国炼油能力的提升，中国在成品油市场的竞争力将有所提升。随着2009年国内重点炼化项目的顺利实施：新疆独山子石化千万吨炼油、百万吨乙烯装置建成投产，广西石化千万吨炼油主体装置基本建成，四川炼化一体化工程开工建设，中海油惠州炼油装置顺利投产等，全年新增炼油能力近4000万吨。执行新的成品油价格机制以来，炼油企业生产积极性高涨，地方炼油厂加工负荷提高。由于市场需求恢复相对缓慢，国内成品油市场可能会出现供大于求。

2. 支撑中国能源工业发展的能源消费需求会有所增长

2010年，随着经济的回暖特别是工业的回暖，中国能源需求较2009年将有所增长。中国正处于工业化、城镇化加速发展阶段，能源需求还有比较大的增长空间。2010年，钢铁、建材以及化工等高载能重化工产品产量将大幅回升，企业开工率显著提高，重工业快速反弹带来潜在的能源供给压力。预计2010年我国能源生产总量将继续保持增长态势。

（1）成品油。2010年国内成品油消费将呈恢复性增长。机动车仍然是成品油消费的主要推动力，汽车销量的增加将带动汽油消费继续增长，建筑施工用油、工矿企业及物流运输业的持续恢复将提升柴油需求，航空煤油在世界经济复苏和旅游业好转的拉动下也将保持一定增长。但 2010 年全国将新增炼油能力 2000 万吨以上，加上地方炼油和社会资源，成品油市场总体仍将供大于求。

（2）煤炭。2010 年，煤炭供应将呈现偏紧的格局，产煤省煤炭工业重组和资源整合进程将对国内煤炭市场产生一定影响。但随着煤炭工业重组的完成，煤炭生产趋于正常，煤炭工业的竞争力将大大提高。

3. 中国能源工业的资源竞争潜力将进一步提升

随着我国技术水平的提高、能源勘探力度的加大和国外资源权益的增多，我国能源工业发展的资源竞争潜力将进一步提升。

七 对策建议

在国际竞争力中，中国能源工业的优势与劣势都比较明显，其优势主要体现在生产总量方面，而最主要的劣势是国内能源生产难以满足能源需求的快速增长。为此，提出以下建议：

第一，理顺能源工业发展的体制机制，不断提高能源工业的竞争力。能源工业中，政府对企业的直接干预依然普遍存在，政府职能“缺位”与“越位”问题仍很严重，特别是“越位”问题严重干扰了市场机制发挥配置资源的基础性作用。能源工业发展存在着周期性的大起大落，而且越是计划性强的产业，波动的幅度越大（例如电力）。这样的发展机制严重制约了经济的持续、稳定发展，已到了非改不可的程度。

第二，加快新兴能源的开发利用，优化能源消费结构。①要加快天然气行业的发展。综合考虑各种能源产品的规模性、经济性、清洁性和安全性，天然气将是优化能源消费结构的主要选择。建议高度重视天然气在未来能源发展中的重要地位，进一步完善天然气价格机制，加快天然气管网建设，加强与天然气资源国的合作，推进天然气行业快速发展。②要加快水电开发利用。中国水力资源十分丰富，但开发力度不够，截至 2008 年底，中国常规水电装机容量仅占技术可开发量的 29.7%，大大低于发达国家的水电开发水平。③要加强风电开发与电网建设的统筹规划，提高电网消纳风电的能力。中国电网消纳东北地区和甘肃地区的风电能力有限。2009 年底，东北地区风电装机规模达到 627 万千瓦，甘肃酒泉千万千瓦风电基地一期工程已经核准建设，预计 2010 年底发电量将达到 516 万千瓦。因此，在风电开发利用中，应加强统筹规划，保证风电的外送和有效利用。

第三，加大技术投入和企业重组力度，提高煤炭工业的竞争力。①继续加大技术投入和创新，提高生产率和装备技术水平。用人多、劳动效率低、机械化程度不高、开采技术装备总体水平低是中国煤炭竞争力低的重要因素之一。煤炭产业能否在国内以及国际市场上具有竞争优势，关键在于科技水平，加快先进技术、工艺和设备的投入，大力推广应用新技术、新工艺、新设备、新材料，提高煤炭企业的科技水平。②继续提高煤炭产业的进入壁垒和产业集中度，组建煤炭企业集团，实现煤炭产业由分散型、原子型竞争结构，向寡头垄断竞争结构的转变。在企业战略上，组建大型煤炭企业集团是有效增强煤炭产业竞争力的重要途径。从整体考虑，要以优势大型煤炭企业为核心，以资本为纽带，组建实力雄厚、竞争力强的煤炭企业集团，有效地增强煤炭产业竞争力。③转变管理方式，提高管理效率。煤炭产业竞争力表现为煤炭企业新的管理理念、高效的运营状态和较高的内部管理效率。长期以来中国煤炭企业沿用了计划经济时代旧的运营模式，难以适应市场经济条件的要求，极大地束缚了煤炭企业的发展，严重削弱了整个煤炭产业的竞争力。而改善这种落后状态的根本方法就是要变旧的运营模式为新的运营模式，采用新的管理理念，提高其经营者的素质和积极性。

钢铁工业竞争力

江飞涛*

一 “十一五”期间钢铁工业竞争力变化

2000年以后，中国钢铁工业进入完全市场化的历史新阶段。特别是“十一五”期间的前3年（2006～2008年），中国钢铁工业的国际竞争力呈现出不断增长的态势，中国钢铁工业的国际市场占有率、贸易竞争力指数、显示比较优势指数、质量竞争力指数均有较大提高。

1. 国际市场占有率

从图1可以看出，1990～1994年，中国钢铁工业的国际市场占有率不超过2%；1995～2003年，中国钢铁工业的国际市场占有率维持在2%～3.37%之间；2004年，中国钢铁工业国际市场占有率开始出现较大增长。2004年中国钢铁工业的国际市场占有率为5.12%，2008年达到12.09%。这种大规模的海外贸易渗

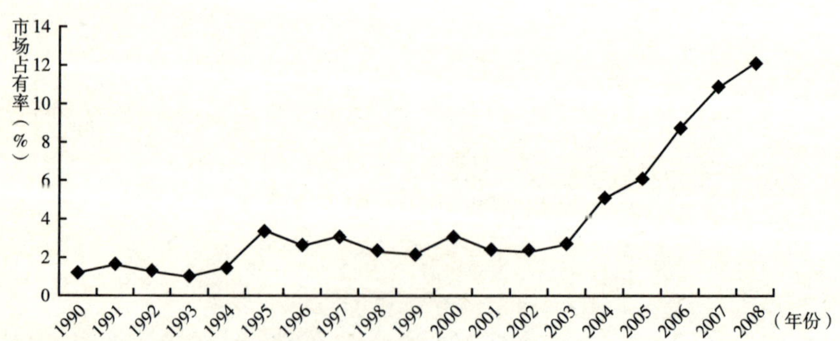

图1　1990～2008年中国钢铁工业国际市场占有率

资料来源：根据联合国贸易数据库（http：//comtrade.un.org）中数据计算。

* 江飞涛，中国社会科学院工业经济研究所副研究员，投资与市场研究室副主任。

透，既增强了中国钢铁工业在国际市场的影响力，又表明了中国钢材产品已经逐步被国际市场接受，外贸能力日趋强劲。

2. 贸易竞争力指数

从图2中可以看出，1990～2005年，中国钢铁工业贸易竞争指数都为负数，表明了中国主要还是依赖进口来满足需求，出口的竞争力较弱。其中1993年贸易竞争力指数最低仅为－0.85。2006年由于中国钢材进出口格局的转折，贸易竞争指数由负转正，表明中国钢材由净进口转变为净出口，出口竞争力逐年增强。2008年中国钢铁工业贸易竞争力指数达到历史新高0.45。

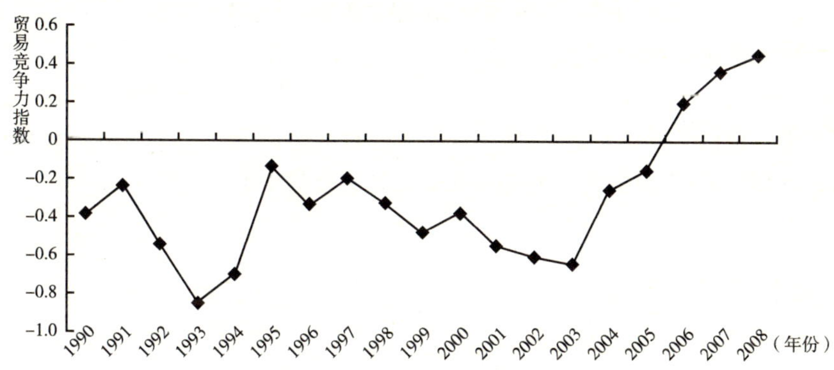

图2 1990～2008年中国钢铁工业贸易竞争力指数

资料来源：根据联合国贸易数据库（http：//comtrade. un. org）中数据计算。

3. 显示比较优势指数

从图3中可以看出，1990～2005年，中国钢铁工业显示比较优势指数除了1995年达到1.17以外，其余年份均小于1，说明中国钢铁工业在国际市场上不具有比较优势，国际竞争力相对较弱。2006年、2007年、2008年，中国钢铁工业显示比较优势指数呈现出不断上升趋势，分别达到了1.08、1.23、1.36，这表明中国钢铁工业竞争力不断走强，具有了一定的国际竞争力。

4. 质量竞争力指数

一国的产品国际竞争力不仅表现为规模与市场占有率，还必须衡量其产品的质量优势。质量竞争力指数采用单价的同比变化趋势来衡量出口产品的质量变化。从图4中可以看出，自2000年以来，中国钢材出口的产品质量正处于逐步提升的趋势，国际竞争力亦逐渐增强。2000～2003年这4年为一个阶段，钢材

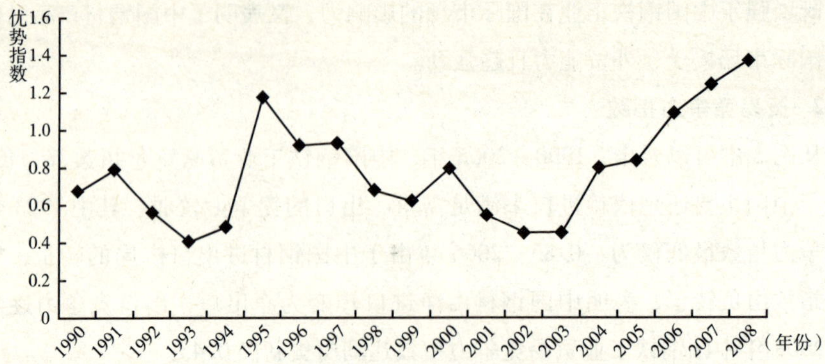

图3　1990～2008 年中国钢铁工业显示比较优势指数

资料来源：根据联合国贸易数据库（http：//comtrade. un. org）中数据计算。

质量竞争力指数维持在 1～1. 5 这一水平，2004～2007 年，中国钢材质量竞争力指数上升到 1. 5～2 的水平，2008 年更是上升到新的水平，达到 3。

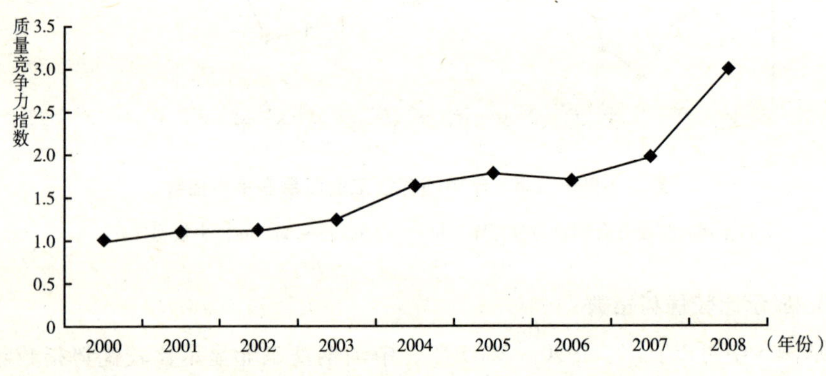

图4　2000～2008 年中国钢铁工业质量竞争力指数

5. 原因分析

从以上指标分析可以得出，进入 21 世纪以来，中国钢铁工业竞争力不断增强，原因主要是以下三点：

（1）中国人工成本偏低。目前中国大中型钢铁企业的人力成本占主营业务收入的 5% 左右，而同期日本为 11%、美国为 20%、德国为 25%。

（2）设备国产化降低了企业的设备购置和维护成本。国外同类设备购入价格高，维护、保养成本大，而国产化后，设备投资成本、维护成本降低了 50%。

国产冶金技术装备水平的提高，大大降低了中国国内钢铁工业的投资成本和运营成本。

（3）政府支持。钢铁工业作为基础原料工业，在国民经济中具有举足轻重的地位。2005 年，中国出台了《钢铁产业发展政策》，这是继《汽车产业发展政策》之后，第二个由国家发改委起草、国务院审议通过的国家级产业发展政策，对钢铁产业的布局调整、技术政策以及投资管理等均做出了详细的规划，并提高了外资企业的准入门槛，为钢铁产业的发展提供政策支持和引导。

二　钢铁工业竞争力的影响因素

影响钢铁工业竞争力的因素主要有劳动生产率、产业创新、产业集中度以及关联产业的影响。通过对这些影响因素的分析，可以探寻提升中国钢铁工业竞争力的路径方式。

1. 劳动生产率

由图 5 可以看出，中国钢铁工业的劳动生产率不断提高。1999 年，钢铁工业的劳动生产率仅为 38.36 千元/人，2007 年增加至 295.87 千元/人，年均增加 28.61 千元/人。劳动生产率的提高降低了单位产品的生产成本，为中国钢铁工业竞争力提高起到了重要的作用。

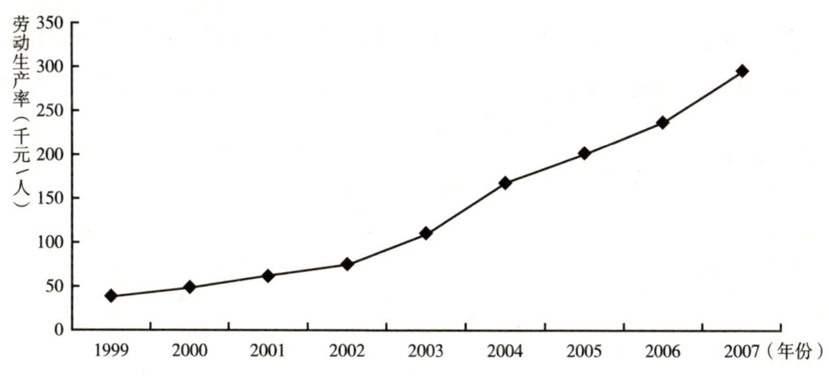

图 5　1999～2007 年中国钢铁工业劳动生产率

2. 产业创新

产业创新指数是钢铁工业研发经费/产品销售收入。从图 6 可以看出，从

2003~2008年，中国的产业创新指数在0.5%~0.8%之间变动，表示每取得100元的产品销售收入，用于研发的经费不足1元，可见中国钢铁工业创新对产业竞争力的提升是不显著的。

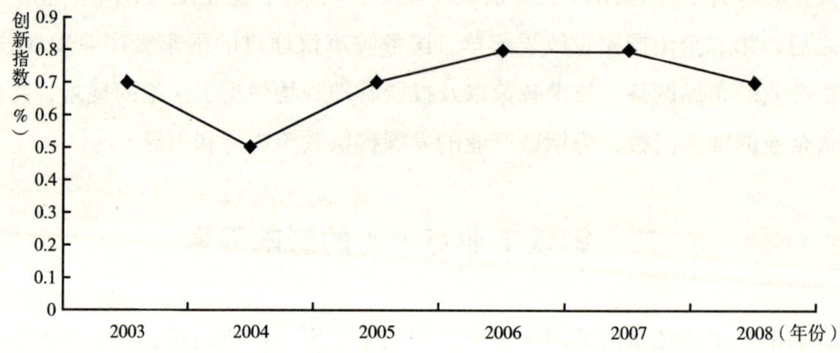

图6　2003~2008年中国钢铁工业研发经费/产品销售收入

3. 产业集中度

钢铁工业是资金、技术和劳动密集型产业，规模经济明显。从图7看出，1990~2005年中国钢铁工业的集中度呈现下降的趋势，CR_4 由1996年的32.71%降至2005年的16.34%，2007年恢复至18.68%，2009年达到24.41%。与45%的规划目标值差距很大。中国钢铁产业集中度降低没有发挥规模经济的优势，阻碍了钢铁工业竞争力的提高。与世界其他国家相比，2007年美国和欧盟的 CR_4 分别达到52.9%和54.3%，日本的 CR_4 更是高达74.8%，而韩国 CR_3 就达到88.9%，而中国2007年的 CR_4 为18.68%，2009年 CR_4 也才是24.41%，

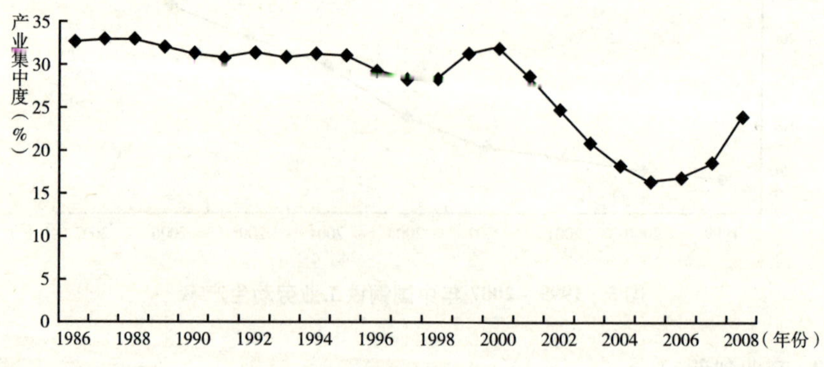

图7　1986~2008年中国钢铁工业 CR_4

这说明我国企业布局分散，产业集中度低。产业集中度低是导致资源配置不合理和产业整体竞争力不足的主要原因。

4. 关联产业的影响

从图8可以看出，2002年和2007年炼铁业、钢压延加工业和铁合金冶炼业的影响力系数均在1以上，表明这些部门的生产对其他工业所产生的影响程度超过社会平均影响水平，拉动作用明显。炼钢业2002年影响力系数超过1，但在2007年却降至0.92，表明其拉动作用有所降低。

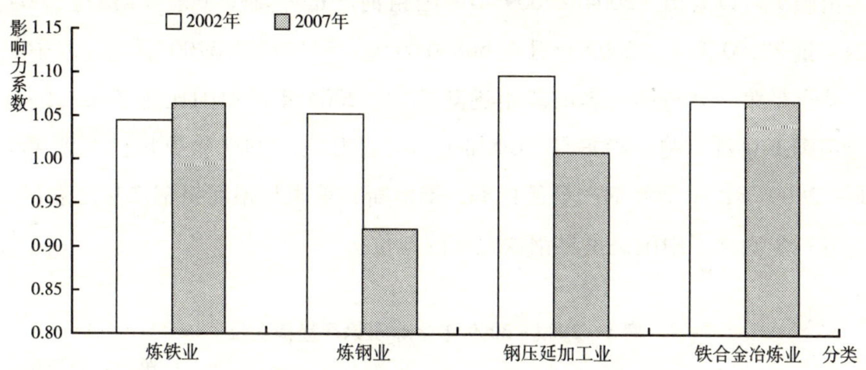

图8　2002年和2007年钢铁工业影响力系数

从图9可以看出，钢铁工业对经济发展需求感应程度差异较大，总体上看钢铁工业的感应度系数是偏低的。钢压延加工业2002年感应度最大达到2.73，2007年降至0.65；2007年炼铁业、炼钢业、钢压延加工业的感应度系数都比2002年低，只有铁合金冶炼业是增加的。

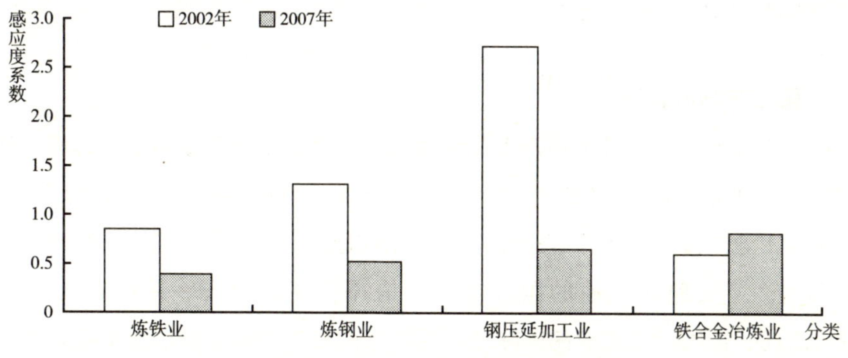

图9　2002年和2007年钢铁工业感应度系数

三 钢铁工业竞争力的国际比较

从粗钢产量和国际市场占有率来看，中国是世界钢铁大国，但从贸易竞争力指数、显示比较指数和质量竞争力指数等方面看，中国不是钢铁强国，中国钢铁工业竞争力还有待进一步提升。

1. 粗钢产量

由表1可以看出，2004～2009年中国粗钢产量一直位于全球第一。2004年粗钢产量28300万吨，2009年升至56800万吨，年均增长5700万吨。表中的另一个特点是第一名与第二名的差距逐渐拉大，2004年，中国比排名第二的日本多产粗钢170百万吨，2008年则增加至381百万吨，2009年更是扩大到480百万吨。2009年，中国粗钢产量是日本、俄罗斯、美国和印度粗钢产量之和的2.2倍，进一步确立了中国是世界钢铁大国的地位。

表1 2004～2009年全球粗钢产量前5位

单位：百万吨

排行	2009年		2008年		2007年		2006年		2005年		2004年	
	国家	产量	国家	产量	国家	产量	国家	产量	国家	产量	国家	产量
1	中　国	568	中　国	500	中　国	489	中　国	419	中　国	353	中　国	283
2	日　本	88	日　本	119	日　本	120	日　本	116	日　本	113	日　本	113
3	俄罗斯	60	美　国	91	美　国	98	美　国	99	美　国	95	美　国	100
4	美　国	58	俄罗斯	69	俄罗斯	72	俄罗斯	71	俄罗斯	66	俄罗斯	66
5	印　度	57	印　度	55	印　度	53	印　度	50	韩　国	48	韩　国	48

数据来源：我的钢铁网，http：//www. mysteel. com。

2. 国际市场占有率

从表2数据可知，日本钢铁工业国际市场占有率呈现不断下降的趋势，1993年最高，达到13.57%，2007年最低，为7.18%，2008年略有回升，为7.51%；韩国钢铁工业的国际市场占有率相对而言比较稳定，维持在3.4%～4.98%这样一个区间；美国钢铁工业的国际市场占有率同韩国相似，维持在3.17%～4.51%之间；德国钢铁工业的国际市场占有率同日本相似，呈现出下降趋势，其中1990年最高，为15.09%，2008年最低，为7.69%。与其他四国不同的是中

国钢铁工业的国际市场占有率表现出增长的态势，尤其是进入2004年以来，增长态势更加明显，2008年达到新高12.09%。

表2　1990～2008年中国与主要钢铁生产国的国际市场占有率比较

单位：%

年份	日本	韩国	美国	德国	中国
1990	11.84	3.41	3.30	15.09	1.21
1991	13.17	3.74	4.31	13.82	1.61
1992	12.85	4.38	3.71	13.34	1.27
1993	13.57	4.61	3.37	10.18	0.99
1994	12.18	3.84	3.20	10.30	1.36
1995	11.32	3.49	3.75	11.46	3.37
1996	10.71	3.68	3.70	10.89	2.56
1997	10.85	3.88	4.22	10.53	3.04
1998	10.32	4.98	4.18	11.00	2.28
1999	10.81	4.75	4.38	10.50	2.14
2000	10.39	4.68	4.42	9.75	3.07
2001	10.26	4.41	4.51	10.28	2.38
2002	10.73	3.95	3.96	9.97	2.30
2003	9.80	4.27	3.72	9.58	2.64
2004	8.59	4.29	3.21	9.03	5.12
2005	8.66	4.52	3.62	8.84	6.07
2006	7.96	4.21	3.40	8.96	8.65
2007	7.18	3.92	3.17	8.65	10.75
2008	7.51	4.26	3.43	7.69	12.09

资料来源：根据联合国贸易数据库（http：//comtrade.un.org）中数据计算。

3. 贸易竞争力指数

表3数据显示，1990～2008年，日本和德国钢铁工业的贸易竞争力指数均为正数，说明日本和德国的钢铁产品的出口竞争力比韩国、美国、中国强。进一步分析，日本钢铁工业的贸易竞争力指数除1990年和1991年低于0.5外，其余各年均超过0.5，最高达到0.73，而德国钢铁工业的贸易竞争力指数各年均低于0.2，说明日本钢铁工业的国际竞争力最强；美国的钢铁工业竞争力指数均为负

数，说明美国钢铁工业进口大于出口，美国的钢铁工业出口竞争力最弱；韩国钢铁工业的贸易竞争力指数呈现出正负相间的态势并且绝对值较小，表明其钢铁工业进口额与出口额相当；中国钢铁工业的贸易竞争力指数，2005 年之前均为负值，说明 1990 ~ 2005 年中国钢铁工业进口大于出口，2006 年以来中国钢铁工业的贸易竞争力指数不断增大，2008 年达到 0.45，中国钢铁工业在国际上的优势地位进一步显现。

表 3　1990 ~ 2008 年中国与主要钢铁生产国的贸易竞争力指数比较

年份	日本	韩国	美国	德国	中国
1990	0.47	0.05	-0.51	0.11	-0.38
1991	0.43	-0.08	-0.39	0.09	-0.23
1992	0.56	0.16	-0.44	0.07	-0.54
1993	0.56	0.22	-0.50	0.20	-0.85
1994	0.57	0.02	-0.60	0.15	-0.70
1995	0.50	-0.09	-0.45	0.06	-0.14
1996	0.55	-0.11	-0.51	0.11	-0.33
1997	0.57	0.01	-0.47	0.14	-0.20
1998	0.65	0.44	-0.55	0.11	-0.33
1999	0.64	0.19	-0.50	0.10	-0.48
2000	0.60	0.11	-0.51	0.09	-0.38
2001	0.66	0.14	-0.43	0.11	-0.55
2002	0.73	0.02	-0.46	0.15	-0.61
2003	0.69	0.03	-0.34	0.12	-0.64
2004	0.61	-0.02	-0.53	0.10	-0.26
2005	0.58	-0.02	-0.45	0.09	-0.15
2006	0.64	0.00	-0.51	0.08	0.20
2007	0.61	-0.07	-0.43	0.01	0.36
2008	0.59	-0.15	-0.42	0.02	0.45

资料来源：根据联合国贸易数据库（http：//comtrade. un. org）中数据计算。

4. 显示比较优势指数

由表 4 数据可知，美国钢铁工业的显示比较优势指数均小于 1，说明美国钢铁工业的竞争力较低。中国钢铁工业的显示比较优势指数 1990 ~ 2005 年（除 1995 年外）均 小于 1，而 2006 年以来指数不断增加，2008 年达到 1.36，说明中国钢铁工业竞争力不断增强。德国钢铁工业与中国钢铁工业显示比较优势指数的态势相反，1990～2002年，德国钢铁工业显示比较优势指数大于1，2003年以来钢铁工业显示比较优势指数均低于1，表明德国钢铁工业的国际竞争力有所下降；1990年以来，日本钢铁工业显示比较优势指数维持在1.32～1.67，说明日本钢铁国际竞争力相当平稳，波动不大。

表4　1990～2008年中国与主要钢铁生产国的显示比较优势指数比较

年份	日本	韩国	美国	德国	中国
1990	1.42	1.81	0.29	1.24	0.67
1991	1.47	1.83	0.36	1.21	0.79
1992	1.42	2.15	0.31	1.17	0.56
1993	1.42	2.12	0.27	1.01	0.41
1994	1.33	1.73	0.27	1.04	0.48
1995	1.32	1.44	0.33	1.13	1.17
1996	1.41	1.53	0.32	1.12	0.92
1997	1.44	1.59	0.34	1.15	0.93
1998	1.46	2.07	0.34	1.11	0.68
1999	1.48	1.89	0.36	1.10	0.63
2000	1.40	1.75	0.37	1.14	0.80
2001	1.57	1.81	0.38	1.11	0.55
2002	1.67	1.58	0.37	1.05	0.46
2003	1.58	1.67	0.39	0.97	0.46
2004	1.40	1.56	0.36	0.92	0.80
2005	1.53	1.67	0.42	0.96	0.84
2006	1.49	1.57	0.40	0.98	1.08
2007	1.41	1.48	0.38	0.92	1.23
2008	1.55	1.63	0.43	0.85	1.36

资料来源：根据联合国贸易数据库（http://comtrade.un.org）中数据计算。

5. 质量竞争力指数

2008年全球主要钢材进出口国或地区进出口钢材平均单价均高于2007年水平（见表5、表6），主要原因：一是美元持续贬值；二是海运费大幅上涨；三是钢铁原燃料价格大幅上涨；四是2008年上半年全球钢材市场需求旺盛。

表 5　2008 年主要钢铁进口国或地区钢材进口平均单价

单位：美元/吨

年份	美国	德国	意大利	韩国	中国	比卢联盟	法国
2008	1329	1394	1262	1045	1533	1072	1303
2007	985	1234	1056	724	1230	876	1139

数据来源：《2009 年钢铁工业年鉴》。

2008 年，中国进口钢材平均价格为 1533 美元/吨，位居首位（见表 5）。而主要钢材出口国或地区中，日本、德国、韩国和比利时的钢材出口单价明显高于以中国为代表的新兴国家（见表 6），说明作为钢铁生产强国的日本、德国等出口的钢材以高附加值钢材为主，满足用户对高性能钢材的需求，而中国、俄罗斯、乌克兰等出口的钢材以低附加值普通钢材为主，更多地满足用户的普通需求，而这类钢材的生产和技术难度不大并且竞争激烈。

表 6　2008 年主要钢铁出口国或地区钢材出口平均单价

单位：美元/吨

年份	中国	日本	俄罗斯	乌克兰	德国	比利时	韩国
2008	1078	1165	806	798	1559	1249	1188
2007	683	923	597	563	1356	1115	983

数据来源：《2009 年钢铁工业年鉴》。

四　国际金融危机对钢铁工业竞争力的影响

受国际金融危机冲击和国内外经济增速减缓的影响，2009 年中国钢铁工业面临严峻的经营环境，市场需求急剧萎缩，企业经营状况恶化，出现了比较严重的全行业亏损。2009 年中国钢材累计出口 2460 万吨，同比减少 58.5%。其中，无缝管出口比 2008 年下降近 50%；2009 年中国出口至美国市场的油井管价格最低只有每吨 1600 美元左右，而 2008 年价格曾高达每吨 3600 美元，下降幅度为 56%。中国钢铁工业协会会员企业，2008 年第四季度共亏损 477.35 亿元，而 2007 年第四季度盈利 294.5 亿元；2009 年上半年平均销售利润率为 0.18%，

2009 年全年平均利润率为 2.2%，同比下降 53.4%。

由于在行业景气下滑期进行企业并购重组的成本相对较低、效率更高，因此，国际金融危机在带来严峻考验的同时，也为中国钢铁企业的并购重组提供了良机，钢铁企业并购重组的步伐大幅加快。2009 年，钢铁企业积极实施“走出去”战略，比较重要的成果有：4 月 29 日，华菱集团收购澳大利亚 FMG 公司的 17.34% 股权完成交割，成为该公司第二大股东，并获得一名董事席位；6 月 23 日，鞍钢集团增持澳大利亚金达必公司的计划获得批准，鞍钢成为该公司第一大股东；7 月 20 日，澳大利亚 CXM 公司向武钢定向增发股票，武钢成为该公司第二大股东；7 月 20 日，武钢与加拿大 CLM 公司完成收购项目的交割，武钢成为该公司的最大股东，并获得 Bloom Lak 项目 25% 的股权及 50% 的产品；8 月 28 日，包钢与澳大利亚 CXM 公司签约合作开发班格鲁项目，双方各占 50% 的股份；11 月 7 日，重钢矿产开发投资有限公司决定将以不超过 2.58 亿美元的对价投资亚洲钢铁，获得后者增发的 60% 的股权；11 月 23 日，宝钢以 2.85 亿澳元收购澳大利亚 Aquila 公司 15% 的股权，成为该公司第二大股东；11 月 30 日，武钢出资 4 亿美元认购巴西 MMX 公司的股份，成为该公司第二大股东；12 月 27 日，顺德日新发展有限公司（民企）成功收购智利一大型铁矿采矿权。

五　钢铁工业的国际贸易摩擦

2009 年受全球金融危机影响，各国经济均发展困难，外部需求大幅下滑，导致贸易环境日趋恶化，贸易保护盛行。2009 年，中国遭遇了众多的反倾销调查。在众多的反倾销调查中，钢铁行业不仅次数多，而且规模也比较大。2009 年国际方面对中国钢铁反倾销案见表 7。从品种上看，中国的钢管产品又成为各国主要的反倾销对象，未来中国钢管出口环境将受到严重威胁和严峻挑战。美国、欧盟等针对中国的钢管发起了多起“反倾销反补贴”调查，涉及标准管、石油管、压力管、管线管等多种产品。受其影响，中国对美国、欧盟等地的钢管出口比例大幅下降，对美国的出口占比由 2008 年的 29.6% 下降到 2009 年的 8.0%，对欧盟 27 国的出口占比由 2008 年的 8.1% 下降到 2009 年的 3.9%。

表7 2009年中国钢铁工业贸易摩擦一览

国家或地区	事件
美国	2月19日,美国国际贸易委员会对原产于或出口自中国的不锈钢焊接压力管作出肯定性反补贴产业损害裁决
	4月14日,美国商务部发布裁定对进口自中国的钢制螺杆实施反倾销税令
	5月13日,美国商务部决定对进口自中国的环形碳素管线管实施反倾销税令
	10月7日,美国商务部宣布对从中国进口的无缝钢管发起反倾销和反补贴调查,并分别于2009年12月和2010年2月就反补贴税和反倾销税进行了初步裁决
	10月27日,美国商务部拟向从中国进口的钢绞线征收反补贴税
	12月29日,美国商务部初裁对从中国进口的钢格板征收高额反倾销税
	12月30日,美国国际贸易委员会(ITC)投票表决认定,美国国内钢铁工业受到从中国进口石油钢管产品的损害,该裁决为美国商务部11月24日的终裁结果扫清了道路
	11月24日美国商务部决定对中国石油钢管实施反补贴税令
欧盟	5月5日,欧盟委员会决定对中国建筑用预应力钢绞线征收5年的进口关税,以保护欧盟钢铁企业免受冲击
	6月16日,欧盟就中国钢铁铸件反倾销案相关的产品范围做出裁决,决定将中国输欧的钢铁铸件的反倾销措施扩大至不可锻铸件和球磨铸件
	6月23日,欧盟决定对从中国进口的盘条征收24%的反倾销关税
	10月6日,欧盟宣布对中国输欧无缝钢管征收反倾销税
俄罗斯	3月27日,俄罗斯对从中国(包括台湾地区)、巴西、韩国和南非进口的含镍不锈钢板发起反倾销调查
	5月15日,俄政府开始对自中国进口的大口径钢管加征8%特别关税
	7月9日,俄政府外贸保护和关税政策委员会向政府建议对进口不锈钢钢管征收28.1%的特别关税
印度	4月23日,印度政府对从中国等8国和地区进口的冷轧不锈钢征收反倾销税
	9月14日,印度国内产业向印度商工部反倾销局提出申请,要求对原产于中国的无缝钢管(不含油井管)发起反倾销调查
加拿大	11月26日,加拿大就对中国石油管材反倾销反补贴案做出初裁,征收临时反倾销税和反补贴税
阿根廷	5月14日,阿根廷对中国可锻性铸铁管发起反倾销调查

六 2010年钢铁工业竞争力的判断

中国钢铁工业具有产量大、成本低的比较优势，同时也存在资源先天不足、技术装备落后、产业集中度低等不利条件。与世界先进国家相比，中国钢铁工业的产业竞争力还有很大差距。从国家政策支持面分析，《促进钢铁企业兼并重组指导意见》明确提出重点培育3~5家具有较强国际竞争力的钢铁企业，并积极推进6~7家具有较强实力的钢企在全国范围内实施战略性兼并重组。《现有钢铁企业生产经营准入条件及管理办法》（征求意见稿）对现有钢铁企业生产经营准入从产品质量，环境保护，能源消耗和资源综合利用，工艺装备，生产规模，安全、卫生和社会责任六大方面进行了限制。这些政策的实施对提高中国钢铁产业集中度、提高产品质量、降低产品成本、提升钢铁工业竞争力无疑会起到积极作用。随着中国钢铁企业“挖潜改造”、重视技术进步、企业降本增效与产品升级的推进，凭借成本优势，中国钢铁制品在国际贸易市场仍旧能够占据一席之地。虽然国际贸易摩擦将会对我国钢铁工业的国际竞争力产生不利影响，铁矿石等原料的对外高度依存以及高能耗、高污染的产业现状会有负面影响，但基于以上各方面分析，我们认为2010年中国钢铁工业竞争力仍处于上升通道。

七　对策建议

要进一步提升中国钢铁工业竞争力，既要充分发挥市场机制的基础性作用，同时政府在提高产业集中度、推动技术创新以及走循环经济等方面要有所作为。

1. 实施兼并重组，提高产业集中度

产业集中度低导致了一系列不良后果。首先，造成了行业内的过度竞争。产业的集中度低，表明进入壁垒低，因而会有大量企业进入市场。企业过多，生产的盲目性就会增大，一哄而上，不仅使投资分散，技术水平难以提高，而且容易在短时间内造成供大于求，造成社会资源的浪费。其次，产业集中度低使企业处于规模不经济状态下，影响了降低成本、提高产品质量、提高劳动生产率和市场竞争诸能力的提高。从国际钢铁工业的发展历程看，钢铁工业为典型的规模经济行业，其企业组织规模和企业经济效益之间存在着很强的相关性。国家要从战略高度引导和协助企业加快联合重组步伐。有条件的大型企业集团，可以进行跨地区的联合重组，通过兼并、重组、强强联合等方式扩大具有比较优势的骨干企业集团规模，提高产业的进入壁垒，以减少钢铁生产企业数量、淘汰落后的产能、扩大产业规模、提高产业集中度、优化产业布局，实现钢铁工业组织结构调整。

2. 提高技术创新能力，加快结构调整

中国要想从钢铁大国发展成为钢铁强国离不开先进技术的支撑，而中国目前存在的产品附加值低、品种结构不合理、节能技术普及率不高、污染严重等问题都明显反映出技术水平还有待提高。钢铁企业应坚持科技进步，加强技术创新，积极跟踪世界钢铁工业前沿技术，开发具有自主知识产权的新技术，积极采用先进工艺技术装备，实现装备大型化、现代化和国产化；围绕行业共性技术和重点项目开展科技攻关，加大技术研发的投入；提高企业创新能力和软实力，以实现钢铁产业的结构调整，改善出口结构粗放、提高出口钢铁的附加值，实现钢铁产业优化升级。

3. 大力发展循环经济，实行可持续发展战略

钢铁工业是能源、水资源、矿产资源、废钢资源消耗量很大的资源密集型产业，中国吨钢综合能耗比世界先进水平高出15%～20%，资源消耗高，环境污染依然严重。高能耗和高污染已成为影响中国钢铁工业竞争力非常重要的因素。因此，要提高中国钢铁工业的可持续竞争力，必须以循环经济的发展理念作为重要指导原则，以提高资源利用效率为核心，加强节能、节水、节材，加强资源综合利用，加快实施清洁生产，在减量化基础上实现资源的高效利用和循环利用，最大限度减少废物排放，从粗放型生产模式向集约型生产方式转变。

有色金属工业竞争力

郭朝先*

有色金属是铁、锰、铬以外的所有金属的统称，故又称非铁金属，广义的有色金属还包括有色合金。有色合金是指以一种有色金属为基体（通常大于50%），加入一种或几种其他元素而构成的合金。依据《国民经济行业分类与代码》（GB/T 4754－2002），有色金属工业包括有色金属矿采选业、有色金属冶炼和压延加工业两个行业大类。

一　近年来有色金属工业竞争力变化

1. 国际市场占有率

2001～2007 年中国与世界六种主要有色金属产品出口情况见表 1，由此可以计算中国有色金属主要产品的国际市场占有率，如图 1 所示。

表 1　中国与世界有色金属产品出口量

单位：万吨

年份	六种有色金属		铝		精炼铜		精炼铅	
	中国	世界	中国	世界	中国	世界	中国	世界
2001	150. 28	2809. 21	40. 88	1517. 62	5. 10	724. 29	44. 79	181. 42
2002	179. 60	2892. 19	78. 78	1591. 14	7. 66	697. 33	41. 17	185. 31
2003	226. 94	2966. 81	124. 92	1666. 16	6. 44	700. 16	45. 30	180. 48
2004	255. 02	3105. 57	168. 44	1810. 33	12. 38	702. 97	46. 34	173. 87
2005	208. 93	3022. 61	131. 86	1701. 18	14. 02	745. 48	46. 50	181. 95
2006	237. 68	3139. 19	121. 22	1777. 31	24. 30	747. 19	55. 21	196. 82
2007	125. 18	3042. 11	54. 56	1767. 11	12. 59	735. 35	26. 43	167. 46

* 郭朝先，中国社会科学院工业经济研究所副研究员，产业组织研究室副主任。

续表 1

年份	锌锭		精炼锡		精炼镍	
	中国	世界	中国	世界	中国	世界
2001	54.39	345.27	4.58	23.59	0.54	17.02
2002	47.28	372.23	4.26	25.71	0.45	20.47
2003	45.10	371.56	4.12	24.20	1.06	24.25
2004	22.42	359.91	3.90	31.11	1.54	27.37
2005	12.33	329.67	2.70	36.07	1.52	28.26
2006	32.54	353.71	2.15	30.77	2.26	33.39
2007	27.56	325.30	2.36	26.09	1.69	20.80

资料来源：《中国有色金属工业年鉴（2001～2007）》。

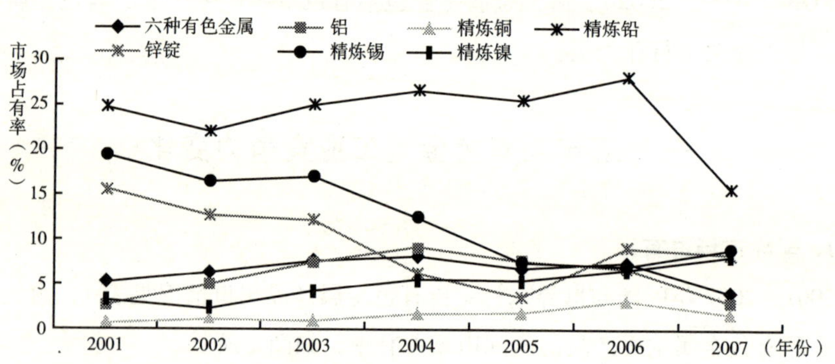

图 1　中国有色金属产品国际市场占有率

图 1 显示，中国的铅、锡、锌一段时期国际市场占有率很高，但近年来已经大幅度地降低了，铝和铜国际市场占有率先上升后下降，但总体上仍处于偏低水平，只有镍的国际市场占有率保持不断上升态势。六种有色金属的国际市场占有率总体上不是很高，在 2004 年达到 8.2% 的高点后迅速回落，2007 年的市场占有率只有 4.1%，仅为 2004 年的一半。中国有色金属工业国际市场占有率的这种状况，与中国是世界上最大的有色金属产品生产国和消费国的地位是不相称的。

2. 贸易竞争力指数

1990～2007 年中国有色金属工业进出口贸易额如表 2 所示，根据表 2 计算的中国有色金属产业的贸易竞争力状况见图 2。

表 2　中国有色金属工业进出口贸易额

单位：亿美元

年份	进出口贸易总额	出口总额	进口总额	贸易竞争力指数
1990	16.92	9.15	7.77	0.08
1991	15.23	8.43	6.80	0.11
1992	37.29	10.39	26.90	-0.44
1993	36.46	11.84	24.62	-0.35
1994	41.42	18.00	23.42	-0.13
1995	68.48	27.77	40.71	-0.19
1996	63.60	20.49	43.11	-0.36
1997	76.11	31.00	45.11	-0.19
1998	79.10	30.48	48.62	-0.23
1999	95.54	31.32	64.22	-0.34
2000	143.11	43.23	99.88	-0.40
2001	138.20	39.82	98.38	-0.42
2002	167.84	58.51	109.33	-0.30
2003	232.88	80.72	152.16	-0.31
2004	362.00	131.53	230.47	-0.27
2005	468.37	164.89	303.48	-0.30
2006	654.30	239.82	414.48	-0.27
2007	875.08	263.89	611.19	-0.40

资料来源：中国有色金属工业协会，《中国有色金属工业年鉴（2008）》。

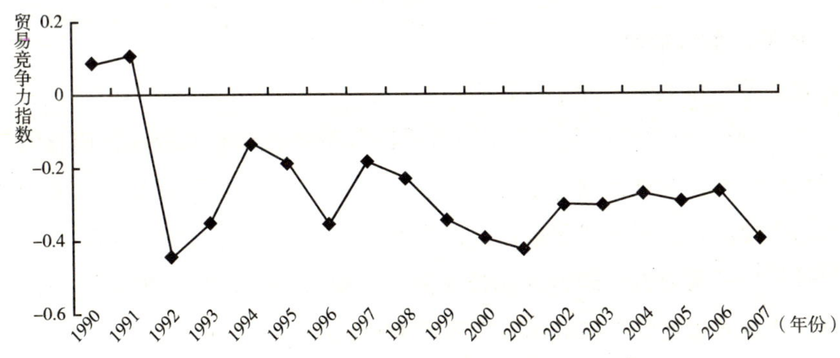

图 2　中国有色金属工业贸易竞争力指数

图 2 显示，中国有色金属工业的贸易竞争力指数偏低，除 1990 年、1991 年为正数外，其余年份都是负数，且保持在较低的水平，2000 年和 2001 年贸易竞

争力指数在 -0.4 以下，2002 ~2006 年保持在 -0.3 左右，2007 年这个指数又跌至 -0.4。这说明，中国有色金属工业贸易竞争力还很弱。

3. 显示比较优势指数

2001 ~2007 年中国有色金属工业显示比较优势指数如图 3 所示。图 3 显示，中国有色金属工业的显示比较优势指数一路下滑，2001 ~2007 年铝、镍、铜产业的显示比较优势指数一般少于 1，锌和锡产业从 2001 年大于 3 和 4 的水平跌至 2007 年接近 1 的水平；同期，铅产业则从接近 6 的水平跌至 2 以下。这说明，相对于其他产业而言，在国际市场竞争中，中国有色金属工业越来越不具有比较优势。

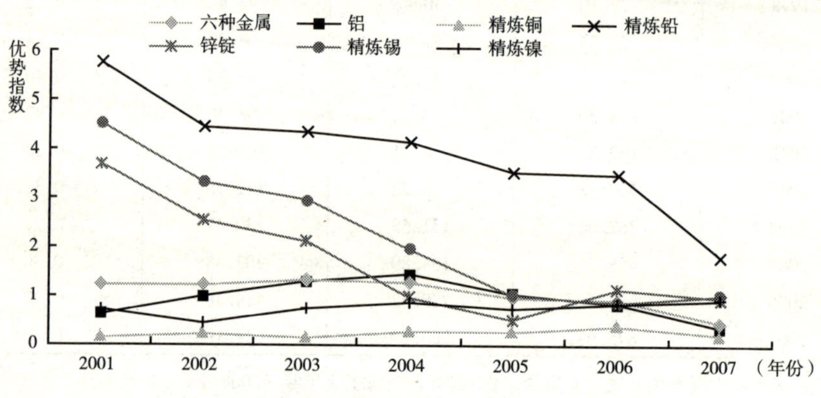

图 3　中国有色金属工业显示比较优势指数

4. 质量竞争力指数

衡量产业质量竞争力的指标有多种，其中一个比较可行的度量方法是：主要产品出口金额/出口数量，由于产品通常受国际价格波动影响较大，因此需要用全球平均价格来对此进行调整。若该指数大于 1，表示在国际市场上其产品质量较平均水平要高，越高表示质量越好；若该指数小于 1，表示在国际市场上其产品质量较平均水平要低，越低表示质量越差。据计算，2002 ~2008 年中国主要有色金属产品质量竞争力指数如表 3 和图 4 所示。

图表数据显示，未锻造的铜及铜合金、锌及锌合金、锡及锡合金质量竞争力指数围绕 1 波动，近年来呈大于 1 的趋势；铜材、铝材则相反，从前些年显著大于 1，向近年来只略大于 1 转变。这说明：第一，中国本来在有色金属深加工产品如铜材、铝材上具有质量优势，但这些年没有坚持走深加工路线，生产并出口了

表3 中国主要有色金属产品质量竞争力指数

年份	未锻造铜及铜合金	铜材	铝材	未锻造锌及锌合金	未锻造锡及锡合金
2002	1.04	1.86	1.79	1.02	0.90
2003	0.99	1.66	1.70	0.99	0.89
2004	0.95	1.34	1.51	0.98	0.97
2005	1.03	1.21	1.45	0.97	1.00
2006	0.90	0.98	1.21	1.14	0.98
2007	1.06	1.07	1.21	1.18	0.92
2008	1.20	1.15	1.30	1.10	1.09

注：表中数据是经 LME 年平均现货价格进行调整后的数据。

资料来源：根据中国统计数据应用支持系统（gov. acmr. cn）和中国有色金属工业协会提供的数据整理。

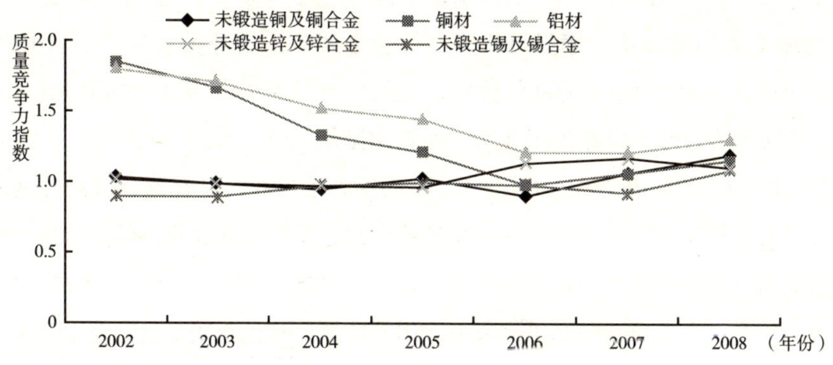

图4 中国主要有色金属产品的质量竞争力指数

大量质量一般的“大路货”。第二，相当一部分有色金属产品作为原材料性质的、成色单一的、标准化的初级产品，质量是比较稳定的，国际市场上各国产品质量相对比较接近，质量竞争并不构成国际竞争的主要内容。

二 有色金属工业竞争力的影响因素分析

1. 劳动生产率

图5 显示的是 1999 ~ 2007 年中国有色金属矿采选业和有色金属冶炼及压延加工业的劳动生产率变化情况。

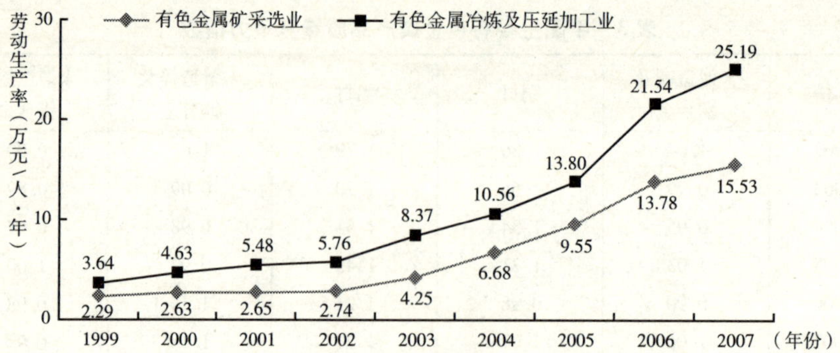

图5　中国有色金属工业劳动生产率（2000年价格）

资料来源：中国统计数据应用支持系统（gov. acmr. cn）提供原始数据，经作者用价格指数进行调整而成。

从图5中可以看出，1999年以来，中国有色金属矿采选业和有色金属冶炼及压延加工业的劳动生产率显著提高，有色金属矿采选业劳动生产率从1999年的2.29万元/（人·年）（2000年价格，下同）上升到2007年15.53万元/（人·年），有色金属冶炼及压延加工业劳动生产率则从1999年的3.64万元/（人·年）上升到2007年的25.19万元/（人·年），均提高了近6倍。有色金属冶炼及压延加工业劳动生产率始终比有色金属矿采选业要高，反映出前者具有较高的生产效率和经济效益。劳动生产率的提高是技术进步、管理效率提高、资本有机构成提高、优化劳动组合、产品价格提高等多方面作用的结果，有色金属工业劳动生产率的大幅度提升，为企业获得丰厚的利润和企业员工获得较高的工资提供了坚实的基础。

2. 产业创新

本文用科技活动经费占销售收入比重的科技投入强度指标来度量科技投入程度和产业创新能力。2002～2008年有色金属工业科技活动经费占销售收入比重如图6所示。

从图6显示情况看，中国有色金属工业科技创新能力不容乐观，与整个工业平均水平相比，科技投入强度偏低。中国工业科技投入强度一般是偏低的，而有色金属工业的冶炼及压延加工业科技投入强度只相当于整个工业平均水平的一半，并且从趋势上看，科技活动经费占销售收入比重呈下降趋势，2008年有色金属冶炼及压延加工业科技投入强度只有1%，而有色金属矿采选业科技投入强度只有0.5%。提高科技投入强度和产业创新能力应是有色金属工业未来发展的重点内容。

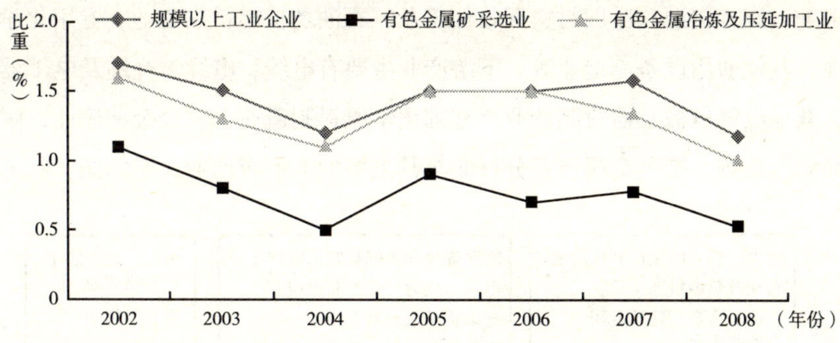

图 6　中国有色金属工业科技活动经费占销售收入比重

资料来源：国家统计局、科学技术部，历年《中国科技统计年鉴》，中国统计出版社。

3. 产业集中度

表 4 中数据显示，近年来，中国有色金属工业的产业集中度并没有明显变化，销售收入、资产总额、从业人员的 CR_4 分别在 1.5%、2.3% 和 14% 左右变化，CR_8 分别在 2.2%、3.2% 和 18% 左右变化。国际上，在工业化过程中有色金属工业的产业集中度呈现逐步提高的趋势，但我国有色金属工业的产业集中度并没有提高，总体上有色金属产业组织结构仍属于“原子型”产业组织结构。

表 4　中国有色金属工业的产业集中度

年份	销售收入		资产总额		从业人员	
	CR_4	CR_8	CR_4	CR_8	CR_4	CR_8
2003	1.62	2.28	2.09	2.90	13.01	18.75
2004	1.72	2.50	2.27	3.21	14.09	22.00
2005	1.58	2.30	2.20	3.09	13.75	18.66
2006	1.54	2.32	2.30	2.98	14.63	17.78
2007	1.46	2.13	2.44	3.24	14.23	18.12

资料来源：根据历年《中国有色金属工业年鉴》相关资料整理。

4. 关联产业的影响

根据 2007 年中国投入产出表中的投入产出关系可以发现，与有色金属产业比较密切的上游产业主要有电力、热力的生产和供应业，矿山冶金建筑专用设备制造业，基础化学原料制造业，钢压延加工业，煤炭开采和洗选业，电信和其他信息传

输服务业，废弃资源和废旧材料回收加工业，石油及核燃料加工业，专用化学产品制造业，其他通用设备制造业等，下游产业主要有电线、电缆、光缆及电工器材制造业，其他电气机械及器材制造业，基础化学原料制造业，铁合金冶炼业，耐火材料制品制造业等。有色金属产业分行业与其主要的上下游产业关系如图7所示。

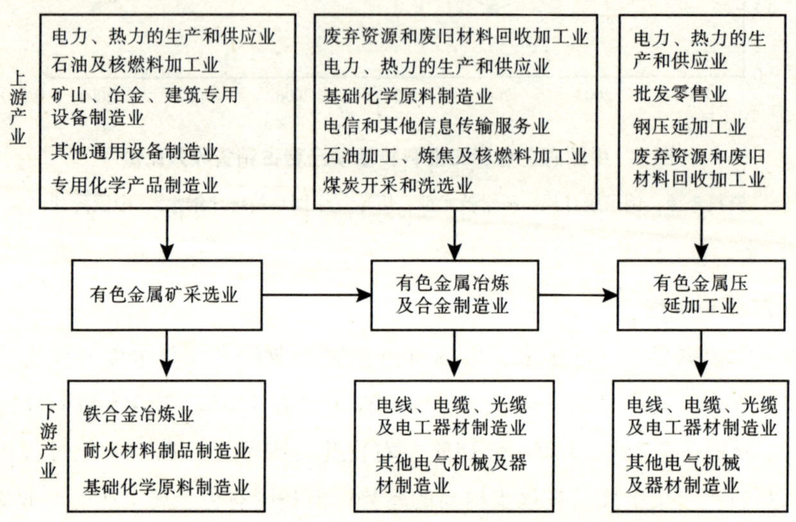

图7　有色金属工业及其上下游产业关联

图8数据显示，有色金属矿采选业影响力系数低于社会平均水平，有色金属冶炼业和有色金属压延加工业的影响力系数高于社会平均水平，但高出程度有限。和2002年相比，2007年有色金属矿采选业和有色金属压延加工业影响力系

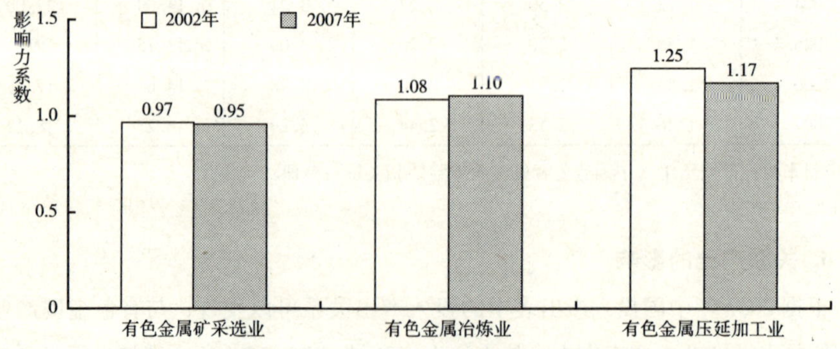

图8　有色金属工业的影响力系数

数不升反降，有色金属冶炼业影响力系数也只是略微上升，这说明，有色金属工业在拉动国民经济发展方面作用有限。

图 9 数据显示，有色金属工业 3 个行业的感应度系数都比较大，其中有色金属冶炼业感应度系数是最大的。和 2002 年相比，2007 年有色金属工业 3 个行业的感应度系数都增大了，这说明，有色金属工业受国民经济发展制约较大，且受制约程度有所增强。

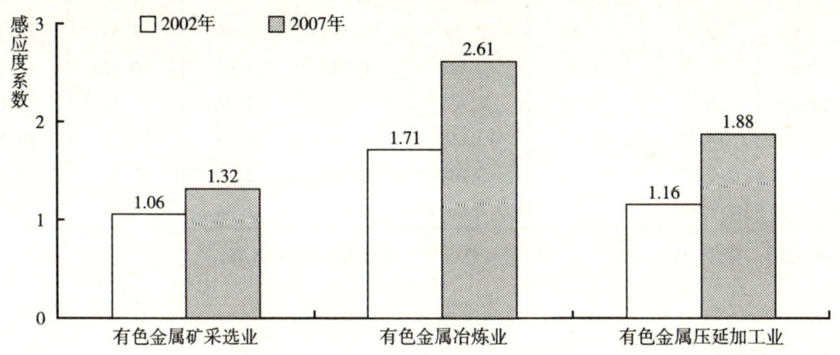

图 9　有色金属工业的感应度系数

综合影响力系数和感应度系数来看，有色金属工业（矿采选业、冶炼业、压延加工业）属于国民经济的“上游”和“中游”部门，对国民经济其他部门的辐射能力有限，但对国民经济健康运行的支撑作用非常明显。如果有色金属工业的生产供应出现问题，将严重影响整个国民经济的生产活动。

三　有色金属工业竞争力的国际比较

1. 国际市场占有率

有色金属工业国际市场占有率的国际比较如表 5 所示。从表 5 中可以看出，俄罗斯、加拿大、澳大利亚是有色金属产品的出口大国，俄罗斯、加拿大的国际市场占有率一般超过 10%，澳大利亚的国际市场占有率维持在 8% 左右。中国的有色金属产品国际市场占有率也有一定的规模。从趋势上看，大多数国家有色金属工业的国际市场占有率保持稳定，但中国的国际市场占有率呈下降趋势。

表 5　有色金属工业国际市场占有率的比较

国家＼年份	2001	2002	2003	2004	2005	2006	2007
中　国	5.35	6.21	7.65	8.21	6.91	7.57	4.11
日　本	1.80	1.73	1.30	0.99	1.17	1.38	1.86
韩　国	0.92	1.20	1.68	1.43	1.44	1.39	1.63
美　国	1.37	1.28	1.58	1.72	1.57	1.95	1.69
加拿大	10.67	10.82	10.80	9.76	10.79	11.07	11.85
英　国	1.36	1.39	1.15	1.24	1.50	1.48	1.27
德　国	2.27	1.30	2.29	2.19	2.39	2.38	2.41
法　国	1.28	1.26	0.96	1.04	1.01	0.97	1.01
澳大利亚	8.03	8.72	8.69	7.19	7.96	7.38	8.09
俄罗斯	14.15	12.37	13.09	14.10	7.63	11.98	14.80
巴　西	2.25	2.96	3.01	2.88	2.85	3.11	2.96
南　非	1.86	2.12	2.06	2.17	2.34	2.03	2.17

资料来源：根据 2001 ~2007 年《中国有色金属工业年鉴》资料整理。

2. 贸易竞争力指数

有色金属工业贸易竞争力指数的国际比较如表 6 所示。从表 6 中可以看出，澳大利亚、俄罗斯、加拿大、南非和巴西具有显著的贸易竞争力优势，美国、日本、德国、法国、韩国、英国、中国的贸易竞争力指数基本为负的，不具有贸易竞

表 6　有色金属工业贸易竞争力指数的国际比较

国家＼年份	2001	2002	2003	2004	2005	2006	2007
中　国	0.02	-0.04	-0.05	-0.02	-0.08	0.13	-0.25
日　本	-0.70	-0.69	-0.78	-0.82	-0.80	-0.76	-0.70
韩　国	-0.71	-0.66	-0.57	-0.63	-0.63	-0.61	-0.56
美　国	-0.86	-0.87	-0.82	-0.81	-0.85	-0.80	-0.81
加拿大	0.85	0.87	0.90	0.86	0.87	0.88	0.91
英　国	-0.36	-0.35	-0.37	-0.25	-0.11	-0.17	-0.14
德　国	-0.60	-0.74	-0.61	-0.61	-0.59	-0.64	-0.66
法　国	-0.56	-0.55	-0.64	-0.61	-0.62	-0.64	-0.62
澳大利亚	1.00	1.00	0.98	0.99	0.99	1.00	1.00
俄罗斯	0.94	0.95	0.95	0.96	0.95	0.97	0.97
巴　西	0.43	0.63	0.59	0.55	0.51	0.54	0.46
南　非	0.87	0.85	0.86	0.90	0.88	0.85	0.90

资料来源：根据 2001 ~2007 年《中国有色金属工业年鉴》资料整理。

争力优势。和其他国家相比，中国排在中间。近年来，英国有色金属工业贸易竞争力指数不断上升，而中国则出现了下降，2007 年英国有色金属工业贸易竞争力指数首次超过了中国。

3. 显示比较优势指数

有色金属工业显示比较优势指数的国际比较如表 7 所示。从表 7 中可以看出，澳大利亚、俄罗斯、南非、加拿大、巴西的显示比较优势指数值很高，具有显著的竞争力，其他国家包括中国在内则不具有显示比较优势。从趋势上看，大多数的主要国家显示比较优势指数呈上升趋势，但中国这些年下降很快。

表 7　有色金属工业显示性比较优势指数的国际比较

国家＼年份	2001	2002	2003	2004	2005	2006	2007
中　国	1.24	1.24	1.32	1.28	0.95	0.95	0.47
日　本	0.28	0.27	0.21	0.16	0.21	0.26	0.37
韩　国	0.38	0.48	0.66	0.52	0.53	0.52	0.61
美　国	0.12	0.12	0.17	0.19	0.18	0.23	0.20
加拿大	2.54	2.78	3.00	2.84	3.14	3.46	3.94
英　国	0.31	0.32	0.29	0.33	0.41	0.40	0.41
德　国	0.25	0.14	0.23	0.22	0.26	0.26	0.25
法　国	0.24	0.25	0.19	0.21	0.23	0.24	0.25
澳大利亚	7.85	8.70	9.37	7 66	7.87	7.25	8.01
俄罗斯	8.60	7.48	7.30	7.10	3.28	4.78	5.85
巴　西	2.39	3.19	3.13	2.75	2.53	2.74	2.58
南　非	3.94	4.63	4.29	4.34	4.76	4.22	4.34

资料来源：根据 2001 ~ 2007 年《中国有色金属工业年鉴》和 WTO 数据库（http：//stat. wto. org / Statistical Program）等资料整理。

综合国际市场占有率、贸易竞争力指数和显示比较优势指数来看，俄罗斯、加拿大、澳大利亚，以及巴西和南非的有色金属工业具有很强的国际竞争力，包括中国在内的其他主要国家有色金属工业目前并不具有国际竞争优势。总体上看，中国有色金属工业在国际市场竞争中处于中游水平，但和其他国家有色金属工业国际竞争力保持稳定或上升的发展态势相比，近年来中国有色金属工业国际竞争力水平有所下降，需要引起特别注意。

四　国际金融危机对有色金属工业竞争力的影响

有色金属工业竞争力状况的大多数指标表现欠佳。这与有色金属工业长期存在的矿产资源勘察滞后、资源短缺、产业集中度低、产能过剩、经济增长方式粗放、节能减排力度加大等问题有关。加上有色金属产品具有特殊的衍生金融商品属性，使得有色金属工业在金融危机来袭时，表现出严重的不适应：第一，有色金属产品价格大幅度“跳水”。据对大中城市有色金属现货市场监测，到2008年底，铜、铝、锌平均价格分别为每吨29574元、11928元、10125元，与2007年同期相比分别下降了51.42%、35.34%、50.39%。[①] 第二，有色金属产品产量增长缓慢，工业增加值增长速度放缓。据统计，2008年1~12月，有色金属产品产量增长逐月大幅度回落，甚至出现了负增长（见图10）。与此同时，有色金属矿采选业和有色金属冶炼及压延加工业规模以上企业增加值也出现大幅度回落，特别是在2008年11月有色金属冶炼及压延加工业规模以上企业增加值增长只有0.5%。第三，有色金属企业库存增加，经济效益大幅下滑。国际金融危机的加深，造成有色金属行业进出口贸易大幅度减少。有色金属价格跳水，也造成

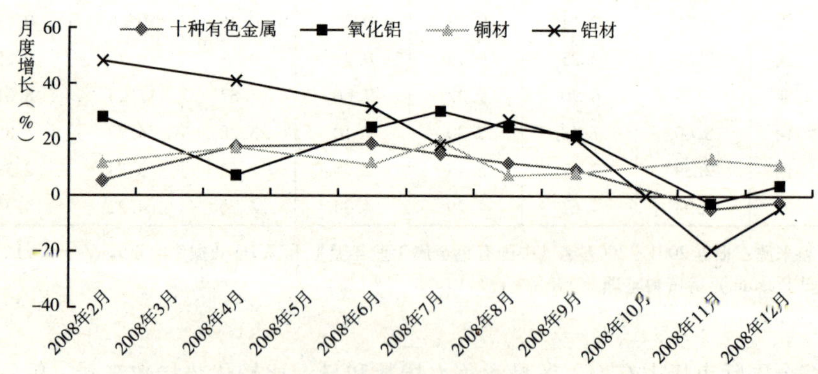

图10　2008年有色金属工业主要产品产量月度增长

注：与上年同期相比。

资料来源：根据国家统计局网站提供的数据整理。

① 资料来源：中国有色网，www.chinania.org.cn，2009年1月15日。

国内企业购买有色金属产品呈观望态度，制造业企业为消化库存尽量推迟购买，使国内有色金属产品销售不畅，经济效益严重滑坡。

全球金融危机对有色金属再生金属工业也产生了显著的负面影响。一是企业停产、职工放假、员工失业现象突出。据中国有色金属工业协会再生金属分会调研统计，危机最严重时，再生精炼铜85%以上的产能处于停产状态，废杂铜直接生产铜材70%以上产能处于停产状态；再生铝和再生铅的停产产能分别达50%和60%以上。90%以上的企业存在裁员现象，30万人面临失业。二是企业亏损严重，危机严重时，有色金属价格直线下滑直接导致废旧金属价格下跌，多数废旧金属价格一度下跌超过50%。①

五　相关政策分析

为应对国际金融危机的影响，中国及时出台了包括4万亿元投资、十大产业调整振兴规划在内的一揽子经济刺激计划。其中，有色金属产业调整和振兴规划属于“十大产业调整振兴规划”之一。2009年2月25日出台的《有色金属产业调整振兴规划》（以下简称《规划》），是有色金属工业2009～2011年综合性应对措施的行动方案。在业已过去的一年时间里，相关政府部门及时出台了诸如有色金属收储、出口退税、直购电试点等实施细则，有色金属企业兼并、淘汰落后产能等产业政策也将陆续出台。从实施的效果看，中国有色金属工业已走出国际金融危机的阴影，呈现良好的发展势头。

1. 有色金属生产企稳回升态势明显

从有色金属产量来看，2009年3月以来有色金属累积产量同比增长不断向好；从10月开始，10种有色金属产品累计产量摆脱了负增长，出现正增长；11月，10种有色金属产品当月产量达到270万吨，创历史最高水平。铜材和铝材累计生产量则比2008年同期增长了20%和15%以上。从工业增加值来看，有色金属矿采选业和有色金属冶炼及压延加工业扭转了2009年1～2月同比低速增长和负增长状态，3月以来，增长速度不断加快，11月增长速度分别达到18.8%

① 王吉位、李士龙、尚辉良：《中国再生金属产业几成“伤城”》，2009年1月17日《中国有色金属报》。

和11.9%，均高于工业平均增速。

2. 有色金属产品价格持续震荡上行

表8反映了部分有色重点企业铜、铝、锌出厂价格变动情况。数据显示，有色金属产品价格一路攀升，和2009年3月相比，12月铜和锌价格分别上涨了60%～70%，铝价尽管上升幅度较小，但也上涨了20%以上。

表8 2009年部分重点企业主要有色金属工业品出厂价格

单位：元/吨

日　期	3月10日	3月20日	4月10日	4月20日	5月10日	5月20日	6月10日	6月20日	7月10日	7月20日
铜(含铜≥99.95%)	27628	26740	31562	33638	34447	31373	34385	33184	33080	35278
铝(普通铝锭)	10748	10968	12149	11713	11191	11096	11540	11505	11739	11770
锌(电解锌)	9063	9203	10140	11232	10939	10839	11226	11257	11251	11556
日　期	8月10日	8月20日	9月10日	9月20日	10月10日	10月20日	11月10日	11月20日	12月10日	12月20日
铜(含铜≥99.95%)	39712	40479	41923	41502	45369	41317	42964	44070	46870	46230
铝(普通铝锭)	12326	12169	12214	12208	12216	12186	12210	12310	12832	13178
锌(电解锌)	12291	12183	12759	12849	13039	13120	13822	14179	15180	15363

资料来源：国家统计局网站，www. stats. com. cn。

3. 有色金属企业总体盈利水平逐步提高

据统计，2009年1～10月份，有色金属工业协会70户重点联系企业盈亏相抵后实现利润117.4亿元，比上年同期下降66.1%，降幅比1～9月份收窄9.8个百分点，其中，10月份实现利润22.8亿元。2009年1～10月份，20户铜镍企业盈亏相抵后实现利润63.74亿元，同比下降53.96%，其中10月份铜镍企业实现利润7.79亿元；21户铝企业盈亏相抵后实现利润13.18亿元，同比下降87.14%，其中10月份铝企业实现利润9.85亿元；15户铅锌企业盈亏相抵后实现利润25.56亿元，同比下降15.42%，其中10月份铅锌企业实现利润2.41亿元；14户钨钼锡锑稀有稀土企业盈亏相抵后实现利润14.92亿元，同比下降80.0%，其中10月份钨钼锡锑稀有稀土企业盈亏相抵后实现利润2.74亿元。

总之，在一揽子经济刺激计划尤其是《有色金属产业调整和振兴规划》的作用下，有色金属工业已经走出困境。下一步，就是如何在保持有色金属继续较快发展的同时，进一步“调整产业结构、转变发展方式、提高国际竞争力”。可供选择的政策措施主要有：

（1）完善收储机制，实现收储资金滚动发展。鉴于有色金属产品价格高企，有色金属工业保增长任务完成状况较好，应暂停有色金属收储。有色金属收储机构甚至可以将收储来的有色金属进行抛售，以平抑目前过度投机的有色金属市场，获利资金可以用于未来收储需要，实现滚动发展。

（2）动态调整出口退税政策。金融危机之前，为限制“两高一资”产品出口，中国对有色金属类产品基本上取消了出口补贴政策，对一些有色金属出口产品甚至加收出口税。金融危机爆发后，中国及时对这些政策进行了调整。出口税收政策的调整目的是为了保增长，而目前有色金属“保增长”的任务完成得较好，因此，可以考虑调整有色金属产品的出口退税政策。这样，既可以避免国际上频繁出现反倾销反补贴问题，也有利于促进有色金属工业转变发展方式。

（3）积极推进电解铝直购电试点。根据电解铝电压等级高、输电成本低的实际情况，适当降低电解铝直购电过网费，把直购电政策落到实处。

（4）加大有色金属冶炼项目投资控制力度，加快淘汰落后产能。一方面，需要设置更高的节能、环保、土地、技术等标准，控制新项目的建设，严格执行国家产业政策，不再新建、扩建电解铝和氧化铝项目。另一方面，加快淘汰落后产能，按规定淘汰铅、锌冶炼落后产能，建立完善落后产能退出机制。

（5）推进企业间兼并重组，提高产业集中度。根据《规划》，未来形成3～5个具有较强实力的综合性企业集团，到2011年，国内排名前十位的铜、铝、铅、锌企业的产量占全国总产量的比重分别提高到90%、70%、60%、60%。为完成这个目标，需要加快推进企业兼并重组步伐。

（6）组织相关力量，应对贸易摩擦。为应对国际社会对中国有色金属工业实施的反倾销、反补贴和特保调查，政府有关部门应帮助行业协会，支持企业应对贸易摩擦。同时，目前日本、韩国向中国大量低价倾销硫酸，对中国铜、铅、锌等主要有色金属企业的生产经营造成严重影响，有关政府部门应积极支持行业协会运用法律武器维护国内企业的合法权益，尽早立案，避免对国内产业造成更大的损害。

（7）制定相关优惠政策，大力支持企业实施“走出去”战略。全球矿产资源分布的不均衡性，决定了世界上没有任何一个国家的矿产资源能够完全自给。在中国有色金属矿产资源对外依存度不断攀升的今天，解决有色金属矿产资源短缺必须要有全球性视野，这就决定了中国必须大力实施“走出去”发展战略。国家有关部门要加快制定“走出去”战略的具体实施政策，包括对海外资源开发项目简化审批程序，以及财政、税收和金融政策的支持，外汇管理保障机制及建立中央各有关部门的协调机制等。

化学工业竞争力

刘戒骄*

一 “十一五”期间化学工业竞争力的变化

国际市场占有率、贸易竞争力指数、显示比较优势指数是衡量一个产业竞争力的常用指标。这里选用这三个指标，通过指标值正负、高低、增减来判断化学工业竞争力的状态及变化趋势。“十一五”期间，中国化学工业以基地化和集团化为主线，把为国民经济重点项目配套和原料、材料生产放在优先地位，建设了一批具有国际先进水平的大型生产装置，企业规模小、布局不合理的问题得到了相当程度的解决，基础原料和主要有机化工原料产量增长较快，这三个指标有不同程度的改善。

1. 国际市场占有率

1990 年以来，中国化学工业的国际市场占有率一直保持提高态势，但 20 世纪 90 年代提高幅度不大，2000 年之后提高幅度较高。化学工业产品出口额占世界总出口额的比重从 1990 年的 1.27% 提高到 2008 年的 4.65%，其中 2000 年达到 2.07%，2005 年为 3.25%，2007 年达到 4.07%（见图 1）。这说明，中国化学工业产品满足国际市场需求、参与国际市场分工的能力不断提高，国际竞争力不断改善。

2. 贸易竞争力指数

中国化学工业产品长期以来一直是进口额大于出口额，即贸易竞争力指数处于负数的状态。1990 ~ 2008 年期间，贸易竞争力指数绝对值经历了由高到低、经过几年低水平之后再由低到高的变化，贸易竞争力指数曲线大体呈现 W 形。1991 年、1992 年和 1999 ~ 2004 年，贸易竞争力指数绝对值保持在 0.4 及以上，最近几年该指数绝对值在 0.3 左右（见图 2）。这说明，中国化学工业产品在出口额

* 刘戒骄，中国社会科学院工业经济研究所研究员，产业组织研究室主任。

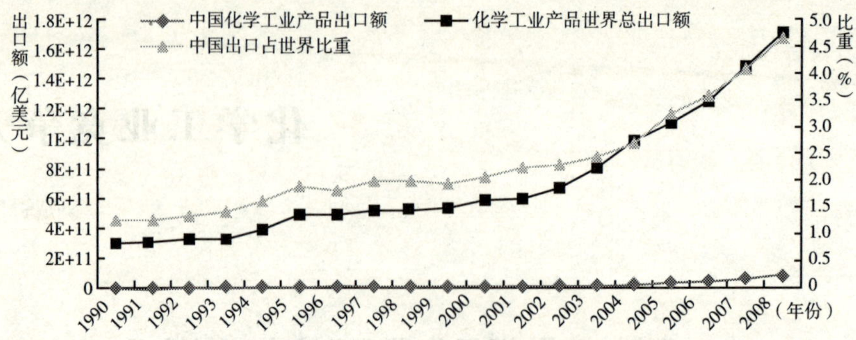

图 1　中国、世界化学工业产品出口额及中国出口额占世界的比重

注：图中左轴采用的是科学计数法。

大幅度增加的同时，进口额也同样甚至更大幅度增加，不少化工产品还不能满足国内经济发展需求。同时，化学工业项目，特别是上游基本原料项目建设周期较长，而 2003 年之后中国重化工业集中快速发展，对化学工业原料的需求迅速增长，但国内生产无法满足这种需求，从而导致化工原料进口大幅度增长。这种进口，将随着国内化工项目建设的投产而逐步减少，贸易竞争力指数也会随之发生变化。

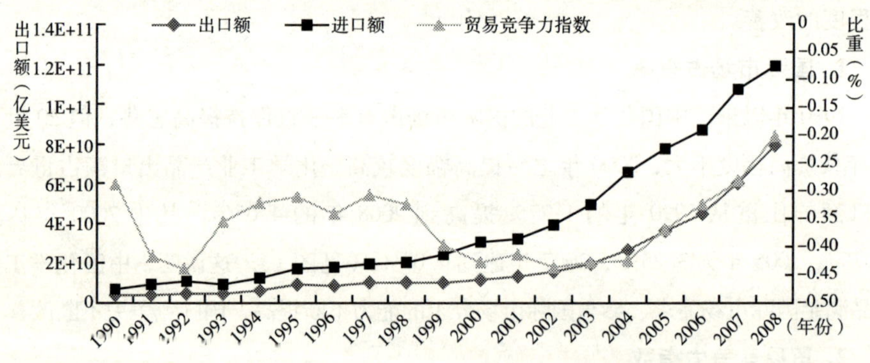

图 2　中国化学工业产品进出口额及贸易竞争力指数

注：图左轴采用的是科学计数法。

3. 显示比较优势指数

从图 3 可以看出，中国化学工业产品的显示比较优势指数总体处于下降状态，并且始终小于 1。1990 年该指数为 0.7，2008 年该指数为 0.52。2003 年以来，该指数重新步入上升通道，表示中国化学工业产品出口与其他出口产品相比较，缺乏比较优势，但比较优势在逐步加强。

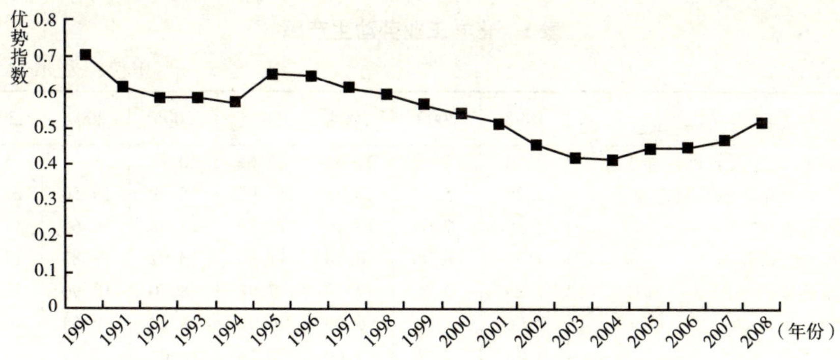

图3　中国化学工业产品显示比较优势指数

二　化学工业竞争力的影响因素

化学工业是规模经济较显著的行业，其劳动生产率、产业创新和产业集中度均与规模经济密切相关。规模经济之所以能够给化工企业带来竞争优势，是因为固定成本同可变成本的比值很高，化工生产装置的规模大小与能耗、物耗、产出率、污染物排放有着直接关系，大规模生产更有利于分摊高昂的固定成本和综合利用资源。

1. 劳动生产率

化学工业的全员劳动生产率自1995年以来呈现大幅度增长态势，1995年化学工业全员劳动生产率仅为2.85万元/人，2008年增长到19.37万元/人（见表1）。从2008年数据看，各子行业中，劳动生产率由高到低依次是石油加工、炼焦及核燃料加工业，化学原料及化学制品制造业，医药制造业，化学纤维制造业，橡胶制品业，塑料制品业，最高和最低相差3.5倍。

2. 产业创新

化学工业研发投入强度不高，甚至低于全部工业平均水平，但最近几年大中型企业研发投入强度有所提高，其中医药制造业、化学纤维制造业、橡胶制品业研发投入强度均超过销售收入的1%（见表2）。相比较，发达国家化工产业研发投入一般占销售收入的5%左右，世界知名大型企业有的达10%甚至更高。中国化学工业企业具有自主知识产权的核心技术少，一些重要的化工产品技术和大型成套装置主要依靠国外，产品品种和质量不能适应市场需求，高消耗、粗加

表 1　化学工业劳动生产率

单位：万元/人

类别＼年份	1995	2000	2004	2005	2006	2007	2008
石油加工、炼焦及核燃料加工业	7.80	12.92	27.96	26.63	30.14	38.41	45.64
化学原料及化学制品制造业	2.29	5.57	10.38	12.92	15.09	19.30	21.65
医药制造业	2.59	7.64	10.10	12.39	13.88	16.65	18.78
化学纤维制造业	4.32	8.96	10.18	11.38	13.92	17.87	17.31
橡胶制品业	1.80	5.09	7.29	7.48	8.70	10.96	12.04
塑料制品业	2.06	7.61	6.25	6.94	8.29	9.54	10.20
化学工业	2.85	7.13	10.69	12.16	14.03	17.41	19.37
全部工业	2.34	6.19	9.03	10.47	12.38	14.86	16.59

注：（1）本表数据 1997 年及以前为独立核算工业企业，1998 年及以后为全部国有及规模以上非国有工业企业。

（2）国家统计局没有公布 2004 年和 2008 年增加值数据，2004 年增加值系作者根据 2003 年增加值占产品销售收入的比重乘以 2004 年产品销售收入推算，2008 年增加值系作者根据 2007 年增加值占总产值的比重乘以 2008 年总产值推算。

工、低附加值产品的比重高，原料和产品的深加工程度不够，大路货、低档次、低附加值的产品多，有机化工产品、合成材料和精细化工产品的比重低，均与研发投入强度低有关。

表 2　大中型工业企业研发投入强度（研发投入占主营业务收入的比重）

单位：%

类别＼年份	2006	2007	2008
石油加工、炼焦及核燃料加工业	0.12	0.12	0.14
化学原料及化学制品制造业	0.85	0.97	1.00
医药制造业	1.75	1.77	1.75
化学纤维制造业	0.80	0.86	1.06
橡胶制品业	1.19	1.27	1.26
塑料制品业	0.62	0.50	0.80
化学工业	0.64	0.70	0.73
全部工业	0.77	0.80	0.84

注：2005 年前没有大类行业的研发投入数据。

3. 产业集中度

一定的产业集中度水平是产业开展有效竞争、实现规模经济的重要条件。产业集中度的计算一般采取赫芬达尔指数和前几大厂商市场份额等指标来计算。但是，化学工业涵盖领域广泛，只能用产品而无法用产业来计算以上指标。为了反映化学工业集中度，我们采用替代办法，用大中型企业数量及大中型企业增加值占规模以上企业增加值比重来分析化学工业集中度。从表3可见，近几年我国化学工业的大中型企业数量不断增加，2004年化学工业大中型企业数量为5571个，2008年为7446个。从表4可见，近几年大中型企业增加值占全部规模以上企业增加值的比重逐年降低，但降低幅度不大。与全国工业平均水平比较，化学工业大中型企业增加值比重占规模以上企业增加值比重略低。从6个大类行业看，石油加工、炼焦及核燃料加工业，化学纤维制造业两个行业集中度较高，塑料制品业的集中度最低。这种状况与行业的技术经济性质和特点基本一致。

表3　化学工业大中型工业企业数量

单位：个

类别＼年份	2004	2005	2006	2007	2008
石油加工、炼焦及核燃料加工业	260	408	432	467	489
化学原料及化学制品制造业	1531	1729	1833	1985	2160
医药制造业	710	795	840	887	1003
化学纤维制造业	182	210	209	224	236
橡胶制品业	284	374	392	429	462
塑料制品业	600	810	921	1030	1088
化学工业	5571	6331	6633	7029	7446
全国工业	23267	29774	32930	36506	40392

资料来源：《中国统计年鉴》（2005～2009）。

表4　化学工业大中型企业增加值占规模以上工业增加值的比重

单位：%

类别＼年份	2004	2005	2006	2007	2008
石油加工、炼焦及核燃料加工业	85.28	83.98	81.62	82.87	82.99
化学原料及化学制品制造业	58.93	57.67	54.07	53.49	51.75
医药制造业	64.14	64.76	61.89	61.79	61.29
化学纤维制造业	73.70	74.51	74.36	73.48	69.18
橡胶制品业	68.37	66.83	63.09	63.93	59.56
塑料制品业	36.43	36.33	36.37	34.96	32.68
化学工业	64.07	62.49	59.43	59.30	57.70
全国工业	66.85	66.60	64.55	63.74	61.85

注：国家统计局没有公布2004年和2008年增加值数据，2004年增加值系作者根据2003年增加值占产品销售收入的比重乘以2004年产品销售收入推算，2008年增加值系作者根据2007年增加值占总产值的比重乘以2008年总产值推算。

资料来源：《中国统计年鉴》（2005～2009）。

三 化学工业竞争力的国际比较

化学工业国际竞争力强弱可以运用不同指标、从不同角度进行分析和判断。这里我们采用国际市场占有率、贸易竞争力指数、显示比较优势指数三个指标，对中国、美国、日本等国家化学工业竞争力进行比较分析。

1. 国际市场占有率

国际市场占有率反映一个国家化学工业产品占有国际市场的综合能力，包括质量、价格等。比较不同国家的这个指标，可以综合判断这些国家化学工业国际竞争力的强弱。但是，该指标不能准确反映一个国家化学工业产品出口的结构和技术含量。从该指标看，美国、法国化学工业竞争力较强；中国化学工业产品国际市场占有率持续快速上升，但与一些国家的差距仍然较大。由图4可见，1990年中国化学工业产品国际市场占有率略高于韩国，远低于美国、法国、英国和日本；1990～2008年，中国化学工业产品国际市场占有率连年增加，韩国基本保持稳定，美国、法国、英国、日本持续下降，2000年之后下降更快，从而使中国化学工业产品国际市场占有率与这些国家的差距明显缩小；2008年，中国化学工业产品国际市场占有率虽然低于美国、法国，但已经接近英国，超过日本，并与韩国拉开了距离。

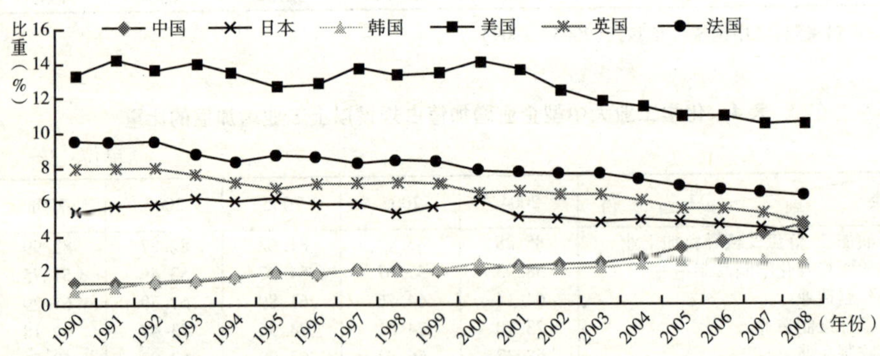

图4 部分国家化学工业产品出口额占世界化学工业产品总出口额的比重

2. 贸易竞争力指数

从该指标看，日本、法国、英国、美国、韩国化学工业竞争力较强，除美国外，该指标取值均为正数。中国化学工业贸易竞争力指数一直为负数，国民经济和化学工业对进口化工产品的依赖较高。1990～2008年，中国化学工业贸易竞争力指数在20世纪90年代中后期和2004～2008年出现过两个上涨阶段，但在21世纪最初几年则保持在较低水平（见图5）。这期间，美国化学工业贸易竞争力指数呈现下降态势，法国、英国、日本基本稳定。韩国化学工业贸易竞争力指数有较大幅度提高，在20世纪90年代甚至是突破式提高，迅速缩小了与日本、美国的差距。

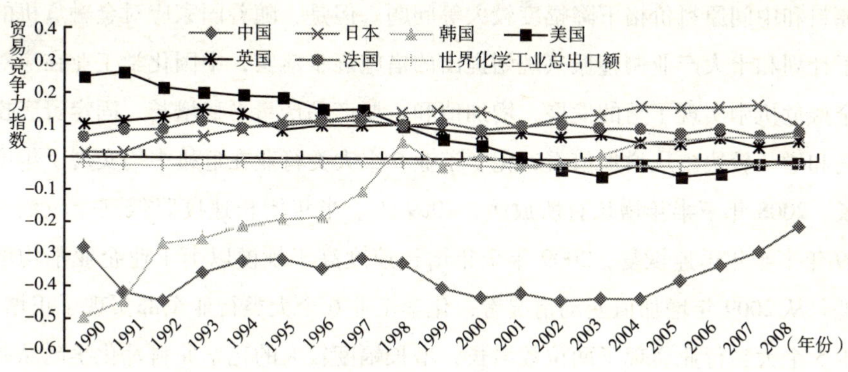

图5　部分国家化学工业贸易竞争力指数

3. 显示比较优势指数

从该指标看，中国化学工业竞争力非常弱，法国、英国、美国的竞争较强，韩国、日本次之。1990～2008年，中国化学工业显示比较优势指数一直处于较低水平，与法国、英国、美国、韩国、日本的差距总体呈现扩大趋势。20世纪90年代初，中国化学工业显示比较优势与韩国、日本相近，此后差距逐步扩大（见图6）。

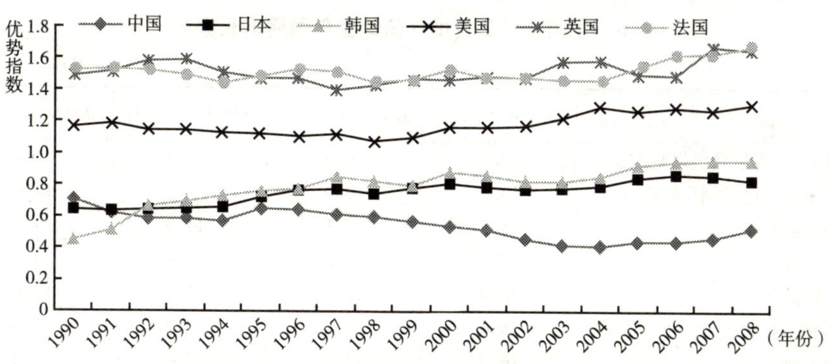

图6　部分国家化学工业显示比较优势指数（RCA）

显示比较优势在很大程度上取决于各个国家内部的资源禀赋和技术能力，取决于各个国家不同产业竞争优势的相对变化，因此其改变难度很大。

四 国际金融危机对化学工业竞争力的影响

2009年以来，受国际金融危机影响，化学工业面临国际市场需求减少、基础原料和中间原料价格下降幅度较大等问题。但是，随着国家应对金融危机的一揽子计划和十大产业调整振兴规划提出的措施逐步落实，中国化学工业在应对国际金融危机中实现了新的发展，增加值和主要产品产量平稳增长，固定资产投资恢复和增长较快。从增加值看，化学工业6个大类行业在危机中均实现了年度正增长，2008年下半年增长有所放缓，2009年上半年增长速度降低到个位数，但2009年下半年迅速恢复，2009年全年增长速度高于规模以上工业企业平均增长速度。从2009年增加值变动情况看，化学工业6个大类行业全部实现了正增长，其中5个大类行业实现了两位数增长，增长幅度较大的化学原料及化学制品制造业、医药制造业，其增长幅度都超过了14%（见表5）。这表明，适应国民经济社会发展的化工产业增长较快，产业结构调整取得新的进展。但是，结构调整是一个长期措施，其核心是淘汰落后装备、落后产品、落后企业，大力采用先进装备，发展满足国内外市场需求的先进产品，壮大优势企业和先进企业。从这个意义上说，技术能力、竞争格局、市场需求对结构调整具有决定性影响，化学工业结构调整只能通过较长时期努力逐步加以解决。

表5 中国化学工业增加值比上年同期增长幅度

单位：%

类别＼时间	2008年1~6月	2008年1~12月	2009年1~6月	2009年1~12月
石油加工、炼焦及核燃料加工业	13.2	4.3	-2.9	5.2
化学原料及化学制品制造业	14.2	10.0	7.2	14.6
医药制造业	18.5	17.1	14.0	14.8
化学纤维制造业	7.7	2.2	3.9	10.2
橡胶制品业	16.0	11.2	5.3	11.8
塑料制品业	15.6	13.8	9.2	12.3
全国工业	16.3	12.9	7.0	11.0

资料来源：国家统计局统计数据库。

五　化学工业的国际贸易摩擦

中国化工产品进口一直大于出口，国际贸易摩擦虽时有发生，但不很突出。从表6可见，化学工业及相关产品进口额从1980年的29.09亿美元增长到2000年的181亿美元和2008年的685.69亿美元，出口额从1980年的11.2亿美元增长到2000年的116.39亿美元和2008年的510.85亿美元。这期间进口增长速度快于出口增长速度，化学工业产品进出口年年出现逆差。2008年化学工业及相关产品贸易逆差为174.84亿美元。从产品构成看，中国化学工业进出口以有机化学品为主。除了部分有机化工产品依赖国外进口以外，技术含量和附加值较高的化工产品，如鞣料、染料、油漆、药品和肥料也在一定程度上依赖进口。由于化学工业是资本、技术密集型产业，中国在人才、技术、品牌、工艺、装备等方面与发达国家差距较大，基础研究水平和产品研发能力相对较弱，中高档产品和天然橡胶、硫磺等进口依赖度较大，化学工业进出口逆差短期难以扭转。因此，中国化学工业产品的国际贸易摩擦在未来一个时期也不会很突出。

表6　1980～2008年改革开放以来中国化学工业产品进出口状况

单位：亿美元

项目＼年份	1980	1985	1990	1995	2000	2005	2008
化学工业及相关产品进口	29.09	44.69	66.48	104.03	181	505.83	685.69
有机化学品进口	—	—	—	32.88	83.27	280.19	384.26
药品进口	—	—	—	2.54	7.99	19.59	34.51
肥料进口	—	—	—	37.42	17.3	30.51	29.06
鞣料、染料、油漆进口	—	—	—	7.93	16.55	30.81	38.06
香料、化妆品进口	—	—	—	0.48	1.61	5.01	8.10
化学工业及相关产品出口	11.2	13.58	37.3	84.21	116.39	318.53	510.85
有机化学品出口	—	—	—	32.19	41.7	121.33	205.97
药品出口	—	—	—	6.2	6.7	13.64	20.53
肥料出口	—	—	—	1.36	3.24	10.11	37.37
鞣料、染料、油漆出口	—	—	—	7.29	11.34	24.84	35.77
香料、化妆品出口	—	—	—	2.64	3.51	12.01	17.90

注：本表数据来自相关年份海关进出口商品分类统计。

资料来源：历年《中国统计年鉴》。

六　对策建议

2010年中国将胜利完成“十一五”规划，2011年将进入“十二五”规划时期。从国际看，当前世界主要经济体的经济增长处于恢复中，化学工业产品出口市场逐步好转。从国内看，化学工业产品国内市场需求稳步增长，国家实施的一些重大工程对化学工业产品的需求逐步明朗。这说明，化学工业面临的国内外环境正在发生较大变化，国际金融危机对产业发展的制约逐步弱化，而满足国内外市场需求新变化的能力正在成为制约产业发展更加重要的因素。

可以预见，2010年中国化学工业将围绕经济社会发展对化工产品的需求，加快推进产业重组和组建大企业、大集团步伐，加大产业结构调整和升级力度，推进产业组织和产业分工合理化，大力改善国际分工地位，全面提升国际竞争力。因此，中国化学工业产品国际市场份额将继续保持提高态势，占国际市场份额有可能突破5%的关口，化学工业产业规模和技术能力将达到新的水平，一些领域可能形成原发创新的条件，具备条件的企业将开展原发性技术创新，在更大程度上发挥原发创新以拓展产业成长空间、推动产业优化升级和催生新兴产业发展等。贸易竞争力指数和显示比较优势指数虽然可能呈现改进态势，但将继续保持在较低水平，与主要发达国家差距不会明显缩小，化学工业综合竞争力提升只能在较长时期逐步解决。

化学工业门类多，涉及的领域相当广泛，其在产品属性、工艺流程、纵向关系和资源综合利用等方面，具有区别于其他产业的特征。中国化学工业在结构调整、改革改组、有效利用资源和处理纵向关系等方面还有不少问题需要解决。这些问题的解决可以促进化学工业发展，显著改善市场占有率、贸易竞争力指数和显示比较优势指数等竞争力指标，并最终提高中国化学工业竞争力。

1. 围绕国民经济和人民生活需要，调整化学工业服务方向，通过进口替代改善贸易竞争力指数

为国民经济发展提供原料和中间产品、为人民生活提供最终产品，是化学工业的主要服务方向。坚持这个方向，以国内生产替代进口，可以显著改善贸易竞争力指数。新中国成立以来，经过大规模建设和多次结构调整，中国化学工业在较短的时间内改变了规模小、门类少、技术落后的状态，较好地满足了国民经济和人民生活对化工产品的需求。今后一个时期，化学工业应该继续将农用化学产品发展放在重要地位，重视为国民经济重点项目配套，重视满足人们消费升级换代对化工产品的需求，大力发展能满足生产和生活需要的化工产品。

2. 通过改组、改造和淘汰落后产能，解决装置规模不经济、企业规模偏小、产业集中度低等问题

化学工业是资本、技术密集型产业，装置规模、企业规模和产业集中度的合理与否对资源利用效率和产业竞争力影响较大。因此，化学工业应该根据自身特点，积极开展跨部门、跨地区、跨行业的改组改造，努力推进上游原材料生产与加工企业之间的兼并重组，组建一批大企业、大集团、大基地，建设一批达到或接近国际先进水平的化工装置，提高产业集中度，形成以大企业为主导、大中小企业合理分工、有机联系、协调发展的企业组织新格局，改善产业分工协作关系。

3. 努力构建资源节约型、环境友好型产业体系，促进资源综合利用和循环利用

化学工业门类繁多、工艺复杂、产品多样，生产中排放的污染物种类多、数量大、毒性高，化工产品在加工、贮存、使用以及废弃物处理等各个环节都可能产生有毒物质而影响生态环境、危及人类健康。化学工业生产过程会产生多种副产品和废弃物，如果没有配置利用副产品和废弃物的产业链，副产品和废弃物就只能低效利用或放空、堆积。这说明化学工业不仅是能源消耗大、废弃物排放量大的产业，也是综合利用资源和发展循环经济条件较好、潜力较大的产业，在构建资源节约型、环境友好型产业体系方面大有可为。为此，应该不断完善化学工业产业政策，在能源消耗、资源利用、环保方面制定更为严格的产业准入制度，严格高耗能、落后工艺、落后技术和落后设备的强制淘汰制度，形成有利于节约能源、资源和保护生态环境的法律和政策。

4. 处理好基本原料、中间原料和最终产品的比例关系，平衡好产业链各环节的利益

化学工业的范围涉及化学矿山、化肥、无机化学品、纯碱、氯碱、基本有机原料、农药、染料、涂料、精细化工、橡胶加工、新材料等行业，其生产过程具有明显的阶段性特点，可以划分为上游、中游、下游。上游加工业主要通过裂解过程生产基本原料，要求进行均衡、大批量生产。中游加工业承接上游基本原料生产下游加工业所需的中间原料，中间原料可以作为产品直接外销，也可以作为下游加工业制造化工最终产品的原料，兼具原料与成品的双重性质。下游加工业以中间原料制造化工最终产品，如药品、化妆品、肥皂、涂料、化肥和炸药。上游、中游、下游之间相互依存和相互促进的配套关系很强，基本原料、中间原料和最终产品之间必须保持合理的比例关系。这说明，化学工业的发展必须处理好基本原料、中间原料和最终产品的比例关系，平衡好产业链各环节的利益。

食品工业竞争力

刘志雄*

一 “十一五”期间食品工业竞争力的变化

随着经济全球化进程的加快，产业竞争力越来越成为发展中国家实现经济增长的重要因素。这一部分旨在运用相关指标考察中国1990年以来，尤其是“十一五”以来的食品工业竞争力变化情况。

1. 国际市场占有率

图1显示了1990~2008年中国食品工业产品国际市场占有率的变化情况。从中可以看出，总体来说，1990年以来中国食品工业产品国际市场占有率呈上升趋势，从1990年的0.025提高到2008年的0.032。值得指出的是，2001年中国加入WTO以来，食品工业产品的国际市场占有率一直保持较为平稳的发展，

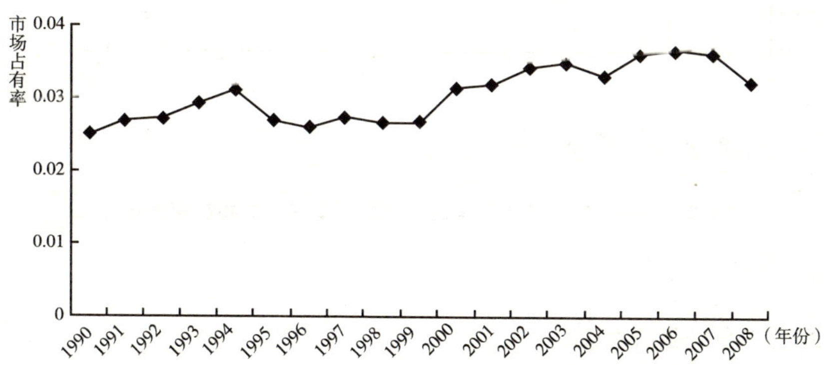

图1 1990~2008年中国食品工业国际市场占有率变化情况

资料来源：WTO数据库。

* 刘志雄，中国政法大学副教授。

在较长时间内维持在0.035左右。但是，从2006年开始，中国食品工业产品国际市场占有率不断下降，尤其是2007年金融危机爆发及2008年中国发生的“三聚氰胺有毒奶粉事件”后，2008年国际市场占有率明显下降，迅速跌回2001年的水平。一方面，金融危机的爆发导致全球市场需求一定程度的萎缩，国际贸易保护主义也有所抬头。另一方面，“三聚氰胺有毒奶粉事件”的发生使得中国食品在国际市场上的质量信任度大幅下降，从而影响了出口。

2. 贸易竞争力指数

在考察期间内，食品工业贸易竞争力指数的变化大致可以分为两个阶段（见图2）：一是1990~1993年，在这期间，贸易竞争力指数逐年增长，并在1993年达到最高值；二是1993~2008年，在这期间，贸易竞争力指数基本表现为下降的趋势，其中2004年和2008年为负值。其中，2007年和2008年贸易竞争力指数的持续下降与前面所提到的世界性金融危机爆发及“三聚氰胺有毒奶粉事件”不无关系。

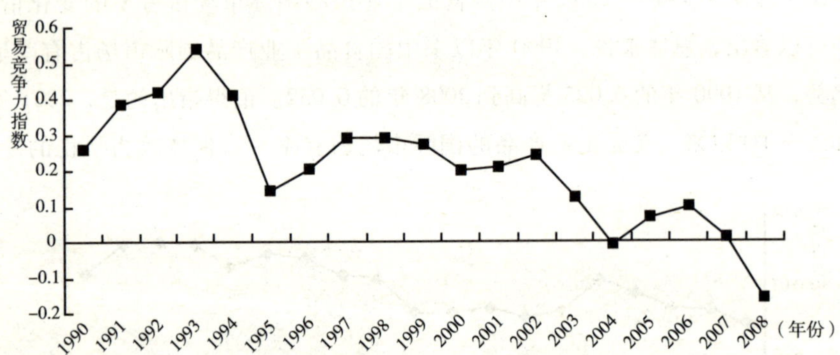

图2 1990~2008年中国食品工业的贸易竞争力指数变动情况

资料来源：WTO数据库。

3. 显示比较优势指数

图3报告了中国食品工业1990~2008年显示比较优势指数变化情况。从图3中可以看出，在考察期内，中国食品工业显示比较优势不断下降。具体来看，在1990~1994年，食品工业显示比较优势指数均大于1，这意味着中国食品工业仍具有一定的比较优势，但是，其比较优势在逐年丧失，由1990年的1.38降至1994年的1.11，到1995年时已下降至0.94，之后仍逐年下降，到2008年已降至0.36。

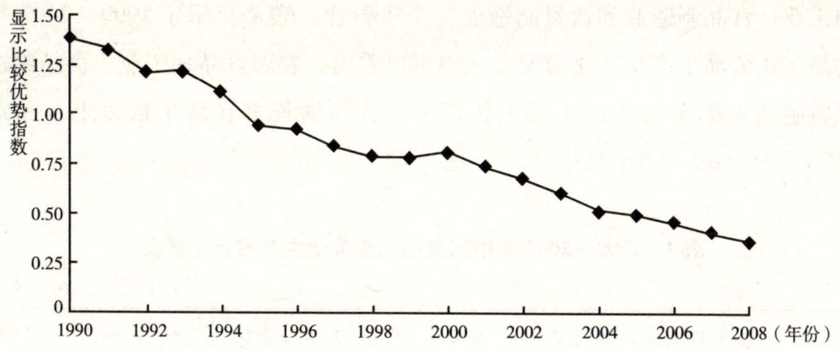

图 3　1990 ~ 2008 年中国食品工业显示比较优势指数变化情况

资料来源：WTO 数据库。

一个不争的事实是，改革开放以来，尤其是进入 21 世纪以来，中国工业制造品比较优势大幅度提高。与之对照的是，农业及与其相关的食品工业的比较优势则呈整体下降趋势，由此而导致加工食品的进口增长速度远远高于出口增长速度，如图 4 所示。

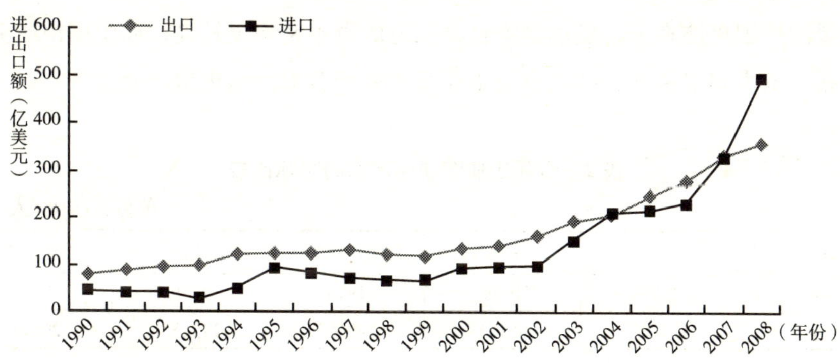

图 4　1990 ~ 2008 年中国食品工业产品的进出口情况

资料来源：WTO 数据库。

二　食品工业竞争力的影响因素

1. 劳动生产率

为了更清晰地揭示中国食品工业的劳动生产率情况，下面将具体考察农副食品加工业、食品制造业和饮料制造业三个子行业。表 1 显示了 1999 ~ 2007 年中国食品工业劳动生产率变化情况。从中可以看出，农副食品加工业、食品制造业和饮料制造业的劳动生产率都大幅提高，其年增长都在两位数以上，分别为 19.46%、18.66% 和 16.46%。

表 1　1999 ~ 2007 年中国食品工业劳动生产率变化情况

单位：千元/人，%

食品工业 \ 年份	1999	2000	2001	2002	2003	2004	2005	2006	2007	年增长
农副食品加工业	42.27	50.08	57.02	64.75	80.72	100.07	123.39	146.36	175.32	19.46
食品制造业	35.08	43.13	46.65	49.45	66.00	78.76	96.54	114.52	137.86	18.66
饮料制造业	55.12	60.54	67.65	77.99	89.44	108.45	130.86	155.98	186.46	16.46

注：全员劳动生产率 = 工业增加值/行业年均就业人数。

资料来源：华通人数据库。

在考察期内，虽然中国食品工业劳动生产率有大幅提高，但与发达国家相比仍有很大差距，甚至低于发达国家 20 世纪 70 年代末的水平（见表 2）。其中一个重要的原因可能在于，发达国家食品工业的资本密集度较高，而中国由于劳动力丰裕，资本相对缺乏，因而食品工业基本属于劳动力密集型产业。

表 2　食品工业劳动生产率的国际比较

单位：美元/人

国别	美国	日本	联邦德国	法国	中国*
年份	1977	1978	1978	1979	2007
劳动生产率	127830	85173	148501	119685	20818

* 中国食品工业劳动生产率为 2007 年农副食品加工业、食品制造业和饮料制造业劳动生产率的平均值，已换算成美元。

资料来源：历年《世界发展报告》。

2. 生产规模

目前中国食品工业的企业九成以上是中小企业。大多数食品加工企业规模偏小，达不到应有的经济规模。如国内粮油加工企业合理的经济规模为面粉加工 400 ~ 600 吨/日、稻谷加工 200 ~ 400 吨/日，而中国 78.9% 的面粉企业生产规模为日处理小麦 50 ~ 100 吨，80% 的稻谷加工设备为日处理 50 吨以下的小机组；

啤酒生产企业合理经济规模为20万吨/年，而中国啤酒生产企业的平均规模不到4万吨/年；浓缩苹果汁工业企业国际先进水平为5万吨/年以上，而中国浓缩苹果汁厂生产规模平均不到1万吨/年；中国制糖行业平均日处理甘蔗1500吨左右，大大低于6000吨的国际平均日处理量。

中国食品工业的生产规模及产业集中度状况严重制约了企业竞争力的提高。一方面，食品工业企业面向市场的新产品开发能力被削弱；另一方面，食品工业企业应对经济不景气的能力大大降低。目前，农产品价格及原辅料以及交通、能源价格普遍上涨，生产成本增加，这使得竞争力较弱的中小型食品工业企业的生存和发展都遇到困难。

3. 产业创新

一个国家对研究和开发的投入是衡量该国研究力量和创新的一个重要指标。自改革开放以来，由于经济基础薄弱，中国的研发投入在较长时间内一直不受重视。近年来，中央及各级政府才逐渐重视，并明确提出创新立国。但现实中的科技创新投入还是要远远落后于发达国家（见表3），即便在2008年，中国研发经费支出占GDP的比重也仅为1.54%。

表3　研发经费占国内生产总值比重的国际比较

国家＼年份	2000	2001	2002	2003	2004	2005	2006
中　国	0.90	0.95	1.07	1.13	1.23	1.34	1.42
美　国	2.74	2.76	2.66	2.66	2.59	2.62	2.62
日　本	3.04	3.12	3.17	3.20	3.17	3.32	3.39
英　国	1.85	1.82	1.82	1.78	1.71	1.76	1.78
法　国	2.15	2.2	2.23	2.17	2.15	2.13	2.11
德　国	2.45	2.46	2.49	2.52	2.49	2.48	2.53

资料来源：2000~2006年《中国科技统计年鉴》。

目前，中国食品工业的增长源泉主要是靠要素投入，而不是技术推动。其中一个重要的原因是，中国在食品工业的研发投入不足。国家对食品工业的科技投入主要集中在食品科学的基础研究和重大行业共性技术的研究，一些具体食品品种的技术创新和生产工艺创新的研发投入则主要依靠企业。表4报告了2003~2007年大中型食品工业企业研发经费强度情况。从表4中可以看出，食品工业研发经费强度要远远低于大中型工业企业研发经费强度。此外，在食品工业内

部，研发经费强度也呈现出较大差异，强度从大到小依次为饮料制造业、食品制造业、农副食品加工业和烟草制品业。

表4 2003～2007年大中型食品工业企业研发经费强度

单位：%

企业＼年份	2003	2004	2005	2006	2007
全国大中型工业企业	0.75	0.71	0.76	0.77	0.81
食品工业平均强度	0.33	0.38	0.40	0.40	0.45
农副食品加工业	0.20	0.20	0.20	0.30	0.30
食品制造业	0.40	0.40	0.40	0.40	0.50
饮料制造业	0.50	0.70	0.70	0.70	0.80
烟草制品业	0.20	0.20	0.30	0.20	0.20

注：研发经费强度＝研发经费投入/产品销售收入。

资料来源：2003～2007年《中国科技统计年鉴》。

食品行业的企业规模普遍较小，大多数中小型企业的资金有限，主要从事食品生产活动，缺乏研发机构和经费投入。企业对研发的管理比较薄弱，基本上仍处于技术人员自发创造型和投资驱动型相结合的模式，食品加工的关键技术难以实现突破。因此，研发投入不足和管理方式落后，致使食品工业技术创新不足，从而造成产品品种少、档次偏低、技术含量不高，进而影响了食品工业的竞争力。

三 食品工业竞争力的国际比较

为比较中国与世界主要国家食品工业的差距，本文选取了2008年加工食品出口排在前7位的国家。此外，考虑到研究对象的可比性与代表性，又选取了印度和日本。

1. 国际市场占有率

表5显示了1990～2008年中国与世界主要国家食品工业产品国际市场占有率的比较情况。从中可以看出：在考察期内，美国是世界唯一一个在大多数年份国际市场占有率在10%以上的国家，2004年和2006年虽然低于10%，但仍高于9%；法国紧随其后，其国际市场占有率在6%～10%；加拿大、意大利和日本

的国际市场占有率则保持相对稳定；印度的国际市场占有率稳中有升，但仍远远落后于中国的国际市场占有率；日本的国际市场占有率远远落后于中国。

表5　1990～2008年中国与世界主要国家食品工业产品国际市场占有率比较

国家＼年份	1990	1992	1994	1996	1998	2000	2002	2004	2006	2008	平均
美　国	0.134	0.134	0.128	0.133	0.119	0.126	0.113	0.095	0.092	0.101	0.118
法　国	0.105	0.102	0.088	0.085	0.083	0.077	0.074	0.074	0.068	0.063	0.082
巴　西	0.028	0.026	0.032	0.030	0.033	0.030	0.036	0.043	0.046	0.049	0.035
加拿大	0.035	0.036	0.033	0.034	0.037	0.041	0.040	0.037	0.036	0.035	0.036
意大利	0.034	0.036	0.032	0.035	0.035	0.034	0.036	0.037	0.036	0.033	0.035
阿根廷	0.022	0.021	0.021	0.026	0.029	0.027	0.025	0.026	0.028	0.033	0.026
英　国	0.041	0.044	0.036	0.034	0.038	0.035	0.032	0.031	0.027	0.023	0.035
印　度	0.009	0.009	0.010	0.013	0.012	0.012	0.013	0.012	0.014	0.016	0.012
日　本	0.005	0.006	0.005	0.004	0.004	0.005	0.005	0.004	0.004	0.004	0.005
中　国	0.025	0.027	0.031	0.026	0.027	0.031	0.034	0.033	0.037	0.032	0.031

资料来源：WTO数据库。

2. 贸易竞争力指数

表6显示了1990～2008年中国与世界主要国家食品工业贸易竞争力指数的比较情况。从中可以看出：贸易竞争力指数平均数位前两位的是阿根廷和巴西，均大于0.5，分别为0.855和0.618；贸易竞争力指数平均数小于0的有日本、英国和意大利3个国家，其中日本指数最小，为－0.907，这反映了日本为加工食品的进口大国、出口小国，换言之，日本加工食品出口额非常小，以至可以忽略不计；中国贸易竞争力指数平均数为0.196，在考察的国家中，属于中等水平，且低于印度。

3. 显示比较优势指数

表7显示了1990～2008年中国与世界主要国家食品工业显示比较优势指数的比较情况。从表中可以看出：显示比较优势指数平均数大于1的国家有美国、法国、巴西、加拿大、阿根廷和印度等国，其中阿根廷和巴西指数最大，分别为6.496和3.526；显示比较优势指数平均数小于1的国家有意大利、英国、日本和中国；在所有考察的国家中，中国倒数第三，为0.827，比处于类似发展水平的印度要低0.914。

表6 1990~2008年中国与世界主要国家食品工业贸易竞争力指数的比较

国家＼年份	1990	1992	1994	1996	1998	2000	2002	2004	2006	2008	平均
美国	0.171	0.197	0.182	0.224	0.082	0.030	-0.020	-0.055	-0.074	0.084	0.082
法国	0.186	0.177	0.141	0.168	0.161	0.156	0.137	0.127	0.126	0.110	0.149
巴西	0.609	0.621	0.529	0.401	0.441	0.555	0.682	0.798	0.787	0.756	0.618
加拿大	0.208	0.237	0.181	0.246	0.202	0.189	0.160	0.179	0.138	0.185	0.193
意大利	-0.340	-0.305	-0.253	-0.185	-0.187	-0.160	-0.133	-0.167	-0.155	-0.124	-0.201
阿根廷	0.954	0.787	0.760	0.827	0.792	0.801	0.931	0.914	0.918	0.867	0.855
英国	-0.280	-0.231	-0.246	-0.267	-0.264	-0.278	-0.321	-0.357	-0.391	-0.392	-0.303
印度	0.566	0.567	0.412	0.548	0.254	0.418	0.350	0.297	0.365	0.431	0.421
日本	-0.905	-0.906	-0.919	-0.928	-0.912	-0.914	-0.906	-0.903	-0.886	-0.887	-0.907
中国	0.260	0.419	0.411	0.205	0.291	0.200	0.241	-0.007	0.097	-0.160	0.196

资料来源：WTO数据库。

表7 1990~2008年中国与世界主要国家食品工业显示比较优势指数的比较

国家＼年份	1990	1992	1994	1996	1998	2000	2002	2004	2006	2008	平均
美国	1.178	1.124	1.084	1.149	0.956	1.038	1.055	1.071	1.072	1.254	1.098
法国	1.675	1.629	1.524	1.507	1.429	1.517	1.447	1.515	1.660	1.668	1.557
巴西	3.026	2.724	3.211	3.380	3.551	3.474	3.829	4.092	4.003	3.971	3.526
加拿大	0.933	1.000	0.863	0.919	0.942	0.952	1.025	1.074	1.122	1.247	1.008
意大利	0.683	0.756	0.717	0.742	0.777	0.912	0.926	0.975	1.044	0.991	0.852
阿根廷	6.149	6.510	5.813	5.869	6.068	6.518	6.307	7.011	7.164	7.551	6.496
英国	0.768	0.870	0.762	0.715	0.763	0.797	0.751	0.829	0.743	0.820	0.782
印度	1.692	1.819	1.811	2.115	2.040	1.903	1.683	1.486	1.382	1.477	1.741
日本	0.065	0.061	0.058	0.056	0.063	0.068	0.073	0.070	0.078	0.074	0.067
中国	1.385	1.211	1.116	0.930	0.795	0.813	0.684	0.515	0.462	0.364	0.827

资料来源：WTO数据库。

四 食品工业的国际贸易摩擦

当今世界贸易中，各国开始越来越多地采用一些隐性的贸易保护措施来保护本国的产业，尤其是在食品产业中，各国会充分利用诸如食品安全等措施，来达到限制进口的目的。因此，由于食品安全等原因而衍生出的国际贸易摩擦越来越多，并成为影响食品工业竞争力的重要因素。

近年来，中国食品工业出现了许多起食品安全事件。其中，对中国食品工业贸易及其对中国食品产业影响最大和最为深远的莫过于2008年发生的“三聚氰胺”奶粉事件。

经媒体曝光，中国三鹿奶粉导致全国大量婴儿患有结石病，并检测出蒙牛、伊利等著名企业的奶粉含有三聚氰胺之后，几乎在一夜之间，一个原本市场上炙手可热的名牌产品就遭遇了市场的冷落，中国的奶制品产业受到严重打击。后来虽经国家权威部门抽样检测，部分企业的奶粉合格，但消费者在无法判断质量信息时，就转向了国外品牌。

受三鹿奶粉事件的影响，世界许多国家和地区禁止进口或召回中国产奶制品。除此之外，涉及的产品不光是奶粉和牛奶制品，还扩大到雪糕、巧克力、砂糖、奶茶、饼干和蛋糕等加工食品，甚至殃及面粉出口。因此，一旦某类食品出现安全事故，很容易波及其他同类产品或相关产品，出现“多米诺骨牌”效应，进而危及整个食品工业。

食品安全问题是影响食品工业发展的重要问题。当食品安全问题出现后，即便该食品在价格、成本和口味方面很有竞争力，也将无济于事，这些优势都会因食品安全问题而抵消，进而大大降低产品的市场竞争力。

2008年发生的三鹿奶粉事件对中国食品工业造成一定程度的信任危机。由食品安全问题带来的消费信心下降，直接影响了食品市场和食品工业的发展。此外，由于达不到一些国家的食品安全标准，中国的蔬果和肉类等产品原本在价格上的比较优势都已被大大削弱。

五　2010年食品工业竞争力的判断

2009年以来，食品工业面临上游原材料成本的上涨、金融危机导致的出口运输成本提高，以及美元贬值、世界性的食品价格上涨和中国食品安全的消极影响还未完全消除等问题，但是与2009年相比，笔者对2010年中国食品工业竞争力持谨慎乐观态度。

首先，2010年国际经济形势有望进一步好转，这将刺激国际需求，进而有

利于增加中国加工食品的出口和提高食品工业的竞争力。

其次，如果2010年食品工业上游原材料成本继续上涨，这虽然会影响中国食品工业的发展，但是与发达国家的食品工业相比，显然这种影响会稍小。原因在于，相比发达国家而言，中国食品工业中劳动力成本在总成本中占有较高比重，基本上还属于劳动力密集型产业，这会部分抵消因上游原材料成本上涨而造成的对食品工业的冲击。然而，发达国家的食品工业已经属于资本密集型产业。

再次，出口运输成本是影响出口竞争力的因素之一。如果2010年出口运输成本提高，对中国食品工业的出口竞争力就有限。因为中国食品工业出口的主要市场在亚洲，相比而言，欧美市场份额要小一些，因此从这个角度而言，出口运输成本的提高对中国食品工业的竞争力影响不会很大。

最后，中国食品安全的消极影响虽然尚未完全消除，但是食品工业的生产和贸易正逐渐得以恢复。其中一个主要的原因在于，国家对食品安全越来越重视，国内外消费者对中国加工食品的信心在不断增强。例如，“三聚氰胺”事件之后，虽然中国乳制品行业遭受重创，但是随着国家监管日益严格，国产乳品的进口替代作用在进一步增强，这将有助于抑制乳制品尤其是奶粉的进口增长速度；另外，乳制品的出口正在逐渐恢复。

与此同时，在未来一年的发展中，中国食品工业也面临着一些不确定性，其中突出的问题有三个。①国内食品安全问题。从当前的实践来看，虽然中国政府从各方面加强了对食品安全的监管，但是这并不意味着中国加工食品质量安全问题已经得到解决，同时，这也并不能说明中国已经形成了一套质量安全监管和应急体系。这一问题将在一定时期内成为影响中国食品工业竞争力的重要因素。②国际金融危机。在美国金融危机向更深层次、向全球演进的背景下，中国各产业将面临前所未有的考验。同时，国内食品工业的竞争力也受到了不同程度的影响。一方面，随着金融危机不断从金融领域扩大到实体经济领域，不断从发达国家扩散到发展中国家，中国加工食品市场出口越来越受到国际市场需求减少及传统加工食品出口大国竞争的双重压力。另一方面，金融危机的加深，使得一些国家和地区转而采取更为保守的贸易政策，如日、韩、欧美等国家纷纷提高检测标准，增加了中国加工食品出口的难度。③国内南方地区普遍干旱，如果干旱持续时间过长，势必会影响农业生产，进而传递到食品工业。

六　对策建议

1. 搞好优势农产品产业带建设，推进食品工业区域结构优化

根据各地区的自然资源禀赋和地理条件，充分发挥区域优势，发展不同类型的农产品专业化生产区和食品加工优势产业带，并促进产前、产中和产后一体化发展的形成。一方面，大力支持食品工业企业和农民发展专用化和规模化的加工原料供给生产基地，积极改善基础设施，逐步使原材料基地建设走向专业化和现代化；另一方面，继续推动和支持食品加工企业特别是龙头企业与农民建立稳定的购销关系和合理的利益分配机制。

2. 加大研发投入，增强食品工业发展的原动力

科技是推动食品工业发展的原动力。为加快中国食品工业的科技进步、提高中国食品工业的科技创新能力、增强食品工业发展的原动力，可以考虑建立中国食品工业高水平的科技创新平台和研发基地，如建设一批食品工业领域的国家重大科学工程、国家重点实验室、国家工程中心等。同时，鼓励和支持大型食品工业企业设立研发机构。

3. 鼓励食品工业企业兼并与重组

长期以来，中国食品工业普遍规模较小、缺乏应有的规模水平。为改变此现状，一是需要鼓励食品工业企业资产兼并与重组，促进不同所有制经济实体资本相互渗透和融合。二是加快有实力的食品企业在国内的上市步伐，或增加企业债券发行规模，并争取境外上市直接融资。通过加快食品工业结构的调整步伐，培育一批大型食品工业企业，从而提高食品工业的整体竞争力。

4. 加大基础设施建设，构建现代食品物流体系

传统的食品工业流通体制不能有效解决产销之间的平衡匹配问题。因此，需要大力发展食品工业现代物流，推动食品工业发展：一是加强基础设施建设，尤其是大力改善南北向及农产品主产区和主销区的交通基础设施；二是鼓励企业建立现代化的市场营销网络和物流中心；三是积极开拓农村市场，改善农村消费和物流环境，开发和建立适应农村市场的服务体系。

5. 加强政府管制，构建食品安全监管政策体系

2009 年 6 月 1 日，中国正式实施2009 年 2 月通过的《食品安全法》，但是其实施细则仍需要进一步完善。总的来说，中国应借鉴发达国家食品安全管理的先进经验，通过建立和健全食品安全法律法规体系、标准体系及应急机制等食品安全支持体系，以确保食品安全。具体来说，中国在构建食品安全监管体系时，尚需加强以下几方面的工作：严格监管食品添加剂的使用、建立责令召回制度、建立食品安全信息管制制度。

6. 积极实施食品工业企业“走出去”战略

为了促进未来中国食品工业发展的国际化进程，鼓励中国食品工业企业走出去，需要做好以下几点：一是鼓励和支持企业积极参与国际质量认证、环保认证、安全认证等有关国际权威认证，可以考虑给参与认证的企业一些优惠政策；二是鼓励和支持企业在巩固原有传统出口市场的基础上，开拓一些具有潜力的新兴市场；三是鼓励和支持知名食品工业企业到海外投资办厂；四是鼓励和支持企业积极参加国内外举办的贸易合作交流会或产品博览会等。

7. 进一步完善预警和应急机制

由于中国在国际贸易中具有大国效应，所以随时都有可能与别国产生贸易摩擦。对中国来说，要切实运用好国际通行规则，做好维护国内食品工业产业安全的基础性、前瞻性和预防性工作。要进一步完善加工食品出口的信息服务体系和风险防范体系，及时跟踪和报告各国的法律政策和卫生标准等，为出口企业提供及时准确的信息，以减少不确定性和贸易风险。要进一步强化政府服务职能，提高政府处理突发事件的能力。

8. 充分利用 WTO 规则处理加工食品贸易争端，注意“多米诺骨牌”效应

除了其他政治原因之外，加工食品贸易争端的主要原因是食品安全，而这不可避免地会涉及《技术性贸易壁垒协议》和《实施卫生与动植物检疫措施协议》两个重要协议。因此，在解决此类贸易争端时，要熟悉并恰当地运用相关规则，并掌握充分证据。

此外，需要高度重视国际贸易中的“多米诺骨牌”效应。这种效应包括三方面：①产品上的扩散。当一种产品出现问题时，会很容易波及其他相关产品。②国别上的扩散。当中国与某个国家发生贸易争端时，很可能第三国家也加入对我国制裁的行列。③争端内容上的扩散。它是指争端将不仅局限于某些热点，如倾销、补贴等，其他方面照样有可能成为争端的焦点。

参考文献

张文兵:《中国奶业国际竞争力：基于 RCA 和“钻石”模型的分析》,《农业经济问题》2005 年第 11 期。

王文哲:《2008 年我国食品工业经济运行情况综述》,《农产品加工》2009 年第 7 期。

罗强、王涛:《食品工业发展现状及趋势》,《河北企业》2008 年第 9 期。

李琳、王楠:《山东省肉类食品行业规模企业发展概况》,《肉类工业》2009 年第 8 期。

崔凯潘、亦藩:《中国食品产业地图》,中国轻工业出版社，2006。

刘志雄、何忠伟:《中国食品加工业的技术效率及变化趋势—跨省随机前沿分析》,《中国科技论坛》2009 年第 2 期。

汽车工业竞争力

江飞涛*

一 “十一五”期间汽车工业竞争力的变化

《中国汽车产业“十一五”发展规划纲要》明确提出：“发展自主品牌，不断提高自主品牌产品的国内市场占有率，到2010年自主品牌乘用车国内市场占有率提高到60%以上，并积极开拓出口市场，努力建立中国自主品牌良好的形象。”“十一五”期间，中国汽车工业进入了一个市场规模和生产规模迅速扩大、进出口快速增长的时代。

1. 国际市场占有率

“十一五”期间，中国汽车产品出口额高速增长，从2006年的144亿美元增长到2008年的286亿美元；国际市场占有率从2006年的1.64%提高到2008年的2.32%，国际市场占有率稳步提高。但是横向比较，中国汽车产品国际市场占有仍旧很低。

“十一五”期间，“国家汽车及零部件出口基地”和“国家汽车及零部件出口基地企业”正式挂牌，政府出台了一系列有利于汽车产品出口的政策，为汽车产品进军国际市场营造了健康有利的环境。此外，“十一五”期间，中国汽车产品的自主品牌进一步壮大，以价格优势扩大了国际市场的份额。但目前中国汽车自主品牌的出口市场还非常分散，散布在200多个国家，在某单个国家形不成规模，整体竞争优势不强。

2. 贸易竞争力指数

“十一五”期间，中国汽车工业贸易竞争力指数仍未突破零值。伴随自主品牌提升及国内产能过剩现象加剧，自主品牌开始国际扩张，出口量急剧增长，使

---

* 江飞涛，中国社会科学院工业经济研究所副研究员，投资与市场研究室副主任。

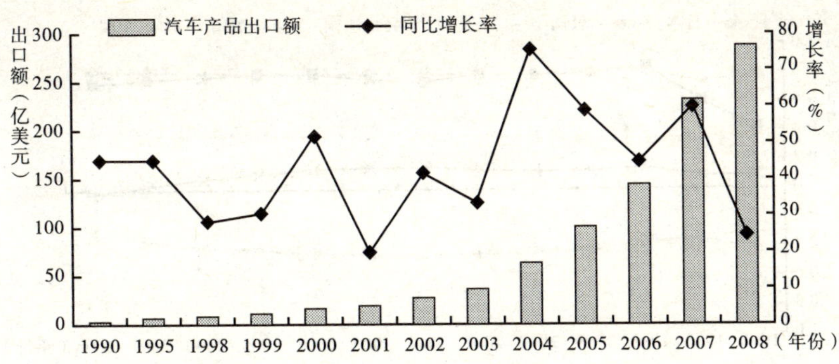

图1　1990～2008年中国汽车产品出口额及同比增长率

资料来源：根据WTO贸易数据库（http：//www.wto.org）数据计算。

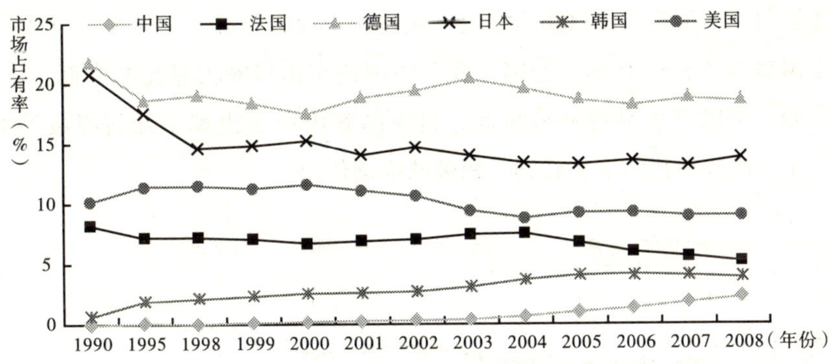

图2　汽车产品国际市场占有率

资料来源：根据WTO贸易数据库（http：//www.wto.org）数据计算。

贸易竞争力指数整体呈现上升趋势。但与汽车出口大国比较，中国汽车工业贸易竞争力指数仍不乐观，2008年的贸易竞争力指数为－0.007，而日本和韩国的贸易竞争力指数分别为0.83、0.74，中国汽车工业贸易竞争力仍处于比较劣势。

“十一五”期间，中国经济的高速增长带来了汽车消费的高速增长，合资企业和自主品牌远不能满足高端市场的需求，需要进口车填补这一缺口，汽车进口额居高不下，减缓了贸易竞争力指数的增长力度。

3. 显示比较优势指数

“十一五”期间，中国显示比较优势指数从2006年的0.17提高到2008年0.26。尽管中国显示比较优势指数不断上升，但远未达到世界平均水平，国际竞

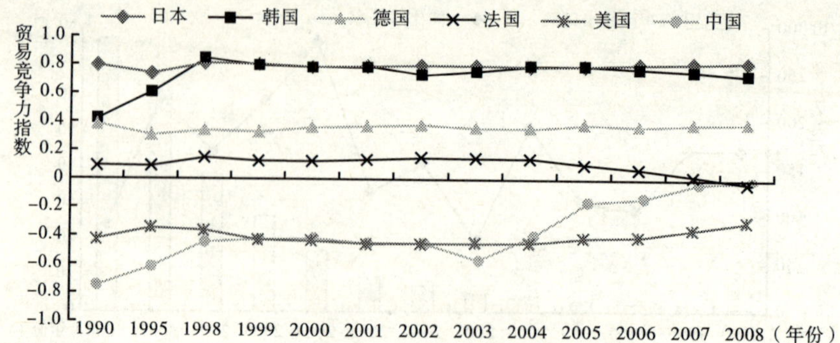

图3　汽车产品贸易竞争力指数

资料来源：根据 WTO 贸易数据库（http：//www. wto. org）数据计算。

争力还较弱。中国汽车出口额占总出口额比例虽逐年提高，但还未超过2%，与以汽车出口为支柱的日本、德国比较，中国汽车出口额占总比非常低。“十一五”期间，中国自主品牌慢慢崛起，自主品牌出口量出现了几何级数的增长，对显示比较优势指数的增长起到了积极的推动作用。

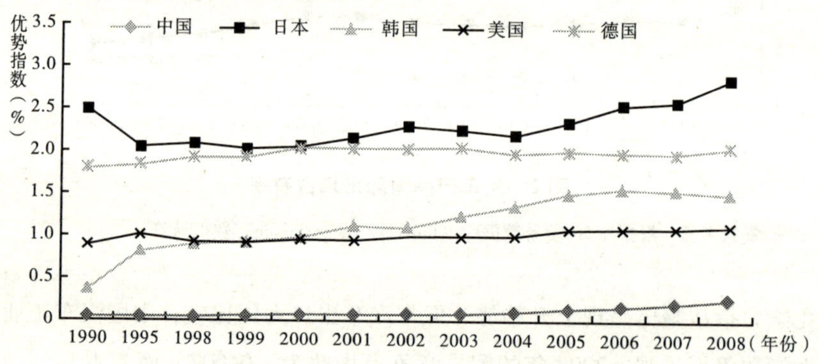

图4　汽车产品显示比较优势指数

资料来源：根据 WTO 贸易数据库（http：//www. wto. org）数据计算。

4. 质量竞争力指数

“十一五”期间，中国汽车产品中牵引车、轿车、货车单台出口价格均有所上升。牵引车从2006 年的3347 美元/台的均价上涨到2008 年5900 美元/台，轿车由2006 年的1073 美元/台上涨到2008 年的2705 美元/台，货车由2006 年的7270 美元/台上涨到2008 年的13708 美元/台，而客车的单台出口价格2008

年比2006年降了1%（见表1）。牵引车、轿车、货车单台、单位质量价格上升，质量竞争力指数也有一定提高，但整体水平仍非常低。目前，质量竞争力指数最强的是货车产品。

表1　中国部分汽车产品的出口单价及质量竞争力指数

年份	牵引车(HS8701)			客车(HS8702)			轿车(HS8703)			货车(HS8704)		
	出口价(美元/台)	出口价(美元/千克)	质量竞争力指数	出口价(美元/台)	出口价(美元/千克)	质量竞争力指数	出口价(美元/台)	出口价(美元/千克)	质量竞争力指数	出口价(美元/台)	出口价(美元/千克)	质量竞争力指数
2005	2689	5.8	0.08	30546	7.7	—	2766	9.1	0.16	6839	5.9	0.36
2006	3347	5.7	0.10	32228	7.9	—	1073	9.8	0.06	7270	5.8	0.37
2007	5454	6.2	—	21481	7.2	—	1738	—	0.10	10513	—	—
2008	5900	6.4	—	31882	7.5	—	2705	—	—	13708	6.1	0.56

资料来源：根据联合国贸易数据库（http://comtrade.un.org）数据计算。

二　汽车工业竞争力的影响因素

汽车工业是一个典型的资本密集型和劳动密集型的产业，中国汽车工业国际竞争力的影响因素可以大体分为基本影响因素和辅助影响因素。其中，基本影响因素包括生产成本、劳动生产率、企业规模、产业集中度、研发能力、售后服务能力、相关支持产业的发展状况等，辅助因素包括政府产业需求政策、政府税收政策、外商直接投资、汽车信贷政策、基础交通设施建设等。

劳动力成本贯穿整个产业链，对汽车工业的总成本影响十分显著。中国吉利公司生产汽车的平均劳动力成本是每小时3.5美元，美国三大汽车巨头的平均劳动成本是每小时73.7美元，成本低廉成为中国汽车的最大优势。

汽车工业是关联度极高的产业，零部件及相关产业的发展水平在很大程度上影响着汽车工业的国际竞争力。中国汽车核心零部件生产、售后服务、自主研发还处于薄弱环节，此外，相关原材料、能源紧张，都限制了中国汽车工业国际竞争力的提高。

下面，将通过劳动生产率、产业创新、产业集中度和关联产业的影响这四个方面对汽车工业竞争力的影响因素进行分析。

1. 劳动生产率

伴随生产技术及管理方法的不断进步，中国劳动生产率稳步提高，由2005年的13万元/每人·每年，提高到2007年的20万元/每人·每年（见图5）。但横向比较，中国的劳动生产率仍旧非常低，2008年，中国平均100万汽车职工生产汽车的数量不到100万辆，而日本74万汽车职工能生产超过1000万辆汽车，中国劳动生产率仅为日本的1/8。

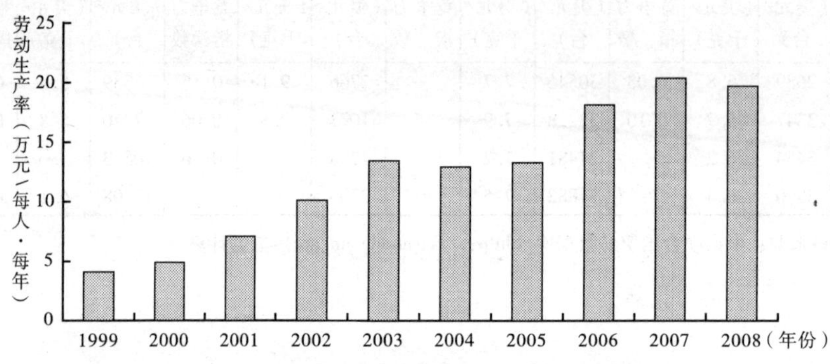

图5　中国汽车工业劳动生产率

资料来源：根据ACMR北京华通人商用信息有限公司数据计算。

2. 产业创新

产业创新是汽车工业核心竞争力的源泉，其主要的评价指标包括研发资金的投入率及研发人员的数量和比率。“十一五”期间，中国研发经费投入比例逐步上升，从2006年的1.78%提升到2008年的2.08%（见图6），与世界发达国家4%左右的比例相比，中国研发经费的投入仍旧很低，且研发经费投入比例的增长速度远小于中国汽车销售额的增长速度。中国科研人员的比率稳步提高，2008年已经超过了12%（见图7），但是高端科研及技术人才还非常匮乏。

3. 产业集中度

寡占型寡头结构正逐步成为全球汽车行业的主流，全球范围内多企业并存的寡头市场已经形成。“十一五”期间，中国汽车工业集中度CR_1从17.1%提高到18.4%，CR_4从56.6%提高到58.2%，CR_8从78.1%提高到78.5%（见图8），提高幅度均较小，与美国90%以上的CR_3、日本80%以上的CR_4的水平相比，

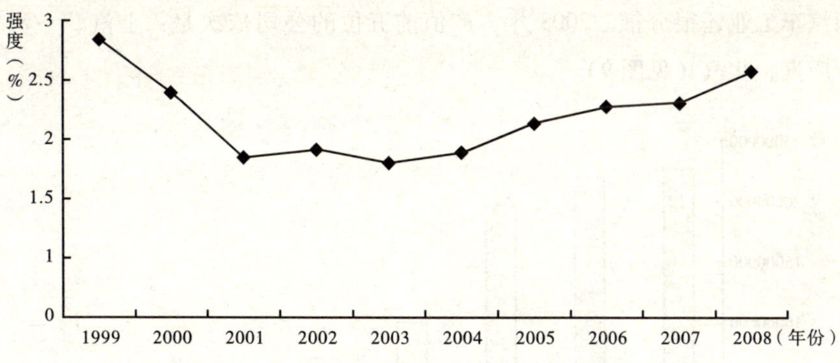

图 6　中国汽车工业产业创新研发经费强度

资料来源：根据 1999 ~ 2008 年《中国汽车工业年鉴》数据计算。

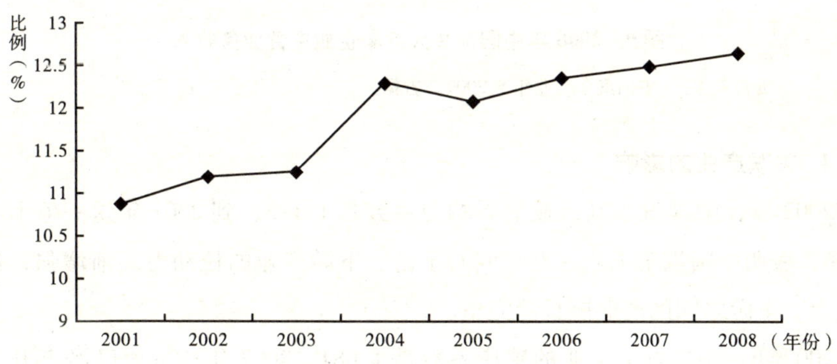

图 7　中国汽车工业科研技术人员比例

资料来源：根据 2001 ~ 2008 年《中国汽车工业年鉴》数据计算。

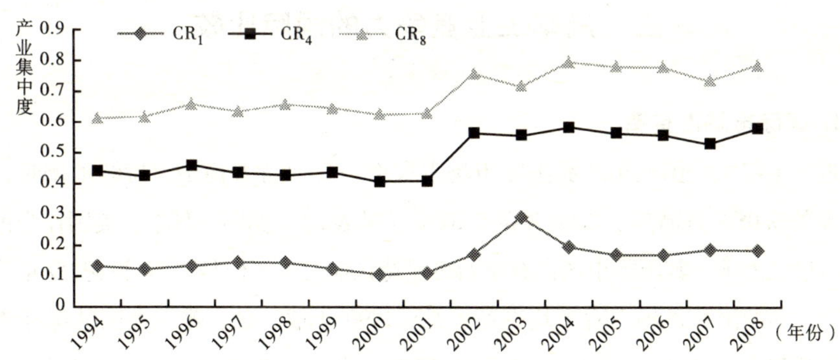

图 8　中国汽车工业集中度

资料来源：根据 1994 ~ 2008 年《中国汽车工业年鉴》数据计算。

中国汽车工业还很分散。2008 年，产值前五位的公司依次是：上汽、一汽、东风、广汽、北汽（见图9）。

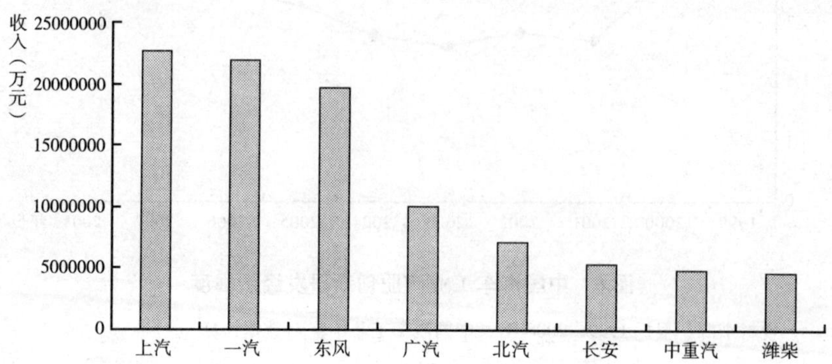

图9　2008 年中国前8大汽车企业主营业务收入

资料来源：《中国汽车工业年鉴2009》数据。

4. 关联产业的影响

2002 年，中国汽车制造业的影响力系数是 1.195，到 2007 年这一值上升到 1.286，表明中国汽车工业这五年间对上游、下游产业的拉动力逐渐增强，汽车工业上、下游之间的产业链日趋完整。

2002 年，中国汽车工业的感应系数是 1.081，2007 年这一值已经上升到了 2.109，表明中国汽车工业与国民经济发展的相关性进一步提高。

三　汽车工业竞争力的国际比较

1. 国际市场占有率

近二十年来中国汽车产品国际市场占有率一直保持着稳步、持续地增长，从 1990 年的 0.08% 提高到了 2008 年的 2.32%（见表2）。德国、日本、美国作为世界汽车出口三大国，其国际市场占有率始终保持在前三位。但是与 20 世纪 90 年代相比，三大国的国际市场占有率均有所萎缩，1990 年德、日、美三大国的国际市场占有率总和为 51.88%，2008 年仅为 41.18%。伴随发展中国家汽车工业的兴起，法国、英国、加拿大等发达国家的国际市场占有率也有所下滑。韩国作为新兴国家，20 世纪 90 年代中后期汽车工业飞速发展，其国际市场占有率已超过英国等发达国家。

表 2　1990～2008 年中国与汽车出口大国产品的国际市场占有率

单位：亿美元，%

年份＼国家	全球出口总额	德国	日本	美国	法国	韩国	中国
1990	3189.59	21.93	20.75	10.20	8.21	0.72	0.08
1995	4591.87	18.65	17.57	11.43	7.29	2.00	0.14
1998	5293.44	19.07	14.66	11.53	7.31	2.15	0.15
1999	5564.20	18.35	14.87	11.31	7.13	2.34	0.19
2000	5771.53	17.46	15.26	11.64	6.79	2.63	0.27
2001	5703.71	18.82	14.08	11.12	6.99	2.70	0.33
2002	6292.83	19.34	14.70	10.66	7.09	2.75	0.43
2003	7320.15	20.33	14.03	9.46	7.48	3.16	0.49
2004	8625.87	19.56	13.42	8.86	7.58	3.75	0.73
2005	9243.15	18.57	13.30	9.30	6.86	4.08	1.08
2006	10225.06	18.19	13.61	9.32	6.13	4.21	1.41
2007	12026.69	18.76	13.20	9.07	5.68	4.11	1.91
2008	12335.45	18.58	13.86	9.04	5.28	3.96	2.32

资料来源：根据 WTO 贸易数据库（http：//www.wto.org）数据计算。

2. 贸易竞争力指数

“十一五”期间，中国汽车工业贸易竞争力指数维持稳健增长的趋势，2008 年为 -0.0067，已接近零值。日本的汽车产业非常发达，国产车就能满足国内的需求，只有少量的高端车型需要进口，自 1990 年起，日本一直是汽车贸易竞争力指数全球最高的国家。韩国国民支持国货，车辆进口非常有限，韩国的汽车工业贸易竞争力指数维持在全球第二的位置。德国的汽车工业贸易竞争力指数从 1990 年的 0.3878 提高到 2008 年的 0.3973，美国的汽车工业贸易竞争力指数从 1990 年的 -0.4181 提高到了 2008 年的 -0.2822，美国的汽车工业贸易竞争力指数始终为负值，仍旧是日、德、韩等国竞相争夺的出口目标市场。法国的汽车工业贸易竞争力指数一直为正，2008 年受金融危机影响，首次出现负值，成为净进口国。从贸易竞争力指数的水平看，中国汽车工业已经在 2004 年超过了美国，伴随中国汽车工业贸易竞争力指数的进一步提高，中国在“十二五”期间将成为汽车产品的净出口国（见表 3）。

3. 显示比较优势指数

从 1990 年到 2008 年，中国汽车产品显示比较优势指数从 0.0449 增加到 0.2624，但始终小于 0.8，与国际汽车强国的差距还很大，国际竞争力非常弱。

表 3　1990 ~ 2008 年中国与主要汽车出口大国的汽车工业贸易竞争力指数

年份 \ 国家	日本	韩国	德国	法国	美国	中国
1990	0. 8007	0. 4248	0. 3878	0. 0962	-0. 4181	-0. 7488
1995	0. 7424	0. 6103	0. 3124	0. 0939	-0. 3458	-0. 6155
1998	0. 8170	0. 8506	0. 3450	0. 1514	-0. 3603	-0. 4428
1999	0. 8117	0. 8069	0. 3341	0. 1309	-0. 4244	-0. 4187
2000	0. 7969	0. 7910	0. 3661	0. 1299	-0. 4339	-0. 4122
2001	0. 7937	0. 7941	0. 3777	0. 1398	-0. 4451	-0. 4439
2002	0. 8068	0. 7442	0. 3867	0. 1563	-0. 4495	-0. 4444
2003	0. 8045	0. 7674	0. 3674	0. 1525	-0. 4472	-0. 5632
2004	0. 8008	0. 8063	0. 3618	0. 1470	-0. 4410	-0. 3940
2005	0. 8064	0. 8042	0. 3885	0. 1082	-0. 4099	-0. 1527
2006	0. 8185	0. 7841	0. 3764	0. 0749	-0. 3961	-0. 1264
2007	0. 8236	0. 7620	0. 3930	0. 0266	-0. 3387	-0. 0213
2008	0. 8303	0. 7415	0. 3973	-0. 0216	-0. 2822	-0. 0067

资料来源：根据 WTO 贸易数据库（http：//www. wto. org）数据计算。

汽车产业是日本的出口支柱产业，汽车出口占总出口的比例非常高，日本的汽车工业显示比较优势指数在全球排名第一，汽车产品具有极强的国际竞争力。2008年，墨西哥汽车产品显示比较优势指数为2. 0671，首次超过德国。韩国汽车起步较晚，但伴随“现代”和“起亚”出口量的飞速增长，韩国的汽车工业显示比较优势指数迅速走高，超过1. 5，具备了较强的国际竞争优势。美国的汽车产品显示比较优势指数虽有所上升，但始终未突破1. 25，只具备中度的国际竞争力。

4. 质量竞争力

产品的质量竞争力指标通过一国产品的价格与同类产品的世界均价进行比较，反映出一国产品的质量竞争力水平。本文选取汽车整车产品中的牵引车、客车、轿车、货车进行分析（见表 5）。从牵引车的单台价格看，荷兰、比利时处于绝对领先水平，中国牵引车的出口额全球排名第 16 位，单台均价不到荷兰的1/10。从客车单台均价看，2008 年中国出口客车的单位均价为 31882 美元/台，而波兰的出口单价约为中国的 8 倍，中国的客车出口额排名在全球第 6 位。中国轿车的竞争力同样非常弱，出口额全球排名第 26 位，2008 年中国轿车出口单位均价为 2705 美元/台，而日本轿车单位均价为 16010 美元/台，是中国的 5. 9 倍，中国轿车出口还局限在低端的廉价品。2008 年，中国出口货车的单台均价为

表 4 1990～2008 年中国与主要汽车出口大国的显示比较优势指数

年份＼国家	日本	德国	墨西哥	韩国	美国	中国
1990	2.4890	1.7964	1.1642	0.3827	0.8942	0.0449
1995	2.0476	1.8400	2.0159	0.8243	1.0098	0.0469
1998	2.0789	1.9288	1.9262	0.8933	0.9302	0.0450
1999	2.0337	1.9289	1.9599	0.9313	0.9284	0.0548
2000	2.0559	2.0423	2.0611	0.9866	0.9613	0.0710
2001	2.1607	2.0384	2.1003	1.1131	0.9442	0.0772
2002	2.2906	2.0396	1.9848	1.1006	0.9987	0.0848
2003	2.2564	2.0520	1.8865	1.2360	0.9901	0.0844
2004	2.1873	1.9820	1.8146	1.3612	0.9981	0.1130
2005	2.3451	2.0074	1.8773	1.5067	1.0795	0.1483
2006	2.5514	1.9884	2.0222	1.5687	1.0896	0.1763
2007	2.5868	1.9858	1.9378	1.5504	1.0918	0.2199
2008	2.8578	2.0455	2.0671	1.5131	1.1212	0.2624

资料来源：根据 WTO 贸易数据库（http：//www.wto.org）数据计算。

13707 美元/台，EU－27 为 25426 美元/台，法国为 23050 美元/台，日本为 16786 美元/台，中国出口货车与汽车强国的质量竞争力差距相对较小。

表 5 2008 年部分汽车产品出口价格的国际比较

出口额排名	牵引车（HS8701）			客车（HS8702）			轿车（HS8703）			货车（HS8704）		
	国家	单价（美元/台）	单价（美元/千克）	国家	单价（美元/台）	单价（美元/千克）	国家	单价（美元/台）	单价（美元/千克）	国家	单价（美元/台）	单价（美元/千克）
1	德国	—	11.2	日本	19458	7.1	德国	—	19.4	德国	—	10.3
2	EU－27	28502	8.0	EU－27	39139	16.6	日本	16010	—	EU－27	25426	7.5
3	美国	—	6.1	德国	—	17.8	EU－27	17472	15.4	美国	—	7.0
4	荷兰	67585	5.8	土耳其	84223	13.1	美国	—	—	日本	16786	6.2
5	法国	34649	6.1	波兰	283428	22.7	加拿大	19026	—	西班牙	13654	8.5
6	比利时	58856	19.5	中国	31882	7.5	韩国	—	8.1	墨西哥	2573	7.1
7	意大利	26933	19.3	美国	—	7.4	比利时	19045	—	意大利	23525	10.9
8	日本	—	7.5	韩国	—	5.4	西班牙	13408	12.1	泰国	—	8.4
9	瑞典	51528	13.1	捷克	205555	17.8	英国	21591	16.2	法国	23050	7.1
10	巴西	49171	8.5	加拿大	188803	7.9	法国	13134	—	英国	15125	9.2
16	中国	5899	6.5	—	—	—	26 中国	2705	—	11 中国	13707	9.0

注：表中为本列对应商品世界出口额前 10 位国家，国家排序按该产品出口额大小。
资料来源：根据联合国贸易数据库（http：//comtrade.un.org）数据计算。

四 国际金融危机对汽车工业竞争力的影响

国际金融危机下的消费信贷收缩、消费能力下降、油价过高的三重冲击，使世界汽车市场遭受了致命打击。

1. 国际金融危机对美、日、欧汽车工业竞争力的影响

金融危机让美国汽车的国内和国外市场同时疲软，美国汽车工业的三巨头通用、福特、克莱斯勒销量一路走低，资金枯竭，陷入困境。2008 年美国汽车产量较上年同比下降了 19.3%，大量的汽车供应商破产倒闭，美国最大的汽车集团——通用汽车也于 2009 年 6 月 1 日正式申请破产保护，进入重组程序。

伴随金融危机全球性的蔓延，欧洲汽车市场也同样萧条，业绩惨淡。2008 年欧洲市场共售出新车 1471 万辆，较 2007 年下降了 7.8%，创下了自 1993 年以来的最大降幅。

金融危机同样重创日本汽车产业，2008 年受金融危机和全球经济减速拖累，日本 12 家汽车制造商全球产量总共削减 190 万辆，相当于当初生产计划的 7% ~ 8%。此外，金融危机导致日元升值，使已经低迷的日本汽车市场雪上加霜。

2. 国际金融危机对中国汽车工业竞争力的影响

金融危机来临前，中国汽车市场刚经历了井喷式高速增长的六年。由于中国的汽车金融市场较其他国家相对落后，汽车信贷在中国汽车消费额中所占的比例较小，金融危机对中国汽车国内市场的打击没有其他国家猛烈，但是影响仍然非常巨大。2008 年，累计生产汽车 934.51 万辆、销售 938.05 万辆，分别较上年同比增长 5.21% 和 6.70%，成为自 1999 年后首次增长跌破 10% 的年份。受国际市场需求低迷及人民币升值的双重压力，中国汽车出口也遭受了重创，出口额从 2008 年 8 月以来连续同比下降。截至 2008 年底，共出口汽车 68.07 万辆，同比增长 11.1%，但与上半年相比，增速回落了 48.27 个百分点，与上年同期相比，增速回落了 67.85 个百分点。

金融危机对中国汽车工业是危机也是机遇。金融危机期间，国际上大量汽车企业倒闭，汽车企业优胜劣汰速度加快，正是我国汽车工业结构转型的一个好机会。中国自主品牌进行了从性价比到品质创新、从内生增长到全球并购、从整车制造到贯通产业链等战略转型，吉利汽车正在从以前的“造最便宜的轿车”转型

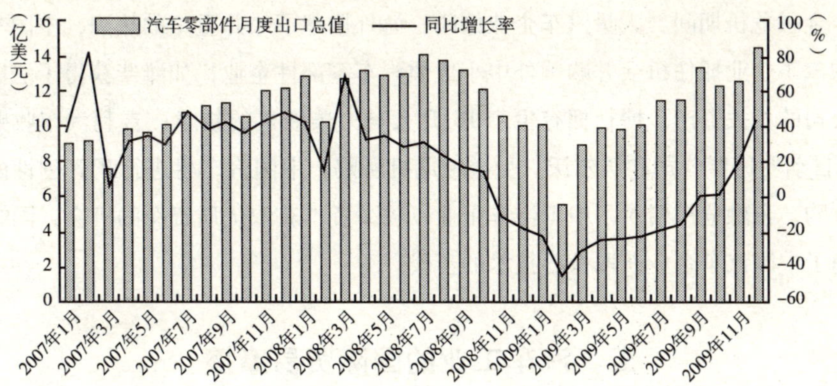

图 10　金融危机前后中国汽车零部件月度出口额及同比增长率

资料来源：根据中国经济信息网统计数据库（http：//db. cei. gov）数据计算。

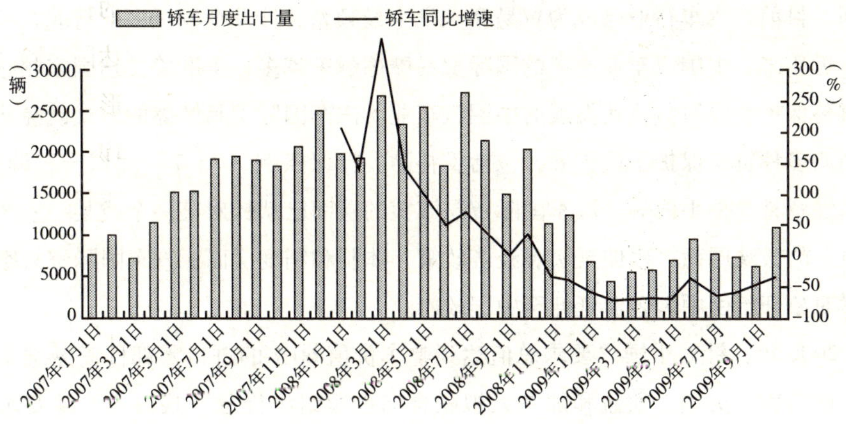

图 11　金融危机前后中国轿车月度出口量及同比增长率

资料来源：根据中国汽车工业协会（http：//www. caam. org. cn/）数据计算。

为“造最安全、最环保、最节能的汽车”，一汽、长安、上汽等企业，从产品开发概念和设计企划等基本流程的再造、梳理、优化入手，提升了整个体系的能力。

金融危机期间，由于国际汽车巨头纷纷忙于应付严重的危机，放缓了在阿尔及利亚、越南、叙利亚等在内的中国汽车主要出口国的扩张步伐，合资品牌在中国新车型的推出力度上也有所减弱，这是中国自主品牌壮大的又一个机会。在国际汽车制造商协会最新公布的一份专门针对自主品牌汽车产量的排名中，中国汽车企业上榜数量增加到 8 家，分别是一汽、长安、东风、北汽、奇瑞、上汽、华晨和哈飞。

金融危机期间，大量汽车企业倒闭，海外掀起了兼并重组的热潮，中国有实力的汽车企业抓住机会并购国外中小优质汽车零部件企业，如潍柴获得了法国博杜公司的相关资产，博杜拥有生产16升大马力柴油机的技术；吉利汽车收购了DSI自动变速器公司和沃尔沃。受金融危机所赐，中国汽车界进行了开创性的跨国收购，金融危机给予了中国汽车企业以较少资本获取优质资源的机会，同时也加速了中国汽车企业获取核心技术的步伐。

五　汽车工业的国际贸易摩擦

汽车国际贸易金额巨大，汽车贸易对一国的国际贸易平衡至关重要。为支持本国汽车工业发展，许多国家都采取贸易保护的方式为本国汽车企业赢取空间和时间。目前，汽车行业已成为贸易摩擦发生最频繁、涉及金额最多的行业之一。

近年来，中国汽车业遭遇的国际贸易摩擦越来越多，美欧等发达国家频频使用贸易保护手段对付快速发展的中国汽车业。汽车国际贸易摩擦的形式已经从反倾销向多种贸易保护手段扩展，包括反补贴、特保条例、“337”知识产权调查、技术性贸易壁垒手段等；汽车国际贸易摩擦的层面已从针对某一个或某一些产品为对象的微观层面，延伸至宏观经济政策、体制和制度层面；汽车国际贸易摩擦涉案对象开始由中国企业延伸至中国政府。

2006年，针对中国“要求总值达到整车价值60%的进口零部件需缴纳整车税”的条例，美国、欧盟和加拿大拟联合向世贸组织提起正式诉讼，并要求世贸组织设立专家组进行调查。2008年7月1日起，俄罗斯取消了对中国汽车质检证发放实行简化手续的资格。此外，俄罗斯提高中国汽车的进口关税，对中国乘用车在俄罗斯设厂设限。2009年9月11日，美国总统奥巴马不顾中国方面的强烈反对，决定对从中国进口的轮胎实施惩罚性关税。美国是中国最大的轮胎出口国，美国轮胎“特保案”使中国轮胎出口遭受重创，中国轮胎行业成为遭遇国外反倾销频率最高、次数最多的“重灾区”之一。

面对汽车工业国际贸易摩擦的高峰期，中国汽车企业需要加快修炼内功，把战略的重点从价格竞争转到质量竞争的轨道上来。中国政府要加快贸易摩擦预警机制、应对机制和争端解决机制的建设，为中国汽车企业的发展争取一个健康的国际环境。

六　2010 年汽车工业竞争力的判断

2010 年，伴随全球经济的进一步复苏，汽车市场的消费信贷环境将有较大改善，预测 2010 年全球汽车销量将出现较大回升。中国作为 2009 年全球第一大汽车市场，将在 2010 年继续领涨全球车市。2009 年，在购置税减半、汽车下乡、以旧换新等一系列鼓励消费政策的刺激下，中国汽车工业迅速回暖，超越德国和美国，成为世界第一大汽车市场。2009 年一系列鼓励汽车消费的政策会一直延续到 2010 年底，2010 年中国汽车需求还会温和增长，预计增长率在 15% 左右。2010 年，伴随中国重工业的进一步增长、国内物流的改善、出口的复苏，重型卡车的需求增长空间较大。2010 年上海世博会、广州亚运会的召开以及各地“公交先行”、“村村通”工程的实施，将使客车的需求增长加速。

2010 年，中国自主品牌与合资品牌的竞争将更加激烈。2010 年中国各大汽车集团均将加大对自主品牌的投入，继续提高自主品牌的技术含量，增强自主品牌产品的品质，发展中高端车型；而合资品牌为吸引更多的消费者，将继续发展中低端市场。2010 年是中国本土品牌的一个快速飞跃期，小排量、节能减排、新能源、低碳环保都是新车型动力系统的核心。2010 年，中国相关省市对其电动车的政策及资金支持都有望到位，中国电动车的国际竞争力将进一步提升。从国际汽车产业的现状看，年产销 100 万辆以下的汽车公司已经不能单独存在，200 万辆规模的也面临重组局面，而中国目前只有上海汽车产销规模超过 200 万辆。汽车业振兴“国五条”明确指出，“推进汽车产业重组，支持大型汽车企业集团进行兼并重组”。预计 2010 年中国汽车行业会有更多的兼并重组案例发生，培育出更多产销规模超过 200 万辆的汽车企业集团，中国汽车工业产业集中度将进一步提高。根据以上分析，我们预计，2010 年中国汽车工业产业竞争力将有进一步的提高。

七　提高汽车工业竞争力的对策建议

1. 加强自主创新，提升自主品牌

中国已经成为全球最大的汽车消费市场，汽车行业的发展瓶颈已不是市场与

资金，而是技术与品牌。改革初期，国家制定了利用外资的政策，给予外资以优惠的税收，实施“市场换技术”的战略。但经过多年的发展，中国汽车工业的消化、吸收能力仍严重不足，自主开发能力和新产品推出能力均远落后于其他发达国家。中国汽车企业应有效利用跨国公司的技术溢出，积极地将引进的技术演变成企业的自主创新技术，通过原始创新、集成创新，以及引进消化、吸收再创新，不断提高自身的研发能力。

此外，要建立政府主导、科研院所参与、企业为主体的创新组织体系，鼓励技术联盟，促进技术资源、人力资源的合理流动。要注重零部件、轿车等薄弱环节的重点攻关，支持企业到发达国家设立研发机构，通过技术入股、专利加盟、项目合作等方式引进国外专业人才。要完善我国汽车产业创新的政策体系，加强知识产权保护力度，提倡节能减排相关技术的研发及汽车新能源的开发，实行鼓励技术创新的财税金融政策。

汽车集团竞争力大小的最终表现就在汽车品牌的知名度和美誉度，中国自主品牌的竞争优势仍非常薄弱。中国企业要加强品牌意识的树立，丰富品牌的内涵，树立品牌的国际形象。

2. 推进中国汽车产业集群化发展

发达国家的汽车产业都是通过产业集群的方式发展的，如美国的底特律、日本的丰田城、德国的斯图加特等。汽车产业行业关联度高、规模经济效益明显，而汽车产业集群能增强集群内企业的竞争和合作，有利于技术的扩散和转移、资源的共享、交易成本的节约和专业化分工的形成。

目前，中国已经形成了汽车产业集群化的雏形，基本形成了以东北、京津、中部、西南、长三角和珠三角为代表的六大汽车产业集群。但是中国汽车产业集群还基本上呈现着“散、乱、小”的格局。中国汽车企业要在产业内进行专业化的分工，将非核心业务剥离，通过股份制、股份合作制、资产租赁等方式转制，形成产业链条化、分工最优化的外部市场配套群体。整车生产企业可以逐渐退出大部分零部件配套的生产领域，零部件配套企业专注于提升核心产品的竞争力，整车企业与零部件配套企业形成战略联盟，共同发展。要通过大企业联盟，实现强强联合，进行产品、技术、管理等资源优势的重组，优化资源配置，提高规模经济效益。政府可以通过税收优惠、业务扶持等方式，吸引优秀的上、下游企业到汽车集群中落户；通过集中投资、扶强制散等方式，支持行业龙头企业和技术领先企业的兼并、收购、联合。

3. 推动中国汽车服务行业加速发展

在汽车工业的价值链上，整车组装等环节附加价值相对较低，而核心零部件生产以及汽车售后服务等环节附加值较高。中国汽车行业在注重汽车制造业的同时，也要推进汽车服务经济的发展、推动售后服务、物流配送、汽车金融的发展，抢占汽车发展的战略制高点。

中国汽车行业要尽快建立完善的销售服务体系，从汽车金融、售后维修服务、配件配送、汽车保险等各方面提供专业化的服务。要大力发展汽车增值服务，促进汽车服务市场全方位的发展，这对中国汽车工业整体竞争力的提高也有积极的促进作用。

船舶工业竞争力

郭文杰*

一 “十一五”期间船舶工业竞争力变化

1. 国际市场占有率

“十一五”期间，中国船舶工业的国际市场占有率显著提高。特别是2004年以后，世界经济进入新一轮的繁荣时期，由此带动国际船舶市场的持续兴旺，中国船舶工业获得了高速发展，国际市场占有率已经从1996年的不足5%快速攀升至2008年的18.83%（见图1），显示出中国船舶产品在国际市场上的竞争力水平。

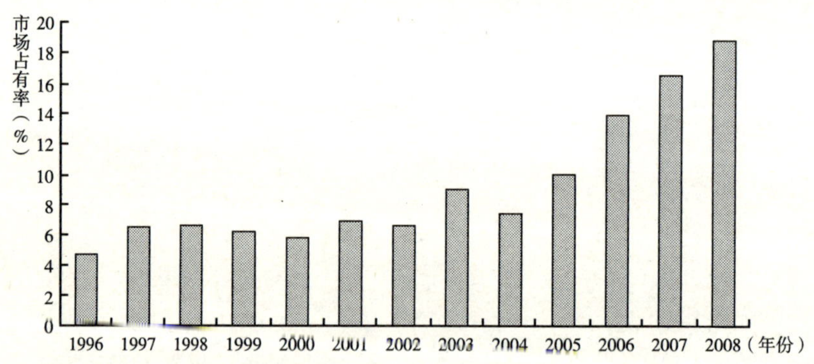

图1 中国船舶产品国际市场占有率（1996~2008年）

数据来源：根据联合国贸易数据库（http://comtrade.un.org）中商品H1－89的数据计算。

促进中国船舶工业国际市场占有率迅速提高的主要原因有：

第一，国际船舶市场的高速发展。国际国内船舶市场总体保持兴旺，海洋工

---

* 郭文杰，中国船舶工业市场研究中心工程师。

程装备需求强劲。

第二，中国船舶工业的产能扩张迅猛。中国船舶工业是典型的外向型产业，2008 年出口的船舶占造船完工总量的 73% 。

第三，政府的产业政策支持。国家促进船舶工业发展的产业政策和重点地区城市布局调整，使中国新建了一批大型和现代化的造船设施，快速提升了中国船舶工业产能；国家加大了国防科技的投入，推进军民结合，为船舶工业开展自主创新提供了较好条件。

2. 贸易竞争力指数

经过计算后的贸易竞争力指数显示，从 1996 年到 2008 年，中国船舶工业的该指数一直处于 0. 4 ~0. 9 之间。特别需要指出的是，2005 年以来，中国船舶工业的贸易竞争力被提升至一个新的高度，连续 4 年的贸易竞争力指数高于 0. 8，充分显示出中国船舶产品出口竞争力正在增强。

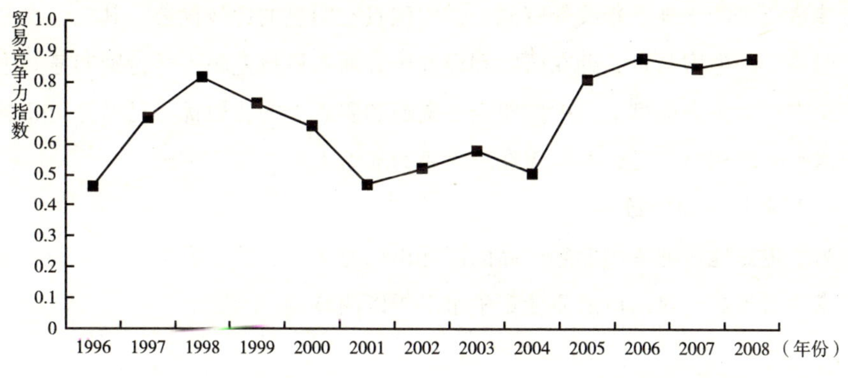

图 2　中国船舶工业贸易竞争力（1996 ~ 2008 年）

数据来源：根据联合国贸易数据库（http：//comtrade. un. org）中商品 H1 – 89 的数据计算。

3. 显示比较优势指数

经过计算后的中国船舶工业显示比较优势指数显示，从 1996 年到 2008 年，该指数数值一直高于 1，并于 2008 年一度突破 2。特别是 2004 ~ 2008 年，显示比较优势指数快速攀升。中国的船舶产品在国际市场上具有比较优势，具有一定的国际竞争力。

显示比较优势较高的主要原因体现在三个方面。其一，在建造油船、散货

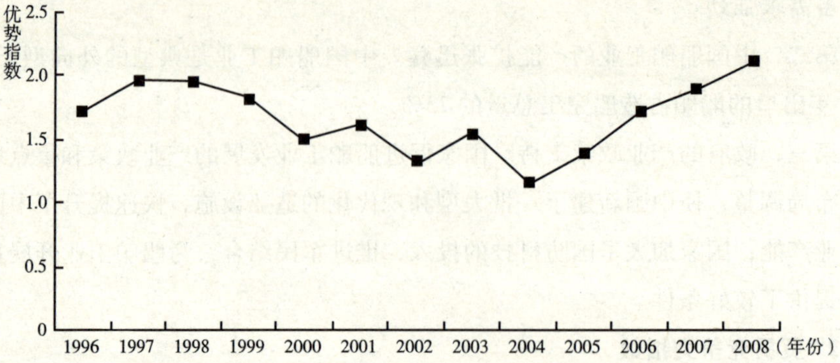

图3　1996～2008年中国船舶工业显示比较优势指数

数据来源：根据联合国贸易数据库（http：//comtrade. un. org）中商品 H1－89 的数据计算。

船、集装箱船三大主力船型中，中国船厂的劳动力优势更为明显。其二，在三大船型建造所需的土地、岸线等资源上，中国具有明显的比较优势。其三，在三大主力船型中，中国与日、韩在研发和设计等方面的科技差距不是特别明显。也就是说，在三大主力船型上，中国船企在资源和要素上的比较优势已经完全超越了科技水平上的相对不足，有利于在三大主力船型上率先取得突破。

4. 质量竞争力指数

为了更好地研究中国船舶产品的国际市场竞争力，除了数量分析，我们引入质量竞争力指数，对出口的质量竞争水平予以测算。

表1　中国船舶产品的质量竞争力指数

年份	船舶出口总额(亿美元)	出口船舶完工量(万载重吨)	质量竞争力指数
2001	19.28	305.7	0.0631
2002	19.25	332.2	0.0579
2003	30.22	411.7	0.0734
2004	31.6	560.5	0.0564
2005	46.63	768.5	0.0607
2006	81.1	1186.87	0.0683
2007	122.4	1490.0	0.0821
2008	191.2	2107.0	0.0907

数据来源：中国产业分析平台，中国船舶工业行业协会发布的《全国船舶工业经济运行分析》。

从表 1 的数据分析看，中国船舶产品的质量竞争力水平稳步提高，从 2001 年的 0.0631 提高到了 2008 年的 0.0907，特别是“十一五”以来，船舶质量竞争力快速提升，三年三大步。2006 年仅为 0.0683，2007 年一跃达到 0.0821，2008 年则达到 0.0907。这充分显示出，中国船舶产品不仅出口数量快速增长，而且出口质量竞争力水平也快速提升。“十一五”期间，船舶质量竞争力得以快速提高主要得益于国际船舶市场的整体兴旺。在此期间，国际航运市场活跃，新船价格高位运行，中国船舶的出口创汇金额显著增长，另外，中国的船舶产能在此期间也有了较大飞跃。

二　船舶工业竞争力的影响因素

1. 劳动生产率

从图 4 的数据分析看，中国船舶工业的劳动生产率总体呈现逐渐增长的态势。从 1999 年开始，中国船舶工业的总体劳动生产率不断提高。特别是 2006 年国际造船市场兴旺之时，人均工业增加值达到 20.15 万元/人的历史最高值。2007 年中国船舶工业的劳动生产率有所下降，为 14.06 万元/人。

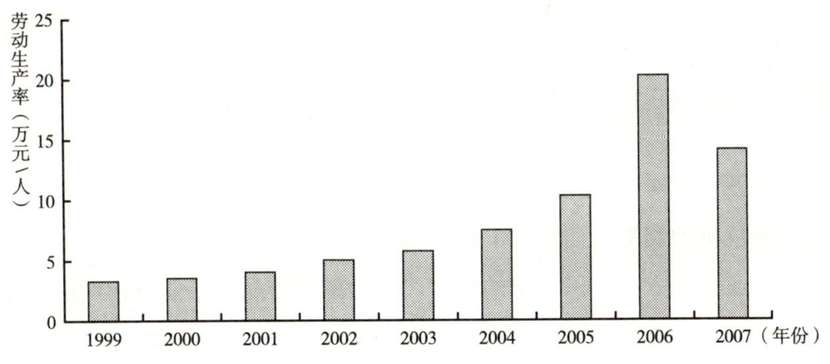

图 4　1999 ~ 2007 年中国船舶工业劳动生产率

然而，从工时生产效率角度考察，与世界造船先进国家——日本相比，中国单船的建造工时数约为日本的 5 倍，年度造船数为日本的 20%，造船劳动生产率与日本的差距较大。

2. 产业创新

科技创新在提高中国船舶工业国际竞争力和抗风险能力、推动船舶行业快速发展方面发挥了重要作用，主要体现为：船型开发取得新突破，促进了产品结构的优化升级，实现了30万吨级超大型油船（VLCC）、17.5万吨好望角型散货船以及8530TEU超大型集装箱船的自主设计建造；重点船舶配套设备研制取得新进展，三型大功率低速柴油机的国产化研制成功，主流船型平均本土化率显著提高；通过现代造船模式应用研究、工艺研究以及造船信息化技术的研究，国内骨干企业实现了上层建筑的总体吊装，并列串联造船技术跨入世界先进行列。

按照国家统计局的行业分类，船舶制造业隶属于交通运输设备制造业。按照《中国科技统计年鉴2007》，2007年交通运输设备制造业大中型工业企业的科技活动经费内部支出总额达到5376042万元，其中研发经费为3012684万元；2007年交通运输设备制造业大中型工业企业的主营业务收入为21411.16亿元（见表2）。

表2　交通运输设备制造业大中型企业研发经费强度

年　份	研发经费(万元)	主营业务收入(亿元)	研发经费强度(%)
2004	1289453	10745.44	1.20
2005	1754420	12621.73	1.39
2006	2239728	16213.53	1.38
2007	3012684	21411.16	1.41

资料来源：根据历年《中国统计年鉴》数据计算。

自主创新在应对国际金融危机中发挥了重要作用。自主创新不仅成为中国船舶企业抵御危机的利器，而且为下一步中国船舶工业迈向世界一流积蓄了力量。中国船舶企业在千方百计保订单的同时，大力推进产品和产业结构调整，加大对新产品研发的支持力度，努力提高科技创新能力。在高新技术船舶的开发方面，2009年中船集团首批5艘液化天然气（LNG）船研制任务全面完成，并在此基础上同步开展了新型LNG船的开发；在海洋工程的研发方面，具有自主知识产权的新型自升式钻井平台已开发完成，上海船厂船舶有限公司获得中海油服12缆深水物探船订单，广州黄埔造船公司获得中海油服深水工程勘察船订单；在重点船舶配套产品研制方面，中国大功率智能低速机零部件国产化率进一步提高。

3. 产业集中度

以国内造船企业的完工量（产量）考察，船舶产业的集中度较高。2009年造船产量最高的三家企业为上海外高桥造船有限公司、大连船舶重工集团有限公司、江苏新时代造船有限公司，其造船产量分别为603.0万载重吨、388.7万载重吨、257.4万载重吨。2009年全国造船完工量为4243万载重吨，三家公司占全国产量的份额分别为14.21%、9.16%、6.07%。2009年中国企业造船完工量占全国份额CR_3为29.44%，CR_4为34.0%，CR_5为37.49%，CR_8为46.92%，CR_{10}为52.27%。目前全国规模以上船舶工业企业1859家，这些数据足以显示，全国船舶工业企业的集中度很高。

表3　2009年中国造船完工量前十强企业

单位：万载重吨，%

排名	造船公司	完工量	占全国份额
1	上海外高桥造船有限公司	603.0	14.21
2	大连船舶重工集团有限公司	388.7	9.16
3	江苏新时代造船有限公司	257.4	6.07
4	江苏扬子江造船有限公司	193.4	4.56
5	江苏熔盛重工集团有限公司	148.0	3.49
6	沪东中华造船(集团)有限公司	145.5	3.43
7	金海重工集团有限公司	127.6	3.01
8	南通中远川崎船舶工程有限公司	127.0	2.99
9	渤海船舶重工有限公司	113.9	2.68
10	扬州大洋造船有限公司	113.1	2.67

数据来源：中国船舶工业行业协会。

国内船舶出口地区集中度较高。在主要造船省份中，江苏、上海、浙江、辽宁、北京、广东、湖北、山东、福建9个省市的船舶出口额在10亿美元以上，其中，江苏、上海和浙江分列前3位，出口额依次为62.9亿美元、56.3亿美元和43.5亿美元，同比分别增长44.49%、56.47%和33.98%，这表明长江三角洲地区成为中国船舶出口的最大基地。

国内船舶出口企业的集中度较高。从不同企业的出口金额的集中度看，在经营船舶出口的企业中，出口额超过5亿美元的有10余家。其中，大连船舶重工集团有限公司、上海外高桥造船有限公司、沪东中华造船（集团）有限公司排在前3位，3家企业出口船舶金额合计约占出口总额的20%。

三　船舶工业竞争力的国际比较

1. 国际市场占有率

1996年以来，世界船舶出口总量不断攀升，国际市场格局发生明显变化。全球船舶出口总额从1996年的240.85亿美元迅速增长至2008年的1039.09亿美元。在中国、日本、韩国的造船竞争格局中，中国的国际市场占有率迅速增长，日本的国际市场占有率迅速下降，韩国的国际市场占有率稳中有升。1996年中国、日本、韩国的国际市场占有率分别为4.79%、39.91%、29.59%，2008年中国、日本、韩国的国际市场占有率分别为18.83%、19.08%、39.43%。（见表4）

表4　中国与主要船舶出口国的国际市场占有率

单位：亿美元，%

年份	全球出口总额	中国国际市场占有率	日本国际市场占有率	韩国国际市场占有率
1996	240.85	4.79	39.91	29.59
1997	253.63	6.43	38.84	25.71
1998	283.90	6.55	35.67	28.23
1999	260.16	6.22	38.23	28.79
2000	282.26	5.79	36.38	29.16
2001	276.20	6.98	30.60	35.12
2002	293.88	6.55	31.35	36.32
2003	335.65	9.00	29.22	33.08
2004	426.62	7.41	28.70	35.91
2005	461.75	10.10	25.56	37.32
2006	585.60	13.85	24.00	36.70
2007	739.42	16.53	20.99	36.02
2008	1039.09	18.83	19.08	39.43

2. 贸易竞争力指数

中国的贸易竞争力指数波动上升，1996年贸易竞争力指数仅为0.4610，1998年快速攀升至0.8162，此后一路走低至2004年的0.5071，随后一举跃上2008年的0.8765，总体呈现增长态势；日本的贸易竞争力指数从1996年到2008年一直处于较高水平，并稳定于0.95左右；韩国的贸易竞争力指数则整体表现出先扬后抑态势，先是从 1996 年的 0.5715 增长至 2000 年的 0.9543，然后一路下滑至 2008 年的 0.8484（见表 5）。

表 5　中国与主要船舶出口国的贸易竞争力指数

年份 \ 国家	中　国	日　本	韩　国
1996	0.4610	0.9476	0.5715
1997	0.6856	0.9557	0.7993
1998	0.8162	0.9654	0.9089
1999	0.7297	0.9588	0.9370
2000	0.6586	0.9615	0.9543
2001	0.4677	0.9487	0.9257
2002	0.5204	0.9435	0.9232
2003	0.5764	0.9761	0.9131
2004	0.5071	0.9690	0.8742
2005	0.8126	0.9754	0.8762
2006	0.8771	0.9731	0.9085
2007	0.8497	0.9663	0.8677
2008	0.8765	0.9456	0.8484

3. 显示比较优势指数

从主要造船国的贸易显示比较优势指数来看，韩国高于日本，日本又高于中国，这充分显示出比较优势的差异。从 1996 年到 2008 年，中国的贸易显示比较优势小幅提高，从 1.7139 增长至 2.1156；日本的显示比较优势从 1996 年的 5.2479 小幅降至 2008 年的 3.9189；韩国的显示比较优势则稳步提高，从 1996 年的 12.3262 提升至 2008 年的 15.0136（见表 6）。

4. 造船指标比较

从 20 世纪 90 年代中期以来，随着欧洲造船业的衰落，世界船舶工业的主要竞争格局便维持中、日、韩三足鼎立的局面。从 1994 年到 2000 年，中国造船业排名一直位列世界第三，占世界份额的 4% ~7%，而日、韩两国的国际市场占有率都超过 30%；2005 年，中国造船完工量占世界的份额升至 17%；2008 年全国造船完工量 2880 万载重吨，新承接船舶订单 5820 万载重吨，手持船舶订单 20460 万载重吨，分别占世界市场份额的 29.5%、37.7% 和 35.5%。中国造船完工量、手持船舶订单量连续 6 年保持快速增长，造船三大指标全面超越日本，位

表6 中国与主要船舶出口国的贸易显示比较优势指数

年份 \ 国家	中 国	日 本	韩 国
1996	1.7139	5.2479	12.3262
1997	1.9657	5.1592	10.5549
1998	1.9614	0.9293	11.7362
1999	1.8229	5.2290	11.4455
2000	1.5002	4.9004	10.9265
2001	1.6238	4.6945	14.4514
2002	1.3059	4.8853	14.5130
2003	1.5585	4.6982	12.9482
2004	1.1508	4.6777	13.0427
2005	1.3903	4.5062	13.7624
2006	1.7311	4.4955	13.6585
2007	1.8946	4.1106	13.5609
2008	2.1156	3.9189	15.0136

居世界第二；按载重吨计，2009 年中国造船完工量、承接新船订单量、手持船舶订单量分别占世界市场份额的 34.8%、61.6% 和 38.5%，比 2008 年底分别提高了 5.3 个、23.9 个和 3 个百分点（见表 7）。

表7 中、日、韩三国造船指标

单位：百万载重吨，%

国家	年份	新船完工量		新船订单量		手持订单量	
			份额		份额		份额
中国	2009	42.43	34.8	26.0	61.6	188.17	38.5
	2008	28.8	29.5	58.2	37.7	204.6	35.5
	2007	21.6	25.1	106.7	40.5	176.8	33.6
日本	2009	28.99	23.8	0.9	2.1	88.31	18.1
	2008	27.4	28.0	17.9	11.6	106.9	18.5
	2007	27.3	31.0	34.8	13.2	116.7	22.2
韩国	2009	43.78	35.9	14.87	35.2	172.24	35.2
	2008	33.4	34.2	68.8	44.6	214.0	37.1
	2007	28.7	33.4	97.0	36.8	181.0	34.4

数据来源：克拉克松船舶经纪公司，并根据中国国内数据进行调整。

四 国际金融危机对船舶工业竞争力的影响

全球金融危机爆发以来，海运运费大幅下挫，航运市场急剧下滑，船东订船需求极度萎缩，连续近 6 年的国际造船市场兴旺行情落下帷幕。船舶工业面临“接单难、交船难、融资难”的局面。

1. 接单难

自金融危机爆发以来，中国新船订单量迅速萎缩。全球船舶市场订单大幅缩水，2008 年第四季度至 2009 年 11 月的新船订单仅为 2500 万～3000 万载重吨。2009 年 1～9 月，中国造船企业接单情况与 2008 年同比下降幅度达 80%。2009 年，全国造船完工量 4243 万载重吨，同比增长 47%；承接新船订单 2600 万载重吨，同比下降 55%；年末手持船舶订单 1.8817 亿载重吨，同比下降 8%。

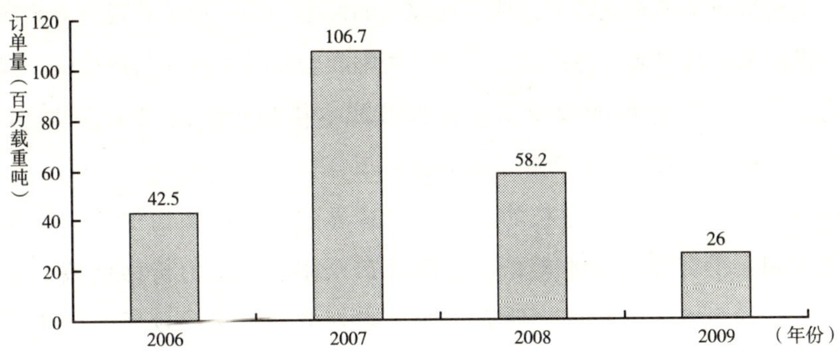

图 5 2006～2009 年中国承接新船订单量

2. 交船难

现有的手持订单难以顺利按期交付，并时时遭受撤单威胁。在国际航运市场持续低迷的情况下，不少船东出现经营困难，撤销了部分新船订单。据统计，2009 年，全国被撤销船舶订单 107 艘、498 万载重吨，约占 2009 年底手持船舶订单量的 2.6%。而从 2008 年 10 月至 2009 年底，全国被撤销船舶订单累计达 204 艘、705 万载重吨，约占 2009 年底手持船舶订单量的 3.7%。除了撤单，船东推迟接船时间、降价接船、延迟付款、改型等更改造船合同的情况不断增多。

3. 融资难

船东遭遇融资难，整体融资环境急剧恶化。在国际金融危机的影响下，金融机构将造船业列为高风险行业，对船舶融资业务审核更加苛刻，船厂流动资金贷款和获得预付款保函的难度增大。部分金融机构已经承诺或正在实施的船舶融资项目，有的进展缓慢，有的已停止。很多船东由于很难融到资金，出现资金链断裂的局面，一些国外的银行只对长期合作信誉好的船东提供资金。

五 船舶工业的国际贸易摩擦

前几年，船舶市场兴旺之时，中国船舶出口迅速增长，这一趋势已引起欧盟高度关注。中国船舶出口量从 2004 年只占世界的 8%，迅速增长至 2005 年的 18%，2006 年又达到了 19%。欧盟官员 2007 年 4 月表示，中国船舶出口的迅速增长对欧盟成员国的相关产业造成了比较大的冲击，为了保护欧盟内部经济，中国应放慢船舶制造领域产品的出口速度，否则欧盟将采取贸易制裁措施。欧盟报告认为，中国出口船舶的成交价低于按其成本模型计算的“正常价”8% ~ 22.8%，并对其船舶制造业产生实质损害。

中国船舶出口之所以增长如此迅速，并导致贸易摩擦增加，主要有以下两方面原因：①劳动力成本较低。中国人口众多、劳动力价格低廉，船舶工业具备的劳动力密集型特征，使得行业享受到劳动力工资较低的优势。②中国对于船舶出口予以退税补贴。中国船舶出口可以享受 17% 的退税，这更进一步强化了船舶产品在国际市场上的竞争力。近年来，中国出口船舶的价格始终比韩国同类船舶价格低 5% ~8%，较欧洲船企价格更低，由此引起欧盟高度关注。

当前，随着世界经济的缓慢复苏，贸易保护逐渐成为许多国家的政策导向。历史证明，经济危机往往与贸易保护主义密切相关，在经济和贸易以及就业急剧下降、增加了市场压力的情况下，贸易摩擦将会急剧增加。中国作为世界上最大的出口国、世界上第二大造船国，随着对外贸易规模的增长和“走出去”战略的深入实施，船舶产品出口遭遇的贸易摩擦将日益加剧，出口企业也将面临更加激烈的国际市场竞争。

六 2010年船舶工业竞争力的判断

2010年，随着国际国内经济的复苏，船舶市场在总体低位徘徊中仍然存在增长性需求和结构调整带来的需求，但国际金融危机对航运和造船市场的影响还将持续，造船市场复苏将明显滞后于经济复苏。随着手持订单中的船舶被不断交付船东，航运市场运力过剩的情况将加剧。但由于战略需求和投机需求的支撑，国际船舶市场将在2009年的基础上有所恢复，船价也将在低位徘徊。

预计2010年全球造船完工量为1.5亿载重吨，新接订单量约为5000万~7000万载重吨。由于造船完工量大大高于新接订单量，2010年底手持船舶订单将出现下滑。虽然市场供需失衡严重，但考虑到前期船价下滑幅度较大，受二手船市场价格的支撑、韩元汇率、钢材价格等因素的影响，2010年船价的下滑空间有限。

2010年，中国船舶工业不但会继续面临交船难、接单难的困难局面，还将面临船用钢材价格上升、人民币汇率升值导致的成本上升等不利因素。面对复杂而严峻的形势，中国船舶工业应在《船舶工业调整和振兴规划》的各项措施陆续实施的指引下，积极主动做好应对困难和挑战的准备，努力保持各项经济指标平稳增长。

七 对策建议

1. 重视船舶工业的结构调整，促进发展方式转变

近几年，中国船舶工业的产能迅速扩张，由此带来了结构性产能过剩、产业集中度低、手持订单中常规船型比例过高等问题，LNG船、海洋工程装备等高附加值的高新技术产品还未形成规模，产业结构不合理问题依然突出。金融危机要求船舶工业必须转变发展方式，各级主管部门、各船舶企业应积极调整，加快产品结构升级，引导产业结构调整，实现船舶工业的内涵式发展。

2. 加强精细化管理，确保产品质量

各船舶企业应加强生产管理，提高生产计划管理水平。要注重船舶质量管理，提高产品质量控制能力和产品质量水平，避免因质量问题导致船舶交付困难的现象出现。推进节能降耗、降本挖潜，提高生产组织管理水平。同时，要加强产品成本的预测工作和实际成本的分析工作，对影响产品成本变化的主要因素进行跟踪控制，努力将财务风险降到最低。

3. 千方百计保交船，全力以赴抢订单

2010 年，船舶行业仍将面临市场低迷和船东推迟接船、改单、撤单甚至弃船的风险；中国船舶工业将进入产能集中释放期，手持订单船舶将大量交付。因此，保交船仍是船舶行业的重点工作。船舶企业要加强生产过程中的协调与监控，深入推进建立现代造船模式，推广先进工艺，深化精度造船，全力以赴确保交船。在承接新船订单方面，船舶企业要密切关注船东的动向，还要重视一些能源类公司的订购需求。通过加强技术储备，积极开发新产品，增加高技术船舶科研经费投入，加快产品升级换代步伐，为船市复苏后抢占市场做好充分准备。积极运用出口买方信贷、银团保函、租赁融资等金融创新产品开拓市场。

4. 进一步加强自主创新，提高船舶工业竞争力

加快推进船舶工业战略转型，推进建立现代造船模式，进一步提升生产和管理效率；加强船舶产品开发、设计、建造、验收、使用、维护于一体的船舶产品全生命周期的信息化支持系统建设，提高市场响应能力；发展先进造船生产能力，确保发展的质量和效益；实现船舶设计数字化、船舶制造精益化、船舶制造装备自动化和智能化，从而大幅度提高生产效率、降低成本；增大科技投入，注重新型船开发和品牌、市场营销方面的建设。

参考文献

季建伟：《世界船舶工业的产业转移及中国船舶工业支柱产业的选择》，《船舶物资与市场》2006 年第 2 期。

杨久炎：《创新铸就造船强国梦》，《广东造船》2009 年第 5 期。

电子信息工业竞争力

王燕梅*

一 “十一五”期间电子信息工业竞争力变化

“十一五”时期的前三年（2006~2008年），中国电子信息工业的国际竞争力保持了持续提升的状态。在出口总额迅猛增长的拉动下，中国电子信息工业的国际市场占有率、贸易竞争力指数、显示比较优势指数均较“十五”末期有了较大提高；与此同时，一些产品的质量竞争力指数也有所增长。

1. 国际市场占有率

中国电子信息工业的国际市场占有率迅速提升。以电机电器设备（HS编码85章）出口额占世界出口额的比重来衡量，“十五”后期的2004年，中国电子信息产品的国际市场占有率为10.36%，以微弱优势超过美国和日本居世界第一位；其后一直保持世界第一的位置，并且与其他出口大国和地区的差距迅速拉大；2006年其国际市场占有率上升到13.95%，2008年为17.91%（见图1），是位居世界第二位的中国香港的2倍以上。

国际市场占有率的迅速提升不仅源于中国正成为世界上最重要的电子信息产品生产国，更重要的还在于中国电子信息工业正以前所未有的速度不断融入国际分工，在电子信息工业国际分工中成为最重要的加工组装基地。据日本贸易振兴机构的世界贸易分析，中国是世界上最大的IT产品出口国，2008年的IT产品出口额中接近2/3为最终产品，而世界平均水平为1/2左右①。以最终产品为主的出口结构推动了中国电子信息产品出口贸易额的快速增长。从图1可以看出，自2004年以来，中国电子信息产品国际市场占有率以年均2个百分点左右的速度

* 王燕梅，中国社会科学院工业经济研究所副研究员。

① 日本貿易振興機構：《ジェトロ投資白書》（2009）。

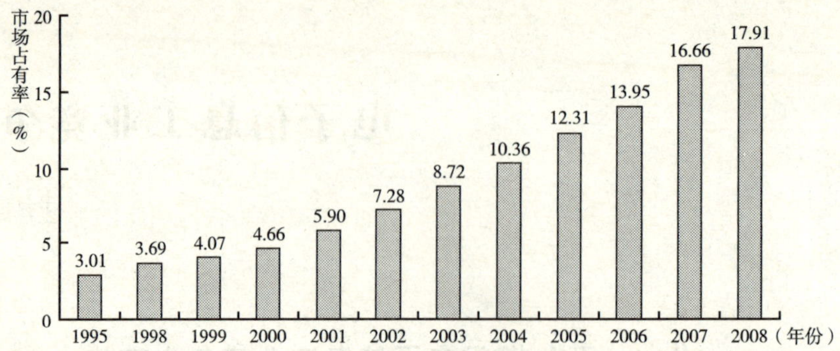

图1　中国电子设备国际市场占有率

资料来源：根据联合国贸易数据库（http：//comtrade. un. org）中 HS85 的数据计算。

提高，“十一五”时期前3年的增长也基本延续了这一趋势。

2. 贸易竞争力指数

中国电子信息工业自“入世”以来一直是进口额大于出口额，即贸易竞争力指数为负数且持续下降。2004年开始，贸易竞争力指数开始回升。“十一五”期间，中国的贸易竞争力指数转负为正并持续快速上升，2006年为0.0191，2008年上升到0.1242（见图2）。

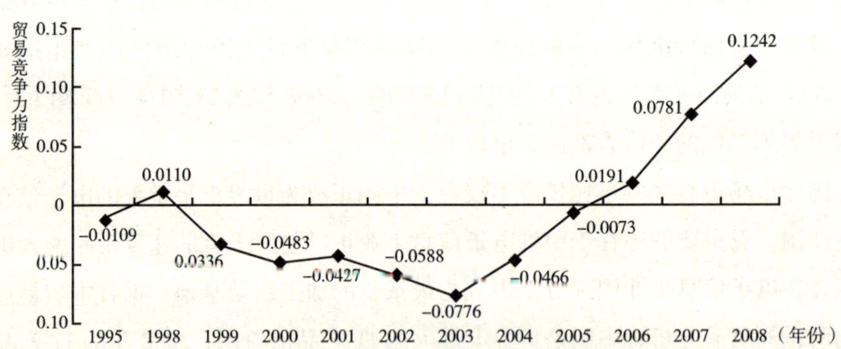

图2　中国电子设备贸易竞争力指数

资料来源：根据联合国贸易数据库（http：//comtrade. un. org）中 HS85 的数据计算。

中国贸易竞争力指数的快速回升来源于电子信息产品出口额以远高于进口额的速度增长，源于中国电子信息工业的贸易结构。从对外出口贸易方式看，加工贸易占80%以上；从对外出口的市场主体看，仅外商独资企业就占

2/3。中国巨大的电子信息产品贸易顺差，实际是由外资企业主导的加工贸易创造的。

3. 显示比较优势指数

显示比较优势指数反映了与中国全部商品出口相比，电子信息产品的相对出口竞争力。从图3可以看出，1995年以来，中国电子信息产品的显示比较优势指数一直处于上升状态，1998年显示比较优势指数值超过1，表示电子信息产品占中国出口的比重大于电子信息产品占世界出口的比重，中国电子信息产品较其他产品在国际市场上更具有比较优势。“十一五”前三年，中国电子信息工业的显示比较优势指数持续提高，从“十五”末期2005年的1.6373提高到2008年的1.8743，电子信息产品已经成为中国产品中具有相当强国际竞争力的产品。

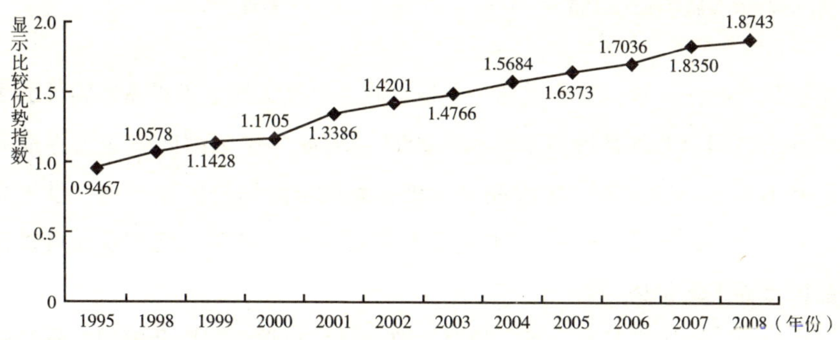

图3　中国电子设备显示比较优势指数

资料来源：根据联合国贸易数据库（http：//comtrade. un. org）中HS85的数据计算。

显示比较优势指数的持续提高源于中国电子信息产品的国际市场占有率以高于全部商品国际市场占有率的速度增长。1995年，中国全部出口商品的国际市场占有率为3.18%，而电子信息产品为3.01%；到“十五”末期的2005年，中国全部出口商品的国际市场占有率为7.52%，电子信息产品则为12.31%；到2008年，中国全部出口商品的国际市场占有率为9.55%，电子信息产品则达到了17.91%。

4. 质量竞争力指数

电子信息产品众多且差异性很大，无法从整体上衡量其出口的质量竞争力。

表1选取了部分进出口贸易额较大的电子信息产品，考察其2005年以来的进出口单价变化并在此基础上测算质量竞争力指数。

表1　中国部分电子信息产品的质量竞争力指数

年份	液晶显示板（HS901380）			集成电路（HS854221、HS854231）			电视、收音机及无线电讯设备零附件（HS8529）		
	出口价格（美元/个）	进口价格（美元/个）	质量竞争力指数	出口价格（美元/个）	进口价格（美元/个）	质量竞争力指数	出口价格（美元/千克）	前10位出口国均价（美元/千克）	质量竞争力指数
2005	5.99	16.72	0.36	0.98	2.08	0.47	41.33	53.81	0.77
2006	7.07	17.76	0.40	0.88	2.04	0.43	43.14	51.43	0.84
2007	9.92	20.81	0.48	0.71	1.38	0.51	14.70	26.17	0.56
2008	10.52	22.74	0.46	0.65	1.40	0.46	15.49	26.98	0.57

注：集成电路数据2005、2006年为HS854221，2007年、2008年为HS854231。

资料来源：根据联合国贸易数据库（http：//comtrade.un.org）数据计算。

中国是液晶显示板，集成电路，电视、收音机及无线电讯设备零附件的主要进口国和出口国。尤其是液晶显示板，2005～2008年中国都同时是世界最大的进口国和出口国。2008年中国液晶显示板、集成电路的进口额分别占世界总进口额的68%和49%，因此中国进口这两种产品的平均价格一定程度上可以代替该产品的世界平均价格。

表1给出了中国液晶显示板、集成电路的进出口单价，以及电视、收音机及无线电讯设备零附件的中国出口价格和世界平均出口价格，并在此基础上计算了中国这3种产品的质量竞争力指数。由表1中数据可以看出，3种产品的质量竞争力指数均小于1；2005～2008年中国液晶显示板的出口价格及质量竞争力指数均呈持续上升态势；集成电路出口价格下降，质量竞争力虽有波动但变化不大；而电视、收音机及无线电讯设备零附件的质量竞争力指数是下降的。可见，尽管中国部分电子信息产品的质量竞争力指数有所提高，但总体看提高程度远不及从进出口规模角度考察的竞争力指标。

表1选取的3种产品均为电子信息工业中的中间产品①，其质量竞争力指数

① 尽管便携式电脑、手机等是中国出口额最大的电子信息产品，但其进口额相对较小，中国产品在国际市场上占据绝对份额，因而不具有测算质量竞争力指标的意义。

近年的变动状况显示了这样的现实，即在电子信息工业国际分工的产业链条中，最体现技术水平的关键零部件领域，中国总体上并没有出现实质性的飞跃。

二　电子信息工业竞争力的影响因素

电子信息工业竞争力的影响因素很多，出于数据可得性和可比性的考虑，下面选择全员劳动生产率、产业创新、产业集中度3个指标来考察。

1. 劳动生产率

通信设备、计算机及其他电子设备制造业的全员劳动生产率自1999年以来持续增长，1999年按当年价格计算的全员劳动生产率为9.28万元/人，2007年提高到13.48万元/人。由于通信设备、计算机及其他电子设备制造业的产品出厂价格是连续下降的，与全部工业品出厂价格的走势不同，而《中国统计年鉴》仅提供了2002年以后的该产业产品的出厂价格，故以2001年为基期，计算了可比价格下的全员劳动生产率。2007年，按可比价格计算的通信设备、计算机及其他电子设备制造业的全员劳动生产率为17.47万元/人（见图4）。

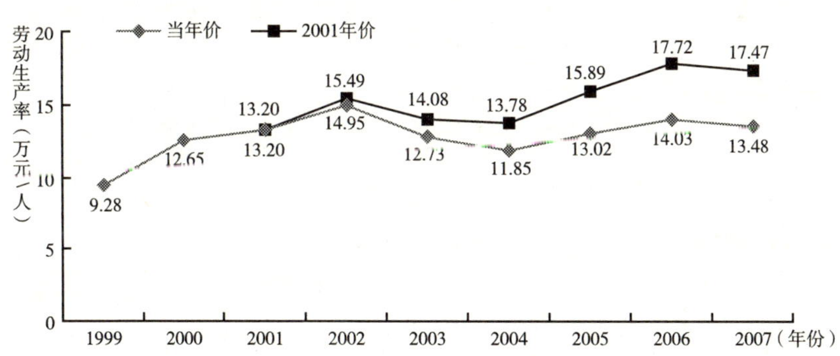

图4　中国通信设备、计算机及其他电子设备制造业劳动生产率

资料来源：根据ACMR北京华通人商用信息有限公司数据计算。

与全部工业行业的总体情况相比，通信设备、计算机及其他电子设备制造业的全员劳动生产率的提高相对缓慢。1999年，按当年价格计算的全部工业行业全员劳动生产率为4.04万元/人，不足通信设备、计算机及其他电子设备制造业全员劳动生产率的一半；而2007年按当年价格计算的全部工业行业全员劳动生产率为14.86万元/人，超过了通信设备、计算机及其他电子设备制造业的水平。

全员劳动生产率反映了单位劳动者所创造的增加值，一定程度上是资本深化的结果。中国通信设备、计算机及其他电子设备制造业全员劳动生产率的相对缓慢增长，表明该行业在中国并没有表现出资本密集型产业的特征，劳动生产率的增长对电子信息工业竞争力的提高并没有发挥太大作用。

2. 产业创新

以研发经费内部支出代表技术投入，表2给出了1995～2008年电子信息工业研发经费内部支出强度。由表2可见，总体来看，尽管自1995年以来，电子信息工业各行业的研发强度是持续增长的，从1995年的0.24%提高到2008年的1.11%，对推动中国电子信息工业竞争力的提升起到了一定的积极作用，但2000年以来产业创新投入强度的提高幅度并不是很大，产业创新对推动中国电子信息工业竞争力提升的作用不可高估。

表2　1995～2008年电子信息工业研发经费内部支出强度

单位：%

子行业 \ 年份	1995	2000	2004	2005	2006	2007	2008
1. 通信设备制造	0.36	1.84	2.19	2.05	1.79	2.01	2.47
2. 雷达及配套设备制造	0.56	2.05	3.19	2.65	4.57	5.80	2.34
3. 广播电视设备制造	0.49	0.61	0.93	0.92	1.21	1.02	1.22
4. 电子器件制造	0.35	0.93	1.06	1.11	1.06	0.92	1.01
5. 电子元件制造	0.17	0.80	0.59	0.62	0.76	0.74	0.73
6. 家用视听设备制造	0.11	0.59	1.15	1.64	1.54	1.49	1.76
7. 其他电子设备制造	0.01	0.81	0.25	0.58	0.44	0.49	0.95
8. 电子计算机整机制造	0.24	1.54	0.44	0.37	0.62	0.43	0.37
9. 电子计算机外部设备制造	0.07	0.17	0.41	0.46	0.57	0.74	0.68
电子信息工业	0.24	1.09	1.00	1.03	1.05	1.04	1.11

资料来源：根据《中国高技术产业统计年鉴》（2009）数据计算。

各子行业间也存在较大差异。在产业规模较大的几个子行业中，仅通信设备制造、家用视听设备制造业的研发强度相对较高，而占较大规模的电子元器件制造、电子计算机整机及外部设备制造业的研发强度则处于较低水平。

3. 产业集中度

表3给出了2004～2008年电子信息工业集中度情况。从表3可见，自2004

年以来，电子信息工业销售收入高速增长，从2004年的2.66万亿元增加到2008年的6.3万亿元，4年增长了1倍以上；但是处于行业前位的企业，总体看规模虽有增长，但远不如行业整体增长迅猛，导致产业集中度持续下降。电子信息工业4强、8强、100强占全行业比重（CR_4、CR_8、CR_{100}）分别从2004年的8.69%、13.34%和30.73%下降到2008年的6.49%、8.99%和17.77%，尤其是2008年受国际金融危机影响下降幅度最大，一定程度上反映了中国电子信息工业中的大企业面对国际市场冲击的抗风险能力不足。

表3　2004～2008年电子信息工业集中度情况

单位：亿元，%

年份	电子信息工业销售收入	4强销售收入合计	8强销售收入合计	100强销售收入合计	4强占全行业比重（CR_4）	8强占全行业比重（CR_8）	100强占全行业比重（CR_{100}）
2004	26550	2307	3543	8158	8.69	13.34	30.73
2005	38411	3191	4712	9618	8.31	12.27	25.04
2006	47500	3760	5491	11236	7.92	11.56	23.65
2007	56000	4273	6205	12716	7.63	11.08	22.71
2008	63000	4088	5662	11194	6.49	8.99	17.77

资料来源：根据历年信息产业部、工业化信息化部发布的“电子信息工业经济运行公报”、“中国电子信息百强企业”数据计算。

2004年以来是中国电子信息工业国际竞争力快速提升的时期，但这一时期的产业集中度是持续下降的，可见，电子信息工业的产业组织结构演变与国际竞争力的提升是相脱离的，即依靠进出口规模和贸易顺差高速增长推高的国际竞争力，更多地来源于从事加工贸易的大量外资企业，而不是本土的大型企业。

三　电子信息工业竞争力的国际比较

中国不仅是世界电子信息产品生产大国，也是世界范围内国际竞争力提高最快的国家，正迅速崛起为世界电子信息产品的第一出口大国。从反映国际竞争力的几个指标的比较来看，与其他出口大国相比，单纯体现出口规模的指标（国际市场占有率）上升最快，2008年中国已经是占据绝对优势的世界第一；体现贸易顺差相对规模的指标（贸易竞争力指数）也上升较快；另外，体现电子信息产品对本国出口贡献的指标（显示比较优势指数），中国也是上升最快、指数最高的。但是，以出口价格衡量的电子信息产品质量竞争力，中国与其他大国相比还存在很大差距。

1. 国际市场占有率

中国电子信息产品国际市场占有率迅速上升，在短短几年之内即成为拥有绝对优势的世界第一。表4给出了1995～2008年根据出口额计算的中国以及日本、德国、美国的电子设备国际市场占有率。日本、德国、美国作为世界电子信息产品的生产和出口大国，一直到2002年都是世界出口的前三位，1995年，这3个国家电子信息产品的国际市场占有率分别为17.18%、14.54%和8.99%，而中国仅为3.01%。其后，日本、美国电子信息产品的国际市场占有率快速下降，而中国持续上升，2003年中国超过德国成为世界第三，2004年又超过美国、日本成为世界第一。2004年以后，是中国电子信息产品国际市场占有率提高最快的时期，5年之内提高了1倍以上，而同期美、日、德三国则处于下降状态。

表4　1995～2008年中国与主要电子产品出口大国的国际市场占有率

单位：亿美元，%

年份 \ 国家	全球出口总额	日本	美国	德国	中国
1995	6316.21	17.18	14.54	8.99	3.01
1998	7305.93	11.79	14.85	8.15	3.69
1999	8089.20	12.01	15.03	7.56	4.07
2000	9881.20	12.17	15.01	6.49	4.66
2001	8691.06	10.40	14.10	7.70	5.90
2002	8939.21	10.04	12.36	7.79	7.28
2003	10197.76	10.22	11.04	7.84	8.72
2004	12516.68	9.83	9.97	8.07	10.36
2005	13996.05	8.74	9.25	7.88	12.31
2006	16303.55	7.85	8.94	7.44	13.95
2007	18028.36	7.49	8.23	7.38	16.66
2008	19104.90	7.25	8.01	7.37	17.91

资料来源：根据联合国贸易数据库（http://comtrade.un.org）中HS85的数据计算。

2. 贸易竞争力指数

中国电子信息工业贸易竞争力指数的变动也与其他大国存在很大不同。从变动趋势来看，1995～2008 年，中国的贸易竞争力指数从 -0.0109 增加到 0.1242，增加了 0.1351，尤其是 2004 年开始，完全是大幅度单边递增的走势。而其他大国或是保持相对稳定或是逐步下降，日本从 1995 年的 0.5399 下降到 2008 年的 0.2815，下降了 0.2584；美国从 -0.1168 下降到 -0.2529，下降了 0.1361；德国 1995 年为 0.0848，2008 年为 0.0882，基本保持稳定。从贸易竞争力指数的现有水平来看，中国低于日本，但高于德国、美国，即从电子信息产品进口与出口的相对额这一角度来看，中国电子信息工业的国际竞争力已经超过了德国、美国（见表 5）。

表 5　1995～2008 年中国与主要电子产品出口大国的贸易竞争力指数

年份＼国家	日　本	美　国	德　国	中　国
1995	0.5399	-0.1168	0.0848	-0.0109
1998	0.4646	-0.0868	0.0895	0.0110
1999	0.4478	-0.1001	0.0827	-0.0336
2000	0.4106	-0.1221	0.0486	-0.0483
2001	0.3391	-0.1244	0.0487	-0.0427
2002	0.3585	-0.1681	0.0841	-0.0588
2003	0.3691	-0.1771	0.0800	-0.0776
2004	0.3609	-0.2043	0.0899	-0.0466
2005	0.3311	-0.2415	0.0849	-0.0073
2006	0.3080	-0.2313	0.0663	0.0191
2007	0.2938	-0.2618	0.0835	0.0781
2008	0.2815	-0.2529	0.0882	0.1242

资料来源：根据联合国贸易数据库（http：//comtrade.un.org）中 HS85 的数据计算。

3. 显示比较优势指数

显示比较优势指数实际上反映的是中国电子信息产品与中国其他产品出口竞争力的比较，而不是中国电子信息产品与他国电子信息产品竞争力的比较。从变动趋势来看，1995～2008 年，中国电子信息产品的显示比较优势指数从 0.9467 增加到 1.8743，电子信息设备从不具有出口优势（与各出口产品的平均水平基本相当）的产品迅速发展为中国最具有出口竞争力的产品。而这期间，日本、美国、德国的电子信息设备的显示比较优势指数都呈下降趋势，其中，显示比较优势指数最高的日本下降幅度最大，美国次之，德国下降幅度最小。从显示比较优势指数的现有水平，即电子信息产品出口对国家总出口的贡献来看，中国在2004年即超过日本，并且已经远远超过德国和美国。

表6　1995～2008年中国与主要电子产品出口大国的显示比较优势指数

年份＼国家	日本	美国	德国	中国
1995	1.8164	1.1684	0.8041	0.9467
1998	1.6005	1.1503	0.7905	1.0578
1999	1.5724	1.1867	0.7621	1.1428
2000	1.5887	1.2032	0.7384	1.1705
2001	1.5561	1.1641	0.8129	1.3386
2002	1.5301	1.1314	0.8028	1.4201
2003	1.6065	1.1319	0.7770	1.4766
2004	1.5612	1.0952	0.7948	1.5684
2005	1.4880	1.0360	0.8176	1.6373
2006	1.4367	1.0205	0.7846	1.7036
2007	1.4088	0.9513	0.7463	1.8350
2008	1.3902	0.9224	0.7529	1.8743

资料来源：根据联合国贸易数据库（http：//comtrade.un.org）中HS85的数据计算。

4. 质量竞争力指数

同类产品出口价格的比较，可在一定程度上反映各国出口的质量竞争力。表7给出了2008年液晶显示板、集成电路的中国主要进口来源地的均价①，以及电视、收音机及无线电讯设备零附件的前10位出口国（地区）的出口价格。

从这3种产品的单价来看，中国与其他国家（地区）存在巨大差距。如液晶显示板，2008年中国出口平均价格为每个10.52美元，而进口价格除了来源于中国香港、菲律宾的以外，均高于中国出口价格；集成电路2008年中国出口平均价格为每个0.65美元，而进口价格除了来源于泰国的以外，均高于中国出口价格；电视、收音机及无线电讯设备零附件2008年中国出口平均价格为15.49美元/千克，在出口额前10位国家（地区）中处于最低水平。

① 2008年中国液晶显示板、集成电路的进口额分别占世界总进口额的68%和49%，因此中国进口某一国家/地区这两种产品的平均价格，一定程度上可以代替该国家/地区的出口价格。

表7　2008年部分电子信息产品中国与其他国家（地区）价格比较

液晶显示板（HS901380）		集成电路（HS854231）		电视、收音机及无线电讯设备零附件（HS8529）	
中国进口来源地	单价（美元/个）	中国进口来源地	单价（美元/个）	出口国家/地区	单价（美元/千克）
1. 韩国	40.68	1. 韩国	1.78	1. 中国	15.49
2. 中国	11.06	2. 中国	1.83	2. 中国香港	35.35
3. 日本	13.89	3. 菲律宾	3.46	3. 日本	82.49
4. 中国香港	2.21	4. 马来西亚	1.98	4. 韩国	21.50
5. 菲律宾	4.78	5. 日本	0.82	5. 美国	—
6. 新加坡	23.07	6. 美国	1.59	6. 德国	47.03
7. 美国	27.54	7. 新加坡	1.81	7. 新加坡	—
8. 马来西亚	16.11	8. 哥斯达黎加	59.12	8. 波兰	41.60
9. 捷克	53.33	9. 泰国	0.48	9. 马来西亚	17.13
10. 泰国	20.13	10. 爱尔兰	9.39	10. 荷兰	52.17
中国出口单价	10.52	中国出口单价	0.65		

注：表中液晶显示板、集成电路为该商品中国进口来源地的前10位国家或地区的平均进口价格，排序按中国来源该国家或地区产品进口额大小；电视、收音机及无线电讯设备零附件为该商品世界出口额前10位国家或地区的平均出口价格，排序按该产品出口额大小。

资料来源：根据联合国贸易数据库（http://comtrade.un.org）数据计算。

四　国际金融危机对电子信息工业竞争力的影响

从2008年下半年到2009年底的情况看，国际金融危机对中国电子信息工业国际竞争力的影响是与其后出台的经济刺激政策的影响交织在一起的，主要表现在以下几个方面。

1. 对电子信息产品出口额的影响

国际金融危机对出口额的负面影响一度十分猛烈，但到2009年底，虽然年度出口总额仍低于上年，但月度出口额已经恢复到接近2008年9月的水平。图5给出了2008年以来中国电机电器设备的月度出口额变化。由图5可以看出，受国际金融危机的影响，2008年10月开始，电子设备的出口开始下滑，2009年2月跌入谷底，当月出口额167亿美元，不足最高月份（2008年9月，340亿美元）的一半。其后，出口额开始快速恢复，到2009年12月，达到333亿美元，已经接近2008年的最高水平。

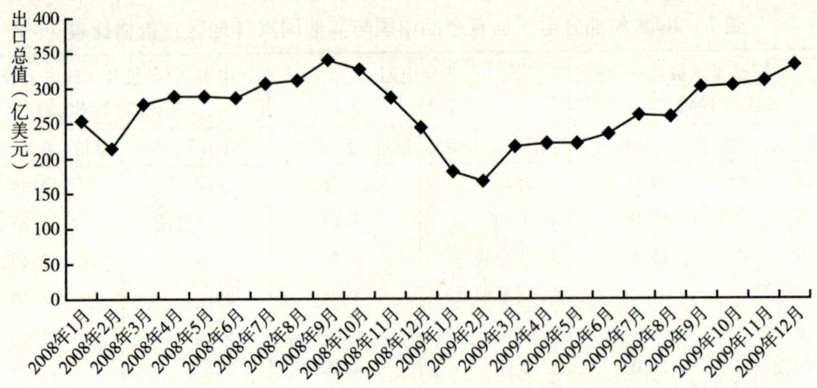

图5　中国电机电器设备（HS85）月度出口总值

资料来源：根据中经数据（http：//db. cei. gov. cn）计算。

2. 对电子信息产品相对贸易顺差的影响

国际金融危机对中国电子设备进口与出口的影响表现出一定的差异。自2004年以来，中国电子信息产品的出口额增速都高于进口额增速；但2009年出现了逆转，当年出口总额下降12.0%，进口总额下降8.5%，出口额降速高于进口额，导致年度贸易顺差从2008年的754.88亿美元下降到2009年的573.43亿美元，贸易竞争力指数也出现了多年以来的下降（见表8）。

表8　2008～2009年中国的电子设备（HS85）进出口情况

单位：亿美元，%

年份＼指标	出口总值	出口总值同比增速	进口总值	进口总值同比增速	年度顺差	贸易竞争力指数
2008	3420.19	13.90	2665.31	3.8	754.88	0.124
2009	3010.99	－12.00	2437.56	－8.5	573.43	0.105

资料来源：根据中经数据（http：//db. cei. gov. cn）计算。

3. 对电子信息产品外贸贡献度的影响

2007年中国电子信息产品出口额占中国全部商品出口额的比重达到历史最高水平（24.61%）；2008年受国际金融危机影响，11月开始，累计出口同比增速开始低于中国全部商品，导致占中国全部商品出口额的比重有所下降，全年为23.91%；2009年7月开始，电子信息产品累计出口额降幅开始低于中国全部商品出口额降幅，占中国全部商品出口额的比重重新回升，2009 年全年达到 25.06%，超过历史最高水平（见图 6）。

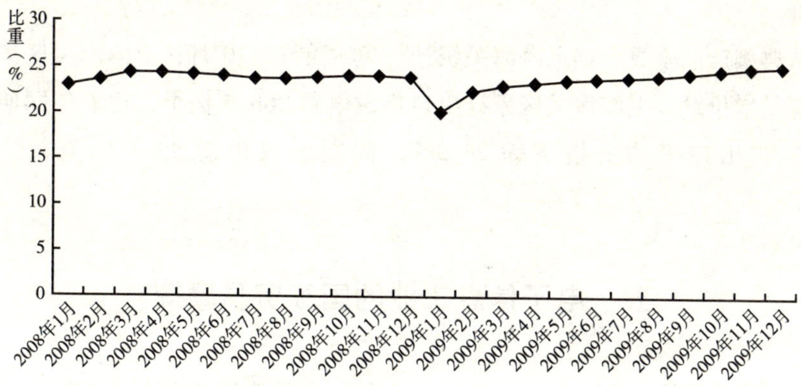

图 6　电机电器设备（HS85）出口占全部商品出口比重

资料来源：根据中经数据（http：//db. cei. gov. cn）计算。

中国电子信息产品出口占全国商品出口额比重的变动表明，国际金融危机对中国电子信息产品出口额的负面冲击虽然很早也很猛烈，但与其他出口商品相比其恢复也是很快的。电子信息产品仍然是中国最具国际竞争力的商品。

4. 对电子信息产品出口均价的影响

图 7 给出了通信设备、计算机及其他电子设备制造业出口商品同比价格指数

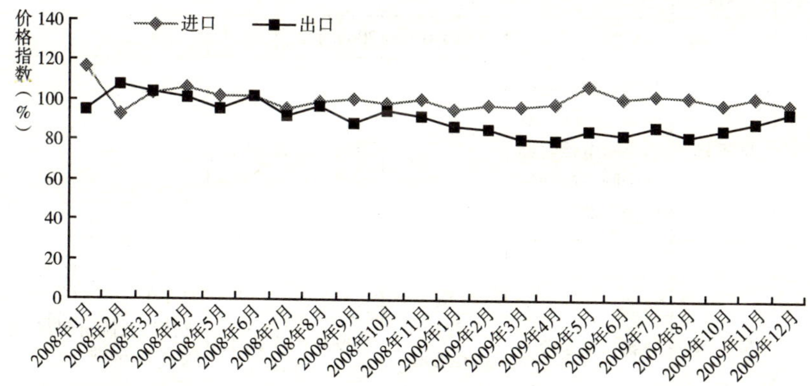

图 7　通信设备、计算机及其他电子设备制造业进出口商品同比价格指数

注：因数据库中缺乏 2008 年 12 月和 2009 年 9 月数据，故图中无此两月的标示。

资料来源：根据 ACMR 北京华通人商用信息有限公司提供的各行业进口商品同比价格指数、出口水平同比价格指数计算。

与进口商品同比价格指数。从变动趋势来看，两者均呈现出震荡向下的态势，2008年7月以来，出口商品同比价格指数均低于100，且出口均价的降幅深于进口均价。

从典型产品来看，据上海海关统计，2009年1~10月，上海海关区集成电路出口量增价跌。上海海关区累计出口集成电路266.5亿个，比上年同期增长3.6%，但出口平均价格下跌24.5%，同期出口价值85.4亿美元，下降24.4%。

五　电子信息工业的国际贸易摩擦

据不完全统计，2009年中国电子信息产品共遭遇15起贸易摩擦（见表9）。贸易摩擦不仅限于以往的反倾销诉讼，还包括技术壁垒；不仅是发达国家和地区，国际金融危机以后，发展中国家对中国提起的贸易救济案件也急剧增加，例如，阿根廷就在2009年国外对中国电子信息产品发起的15起贸易救济调查案件中占了5起。从大趋势来看，电子信息产品出口贸易摩擦将愈演愈烈。

表9　2009年国外对中国电子信息产品发起的贸易救济调查案件情况

案件性质	立案国家/地区	产品名称	海关编码	立案时间	案件进程
反倾销	哥伦比亚	打汁机	85094010.00	2009年2月16日	
保障措施	阿根廷	阴极射管彩电接收器、等离子及液晶彩电接收器和带画中画功能的接收器		2009年2月23日	
反倾销	欧　盟	货物扫描系统	欧盟合并名目编码ex90221900、ex90222900、ex90278017、ex90301000	2009年3月18日	2009年12月17日，欧盟对原产于中国的货物扫描系统作出反倾销初裁：对自中国进口的涉案产品征收36.6%的临时反倾销税，为期6个月
337调查	美　国	发光和激光二极管芯片		2009年3月31日	中国厦门三安光电科技有限责任公司是作为本案的强制应诉方6家企业之一

续表 9

案件性质	立案国家/地区	产品名称	海关编码	立案时间	案件进程
反倾销	印　度	SDH 光传输设备	851762	2009 年 4 月 21 日	2009 年 9 月 7 日，印度商工部对原产于中国和以色列的 SDH 光传输设备作出反倾销初裁，征收最高 236% 的临时反倾销税
反倾销	阿根廷	厨房用灶具点火器	南方市场共同税号为 96138000	2009 年 7 月 8 日	
反倾销	土耳其	空气调节器	8415. 83. 00. 90. 00	2009 年 7 月 25 日	
反规避	土耳其	空气调节器	8415. 10. 90、8415. 81、8415. 90	2009 年 7 月 25 日	2009 年 7 月 25 日，土耳其对原产于中国，并自印尼、巴基斯坦、菲律宾、越南和埃及转口的空调进行反规避立案调查
337 调查	美　国	多电平单元快闪存储器		2009 年 7 月 27 日	建议的应诉方包括联想集团（香港）、联想（美国）公司
337 调查	美　国	部分闪存及闪存产品		2009 年 7 月 31 日	中国涉案企业为深圳亿格瑞科技有限公司
337 调查	美　国	部分 MLC 闪存及闪存产品		2009 年 8 月 24 日	香港联想集团有限公司、美国联想有限公司涉案
反倾销	阿根廷	电子加热器	85162900	2009 年 10 月 22 日	
反倾销	阿根廷	电压调节和电启动装置	85113020、85118030、85118090、90328911	2009 年 11 月 2 日	
337 调查	美　国	运输集装箱的控制系统		2009 年 11 月 24 日	2009 年 11 月 24 日，美国造船公司 Walnut Industries, Inc. 向美国国际贸易委员会提起 337 调查申请，要求对运输集装箱的控制系统、内部构成及使用方法进行调查。应诉方为中国青岛 Auront Industry & Trade 有限公司
反倾销	阿根廷	电风扇	84145110、84145190 和 84145990	2009 年 12 月 2 日	

资料来源：根据中国贸易救济信息网提供案件整理。

六　2010 年电子信息工业竞争力的判断

1. 作为依据的基础性判断

（1）中国电子信息工业竞争力提升的基本条件有所改变。21 世纪以来，中国电子信息工业国际竞争力的急剧提高相当程度上是由于入世以后的国际产业转移，从而形成了以外资企业为主导、以加工贸易为支撑的巨额贸易量，资本深化、产业技术创新、产业组织结构调整并没有对竞争力提升发挥应有的作用。2008 年下半年以来国际金融危机的蔓延，导致中国电子信息产品国外需求大幅下降、贸易摩擦进一步加剧。国际金融危机虽然不会使发达国家在一般加工领域的竞争力恢复，但人民币升值压力、劳动力成本上升等与国际市场萎缩带来的竞争加剧交织在一起，却可能使中国失去在一般加工组装领域的竞争优势，而让位于后起国家。由于中国电子信息工业外资、外贸依存度较高（2008 年超过 60%），外资企业的投资转移、外需市场的发展演变都将对中国电子信息工业竞争力的变化起到举足轻重的作用。

（2）2010 年电子信息增长的内外部环境向好。一是世界经济开始触底缓慢回升；二是中央继续实行积极的财政政策和适度宽松的货币政策，国民经济发展确保 8% 增长，国内对电子信息产品市场需求会继续回升；三是电子信息工业调整和振兴规划的相关鼓励政策会不断出台和落实。

2. 2010 年电子信息工业竞争力发展趋势判断

（1）出口额及国际市场占有率。随着世界经济的缓慢回升，中国电子信息产品出口额也会随之逐步恢复，这一趋势在 2009 年下半年已经开始显示，2010 年全年有可能恢复到接近 2008 年的水平，因 2009 年出口基数小，2010 年上半年还会出现较高的同比增长率。由于产品结构以中低档为主，需求弹性较低，中国电子信息产品出口的恢复会好于日、德、美等发达国家，因此国际市场占有率可能进一步提高。

（2）贸易竞争力指数。贸易竞争力指数取决于电子信息产品进出口的相对结构。2009 年贸易竞争力指数的下降是由于当年出口额降幅高于进口额降幅，2010 年随着出口额的恢复，贸易竞争力指数可能会有所回升，但回升情况还要看进口额情况。进口额影响因素较为复杂，中国也是世界上最大的 IT 产品进口国，2008 年的 IT 产品进口额中接近 3/4 为中间产品①，其中大部分用于加工再出口，因此，中国信息产品进口额主要还取决于国际市场对中国最终消费品的需求。总体看，2010 年中国电子信息工业的贸易竞争力指数会较 2009 年回升，但较难超过 2008 年的水平。

（3）显示比较优势指数。2009 年中国的电子信息产品出口占全国商品出口比重达到历史最高水平，是因为电子信息产品出口的率先恢复。随着其他产品出口的逐步恢复，2010 年中国电子信息产品出口占全国商品出口比重会略有下降，向往年水平回归。由于产品结构的原因，中国电子信息产品出口的恢复会好于日、德、美等发达国家，因此，2010 年中国电子信息工业的显示比较优势指数可能较 2009 年有所上升。

（4）质量竞争力指数。尽管外需市场会有所恢复，但世界经济复苏的基础仍比较脆弱，对外需的提振作用有限，加上出口企业之间的激烈竞争，因此，2010 年中国电子信息产品出口均价也许会较 2009 年最低时有回升，但不会出现大幅度的回升。对于进口额大于出口额的一些中间产品，中国的质量竞争力指数也许还会出现相对下降。

七　金融危机应对政策的效果分析

2008 年下半年以后，随着国际金融危机对中国实体经济影响的深化，电子信息工业从过去引领工业增长的重要力量转变为下滑最明显的行业。随后，国家出台了扩大内需的投资计划和一系列措施，以及包括《电子信息工业调整和振兴规划》在内的十大产业振兴规划。相关政策对电子信息工业抑制下滑、恢复增长发挥了明显效果，特别是国内市场拉动效果明显。从 2009 年中国电子信息工业运行情况看，政策效果主要体现在以下方面。

1. 整体稳步回升

根据工信部发布的电子信息工业运行公报，2009 年前三个季度，规模以上电子信息制造业增加值累计增长 1.8%，扭转了上半年下滑的势头；1～8 月，规模以上电子信息制造业实现主营业务收入同比下降 4.8%，实现利润同比下降

① 日本貿易振興機構：《ジェトロ投資白書》（2009）。

21.5%，两者降幅分别比1～5月缩小了3.7个百分点、19.5个百分点。2009年全年，规模以上电子信息制造业增加值增长5.3%；销售收入、利润均在12月扭转了下滑势头，增速分别达到0.1%和5.2%。

2. 内需市场拉动效果明显

由于国家采取了扩内需的一揽子政策，出台了3G与TD、家电下乡、以旧换新等一系列政策措施，有力地拉动了电子信息工业国内市场的增长。2009年1～9月，规模以上电子信息制造业实现内销产值同比增长13.4%，全年同比增长15.8%。

3. 出口下滑的势头减缓

2009年1～9月，完成出口交货值同比下降10.6%，全年完成出口交货值同比下降5.6%。《电子信息工业调整和振兴规划》中提出要通过保持并适当加大部分电子信息产品出口退税力度、发挥出口信用保险和出口信贷作用进一步开拓国际市场，但2009年上半年出口仍然持续下滑，下半年下滑势头减缓主要是政策效果显现还是外需市场回暖所致，很难判定。

4. 固定资产投资放缓

2009年1～9月，电子信息工业500万元以上项目完成固定资产投资同比增长17.2%，比同期全国制造业增速低了11.5个百分点；全年同比增长17.5%，而全国固定资产投资同比增长30.1%。电子信息工业固定资产投资增速大大低于全国和制造业平均水平。在国家政策的拉动下，通信设备行业投资增长较快，全年增速达到36.5%；但其他行业鲜有如此高的投资增长率，尤其是集成电路行业固定资产投资全年下降21.7%。支持集成电路产业发展的政策措施，其效果没有显现出来。

机械工业竞争力

王燕梅*

一 “十一五”期间机械工业竞争力变化

“十一五”时期的前3年（2006~2008年），中国机械工业的国际竞争力保持了持续提升的状态。在机械装备出口总额迅猛增长的拉动下，中国机械工业的国际市场占有率、贸易竞争力指数、显示比较优势指数均较“十五”末期有了较大提高；与此同时，一些产品的质量竞争力指数也有所增长。

1. 国际市场占有率

中国机械装备的国际市场占有率迅速提升。以机械及运输设备出口额占世界出口额的比重来衡量，“十五”末期的2005年，中国机械装备的国际市场占有率为9.04%，居世界第4位，次于德国、美国和日本；2006年为10.23%，超过日本，居世界第3位；2008年为12.51%，仅略低于德国，居世界第2位（见图1）。

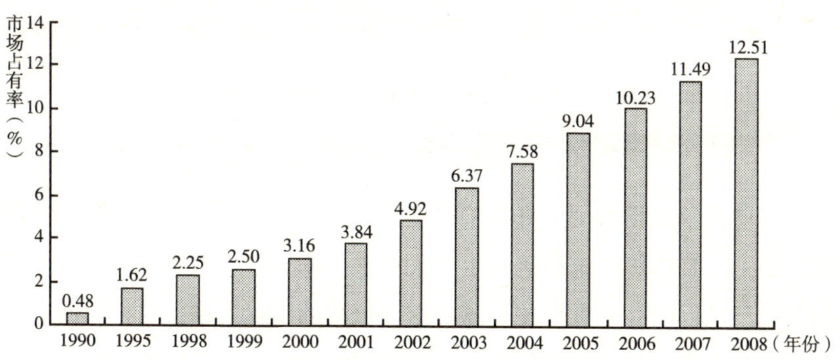

图1 中国机械及运输设备国际市场占有率

资料来源：根据联合国贸易数据库（http：//comtrade. un. org）中SITC7的数据计算。

---

* 王燕梅，中国社会科学院工业经济研究所副研究员。

国际市场占有率的迅速提升不仅源于中国正成长为世界上最重要的机械产品生产国，更重要的还在于中国机械工业正以前所未有的速度不断融入国际分工，参与国际分工的广度和深度正迅速提高。由于机械产品量大、面广，且产品加工链条较长，通过产品间的分工、产品内的分工，以及同一产品不同生产工序的分工，有越来越多的中国本土生产的机械产品及零部件进入国际市场。从图1可以看出，自2002年以来，中国机械及运输设备国际市场占有率以每年1个百分点以上的速度提高，"十一五"时期前3年的增长延续了自入世以来的这一趋势。

2. 贸易竞争力指数

中国机械工业长期以来一直是进口额大于出口额，即贸易竞争力指数处于负数的状态。2004年开始，贸易竞争力指数首次转负为正。"十五"时期以来，中国的贸易竞争力指数持续快速上升，2006年为0.122，2008年上升到0.208（见图2）。

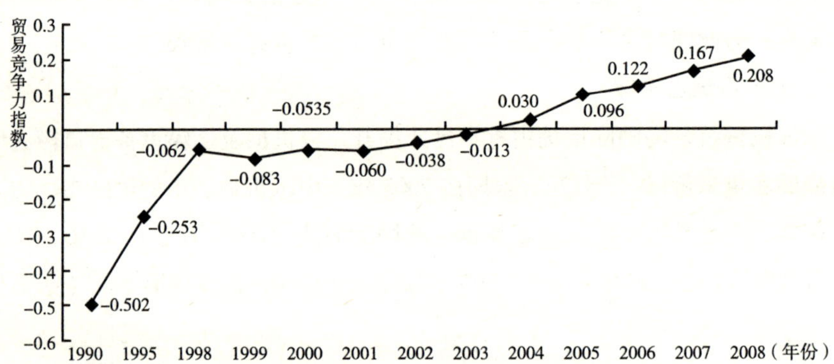

图2 中国机械及运输设备贸易竞争力指数

资料来源：根据联合国贸易数据库（http：//comtrade. un. org）中SITC7的数据计算。

中国贸易竞争力指数的上升源于机械产品出口额以高于进口额的速度增长。一方面，德国、日本等传统的机械生产大国在一般加工领域逐步失去竞争优势，而中国机械产品以较高的性价比迅速占据了更多的国际市场；另一方面，中国机械工业技术进步带来的进口替代效应，使中国本土生产的机械产品在国内也同样占据了更多的市场份额，从而一定程度上抑制了进口的高速增长。

3. 显示比较优势指数

从图3可以看出，中国机械产品的显示比较优势指数一直处于上升状态，2003年显示比较优势指数值首次超过1，表示机械产品占中国的出口比重大于机械产品占世界的出口比重，中国机械产品较其他产品在国际市场上更具有比较优势，机械产品是中国具有较强国际竞争力的产品。“十一五”前3年，中国机械工业的显示比较优势指数持续提高，从“十五”末期2005年的1.2043提高到2008年的1.3147（见图3）。

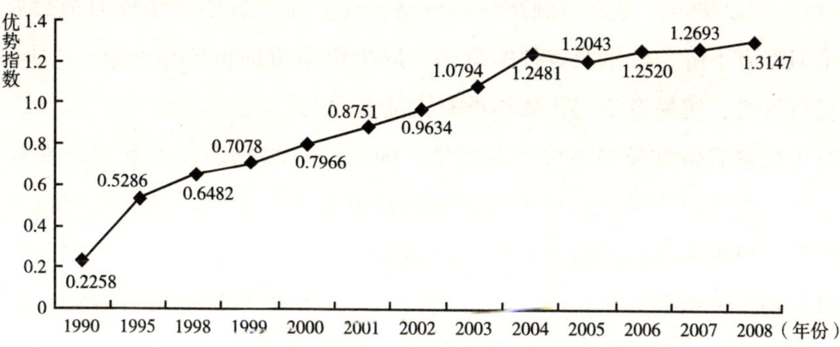

图3　中国机械及运输设备显示比较优势指数

资料来源：根据联合国贸易数据库（http://comtrade.un.org）中SITC7的数据计算。

显示比较优势指数的持续提高源于中国机械产品的国际市场占有率以高于中国全部商品国际市场占有率的速度增长。1990年，中国全部出口商品的国际市场占有率为2.14%，而机械产品仅为0.48%；到“十五”末期的2005年，中国全部出口商品的国际市场占有率为7.50%，机械产品则为9.04%；到2008年，中国全部出口商品的国际市场占有率为9.52%，机械产品则达到12.51%。

4. 质量竞争力指数

表1选取了部分贸易额较大的机械产品，考察其2005年以来的出口单价变化及质量竞争力指数。可以看出，中国机械产品的质量竞争力变动趋势存在较大差异。

表1　中国部分机械产品出口单价的国际比较

年份	车床(HS8458)			发电机组(HS8502)			轴承及零件(HS8482)	
	出口价格(美元/台)	出口价格(美元/千克)	质量竞争力指数	出口价格(美元/台)	出口价格(美元/千克)	质量竞争力指数	出口价格(美元/千克)	质量竞争力指数
2005	1990	8.44	0.51	136.67	11.90	1.12	8.21	0.66
2006	2688	9.16	0.53	164.67	11.69	1.11	8.00	0.62
2007	3247	—	—	217.09	12.26	1.03	7.84	0.58
2008	4236	10.92	0.56	291.41	12.79	0.97	8.80	0.63

资料来源：根据联合国贸易数据库（http://comtrade.un.org）数据计算。

车床是机床产品中进出口额最大的产品。与2005年相比，“十一五”以来，车床的出口价格增长很快，2005年仅为1990美元/台，2008年达到4236美元/台，质量竞争力指数也处于持续上升状态；发电机组的情况与车床有相似之处，即单台出口价格快速提高，从2005年的136.67美元/台增长到2008年的291.41美元/台，但以单位净重出口额衡量的价格变化较小，且质量竞争力指数处于较高水平但略有下降；轴承及零件的价格，以单位净重的价值量衡量，“十一五”以来出口价格、贸易竞争力指数均没有大的变化。

对于机械装备这类多品种、多规格，即使同一编码出口商品也存在较大差异的产业，以出口商品的相对价格衡量的质量竞争力虽然一定程度上也反映了产品质量，但更多的是产品出口结构的直接体现。部分整机产品（如车床）单台出口价格快速提高和单位净重相对价格（本文中的质量竞争力指数）的提高同时出现，表明出口设备趋向大型化且产品档次相对提升；另一部分整机产品（如发电机组）单台出口价格快速提高但单位净重相对价格（本文中的质量竞争力指数）有所下降，表明出口设备虽然趋向大型化但产品档次并没有相应的提升。

二　机械工业竞争力的影响因素

1. 劳动生产率

机械工业的全员劳动生产率自1999年以来持续增长，1999年机械全行业的全员劳动生产率仅为3.31万元/人，2007年提高到15.62万元/人。除实施宏观调控的2004年以外，各年全员劳动生产率的提高幅度均逐年上升，例如，2000年的全员劳动生产率较上年提高0.72万元/人，2001年较上年提高0.98万元/人，2007年较上年提高2.81万元/人。各子行业中，规模最大的交通运输设备制造业、电气机械及器材制造业的全员劳动生产率较高，对全行业平均水平的提高起到拉动作用（见表2）。

2. 产业创新

创新也是产业竞争力提高的重要支撑因素。其中，技术创新对于推动产业升级、提高产品附加值起着决定性的作用，是产业创新的重要内容之一。技术创新可以用技术投入也可以用技术产出衡量。以研发经费代表技术投入，表3给出了

表2　1999～2007年机械工业全员劳动生产率

单位：万元/人

年份＼子行业	金属制品业	通用设备制造业	专用设备制造业	交通运输设备制造业	电气机械及器材制造业	仪器仪表及文化、办公用机械制造业	机械全行业	机械全行业相对上年的变动
1999	3.45	2.55	2.55	4.24	3.75	3.36	3.31	
2000	4.03	3.10	3.10	4.95	4.82	4.24	4.03	0.72
2001	4.85	3.92	3.98	6.48	5.54	4.73	5.01	0.98
2002	5.68	4.93	5.06	8.95	6.39	5.47	6.34	1.33
2003	6.65	6.58	5.76	10.89	8.95	7.25	8.00	1.66
2004	7.28	7.97	7.47	11.85	9.48	8.04	9.00	1.00
2005	9.01	9.92	9.08	12.91	11.56	9.82	10.70	1.70
2006	10.61	11.87	11.58	15.58	13.52	11.59	12.81	2.11
2007	12.98	14.32	14.10	20.13	15.89	12.82	15.62	2.81

资料来源：根据ACMR北京华通人商用信息有限公司数据计算。

2004～2007年机械工业大中型企业的技术投入强度。由表3可见，尽管各行业存在较大差异，但总体来看，自2004年以来，机械各行业的研发经费强度是持续增长的，从2004年的1.19%提高到2007年的1.41%，对推动中国机械工业竞争力的提升起到了积极作用。

表3　2004～2007年机械工业大中型企业研发经费强度

单位：%

年份＼子行业	金属制品业	通用设备制造业	专用设备制造业	交通运输设备制造业	电气机械及器材制造业	仪器仪表及文化、办公用机械制造业	机械全行业
2004	0.40	1.20	1.20	1.20	1.40	0.90	1.19
2005	0.61	1.28	1.61	1.39	1.39	0.92	1.31
2006	0.60	1.47	1.70	1.38	1.48	0.78	1.36
2007	0.72	1.53	1.95	1.41	1.42	1.03	1.41

资料来源：根据历年《中国科技统计年鉴》数据计算。

3. 产业集中度

机械工业的技术经济特征，从生产过程来看具有技术集成性和组装性的特点，从产品看具有多品种、小批量甚至按订单生产的特点。因此，在漫长的产业链条上，既要有具有技术集成能力和产业链领导能力的大型企业，也要有大量从事基础件、零部件生产的“小而精”的中小型企业。

表4给出了2004~2008年机械工业产业集中度情况。从表4可见，自2004年以来，机械工业规模以上企业的数量增长很快，从2004年的4万余家增加到2008年的接近8万家；由于企业数和行业总产出增长很快，产业集中度没有明显提高，机械100强占全行业比重（CR_{100}）是下降的，机械4强、8强占全行业比重（CR_4、CR_8）波动中略有增长但变化不大；但行业前几位企业占大企业的比重增长很快，机械4强占100强比重从2004年的21.26%大幅增加到2008年的27.14%，机械8强占100强比重从2004年的30.12%大幅增加到2008年的39.29%。可见，机械工业的产业组织结构日益呈现出“强者愈强、从者愈众”的状态，即产业中的中小规模企业的数量和产出之和增长很快，但行业前几位的企业在以更快的速度增长。这种状况符合机械工业的产业技术经济特征，也与中国机械工业的现有发展状况相适应，有利于产业竞争力的提升。

表4　2004~2008年机械工业产业集中度情况

单位：个，%

年份	规模以上企业数	机械4强占全行业比重（CR_4）	机械8强占全行业比重（CR_8）	机械100强占全行业比重（CR_{100}）	机械4强占100强比重	机械8强占100强比重
2004	42738	2.59	3.68	12.20	21.26	30.12
2005	54820	2.68	3.78	11.55	23.17	32.71
2006	63001	2.62	3.78	11.05	23.73	34.22
2007	72956	2.32	3.36	10.18	22.81	33.03
2008	78800	2.78	4.03	10.26	27.14	39.27

注：2008年企业数为1~11月数据。

资料来源：根据机械工业联合会历年企业数、“中国机械工业百强企业”数据、机械工业销售收入数据计算。

三　机械工业竞争力的国际比较

中国不仅是世界机械生产大国，最近二十年来也是世界范围内机械产品国际竞争力提高最快的国家，正迅速崛起为世界机械产品的出口大国。反映国际竞争力的几个指标各有侧重。从几个指标的比较来看，与其他机械出口大国相比，单纯体现出口规模的指标（国际市场占有率）上升最快，2009 年中国就可能超过德国成为世界第一；体现进口与出口相对规模的指标（贸易竞争力指数）也上升较快；另外，与本国其他出口产品相比，体现机械产品对出口贡献的指标（显示比较优势指数），中国也是上升最快的。但是，以出口价格衡量的机械产品质量竞争力，中国与其他机械大国相比还存在很大差距。

1. 国际市场占有率

中国机械产品国际市场占有率的上升之快是举世罕见的。表 5 给出了 1990 ~ 2008 年根据出口额计算的中国以及日本、德国、美国的机械及运输产品的国际市场占有率。日本、德国、美国作为世界机械产品的生产和出口大国长期占据着世界出口的前 3 位，1990 年，这 3 个国家的国际市场占有率分别为 17.56%、17.02% 和 15.80%，而中国仅为 0.48%。其后，三国的国际市场占有率连续下降，而中国持续上升。从表 5 可以看出，中国与日本、德国、美国 4 国机械产品出口合计的国际市场占有率，1995 年为 44.99%，2008 年为 44.41%，几乎没有变化，即中国一国市场份额的增长填补了日、德、美世界出口前三位国家市场份额的下降。

表 5　1990 ~ 2008 年中国与主要机械出口大国的国际市场占有率

单位：亿美元，%

年份＼国家	全球出口总额	日本	美国	德国	中国
1990	11555.16	17.56	15.80	17.02	0.48
1995	19341.56	16.11	14.55	12.71	1.62
1998	22342.07	12.02	16.03	12.26	2.25
1999	23488.67	12.21	15.72	11.67	2.50
2000	26175.39	12.59	15.75	10.40	3.16
2001	24714.62	10.98	15.18	11.92	3.84
2002	25804.23	10.85	13.55	12.38	4.92
2003	29461.99	10.71	11.94	12.66	6.37
2004	35377.14	10.49	11.12	12.68	7.58
2005	38973.11	9.78	11.13	12.60	9.04
2006	44615.66	9.23	11.08	12.35	10.23
2007	50299.49	8.99	10.67	12.52	11.49
2008	53878.69	8.99	10.34	12.57	12.51

资料来源：根据联合国贸易数据库（http：//comtrade.un.org）中 SITC7 的数据计算。

2. 贸易竞争力指数

中国机械工业贸易竞争力指数的变动也与其他机械大国存在很大不同。从变动趋势来看，1990~2008 年的近二十年中，中国的贸易竞争力指数从 -0.5018 增加到0.2080，增加了 0.7098，除个别年份以外，几乎是单边递增的走势。而其他大国或是保持相对稳定或是缓慢下降，日本从 1990 年的 0.6978 下降到 2008 年的 0.5061，下降了 0.1917；美国从 -0.0793 下降到 -0.1390，下降了 0.0597；德国先降后升，1990 年为 0.2787，2008 年为 0.2745，基本保持稳定。从贸易竞争力指数的现有水平来看，中国低于日本、德国，但高于美国，即从机械产品进口与出口的相对额这一角度来看，中国机械工业的国际竞争力已经超过了美国（见表6）。

表6　1990~2008 年中国与主要机械出口大国的机械及运输设备贸易竞争力指数

年份 \ 国家	日本	美国	德国	中国
1990	0.6978	-0.0793	0.2787	-0.5018
1995	0.6084	-0.1195	0.2495	-0.2527
1998	0.5638	-0.0930	0.2341	-0.0619
1999	0.5416	-0.1397	0.2143	-0.0828
2000	0.5131	-0.1555	0.2058	-0.0535
2001	0.4801	-0.1514	0.2160	-0.0600
2002	0.4966	-0.1913	0.2507	-0.0380
2003	0.4980	-0.2059	0.2505	-0.0133
2004	0.4980	-0.2153	0.2612	0.0296
2005	0.4846	-0.2094	0.2545	0.0961
2006	0.4875	-0.1885	0.2342	0.1221
2007	0.4998	-0.1682	0.2783	0.1668
2008	0.5061	-0.1390	0.2745	0.2080

资料来源：根据联合国贸易数据库（http：//comtrade. un. org）中 SITC7 的数据计算。

3. 显示比较优势指数

从变动趋势来看，1990~2008 年，中国机械及运输设备的显示比较优势指数从 0.2258 增加到 1.3147，机械装备从不具有出口优势的产品迅速发展为中国最具有出口竞争力的产品之一。而这 19 年间，日本、美国、德国的机械及运输设备的显示比较优势指数都比较稳定，即机械装备在这些国家出口中所占比重并没有发生大的改变。从显示比较优势指数的现有水平，即机械设备出口对国家总出口的贡献来看，2008 年，中国已经超过美国和德国，但仍低于日本。

表 7　1990 ~ 2008 年中国与主要机械出口大国的显示比较优势指数

年份＼国家	日　本	美　国	德　国	中　国
1990	1. 7743	1. 1663	1. 2385	0. 2258
1995	1. 7611	1. 2091	1. 1753	0. 5286
1998	1. 6411	1. 2489	1. 1953	0. 6482
1999	1. 6104	1. 2501	1. 1839	0. 7078
2000	1. 6533	1. 2696	1. 1910	0. 7966
2001	1. 6502	1. 2589	1. 2646	0. 8751
2002	1. 6598	1. 2463	1. 2815	0. 9634
2003	1. 6834	1. 2243	1. 2554	1. 0794
2004	2. 1294	0. 6733	1. 6315	1. 2481
2005	1. 6696	1. 2493	1. 3091	1. 2043
2006	1. 6934	1. 2675	1. 3052	1. 2520
2007	1. 6957	1. 2377	1. 2698	1. 2693
2008	1. 7298	1. 1955	1. 2890	1. 3147

资料来源：根据联合国贸易数据库（http：//comtrade. un. org）中 SITC7 的数据计算。

4. 质量竞争力指数

表 8 给出了 2008 年车床、发电机组、轴承及零件的前 10 位出口国的出口价格，在这 3 类产品的国际贸易中，中国都居于出口大国之列。从整机产品的单台价格来看，中国与其他国家存在巨大差距，如车床产品，2008 年中国出口平均价格为每台 4236 美元，其他国家中有可比数据的除英国以外，其价格至少是中国的 7 倍以上；发电机组，2008 年中国出口平均价格为每台 291 美元，有可比数据的其他国家中，最低的法国也高达 6298 美元。从单位净重的价格来看，中国与其他国家的差距大大缩小，但也处于各国中的较低水平。如车床产品，中国是 10. 92 美元/千克，前 10 位国家平均为 19. 40 美元/千克；发电机组，中国是 12. 79 美元/千克，前 10 位国家平均为 13. 22 美元/千克；轴承及零件，中国是 7. 84 美元/千克，前 10 位国家平均为 13. 50 美元/千克。

表 8　2008 年部分机械产品出口价格的国际比较

车床(HS8458)			发电机组(HS8502)			轴承及零件(HS8482)	
国　家	单价（美元/台）	单价（美元/千克）	国　家	单价（美元/台）	单价（美元/千克）	国　家	单价（美元/千克）
1. 日本	—	21.04	1. 美国		13.30	1. 德国	18.27
2. 德国	—	30.32	2. 德国	—	14.42	2. 日本	12.73
3. 韩国	—	13.17	3. 中国	291	12.79	3. 中国	8.80
4. 意大利	32780	23.73	4. 英国	7470	11.79	4. 法国	15.34
5. 中国	4236	10.92	5. 日本	—	11.52	5. 美国	—
6. 比利时	101715	16.20	6. 丹麦	—	16.54	6. 意大利	12.95
7. 美国	—	13.49	7. 西班牙	13974	11.65	7. 新加坡	—
8. 奥地利	65097	39.81	8. 法国	6298	12.29	8. 瑞典	18.11
9. 瑞士	47898	42.80	9. 印度	26031	12.76	9. 比利时	22.20
10. 英国	1042	16.97	10. 芬兰	319330	23.66	10. 斯洛文尼亚	9.25

注：表中为该商品世界出口额前 10 位国家，国家排序按该产品出口额大小。

资料来源：根据联合国贸易数据库（http：//comtrade. un. org）数据计算。

四　国际金融危机对机械工业竞争力的影响

1. 对机械装备出口额的影响

国际金融危机对出口额的负面影响一度十分猛烈，但到 2009 年底，虽然年度出口总额仍低于上年，但月度出口额已经恢复到历史最高水平。图 4 给出了 2008 年以来中国机械及运输设备的月度出口额变化。由图 4 可以看出，受国际金融危机的影响，2008 年 10 月，机械设备的出口开始下滑，2009 年 2 月跌入谷底，当月出口额 342 亿美元，仅相当于最高月份（2008 年 9 月，637 亿美元）的 54%。其后，出口额开始快速恢复，到 2009 年 12 月，达到 651 亿美元，已经超过了 2008 年的最高水平。

2. 对机械装备进口出口相对结构的影响

国际金融危机对中国机械装备进口与出口的影响表现出一定的差异。自 2002 年以来，中国机械及运输设备的出口额增速都高于进口额增速；但 2009 年出现了逆转，当年出口总额下降 12.3%，进口总额下降 7.6%，出口额降速高于

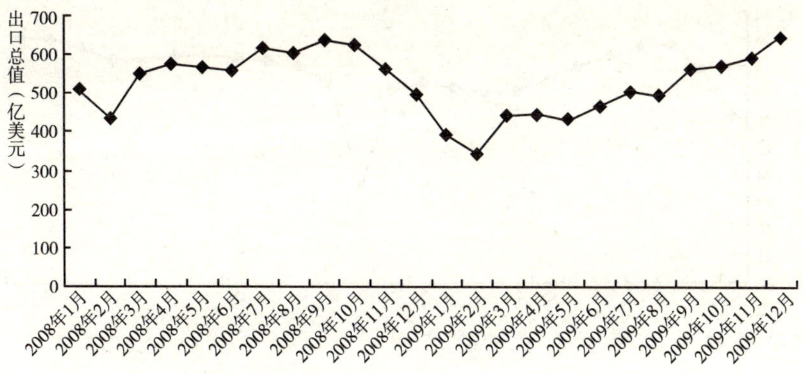

图 4　中国机械及运输设备（SITC7 类）出口总值（当月）

资料来源：根据中经数据（http：//db. cei. gov. cn）计算。

进口额，导致年度贸易顺差从 2008 年的 2314. 08 亿美元下降到 2009 年的 1824. 28 亿美元，贸易竞争力指数也出现了多年以来未有的下降（见表 9）。

表 9　2008 ~ 2009 年中国机械及运输设备（SITC7 类）进出口情况

单位：亿美元，%

年份	出口总值	出口总值同比增速	进口总值	进口总值同比增速	年度顺差	贸易竞争力指数
2008	6733. 25	16. 7	4419. 17	7. 1	2314. 08	0. 208
2009	5904. 27	-12. 3	4079. 99	-7. 6	1824. 28	0. 183

资料来源：根据中经数据（http：//db. cei. gov. cn）计算。

3. 对机械装备出口外贸贡献度的影响

自 2004 年以来，中国机械及运输设备出口额占中国全部商品出口额的比重一直在 47% 左右（2007 年为 47. 35%）。即使受国际金融危机影响，2008 年 10 月开始机械产品出口大幅下降，但机械产品出口占中国全部商品出口的比重并未下降，2008 年全年为 47. 13%。2009 年，除个别月份以外，机械产品出口占中国全部商品出口的比重还有所上升，2009 年全年达到 49. 13%，为历史最高水平（见图 5）。表明与其他出口商品相比，国际金融危机对中国机械产品的出口并没有形成很强的负面冲击，机械装备仍然是中国出口中最具竞争力的商品之一。

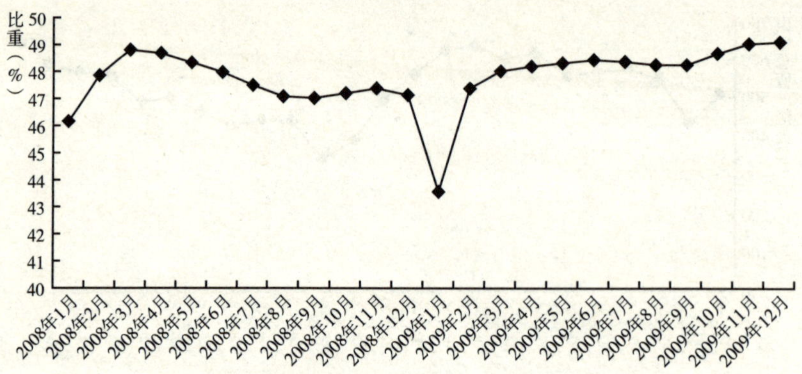

图5　机械及运输设备（SITC7 类）出口占中国全部商品出口比重

资料来源：根据中经数据（http：//db. cei. gov. cn）计算。

4. 对机械装备出口均价的影响

图6 给出了机械工业各行业出口商品同比价格指数与进口商品同比价格指数之差。从变动趋势来看，各行业均呈现出震荡向下的态势，且较多月份为负值，即出口均价的涨幅低于进口均价，或者出口均价的跌幅大于进口均价。

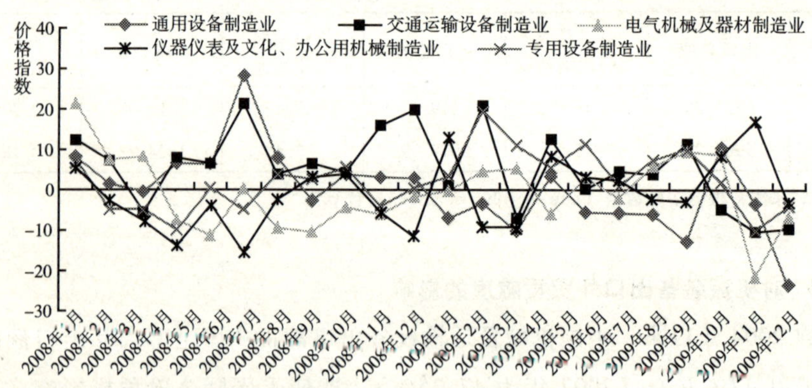

图6　机械工业各行业出口商品同比价格指数与进口商品同比价格指数之差

资料来源：根据 ACMR 北京华通人商用信息有限公司提供的各行业进口商品同比价格指数、出口水平同比价格指数计算。

从机床工具行业的情况来看，由于出口市场竞争更为激烈，近期出口机床单价大幅下跌，平均单价降幅达 25%；而进口机床中，高端机床占比增加，2009 年 1 ~ 11 月，进口机床平均单价为 8. 9 万美元，比 2008 年同期提高了 6%。

五　机械工业的国际贸易摩擦

国际金融危机爆发后，各国内需疲软，国际市场萎缩，为扶持和保护国内产业，一些国家采取了提高关税、增加非关税措施、频繁实施贸易救济措施等，导致贸易保护主义急剧升温。随着中国机械产品出口的迅猛增长以及国际市场占有率的快速攀升，机械工业面对的国际贸易摩擦也持续增多，已成为继钢铁业、纺织业等之后的又一多发区。

2001～2007 年，国外对中国机械工业共发起 63 起贸易救济调查。2008 年，中国机械工业遭到的贸易救济调查 11 起，包括钢制螺杆、空调用截止阀、半导体冷热箱、可拆卸钢制车轮、螺丝螺母、绝缘器件、塑料加工设备、农业及园艺机械、石墨电极、手动叉车及主要配件、中重型商用车的前桥梁和转向关节。反倾销调查 9 起，反补贴调查 2 起，反规避调查 1 起，其中 2 起是反倾销与反补贴的合并调查。2008 年的贸易救济调查涉及机械基础件、石化通用机械、农业机械、电工电器、工程机械、其他机械 6 个行业。①

2009 年，国际金融危机的影响全面显现，在订单明显减少的情况下，中国机械产品出口面临的贸易摩擦进一步加剧。根据中国贸易救济信息网统计，2009 年，美国、欧盟、印度等 6 个国家和地区对中国机械行业发起 10 起贸易救济调查，其中反倾销 8 起、特保 1 起（见表 10）。

表 10　2009 年国外对中国机械工业发起的贸易救济调查案件情况

序号	案件性质	立案国家/地区	产品名称	海关编码	立案时间	案件进程
1	反倾销	阿根廷	家用食品处理机	85094050	2009 年 1 月 14 日	
2	反倾销	墨西哥	碳钢螺母	73181603 73181604	2009 年 2 月 3 日	2010. 3. 5，墨西哥决定暂时不对原产于中国的碳钢螺母征收临时反倾销税，反倾销调查程序继续进行。

① 王冬华、粟东平：《2008 年国外对我国机械工业贸易救济调查情况》，《中国机电工业》2009 年第 2 期。

续表 10

序号	案件性质	立案国家/地区	产品名称	海关编码	立案时间	案件进程
3	特保	印　度	汽车前桥梁、转向节和曲轴	73269099 73261910 73261990 87085000 87089900 84831099 84831091 84831092	2009 年 4 月 2 日	2009 年 9 月 23 日,印度决定取消对华汽车前桥梁、转向节和曲轴的特别保障措施调查
4	反倾销	加拿大	床垫用弹簧组件	94041000.00 94042900.00 73202090.10	2009 年 4 月 27 日	2009 年 6 月 26 日,加拿大作出产业损害初裁,裁定涉案产品的倾销行为给加拿大国内产业造成了实质性损害。2009 年 7 月 27 日,作出反倾销初裁,针对各涉案企业征收最高为 177.4% 的临时反倾销税。2009 年 10 月 26 日,作出反倾销终裁。2009 年 11 月 24 日,作出反倾销产业损害终裁,裁定涉案产品对加拿大国内产业造成实质性损害。根据该肯定性裁决,加拿大边境服务署将对涉案产品发布反倾销税令
5	反倾销	印　度	圆型织机	84462100 84462190 84462900	2009 年 5 月 18 日	2010 年 3 月 2 日,阿根廷对中国产电梯用卷扬机作出反倾销初裁,决定对涉案产品采取每件 6856 美元的 FOB 最低离岸价格的临时反倾销措施。该措施于 2010 年 3 月 3 日生效,有效期为 4 个月
6	反倾销	阿根廷	升降机或电梯用卷扬机	84253110	2009 年 5 月 28 日	
7	反倾销	欧　盟	铝合金轮毂	欧盟合并关税编码 ex87087010 和 ex87087050 下	2009 年 8 月 13 日	
8	337 调查	美　国	部分焊丝与散装焊丝容器及其部件		2009 年 9 月 2 日	中国大西洋焊接材料股份有限公司为本案强制应诉方之一
9	反倾销	阿根廷	螺杆压缩机	84148032 和 84143099	2009 年 9 月 9 日	
10	反倾销	阿根廷	离心泵	84137080 和 84137090	2009 年 9 月 9 日	

资料来源：根据中国贸易救济信息网提供案件整理。

有关紧固件产品的贸易摩擦虽然不是2009年才开始的，但却是对中国机械工业影响较大的一例。在历时1年半的反倾销调查之后，2009年1月31日，欧盟关于中国紧固件倾销诉讼的最后裁决出炉，从2月1日起，对中国部分紧固件企业征收最高达85%的惩罚性关税（平均税率为77.5%），征收期限为5年；俄罗斯、墨西哥等国也先后对中国紧固件产品实行限制性措施。至今已经有8个国家或地区对中国紧固件产品进行反倾销调查。2009年11月6日，美国虽终止了紧固件的“双反”调查，但值得关注的是，2010年1月6日，加拿大又公布了对原产于中国的碳钢和不锈钢紧固件作出的反倾销和反补贴产业损害终裁，对碳钢紧固件继续征收反倾销税和反补贴税。上述行为严重影响了中国紧固件产品的出口，据上海海关统计，2009年上海海关累计出口钢铁或铜制标准紧固件92.9万吨，价值13.2亿美元，比上年分别下降42%和49.4%。对原最大市场欧盟的出口严重萎缩。2009年，上海海关对美国累计出口紧固件17.6万吨，下降43.1%；对欧盟出口15.1万吨，大幅下降73.2%。

六　2010年机械工业竞争力的判断

1. 作为依据的基础性判断

（1）中国机械工业竞争力提升的基本条件没有发生根本性改变。21世纪以来，中国机械工业国际竞争力的持续提高来源于国内外市场需求的快速扩张，以及与此相伴随的产业技术创新能力的不断增强。而外需的扩张相当程度上是由于入世以后的国际产业转移，德国、日本等传统机械生产大国在一般加工领域逐步失去竞争优势，而中国机械工业正是以这些领域为突破口，以前所未有的速度不断融入国际分工，参与国际分工的广度和深度迅速提高。2008年下半年以来国际金融危机的蔓延，导致了中国机械产品国外需求下降、贸易摩擦加剧，但并不会使发达国家在一般加工领域的竞争力恢复。机械工业国际产业转移趋势不可能出现根本性的逆转，中国机械工业依靠技术改造、自主创新以及产业组织结构优化形成的在现有世界分工格局中的位置，短期内也缺乏强有力的替代者。

（2）2010年机械工业增长的内外部环境向好。一是世界经济开始触底并缓慢回升；二是中央继续实行积极的财政政策和适度宽松的货币政策，国民经济发展确保8%增长，国内对机械产品市场需求会继续回升；三是装备制造业和汽车

产业振兴规划的相关鼓励政策会不断出台和落实。

2. 2010 年机械工业竞争力发展趋势判断

（1）出口额及国际市场占有率。随着世界经济的缓慢回升，中国机械产品出口额也会随之逐步恢复，2010 年全年有可能恢复到接近 2008 年的水平，因 2009 年出口基数小，2010 年上半年还会出现较高的同比增长率。由于产品结构以中低档为主，需求弹性较低，中国机械产品出口的恢复会好于日、德、美等发达国家，因此国际市场占有率可能进一步提高，成为世界第一的机械出口大国。

（2）贸易竞争力指数。贸易竞争力指数取决于机械产品进出口的相对结构。2009 年贸易竞争力指数的下降是由于当年出口额降幅高于进口额降幅。2010 年随着出口额的恢复，贸易竞争力指数可能会有所回升，但回升情况还要看进口额情况。进口额影响因素较为复杂，进口整机以及为国内需求进口零部件涉及的进口额，主要取决于国内固定资产投资情况、国内可替代产品的技术进步情况，以及国家相关的进口政策等；而为加工贸易、一般贸易进口零部件涉及的进口额，则主要取决于出口市场。总体看，2010 年中国机械工业的贸易竞争力指数会较 2009 年有所回升，但较难超过 2008 年水平。

（3）显示比较优势指数。2009 年中国机械产品出口占中国全部商品出口比重达到历史最高水平是因为机械产品出口的率先恢复，随着其他产品出口的逐步恢复，2010 年中国机械产品出口占中国全部商品出口比重会略有下降，向往年水平回归。但由于发达国家的机械产品国际需求一定程度上依赖中国市场，中国机械出口会先于世界恢复，因此，2010 年中国机械工业的显示比较优势指数可能有所上升。

（4）质量竞争力指数。因出口市场有所恢复，2010 年机械产品出口均价会较 2009 年有回升。但对于中国需求占世界较大比重的部分机械装备和关键零部件，会由于中国需求的结构升级导致世界平均价格上升，进而使中国产品的质量竞争力指数相对下降。

七　金融危机应对政策效果分析

2008 年下半年以后，随着国际金融危机对中国实体经济影响的深化，中国机械工业出现了产出增长大幅下降、出口额减少、利润下滑的状况，这是自 21

世纪以来从未有过的局面。随后，国家出台了扩大内需的投资计划和一系列措施，以及包括《装备工业调整振兴规划》在内的十大产业振兴规划。相关政策一方面对机械工业抑制下滑、恢复增长发挥了明显效果；另一方面，也带来了固定资产投资大幅增长和部分行业产能过剩的风险。此外，政策的效果主要体现在国内市场，对促进出口恢复的作用有限，对产业结构调整的效果也尚未明显显现。

（1）整体稳步回升。金融危机对中国机械工业造成明显冲击，2009 年上半年产出增长率降到 10 年来最低点。2009 年 5 月开始，受国内 4 万元亿投资拉动以及保增长、扩内需措施的拉动，主要经济指标逐月回升（1～2 个百分点）。按机械工业联合会统计口径，全年工业总产值累计增幅达到 16.07%，1～11 月利润同比增长 22.81%，超过全部工业的平均水平。

（2）行业差异明显。在国家扩大内需政策中受益程度的不同，导致 2008 年及 2009 年机械工业中各行业差异明显。2009 年，受税收优惠和汽车下乡政策推动，汽车产销量分别为 1379 万辆和 1364 万辆，分别同比增长 48% 和 46%，跃居世界第一；农业机械继续得益于国家农机采购补贴政策，主要农机产品产量增幅均在 20% 以上；工程机械在 2009 年也保持了较高的增速，受国家固定资产投资拉动以及西气东输项目实施的推动，挖掘机、混凝土设备和水泥专用设备的产销量保持增长。

（3）金融危机应对政策对推动机械产品出口的作用有限，出口的恢复主要取决于世界经济触底回升带来的外部需求变动。

（4）部分领域产能过剩情况加剧。近年来的大规模固定资产投资已经使中国机械工业积累了巨大的生产能力，2009 年在扩内需、保增长过程中，机械工业固定资产投资规模继续急剧增长。据统计，2009 年全国固定资产投资 22.48 万亿元，同比增长 30.1%，其中机械工业投资完成 1.46 万亿元，同比增长 38.44%，增幅大大高于全国固定资产投资增长水平。其中尤以电工、汽车两个行业投资最多，约占全国投资的一半。

航空航天工业竞争力

陈晓东*

一 “十一五”期间航空航天工业竞争力变化

航空航天工业在“十一五”期间，按照远近结合、军民结合、自主开发与国际合作相结合的要求，推进飞机、卫星和关键零部件的规模化发展，加速建立航空航天工业的市场开发、科研生产和服务体系，竞争力有了一定程度的提升。

1. 航空航天器制造业的发展情况

“十一五”以来，中国航空航天器制造业投资额由2005年的69.99亿元增加到2008年的159.31亿元，研发经费由2005年的27.80亿元上升到2008年的51.99亿元，利税由2005年的44.49亿元增加到2008年的91.93亿元，2008年的出口交货值由2005年的77.77亿元上升到205.70亿元（见表1）。未来10年，中国将在资金、政策、制度等各方面向航空航天工业倾斜，作为朝阳产业的航空航天工业在中国即将迎来快速发展阶段。

2. 国际市场占有率

改革开放以来，中国已向世界40多个国家出口各种型号国产飞机1300多架、飞机发动机1300多台，累计实现出口总额700多亿美元。中国军用飞机主要向亚洲、非洲及南美洲的一些发展中国家出口。2005年，中国自主研发的新舟60飞机开始出口，拉开了中国民用航空飞机出口的序幕。根据2008年西飞国际的年报披露，新舟60飞机已取得156架订单，累计交付36架。目前中国已进行试飞的ARJ21－700飞机，也已获得208架订单。

* 陈晓东，中国社会科学院工业经济研究所副研究员。

表1 1995~2008年中国航空航天器制造业发展情况

类别＼年份	1995	2000	2003	2004	2005	2006	2007	2008
增加值(亿元)	80.04	105.64	140.90	149.30	209.02	241.24	292.34	—
1. 飞机制造及修理	69.70	92.22	126.02	136.50	190.03	219.92	266.85	—
2. 航天器制造	10.34	13.42	14.88	12.80	18.99	21.32	25.49	—
投资额(亿元)	35.92(1996)	43.22	60.79	52.45	69.98	80.39	126.56	159.31
1. 飞机制造及修理	25.05(1996)	31.70	50.99	47.61	64.20	70.37	112.47	137.73
2. 航天器制造	10.87(1996)	11.52	—	4.85	5.78	10.02	14.09	21.58
利税(亿元)	14.00	17.22	27.94	25.70	44.49	60.77	76.16	91.93
1. 飞机制造及修理	15.15	16.48	25.46	22.40	39.26	55.36	69.45	84.85
2. 航天器制造	-1.15	0.74	2.48	3.30	5.23	5.41	6.71	7.08
研发经费(万元)	65068	137932	222590	252502	277969	333418	425939	519869
1. 飞机制造及修理	52669	119250	214613	216143	239156	285261	372268	441850
2. 航天器制造	12399	18682	7977	36359	38813	48157	53671	78019
出口交货值(亿元)	16.43	31.23	54.52	42.4	77.77	121.1	154.57	205.70
1. 飞机制造及修理	15.3	27.53	54.26	41.7	77.33	119.75	152.8	202.73
2. 航天器制造	1.13	3.7	0.26	0.7	0.44	1.35	1.77	2.97
企业数(个)	219	176	148	177	167	173	181	217
1. 飞机制造及修理	152	130	126	154	143	144	155	183
2. 航天器制造	67	46	22	23	24	29	26	34

资料来源：作者根据《中国高科技产业统计年鉴》（2008、2009）整理。

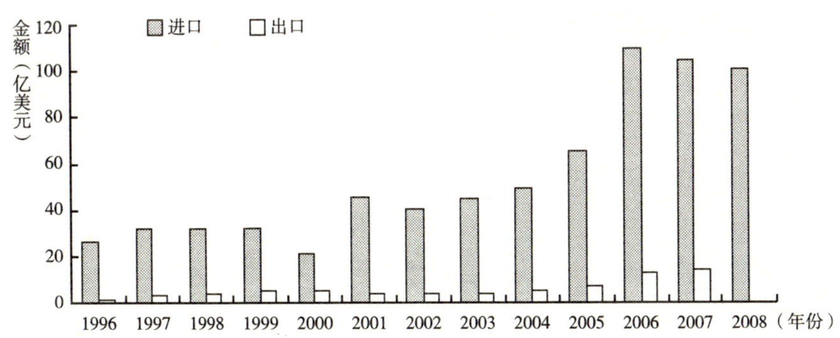

图1 1996~2008年中国飞机、航天器及其零件进出口情况

资料来源：联合国贸易数据库（http：//comtrade. un. org）。

从国际市场占有率来看，2002～2008 年中国的飞机、航天器及其零件在国际市场的份额一直呈上升趋势，但总体上一直处于很低的状态，占飞机、航天器及其零件国际市场不到 1%（见图 2）。

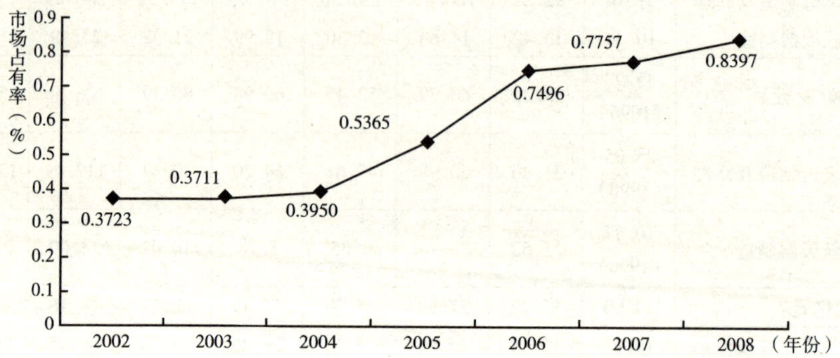

图 2　2002～2008 年中国飞机、航天器及其零件国际市场占有率

资料来源：作者根据联合国贸易数据库（http：//comtrade. un. org）数据计算。

3. 贸易竞争力指数

从 2002 年到 2008 年，中国飞机、航天器及其零件一直呈现进口远远大于出口的状况，贸易竞争力指数为负数，如图 3 所示。从图 3 中可以看出，中国飞机、航天器及其零件贸易竞争力指数从 2003 年开始逐年呈上升态势，说明是中国航空航天工业技术进步带来的进口替代效应，使中国本土生产的飞机、航天器及其零件产品在国内也同样占据了更多的市场份额，从而一定程度上抑制了进口的高速增长。

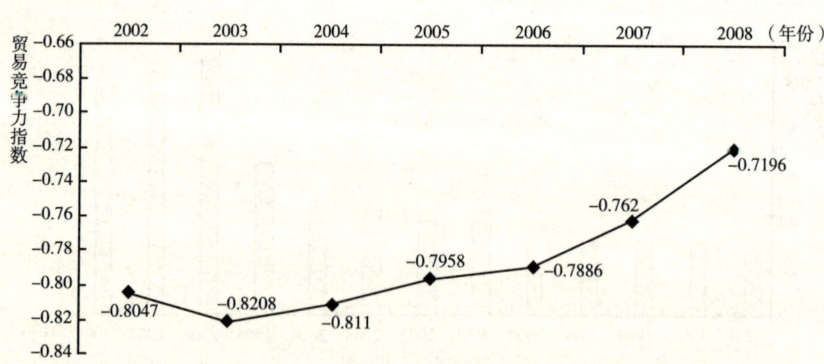

图 3　2002～2008 年中国飞机、航天器及其零件贸易竞争力指数

资料来源：作者根据联合国贸易数据库（http：//comtrade. un. org）数据计算。

4. 显示比较优势指数

中国军用飞机出口竞争力较强，主要向亚洲、非洲及南美洲的一些发展中国家出口；中国民用飞机的研制相对较弱，中国自主研发的新舟60飞机2005年开始出口，这才拉开了中国民用航空飞机出口的序幕。图4显示，中国航空航天产品显示比较优势指数一直在0.06至0.09之间波动，这说明中国航空航天工业在国际市场上不具有比较优势。

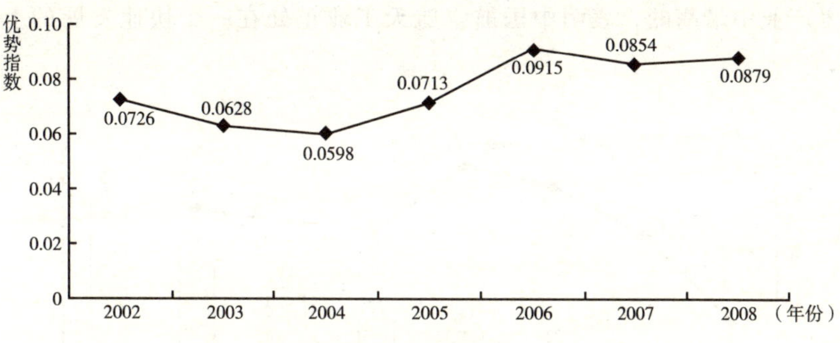

图4　中国航空航天产品的显示比较优势指数

资料来源：作者根据联合国贸易数据库（http：//comtrade. un. org）数据计算。

二　航空航天工业竞争力的影响因素

经过近十年国防支出恢复性增长，航空航天等国防领域的研发投入有了较大幅度增长，整个产业的劳动生产率得到提高。

1. 研发投入

研发投入的力度是判断行业未来发展前景、保证持续增长的重要指标。航空航天工业属于高新技术产业，中国航空航天工业1995年的研发内部支出为7亿元，到2007年研发支出上升为43亿元，复合增长率①为12.9%。进入

① 复合增长率CAGR（Compound Annual Growth Rate）是指一项投资在特定时期内的年度增长率。计算方法为总增长率百分比的n方根，n为有关时期内的年数。公式为：（现有价值/基础价值）^（1/年数）-1。CAGR并不等于现实生活中GR（Growth Rate）的数值。年增长率是一个短期的概念，从一个产品或产业的发展来看，可能处在成长期或爆发期而年度结果变化很大，但如果以“复合增长率”衡量，因为这是长期时间基础上的核算，所以更能说明产业或产品增长或变迁的潜力和预期。

21 世纪后，中国航空航天工业的研发支出大幅上升，如果以 2001 年的研发支出 10.5 亿元为基准点，6 年复合增长率为 27%，这表明航空航天工业近几年加大了对研发的投入力度。中国高新技术产业 2007 年研发支出额为 653 亿元，航空航天工业的研发支出额为 43 亿元。尽管航空航天工业研发支出的绝对金额在高新技术产业中不是最高的，但是 2007 年航空航天工业研发强度（研发支出占工业增加值的比重）为 15.3%，已经连续 3 年上升，并且是高新技术产业中最高的，表明中国航空航天工业正处在一个快速发展的上升时期。

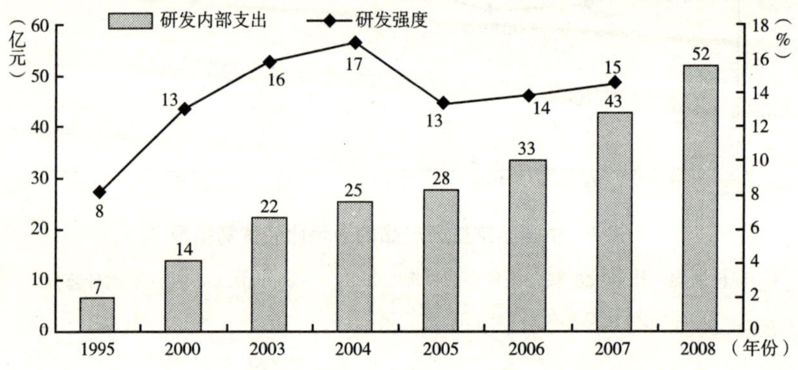

图 5　1995 ~ 2008 年航空航天产业研发支出及强度

资料来源：《中国高科技产业统计年鉴》（2008、2009）。

2. 劳动生产率

劳动生产率是衡量一个行业资源利用效率的重要指标。中国航空航天工业的全员劳动生产率由 1995 年的 1.4 万元/人上升至 2007 年的 9.7 万元/人，复合增长率为 17%。在 2000 年以前，中国航空航天工业的全员劳动生产率增速波动性较大，一般是低于制造业和高新技术产业整体的全员劳动生产率的增速。主要原因是：航空航天工业属于国防工业，形成相对独立的特殊体系，在长期的计划经济体制下，生产效率低，同时航空航天工业也是改革最困难的领域。2000 年以后，航空航天工业的改革进入实质性阶段，市场化程度不断提升，加上经过 20 多年的技术积累，一批新的技术和产品也开始进入市场。所以，2000 年以后，航空航天工业的全员劳动生产率年增长率明显高于制造业和高新技术产业全员劳动生产率的增长率。

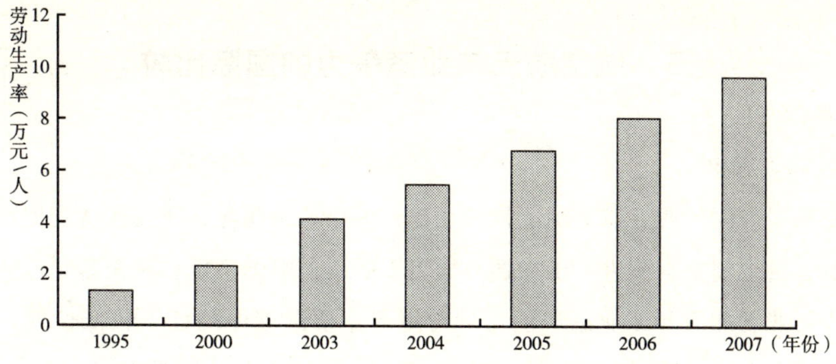

图6 1995～2007年航空航天工业全员劳动生产率

资料来源：《中国高科技产业统计年鉴》(2008)。

3. 产业关联度

航空航天工业覆盖了机械、电子、材料、冶金、仪器仪表、化工等几乎所有的工业门类，涉及空气动力学、人机工程学、系统工程学、项目管理等数百种学科，具有产业链条长、辐射面宽、连带效应强的特点，发展航空航天工业能够带动整个国家的工业发展水平。日本曾作过一次500余项技术扩散案例分析，发现60%的技术源于航空工业。根据日本统计的数据，按照产品单位重量创造的价值来计算，航空产品是各交通运输产品中附加值最高的，若船舶的附加值系数为1，则小汽车为9，大型飞机为800，航空发动机为1400。研究统计表明，航天工业的直接投入产出比约为1∶2，而相关产业的辐射则可达到1∶8至1∶14。1996年，全球航天技术产业创造的利润为750亿美元；到2000年，利润已攀升到1250亿美元；至2010年，全球商业航天活动的收入预计将达5000亿～6000亿美元，其中全球卫星产业市场的规模预计将达2000亿～3000亿美元。另外，航天科技工业的技术带动性也很强，中国航天科技工业近40年的发展历程亦可证实这一点。“两弹一星”大型系统工程的研制、生产和应用，带动了诸如电子、计算机、化工、冶金、材料、机械、特种工艺、低温与真空技术、测试、控制、测控等领域的技术的发展。以大飞机项目为例，由于大飞机是目前世界上最为复杂、技术含量最高的产品之一，对材料、电子、装备、冶金等上游产业的要求非常高。通过搞大飞机，势必会促进这些相关产业的升级。

三　航空航天工业竞争力的国际比较

1. 研发强度

目前，中国与西方航空制造强国相比，差距非常明显，研发经费支出比例相对较低，自主创新有待进一步加强。如表 2 所示，中国飞机和航天器制造业研发经费占工业增加值和工业总产值比例在世界主要国家中均处于较低位置。中国 2007 年的比例分别是 15.4% 和 4.36%，2006 年的比例分别是 14.0% 和 4.0%，而美国在 2003 年已达 30.82% 和 12.49%（2006 年为 11.51%）。中国的这一比例也远低于韩国 2006 年的水平。

表 2　2006 年部分国家航空航天制造业研发经费比例

单位：%

国　别	研发经费占工业增加值比例	研发经费占工业总产值比例
中　国	14.00	4.00
美　国	30.82(2003 年)	11.51
日　本	11.51	4.20
德　国	32.89	10.37
英　国	31.15	11.65
法　国	31.08	5.14
意大利	45.24	13.30
韩　国	26.90	9.66

数据来源：根据《中国高科技产业统计年鉴》（2008、2009）整理（计算）。

2. 劳动生产率

在全球范围内，航空航天工业的全员劳动生产率高于整体制造业水平，低于高新技术产业的整体水平。中国航空航天工业的全员劳动生产率由 1995 年的 1.4 万元/人上升至 2007 年的 9.7 万元/人，复合增长率为 17%。中国的航空航天劳动生产率远远低于欧美等先进国家，美国在 2003 年即达到 120.7 万元/人，法国 2002 年为 109.4 万元/人（见表 3），但这同时也意味着随着体制改革的进一步深化和科学技术的提高，中国航空航天工业具备巨大的发展潜力。

表 3　航空航天产业劳动生产率的国际比较

单位：万元/人

子行业 \ 国别	中国（2007 年）	美国（2003 年）	日本（2003 年）	德国（2002 年）	法国（2002 年）	英国（2000 年）	意大利（2002 年）
制造业	9.8	95.7	78.9	51.7	62.4	58.6	41.6
高新技术产业	13.0	141.2	100.0	50.7	78.8	79.9	56.4
航空航天器	9.7	120.7	80.3	—	109.4	60.5	81.1

数据来源：作者根据《中国高科技产业统计年鉴》（2008）整理。

3. 国际市场占有率

中国航空航天产品国际市场占有率的上升较快但份额比例很小。表 4 给出了 2002～2008 年根据出口额计算的中国以及美国、法国、德国的飞机和航天器及其零件产品的国际市场占有率。美国、法国、德国作为飞机和航天器及其零件的生产和出口大国长期占据着世界出口的前三位。2002 年，这 3 个国家的国际市场占有率分别为 37.26%、14.59% 和 14.30%，而中国仅为 0.37%。在随后的几年中，除了美国的国际市场占有率基本保持不变外，中国与其他两个国家均有所上升，但中国所占份额比例相当小，一直没有突破 1%（见表 4）。

表 4　2002～2008 年中国与世界航空航天主要出口国的国际市场占有率比较

单位：%

年份 \ 国家	美　国	法　国	德　国	中　国
2002	37.26	14.59	14.30	0.37
2003	33.51	16.26	13.89	0.37
2004	31.96	16.78	13.59	0.39
2005	35.83	17.60	13.91	0.54
2006	38.69	16.79	14.57	0.75
2007	41.67	17.19	14.27	0.78
2008	36.87	19.53	15.25	0.84

资料来源：作者根据联合国贸易数据库（http：//comtrade.un.org）数据计算。

4. 贸易竞争力指数

中国航空航天工业贸易竞争力指数的变动也与其他航空航天大国存在很大

不同。从变动趋势来看，2002～2008年中，中国的贸易竞争力指数从-0.8047增加到-0.7196，一直是逐步递增的走势。而其他大国或是保持相对稳定或是逐步缓慢下降，美国从0.4167上升到0.5370；法国先降又升，2002年为0.4374，2008年为0.4052；德国总体上呈下降趋势，从2002年的0.4374下降到2008年的0.1151。从贸易竞争力指数的现有水平来看，中国低于美国、法国、德国。

表5 2002～2008年中国与世界航空航天主要进出口国家的贸易竞争力指数比较

年份＼国家	美国	法国	德国	中国
2002	0.4167	0.4374	0.4374	-0.8047
2003	0.3979	0.4040	0.1129	-0.8208
2004	0.4353	0.3762	0.0378	-0.8110
2005	0.5006	0.3749	-0.0057	-0.7958
2006	0.5809	0.3822	-0.0083	-0.7886
2007	0.5510	0.3539	0.1292	-0.7620
2008	0.5370	0.4052	0.1151	-0.7196

资料来源：作者根据联合国贸易数据库（http：//comtrade.un.org）数据计算。

5. 显示比较优势指数

从表6反映出的变动趋势来看，2002～2008年，中国飞机、航天器及其零件的显示比较优势指数从0.0726增加到0.0879，飞机、航天器及其零件不具有出口比较优势。而这些年间，美国、法国、德国的飞机和航天器及其零件的显示

表6 2002～2008年中国与世界航空航天出口前三名国家的显性比较优势指数比较

年份＼国家	美国	法国	德国	中国
2002	3.4124	3.0370	1.4733	0.0726
2003	3.4350	3.3686	1.3767	0.0628
2004	3.5099	3.6445	1.3388	0.0598
2005	4.0147	4.1054	1.4429	0.0713
2006	4.4141	4.1480	1.5368	0.0915
2007	4.8170	4.2795	1.4429	0.0854
2008	4.2479	4.9207	1.5573	0.0879

资料来源：作者根据联合国贸易数据库（http：//comtrade.un.org）数据计算。

比较优势指数处于稳定上升态势，即飞机、航天器及其零件在这些国家出口中所占比重在逐步提高。

四　2010年中国航空航天工业竞争力展望

1. 战略性新兴产业政策将促进航空航天工业的快速发展

战略性新兴产业属于技术密集、知识密集、人才密集的高科技产业，包括航空航天、信息、生物医药和生物育种、新材料、新能源、海洋、节能环保和新能源汽车等。航天航空工业有望成为金融危机后新的经济增长和技术创新引擎。工信部部长李毅中在2010年的工作重点中特别提出了要突出抓好培育发展战略性新兴产业，要把培育战略性新兴产业作为抢占国际经济技术竞争制高点的主攻方向作为2010年的工作原则之一。2010年调整经济结构的主题将会围绕战略性新兴产业，后续相关政策的陆续推出将有利于各相关行业的发展，因此，扶持和培育战略性新兴产业的政策可能将会从税收优惠、财政补贴、设立科研项目基金、金融配套支持等方面入手，航空航天产业直接受益于战略性新兴产业政策。

2. 国家重大科技专项将直接拉动航天航空工业的发展

以载人航天、探月工程、北斗二代和高分辨率对地观测项目为代表，中国目前已经启动或将要启动多个国家级航天项目，涉及的投资规模和市场空间超过1万亿元，为未来10年中国航天产业的大发展提供了广阔空间。

3. 航空航天工业的创新积极性进一步提高

全国人大常委会2010年2月24日审议的《中华人民共和国国防动员法（草案）》规定，企业、事业单位参与重要国防产品研发等将享受补贴或者其他政策优惠。虽然目前的上市公司中研制和生产军品均有税收等政策优惠，但关键的变化在于将研发阶段提到了享受补贴的范围内，而不仅仅在于制造环节，这将有利于进一步推进航空航天工业创新，尤其是军品的研发与创新。

4. 航空航天工业整合和改革更加深入

经过近十年的国防支出恢复性增长，中国航空航天等国防领域的研发投入有了较大幅度的增长，整个产业的劳动生产率得到提高，在2010年中，ARJ21大

型涡扇支线客机、L15 高级教练机等产品有望投入市场，航空工业资产证券化在2010 年将进入深入攻坚阶段，而在航空工业的示范作用下，兵器、航天部门资产证券化也有望在 2010 年开始实施。

5. 民用航空转包生产规模将会扩大

“十一五”期间，中国加快了民用航空的产业化进程，扩大了民用航空零部件的转包生产规模，预计到 2010 年转包生产总额将扩大到 10 亿美元。取得国际市场通行证的沈飞公司下一步将在转包生产领域继续扩大与波音、空中客车、庞巴迪等国际大型航空企业的合作，提供更多的“中国制造”。

五　对策建议

1. 加大政策支持和扶持力度

要明确将航空航天工业技术与产业定位为国家重点发展的战略高技术产业，给予长期稳定的投入以及各项政策支持。

2. 大力推进航空航天工业的自主创新

要引导航空航天工业改革调整和转型升级，加快形成国际一流的大型航空航天企业。积极构建以航空航天科技企业和国家科研机构为主、产学研相结合的航空技术创新体系。要集中优势力量，通过核心技术突破和资源集成，实现航空航天科技的重点跨越。通过加强航空航天领域的基础研究和若干前沿技术的超前研究，突破航空航天工业所需的各项关键技术，提高航空航天科技的持续创新能力。

3. 保障航空航天工业的经费投入

中国要成为航空航天强国，缩短与发达国家的现实差距，需要继续加大对航空航天工业的投入，鼓励建立多元化、多渠道的航空投资体系，保持航空航天事业的持续稳定发展。

4. 加强航空航天的人才队伍建设

大力发展航空航天教育事业，注重在创新实践中培养航空专业人才，特别是注重培养年轻的科技人才，要建设一支爱国奉献、素质优秀、严谨求实、结构合理、艰苦奋斗的航空航天人才队伍。要普及航空航天知识，宣传航空航天的优秀精神和文化，吸引更多的优秀人才投身航空航天事业。

参考文献

中国社会科学院工业经济研究所：《中国工业发展报告》，经济管理出版社，2009。

国务院新闻办公室：《2008 年中国的国防》，2009。

李毅中：《国际金融危机下的中国工业》，http：//www. chinaorg. cn，2009 年 4 月 7 日。

刘荣等：《投资中国的和平和崛起》，招商证券，2009 年 12 月。

医药工业竞争力

陈晓东*

一 “十一五”期间医药工业竞争力变化

1. 国际市场占有率

2005年医药商品进出口总额达256亿美元，实现贸易顺差17亿美元，其中出口金额达138亿美元，与2001年的38亿美元相比，年复合增速高达37.9%。2005年出口额达79亿美元，占当年医药商品出口总额的57.3%，约为2001年19.2亿美元的4倍。受世界经济增长停滞，特别是国外市场需求不振以及各国纷纷出台贸易保护政策的影响，2009年前10个月中国医药产品出口同比小幅下跌，但到11月，出口趋势出现止跌回升，同比首次实现正增长，涨幅为0.94%，其中11月单月出口30亿美元，同比和环比分别增长了22.4%和7.48%，回升势头明显加速。占出口额50%以上的西药原料数量增长2.9%，但平均价格下降了9.97%。单月出口自2008年第四季度开始出现连续下滑趋势，至2009年2月跌至近两年来的最低点，仅为18.6亿美元；此后急速反弹并趋于平稳，已基本恢复并超过2008年的同期水平。

2. 贸易竞争力指数

如图2所示，从1990年到1997年，中国医药贸易竞争力是逐年上升的，从1998年开始不断下降，其贸易竞争力指数一直在0.1至0.7之间波动。由于缺乏专业技术人才和科研配套条件，大部分企业无法成为医药研发的主体，使一些关键性产业化技术长期没有突破，制约了产业向高技术、高附加值下游深加工产品领域延伸；产品更新换代缓慢，无法及时跟上和满足市场需求。由此造成中国的医药产品在国际医药分工中处于低端领域，国内市场的高端领域也主要被进口或

---

* 陈晓东，中国社会科学院工业经济研究所副研究员。

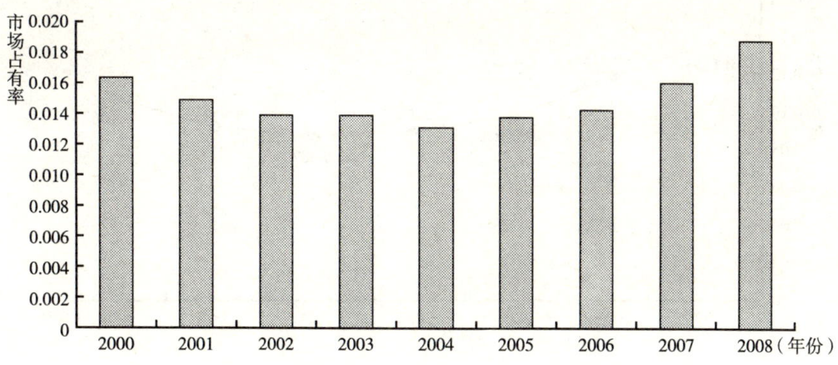

图 1　2000～2008 年中国医药工业国际市场占有率

资料来源：作者根据联合国贸易数据库（http：//comtrade. un. org）数据计算。

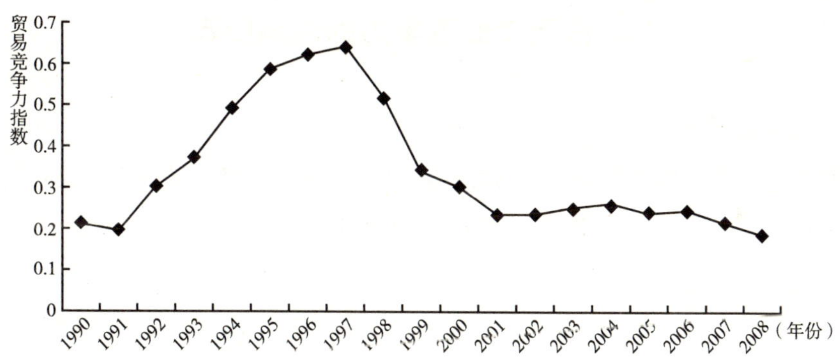

图 2　1990～2008 年中国医药工业贸易竞争力指数

资料来源：作者根据联合国贸易数据库（http：//comtrade. un. org）数据计算。

合资产品占据。

3. 显示比较优势指数

显示比较优势指数是衡量一国产品或产业在国际市场竞争力最具说服力的指标，用一个国家的某产业或产品在该国出口中所占的份额与世界贸易中该产业或产品中的总出口额的份额之比表示。如图 3 所示，中国医药工业 2002～2008 年的显示比较优势指数在 0. 0870 至 0. 1356 之间，可见，中国医药虽然出口量较大，但在国际市场上的竞争力相对较弱。

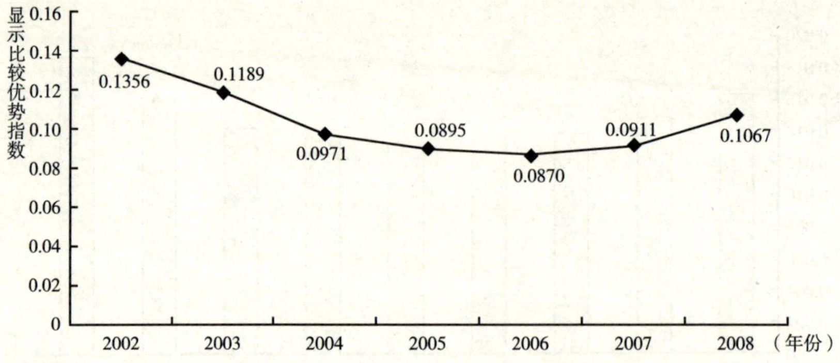

图3　2002～2008年中国医药工业显示比较优势指数变化情况

资料来源：作者根据联合国贸易数据库（http：//comtrade. un. org）中代码为HS29、HS30、HS34、HS35等出口产品数据计算。

二　医药工业竞争力的影响因素

1. 劳动生产率

医药工业在中国是发展最快的行业之一，劳动生产率也呈现不断提高之势。由2000年的6.37万元/人提高到2007年的16.65万元/人（见图4）。

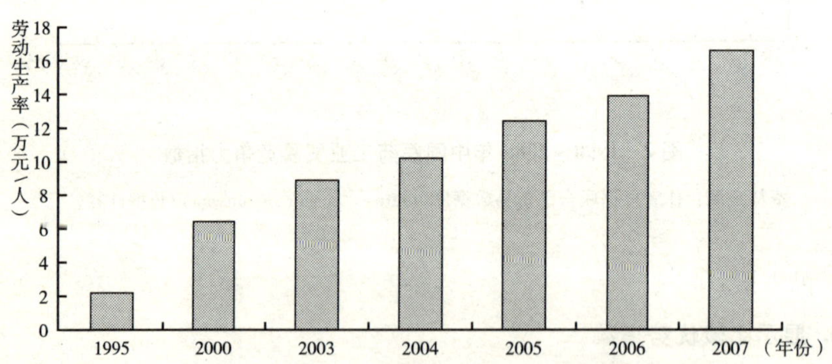

图4　2000～2008年中国医药工业劳动生产率变化情况

资料来源：根据《中国高科技产业统计年鉴》（2008）计算。

2. 研发强度

企业研发投入少、创新能力弱，一直是困扰中国医药工业深层次发展的关键

问题。中国医药工业研发投入 2000 年为 134669 万元，到 2007 年已经增长到 658836 万元，但研发强度从 2000 年到 2007 年一直在 2% 至 3% 之间徘徊（见图 5）。2007 年底，全国共有 747 家大中型医药企业建立企业研究机构，全国医药企业内部从事产品、技术研究开发工作的科研人员数量达到 8 万余人，占所有从业人员总数的 5.6%，科研人员比重仅提高了 0.3 个百分点。由于缺乏专业技术人才和科研配套条件，大部分企业无法成为医药研发的主体，使一些关键性产业化技术长期没有突破，制约了产业向高技术、高附加值下游深加工产品领域延伸。

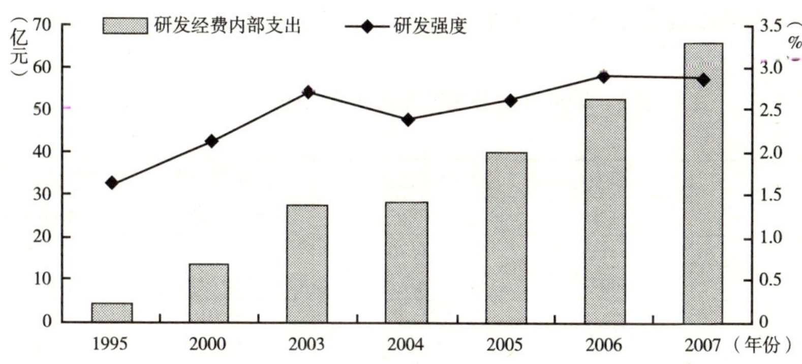

图 5　1995～2008 年中国医药工业研发投入及研发强度变化情况

资料来源：根据《中国高科技产业统计年鉴》（2008）计算。

3. 产业集中度

近年来，中国医药工业的产业集中度呈现逐步下降的趋势。2005 年，前五强企业销售收入占比不到 9%，前百强企业占比不到 40%，分别较 2002 年下降了约 2 个和 4 个百分点。大型医药企业的销售收入占比大幅下滑，从 2002 年的 46.2% 下降到 2005 年的 20.8%。从国际水平来看，2007 年全球前十大制药企业销售收入占当年全球药品销售收入的 40%，而中国前十大医药企业产业集中度不到 14%。2008 年无论是医药制造领域还是医药流通领域，产业集中度都有所加强。医药制造百强企业（不包括外资、合资企业）占整个行业销售收入的比例为 40.59%，较 2007 年提升约 5 个百分点。医药流通百强企业销售总额 362 亿元，占同期全国医药销售总额的 67.29%。

三　医药工业竞争力的国际比较

1. 产业创新

目前，中国与西方医药制造强国相比，差距非常明显，研发经费支出比例相对较低，自主创新亟待加强。如表 1 所示，中国医药制造业研发经费占工业增加值和工业总产值的比例在世界主要国家中均处于较低位置，2007 年的比例分别是 4.66% 和 1.70%；而美国在 2003 年已达 20.71% 和 11.54%（2006 年为 21.63%），日本 2006 年的比例分别为 37.08% 和 15.04%；中国医药工业的研发经费支出比例也远低于韩国的水平。

表 1　2006 年部分国家医药制造业研发经费比例

单位：%

国　别	研发经费占工业总产值比例		研发经费占工业增加值比例	
	高技术产业	医药制造业	高技术产业	医药制造业
中　国	1.29（2007 年）	1.70（2007 年）	6.01（2007 年）	4.66（2007 年）
美　国	16.41	21.63（2006 年）	29.01（2003 年）	20.71（2003 年）
日　本	10.64	15.04（2006 年）	28.90	37.08（2006 年）
德　国	8.34	10.42	21.50	23.94
英　国	11.04	23.02	26.64	42.26
法　国	7.78	9.09	31.95	33.41
意大利	3.72	1.53	11.09	4.99
韩　国	5.98	2.48	21.30	6.29
丹　麦	—	19.63	—	45.52
挪　威	5.67	5.79	14.47	11.48

资料来源：《中国高科技产业统计年鉴》（2008、2009）。

2. 国际市场占有率

中国医药产品的国际市场占有率的上升速度较快但份额很小。表 2 给出了 2002～2008 年根据出口额计算的中国以及德国、比利时、美国的医药产品的国际市场占有率。德国、比利时、美国作为医药产品的生产和出口大国长期占据着世界出口的前三位，2002 年，这 3 个国家的国际市场占有率分别为 10.60%、

11.19%和11.00%，而中国仅为0.70%。在随后的几年中，除了比利时和美国的国际市场占有率保持基本不变外，中国与德国的比例均有所上升，但中国所占份额比例相当小，2008年刚突破1%。

表2　2002~2008年中国与世界医药主要出口国的国际市场占有率比较

单位：%

年份＼国家	德　国	比利时	美　国	中　国
2002	10.60	11.19	11.00	0.70
2003	10.89	11.05	10.66	0.70
2004	11.86	10.95	10.87	0.64
2005	11.80	11.05	10.24	0.67
2006	12.31	10.66	10.29	0.71
2007	12.63	10.81	10.11	0.83
2008	13.68	10.23	10.04	1.02

资料来源：作者根据联合国贸易数据库（http：//comtrade.un.org）中代码为HS29、HS30、HS34、HS35等出口产品数据计算。

3. 贸易竞争力指数

中国医药工业贸易竞争力指数的变动也与其他医药大国存在很大不同。从变动趋势来看，2002~2008年，中国的贸易竞争力指数从0.2373下降到0.1885，呈现出波动式下降，而其他大国或是保持相对稳定或是缓慢下降，德国呈上升趋势，从2002年的0.0538上升到2008年的0.1400；比利时先降又升，2002年为0.0538，2008年为0.0408；美国从2002年的-0.2252上升到2008年的-0.1655。从贸易竞争力指数的现有水平来看，中国医药工业低于德国，而高于比利时和美国。

表3　2002~2008年中国与世界医药主要进出口国家的贸易竞争力指数比较

年份＼国家	德　国	比利时	美　国	中　国
2002	0.0538	0.0538	-0.2252	0.2373
2003	0.0937	0.0611	-0.2198	0.2516
2004	0.1247	0.0507	-0.1496	0.2593
2005	0.1061	0.0207	-0.1704	0.2414
2006	0.1178	0.0216	-0.1681	0.2455
2007	0.1068	0.0304	-0.1513	0.2133
2008	0.1400	0.0408	-0.1655	0.1885

资料来源：作者根据联合国贸易数据库（http：//comtrade.un.org）中代码为HS29、HS30、HS34、HS35等出口产品数据计算。

4. 显示比较优势指数

从变动趋势来看，2002～2008年，中国医药产品的显示比较优势指数从0.1356下降到0.0870再增加到0.1067。而这些年间，比利时、德国、美国的医药产品显示比较优势指数处于稳定上升态势，即医药产品在这些国家出口中所占比重在逐步提高，尤其是比利时医药产品的显示比较优势更为突出（见表4）。

表4 2002～2008年中国与世界医药出口前三名国家的显性比较优势指数比较

年份\国家	德国	比利时	美国	中国
2002	1.0922	1.4888	1.0069	0.1356
2003	1.0788	1.9027	1.0925	0.1189
2004	1.1690	2.6651	1.1940	0.0971
2005	1.2235	3.3524	1.1469	0.0895
2006	1.2980	4.1149	1.1740	0.0870
2007	1.2772	5.6898	1.1692	0.0911
2008	1.3977	7.1008	1.1570	0.1067

资料来源：作者根据联合国贸易数据库（http：//comtrade.un.org）中代码为HS29、HS30、HS34、HS35等出口产品数据计算。

四 医药工业的国际贸易摩擦

自金融危机以来，不少国家因受到金融危机的冲击，出于维护本国企业利益的考虑，对中国制造产品，特别是低端医药产品加以限制，贸易摩擦明显增多。

2009年，中国医药保健品行业的贸易摩擦主要集中在国外对华反倾销调查，发起案件有4起，涉及产品包括一次性注射器、青霉素工业盐，涉及金额2.4亿美元，涉及的国家（地区）有阿根廷、印度、欧盟，其特点主要有以下几点。

1. 涉案产品范围由原料药扩展到医疗器械类产品

以往，中国医药类产品遭遇国外反倾销调查的产品90%以上是西药原料药，而自2008年下半年，中国一次性注射器被巴西、乌克兰提起反倾销调查以来，2009年9月阿根廷又对同一产品发起反倾销调查，涉案金额为458万美元。

2. 涉案的国家从传统市场向新兴市场扩展

从2008年开始，一些新兴市场如巴西、乌克兰和阿根廷也开始对中国的医

药产品发起反倾销调查。

3. 涉案金额逐年增加

2006年以前，个案的涉案金额都不到1000万美元，2006年印度对青霉素工业盐发起反倾销调查，涉案金额为9950万美元；2007年印度对头孢曲松提起反倾销调查，涉案金额为1560万美元；2008年下半年印度再次对青霉素工业盐提起反倾销调查，涉案金额达2.3亿美元，成为国际上对中国医药产品反倾销涉案金额最大的案件。

4. 同一产品在不同国家或同一国家反复被提起反倾销调查

2009年2月，美国对中国氨基葡萄糖发起337调查，涉案产品为氨基葡萄糖（非贝壳类）；有2起预警的案件，一起是俄罗斯对我国一次性注射器保障措施调查预警，另一起是印度对青霉素和6－APA及其衍生物反倾销调查的预警。

五　对策建议

1. 夯实创新基础，加速成果转化

统一建立国家新药研发基础数据库，完善新药创制的信息化管理，集中财力、人力，攻克一批创新成果。要进一步发挥企业作为创新主体的积极能动作用。鼓励设立全国性和区域性新药创建产、学、研联盟，搭建技术交流与合作平台，促进各研发环节资源的整合，提高研发标准。积极鼓励参与国际合作，提高创新品种国际化效率与成功率。

2. 优化医药工业结构与布局，促进各地区协调发展

抓住国家实施西部大开发、振兴东北老工业基地、促进中部地区崛起等发展战略的契机，根据各地区生态资源环境状况，按照“突出特点、特色发展”的方针，优化医药工业在全国的总体布局，形成长江三角洲、珠江三角洲和京津冀地区三个综合性生产基地，以及东北地区、中西部地区若干个专业性生产基地。

3. 支持药企走出去，参与国际竞争

国家在修订GMP管理规范时，要进一步提高标准，与欧、美、日等发达国家和地区认证体系相接轨，制订实施规划，结合实际分两步推进，即先引导支持，后强制推行。集中资源，重点支持一批已有一定规模、研发能力较强、有强烈质量管理体系升级愿望的化学药品制剂企业，率先进行欧、美、日GMP认证，

率先把药品制剂打入国际主流市场。

4. 积极推进药品定价市场化

药品价格政策是影响产业稳定、健康、可持续发展的重要政策之一。目前的药品价格政策是由计划经济体制向市场经济转变中逐步演变而成的。建议在医疗体制改革不断深化、医药分开逐步落实到位的情况下，加快推进药品定价市场化。

5. 充分发挥行业协会作用

积极探索行业协会发展模式，充分发挥行业协会在企业和政府之间的桥梁作用，维护企业合法权益，制定行规行约，规范行业行为，维护公平有序的竞争环境。

地　区　篇

INDUSTRIAL COMPETITIVENESS AT PROVINCIAL LEVEL

北京产业竞争力

伍业君*

一　“十一五”期间北京产业竞争力的变化

1. 市场占有率①

2000~2007年，北京市工业市场占有率有下降的趋势。在市场占有率上，有优势的是如下3个行业：燃气生产和供应业，印刷业和记录媒介的复制，仪器仪表及文化、办公用机械制造业；其次是电力、热力的生产和供应业，医药制造业，专用设备制造业，黑色金属冶炼及压延加工业，通信设备、计算机及其他电子设备制造业。其中电力、热力的生产和供应业是唯一一个市场占有率持续增长的行业。

纵观北京市优势行业历年来的状况，其优势不再明显，市场占有率在逐渐降

---

* 伍业君，中国社会科学院研究生院博士。

① 用研究省（市、区）某产业增加值占全国该产业增加值的比重衡量。无特别说明，以下各篇文章均同。

低。燃气生产和供应业从2000年的19%降到2007年的7%；印刷业和记录媒介的复制从9.07%降到5.06%；仪器仪表及文化、办公用机械制造业从2000年的5.32%上升到2001年的7.36%，之后持续下降至2007年的6.06%；通信设备、计算机及其他电子设备制造业从2000年的11.05%下降到4.59%；可见各优势行业的下降幅度很大，优势逐渐弱化，其中只有仪器仪表及文化、办公用机械制造业波动幅度不大，2007年比2000年略有上升。

2. 显示比较优势指数

2007年北京市显示比较优势极强的行业有：印刷业和记录媒介的复制（2.74），仪器仪表及文化、办公用机械制造业（3.29），燃气生产和供应业（3.88）。显示比较优势较强的行业有：医药制造业（1.93），黑色金属冶炼及压延加工业（1.42），专用设备制造业（1.50），交通运输设备制造业（1.51），通信设备、计算机及其他电子设备制造业（2.49）；工艺品及其他制造业（1.62）；电力、热力的生产和供应业（2.18）。显示比较优势中等的行业有：食品制造业（1.09），饮料制造业（1.04），家具制造业（0.85），石油加工、炼焦及核燃料加工业（0.99），通用设备制造业（0.90），水的生产和供应业（1.02）。

与2000年相比，截至2007年底，北京市有11个行业显示比较优势指数有不同程度的上升，如交通运输设备制造业由2000年的0.58上升到2007年的1.51，竞争力明显增强，由弱竞争力行业一跃成为拥有较强竞争力的行业；仪器仪表及文化、办公用机械制造业由1.71增加到3.29，从较有竞争力的行业跻身竞争力极强的行业，而且电力、热力的生产和供应业，石油和天然气开采业这两个行业保持持续增长。

其他行业显示比较优势指数都有不同程度的下降，部分行业竞争力下降幅度很大。如食品制造业从2000年的2.23降到2007年的1.09，从较强竞争力行业降为中等竞争力行业；纺织服装、鞋、帽制造业，化学原料及化学制品制造业，金属制品业，从有中等竞争力的行业降为竞争力弱的行业。另外还有部分行业虽然显示比较优势指数仍然显示为竞争力强的行业，但是显示比较优势指数的绝对值在下降，也就是说竞争力优势有所弱化。如燃气生产和供应业，由2000年的6.12降到2007年的3.88，相对比较优势指数下降36.6个百分点；而通信设备、计算机及其他电子设备制造业由3.54降到

2.49，竞争力优势有所弱化。

综上所述，北京市工业行业市场占有率高和相对比较优势极强的行业只有燃气生产和供应业，印刷业和记录媒介的复制，仪器仪表及文化、办公用机械制造业；市场占有率较高、相对比较优势较强的行业有：电力、热力的生产和供应业，医药制造业，专用设备制造业，黑色金属冶炼及压延加工业。总的来说，北京市的工业行业中具有竞争优势的不多，竞争优势不强。

3. 产品技术含量指数

产品技术含量指数是从产品结构方面衡量竞争力的指标，其值越大，高附加值产品占的份额越高，其结构越高度化。从2000年到2007年，北京市的产品技术含量指数总体不高，处于0.1到0.25之间（见图1）；整体呈下降趋势。在31个省市区中排名第17位，与广东、山东、浙江、上海等地相差很大（见图2）。也就是北京市的工业产品中高附加值产品所占份额不高。

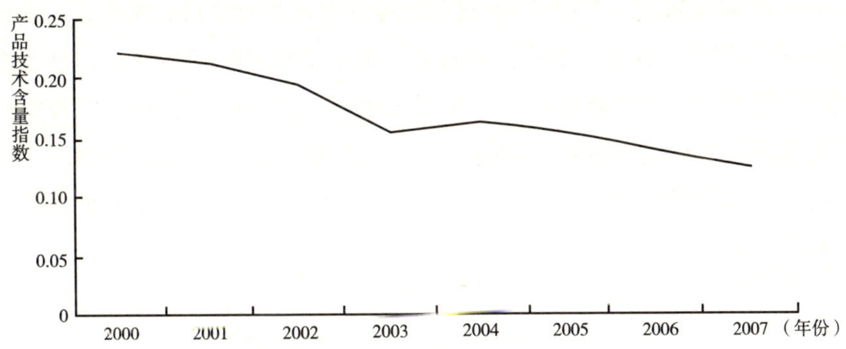

图1　2000～2007年北京市产品技术含量指数

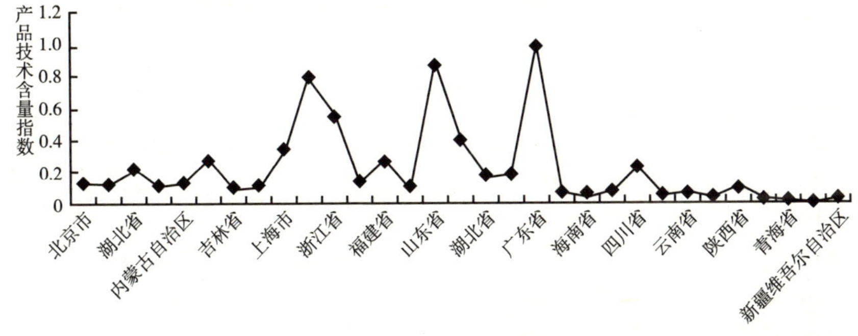

图2　2007年全国各地产品技术含量指数比较

二　北京产业竞争力的影响因素分析

1. 产业创新

北京市相对中国其他地区的特点是科技基础条件好，是全国科技资源最丰富的地区。

由表1可以看出，与2000年相比，2008年的研发经费支出无论从绝对值还是从GDP占比来说都有很大的增长，绝对值从1557011万元增加到6200983万元，GDP占比从2000年的4.93%增加到2008年的5.91%。从2000年到2008年，北京市的研发经费支出的绝对值逐年增加，从2002年开始，增幅保持两位数增长，分别为28.26%、16.7%、23.67%、19.76%、14.08%、21.73%、17.65%。总体来看，研发经费支出占GDP比例也是增加的，2001年GDP占比降幅较大（6.43%），这可能是受亚洲金融危机影响所致。其他年份除2006年持平，都保持增长，增幅最大的是2002年（9.90%），是亚洲金融危机之后的一个经济复苏点；其次是2005年（5.51%），研发经费支出占比同比增长约4.8%，其他年份都有2%左右的增加。与其他地区相比（如上海2008年研发经费支出占GDP的比例为2.64%），北京市的研发投入是相对较多的。

表1　2000～2008年北京市研发经费支出情况

单位：万元，%

年份	研发经费支出占GDP比例	研发经费内部支出额
2000	4.93	1557011
2001	4.61	1711696
2002	5.07	2195402
2003	5.10	2562518
2004	5.23	3169064
2005	5.51	3795450
2006	5.51	4329878
2007	5.64	5270591
2008	5.91	6200983

资料来源：《北京市统计年鉴》（2009）。

2. 产品多样化指数

从图3可以看出，北京市的产品多样化指数较高。但在2000～2007年间起伏较大，2002年达到最高峰（0.93），2006年达到最低值（0.91），2007年较2000年略有增长，但幅度不大。

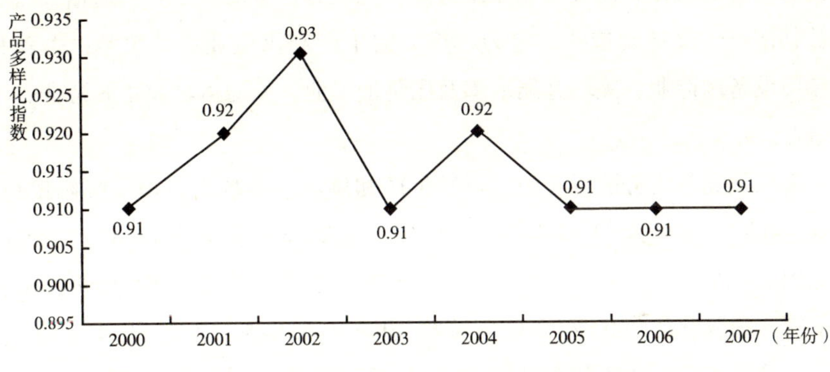

图3　2000～2007年北京市产品多样化指数

3. 经济集中度

以主营业务收入为标准，选取北京最大四家企业计算其相关指标：主营业务收入/工业总产值衡量前四家企业对该地区工业总产值的贡献份额；资产额/工业总资产衡量前四家企业的资产份额；从业人员/工业总从业人数衡量前四家企业提供岗位的状况，结果如图4。从图4可以看出，前四家企业的以上三个指标波动很大而且趋势相同。与2004年相比，2007年的占比有所下降。

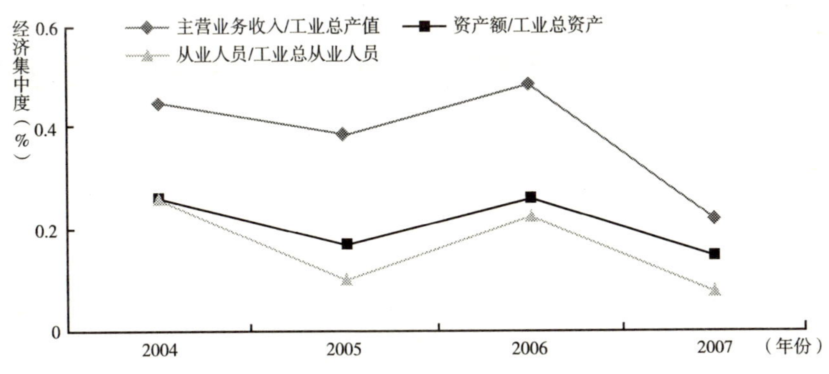

图4　北京市经济集中度

资料来源：历年《大型工业企业年鉴》、《北京市统计年鉴》。

三　北京优势产业分析

北京具备很强优势的产业有：燃气生产和供应业，印刷业和记录媒介的复制，仪器仪表及文化、办公用机械制造业；比较有优势的产业有：通信设备、计算机及其他电子设备制造业，电力、热力的生产和供应业；其次是：医药制造业，专用设备制造业，黑色金属冶炼及压延加工业，交通运输设备制造业，工艺品制造业。

具备很强竞争优势的行业中，燃气生产和供应业市场占有率下降幅度很大，从2000年的19.08%降到2004年的9.61%，在2005年上升到12.87%，2007年又降低到7.15%，与2000年相比，2007年市场占有率降低了62.52%；印刷业和记录媒介的复制从2000年9.07%降到2002年6.14%，达到2004年的8.7%之后又一直下降到2007年的5.06%；仪器仪表及文化、办公用机械制造业2000～2007年波动不是很大，从5.32%上升到2001年的7.37%，2003年降到4.18%的最低点，2004年上升到6.66%之后趋稳，与2000相比，2007年市场占有率略有上升。从显示比较优势指数上看，印刷业和记录媒介的复制、燃气生产和供应业的走势与市场占有率的走势基本相似，燃气生产和供应业经历大幅波动，虽然最终指数保持在2.5之上，但是相比2002年的最高点6.78来说仍下降了42.77%。仪器仪表及文化、办公用机械制造业的显示比较优势指数从2003年的最低谷1.75保持上升，直到2007年的3.29，从竞争力较强的行业跻身极强竞争力行业。

比较有优势的行业中，通信设备、计算机及其他电子设备制造业的市场占有率降幅很大，从2000年的11.05%下降到4.59%，显示比较优势指数从3.54上升到3.80之后下降到2004年的最低点1.66，之后保持上升，直到2007年的2.48。电力、热力的生产和供应业是所有行业中唯一一个无论从市场占有率还是显示比较优势指数都保持增长的行业。市场占有率从2000年的1.93%上升到2007年的4.02%，显示比较优势指数从2000年的0.62上升到2007年的2.18，也就是从弱竞争力行业一跃而成为有较强竞争力的行业，竞争力有很大程度的提升。

市场占有率比较低而显示比较优势指数比较高的行业中，黑色金属冶炼及压延加工业、专用设备制造业的市场占有率和显示比较优势指数都有所下降，这与“绿色奥运”、可持续发展的政策密切相关，也与北京市环境资源相对稀缺的特点相适应。医药制造业市场占有率降到2006年的最低点后略有上升，而显示比较优势指数则在2004年之后保持上升，在1.25~2.5之间徘徊。交通运输设备制造业市场占有率从2000年开始上升，达到2005年的最高点之后开始下降，而显示比较优势指数在2002年上升到0.8以上，成为中等竞争力行业，2003年超过1.25，进入较强竞争力行业之列，之后在1.5之上保持。工艺品及其他制造业市场占有率先下降到2003年触底，然后一直保持上升，显示比较优势指数从1.32降到0.2245，从2000年的较有竞争力的行业降到弱竞争力行业之列，之后保持上升，2006年上升到0.96成为有中度竞争力的行业，2007年上升到1.62，成为较有竞争力的行业。

四　国际金融危机对北京产业竞争力的影响

2008年是奥运会举办之年，在国内外经济增长趋缓、通胀压力加大的背景下，北京经济仍保持平稳较快增长。2008年上半年，全市实现地区生产总值4972.8亿元，同比增长11%，增速高出全国0.6个百分点。

受奥运会因素带动，2008年上半年，信息传输计算机服务和软件业、交通运输设备制造业快速发展，其增加值同比分别增长18.7%和27.6%。高污染、高能耗产品产量继续压缩。2008上半年，全市规模以上工业企业粗钢、生铁产量分别比上年同期下降32.9%和32%，黑色金属冶炼及压延加工业增加值同比下降23%。节能降耗效果显著，2008年上半年，全市万元GDP能耗、水耗继续稳步下降。2008年下半年，受金融危机影响，截至2008年底，所选取的38个行业中总产值同比增加的行业有：煤炭开采和洗选业，石油和天然气开采业，农副食品加工业，皮革、毛皮、羽毛（绒）及其制品业，石油加工、焦炭及核燃料加工业，橡胶制品业，非金属矿物制品业，有色金属冶炼及压延业，金属制品业，交通运输设备制造业，通信设备、计算机及其他电子设备制造业11个行业。其中占工业行业总产值比重最大的是通信设备、计算机及其他电子设备制造（23.95%），电力、热力的生产和供应业（12.25%），交通运输设备制造业（11.55%），这3个行业占全市工业总产值的47.75%，充分发挥了优势行业的带动作用。其他7个行业虽然相对总产值的占比不高，但是同比增长很快，如农副食品加工业同比增长159.57%，皮革、毛皮、羽毛（绒）及其制品业同比增长48.83%，石油加工、炼焦及核燃料加工业同比增长最多，达到187.96%，有色金属冶炼及压延加工业同比增长128.9%。

其他28个行业总产值同比有不同程度的下降，优势行业中下降的有印刷业和记录媒介的复制（-33.69%），医药制造业（-33.19%），黑色金属冶炼及压延加工业（-54.95%），通用设备制造业（-7.22%），仪器仪表及文化、办公用机械制造业（-37.15%），工艺品及其他制造业（-39.75%），电力、热力的生产和供应业（-25.54%），燃气生产和供应业（-61.89%）。这些行业中只有黑色金属冶炼及压延加工业的下降与北京市的资源环境与可持续发展是相适应的。非优势行业中化学原料及化学制品制造业（-12.19%），通用设备制造业（-7.22%），电气机械及器材制造业（-7.58%）等行业的下降反映了该行业受到国际危机的影响。

五　2010年北京产业竞争力的判断

1. 传统支柱行业发展受限

近几年，电子及通信设备制造业、交通运输设备制造业、黑色金属冶炼及压延加工业、石油加工及炼焦业、化学原料及化学制品制造业一直是居北京市工业总产值前五位的行业，其产值占规模以上工业总产值的一半以上。而黑色金属冶炼及压延加工业、石油加工及炼焦业、化学原料及化学制品制造业又都在北京市工业5个耗能最多的行业之列。北京市“九五”计划中已提出发展工业的“五少两高”原则，即能耗少、水耗少、物耗少、占地少、污染少，附加值高、技术密集程度高；“十五”计划中则明确了要限制化工低端产品生产行业以及黑色金属冶炼业的发展。因此，无论从资源能源状况还是从城市发展方向考虑，这3个行业已被确定为不适宜进一步发展的行业。

2. 电子信息产业仍然是北京经济的战略性支柱产业

经过多年发展，北京市电子信息产业已经具备了较强的发展基础和竞争实力。2003～2008年，北京市电子信息产业增加值从477亿元增加到1291.1亿元。

2008 年，电子信息产业增加值占全市 GDP 比重为 12.3%，电子信息产业出口额达 179 亿美元，占全市出口总额的 31.3%。电子信息产业发展正处于关键阶段，本市的市场、资源优势为电子信息产业发展提供了机遇，信息产品和信息服务市场规模日益扩大，城市经济社会发展对信息化的依存度日益加深。必须把握机遇，采取有效措施，加快产业优化升级，加强技术创新，促进北京市电子信息产业平稳较快发展。

3. 汽车工业竞争力增强

2009 年第一季度，北京汽车工业成功地化危为机，实现“弯道超车”。第一季度，“北汽”生产汽车同比增长 15.2%，汽车销售量同比增长 17.4%，高出同期全国汽车行业平均增长速度 3 倍多。盈利能力也大幅提高，第一季度实现销售收入同比增长 11.4%；实现利润同比增长 43.9%，利润增幅远远高于销售收入增幅。2009 年北京汽车不管是从量的指标，还是效益指标都取得了历史最好成绩。北京市委市政府把发展新能源汽车，特别是纯电动汽车放在了实现北京汽车工业跨越式发展的首位，要求北京汽车在新能源汽车发展上成为在国内从研发到制造方面的“头把交椅”，“北汽”将大力发展新能源车，加强自主创新能力。北京市出台的一系列保增长、保民生、保稳定的措施及政策，也为汽车行业竞争力的进一步增强提供了良好的条件。

六　提升北京产业竞争力的对策建议

1. 结合良好的科技优势，积极推动产业结构优化升级

推动发展模式进一步转向创新驱动，进一步提升自主创新能力，发展方向进一步向循环经济转型，抓好低端产业的搬迁调整工作，加快发展北京环保产业，有序推进节能降耗减排工作。大力推进以汽车、电子信息、光机电、生物工程与医药为重点的现代制造业，以及低消耗、少污染、高就业的都市型工业的发展。产业发展布局进一步向高端产业功能区聚集，发挥好高端产业功能区在转变经济发展方式方面的示范引领作用和辐射带动作用。

2. 重点发展耗水少、污染低、适合首都特点的知识与非知识密集型工业

耗水少、污染低的知识和非知识密集型工业是适应北京特点的。然而，由于历史原因和市场机制不完善，北京一方面高耗水、高污染工业过度发展，另一方面耗水少、污染低的城市型工业和知识密集型工业发展相对不足。因此，要通过积极推进包括城市用水在内的要素价格自由化，发挥市场机制的基础作用，以及制定和实施严厉的环境保护标准和政策，限制高耗水、高污染工业的发展，重点发展耗水少、污染低的知识和非知识密集型工业。应当指出，北京是一个人口千万以上的特大城市，扩大就业始终是北京经济发展面临的主要问题之一。因此，单纯强调重点发展高科技产业，而忽视耗水少、污染低的非知识密集型工业的战略地位，对北京的和谐发展是很不利的。

3. 提高新技术的利用水平，为科技转化为生产力提供良好的体制机制

要实现高技术产业对北京工业的带动作用，重点是建立以企业为主体，选择重大研发领域和研发项目的技术创新体系，完善以企业为中心的新型产学研结合机制；加强先进技术的引进、消化、吸收与集成创新，在高新技术产业链的高端形成产业集群，并向传统产业领域渗透，推动北京产业技术水平的整体提升。

北京的科技基础条件资源约占全国的1/3，是全国科技条件资源最丰富的地区，然而这样丰富的资源却存在着封闭、分散、效率低下等问题。科技资源之间共享意识不强，共享程度不高，缺乏有效的共享机制，资源浪费严重。各类资源没有充分地与企业结合，为企业提供的创新动力不足。要发展、要创新，必须解决制约这些技术发展的“瓶颈”问题，提供一些有利于研发创新转换为产业竞争力的体制机制。

4. 协调北京与周围地区，特别是与天津、河北的关系

北京是全国的政治、经济、文化中心，与其第三产业比较发达的特点相结合，北京应该走出一条适合自身特点的发展道路。结合和谐发展的方针政策，北京应该逐步实现产业转移，把与首都特点不适应的产业和基础及其相关的技术、市场尽可能地让与天津和河北等周围地区，扶持其经济发展，要在缓解环境压力的同时集中力量提高优势行业（如医药、通信设备等）的竞争力。

上海产业竞争力

伍业君*

一 “十一五”期间上海产业竞争力的变化

1. 市场占有率

截至2007年底，我们选取的34个工业行业中有22个行业市场占有率还比较高，占所选取行业的64.7%，如通用设备制造业（10.08%），交通运输设备制造业（9.02%），仪器仪表及文化、办公用机械制造业（9.25%），家具制造业（8.33%），印刷业和记录媒介的复制（8.01%）等。

将市场占有率分为以下几个区间：8%以上，5%～8%，3%～5%，3%以下。上海市市场占有率在8%以上的称为市场占有率极高的行业，有7个，占34个行业的20.59%；5%～8%区间的为市场占有率较高的行业，有9个，占34个行业的26.47%；3%～5%之间的称为中度市场占有率的行业，共6个，占34个行业的17.65%。

市场占有率很高的7个行业中有3个行业市场占有率增加，烟草制品业上升39.07%，家具制造业上升23.36%，仪器仪表及文化、办公用机械制造业上升4.32%；有4个行业下降，印刷业和记录媒介的复制下降24.99%，通用设备制造业下降8.66%，交通运输设备制造业下降41.42%，通信设备、计算机及其他电子设备制造下降21.00%。市场占有率较高的9个行业市场占有率全部下降，降幅最大的是黑色金属冶炼及压延加工业（下降61.6%），其次是文教体育用品制造业（下降37.35%），再次是化学原料及化学制品制造业（下降23.68%），塑料制品业（下降24.04%），金属制品业（下降20.74%），电气机械及器材制造业（下降26.25%），纺织服装、鞋、帽制造业（下降15.85%），专用设备制

---

* 伍业君，中国社会科学研究生院博士。

造业（下降11.65%），降幅最低的是废弃资源和废旧材料回收加工业（下降4.04%）。中度市场占有率的6个行业中只有石油加工、炼焦及核燃料加工业的市场占有率上升了7.3%，其他5个行业都下降，分别是化学纤维制造业（下降85.62%）、医药制造业（下降45.91）、橡胶制品业（下降29.28%）、工艺品及其他制造业（下降26.63%）、食品制造业（下降19.29%）。

2. 显示比较优势指数（RCA）

2007年数据显示，上海市34个行业中没有一个行业的显示比较优势指数大于2.5，也就是没有竞争优势极强的行业。1.25≤RCA≤2.5的行业有13个，占34个行业的38.24%；0.8≤RCA<1.25的行业有6个，占34个行业的17.65%；RCA<0.8的行业有15个，占44.12%。也就是上海市较有竞争力的行业有19个，占34个行业的55.88%。

与2000年相比：

竞争力较强的行业中，RCA指数下降的行业有交通运输设备制造业，从2000年的2.22上升到2003年的2.63，进入极强竞争力行业，之后下降到2007年的1.92，下降13.44%；文教体育用品制造业从2000年的1.58降到2007年的1.46，降幅达7.42%。其他的11个行业都有不同程度的上升。增幅最大的是烟草制品业（105.51%），其次是家具制造业（82.28%），仪器仪表及文化、办公用机械制造业（54.16%）；再次是专用设备制造业（30.56%），通用设备制造业（34.97%），废弃资源和废旧材料回收加工业（30.22%），纺织服装、鞋、帽制造业（24.35%），金属制品业（17.12%），通信设备、计算机及其他电子设备制造业（16.73%），印刷业和记录媒介的复制（10.85%），电气机械及器材制造业（8.98%）。

有中度竞争力的6个行业中，RCA指数下降的有医药制造业（20.07%），黑色金属冶炼及压延加工业（43.26%）；RCA上升幅度较大的行业是食品制造业（19.26%），其次是化学原料及化学制品制造业（12.77%）、塑料制品业（12.25%）；涨幅最小的是橡胶制品业（4.49%）。

3. 产品技术含量指数

由图1可见，从2000年到2007年，EXPY指数整体趋势下降，总体在0.3~0.5之间，处于较高的行列，也就是上海市出口结构中高附加值的产品比重还是较高的。从2007年EXPY指数来看，与广东、山东、江苏、浙江等地相比有一定差距，但上海市总体排名比较靠前，在31个省市区中排名第6位。

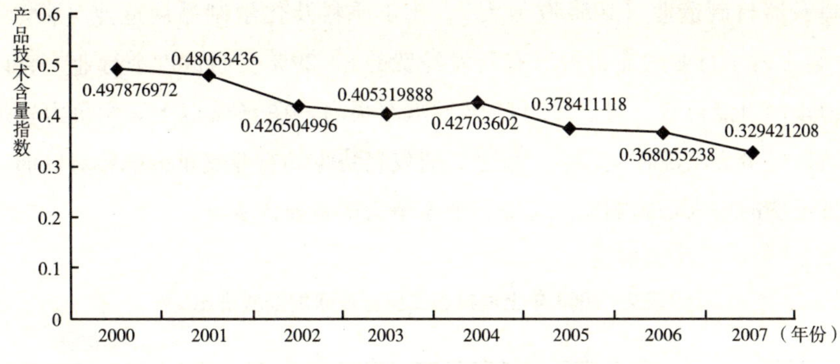

图1　2000～2007年上海市产品技术含量指数

二　上海产业竞争力的影响因素分析

1. 产业创新

与其他地区相比，上海市工业中竞争力很强的行业很多，这与其对研发创新的重视是分不开的。由表1可以看出，从2000年到2008年，上海市研发经费支出不仅绝对值在增加，而且占上海市GDP的比例也在增加。

表1　上海市研发经费支出及占GDP比例

单位：亿元，%

年份	研发经费支出	研发经费占当年GDP比例	年份	研发经费支出	研发经费占当年GDP比例
2000	76.73	1.61	2005	213.77	2.33
2001	88.08	1.69	2006	258.84	2.50
2002	102.36	1.78	2007	307.50	2.52
2003	128.92	1.93	2008	362.30	2.64
2004	170.28	2.11			

资料来源：《上海市科技年鉴》（2009）。

由表2可以看出，研发经费支出最多的行业依次是：交通运输设备制造业（549091万元），通信设备、计算机及其他电子设备制造业（406276万元），通用设备制造业（314801万元），黑色金属冶炼及压延加工业（204443万元），电气机械及器材制造业（105850万元），化学原料及化学制品制造业（69960万元），以上六个行业的支出占所有研发经费的82.29%。而这六个行业一直以来是上海市的重点行业，对上海的GDP贡献率很高，在60%以上。竞争力较强的行业研发经费支出都相应较多，反之，研发经费少的行业竞争力也相对较弱。所以研发经费的投入是影响上海工业行业竞争力的重要因素之一。

表2　2008年上海市各工业行业研发经费支出

单位：万元

行业名称	研发经费支出	行业名称	研发经费支出
石油和天然气开采业	190	橡胶制品业	15098
农副食品加工业	499	塑料制品业	23445
食品制造业	7292	非金属矿物制品业	11922
饮料制造业	1887	黑色金属冶炼及压延加工业	204443
烟草制品业	5575	有色金属冶炼及压延加工业	4302
纺织业	4083	金属制品业	26142
纺织服装、鞋、帽制造业	5	通用设备制造业	314801
木材加工及木、竹、藤、棕、草制品业	57	专用设备制造业	64968
家具制造业	17508	交通运输设备制造业	549091
造纸及纸制品业	1591	电气机械及器材制造业	105850
印刷业和记录媒介的复制	4447	通信设备、计算机及其他电子设备制造业	406276
文教体育用品制造业	2883		
石油加工、炼焦及核燃料加工业	9228	仪器仪表及文化、办公用机械制造业	36266
化学原料及化学制品制造业	69960	工艺品及其他制造业	2407
医药制造业	45060	电力、燃气及水的生产和供应业	69165
化学纤维制造业	1292		

资料来源：《上海市科技年鉴》（2009）。

2. 多样化指数

从图2可以看出，上海市产品多样化指数总体较高，2000～2007年呈V字形变化，2000～2003年下降，2003年最低（0.9207），之后基本保持上升。

3. 经济集中度

以主营业务收入为标准，选取该地区最大四家企业，计算其相关指标：主营业务收入/工业总产值衡量前四家企业对该地区工业总产值的贡献份额，资产总

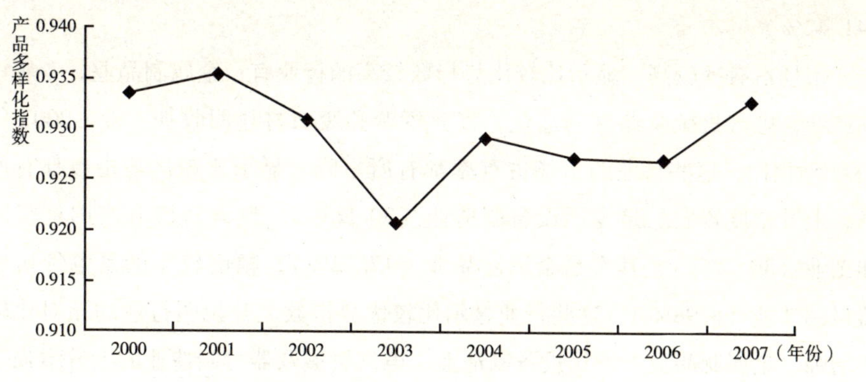

图 2　2000～2007 年上海市产品多样化指数

额/工业总资产衡量前四家企业的资产份额，从业人员/工业总从业人数衡量前四家企业提供岗位的状况。计算结果如图 3。由图 3 可知，上海的经济集中度呈下降趋势。

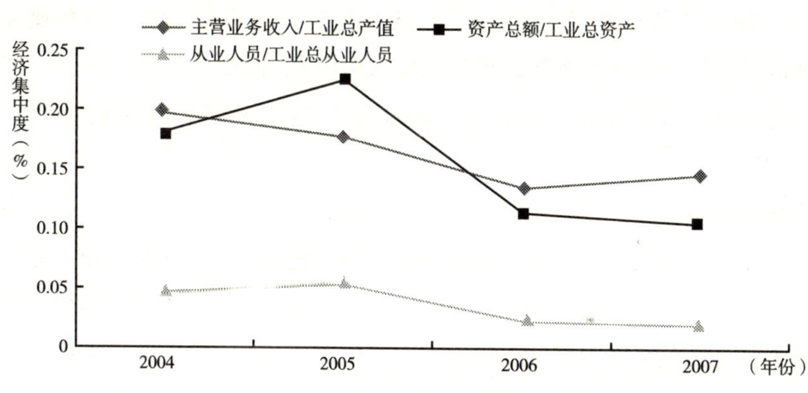

图 3　2004～2007 年上海市的经济集中度

三　上海优势产业分析

上海市市场占有率、显示比较优势指数双高的行业空缺。市场占有率高、显示比较优势指数较高的行业有：烟草制品业，通用设备制造业，交通运输设备制造业，通信设备、计算机及其他电子设备制造业，仪器仪表及文化、办公用机械制造业。这类行业中的市场占有率下降，其中交通设备运输制造业的降幅最大

(41.42%)。

市场占有率较高、显示比较优势指数较高的行业有：金属制品业，专用设备制造业，电气机械及器材制造业，废弃资源和废旧材料回收加工业。2007年与2000年相比，这些行业的市场占有率都有所下降，显示比较优势指数都有所上升，上升幅度较大的是专用设备制造业（30.56%）、废弃资源和废旧材料回收加工业（30.22%），其次是金属制品业（17.12%），幅度较小的是电气机械及器材制造业（8.98%）。这些行业显示比较优势指数上升说明行业的相对比较优势增强，金属制品业、专用设备制造业、电气机械及器材制造业的上升增强了这些行业的重点行业地位，而废弃资源和废旧材料回收加工业地位的增强体现了上海市在回收加工业方面的优势，与资源环境的和谐发展相适应。

市场占有率很高、显示比较优势指数中度的行业有：家具制造业，印刷业和记录媒介的复制。其中家具制造业的市场占有率有一定程度的提升，从2000年的6.75%提高到2007年的8.33%，增幅为23.36%；显示比较优势指数大幅度提升，由2000年的0.97上升到2007年的1.77，提高了82.28%。而印刷业和记录媒体的复制的市场占有率虽然仍居高位（0.08），但是与2000年的10.68%相比，下降25%；显示比较优势指数从2000年1.54上升到2007年的1.71，上升了10.85%。

市场占有率较高、显示比较优势指数中度的行业有：纺织服装、鞋、帽制造业，文教体育用品制造业，化学原料及化学制品制造业，塑料制品业，黑色金属冶炼及压延加工业。以上行业2007年与2000年相比，市场占有率都有所下降，降幅最大的是黑色金属冶炼及压延加工业（61.6%），其显示比较优势指数也下降了43.26%，使其从相对比较优势较强的行业降到中度比较优势的行业。其次是文教体育用品制造业，市场占有率下降了37.35%，显示比较优势指数下降了7.4%。而其他3个行业的显示比较优势指数有所上升，纺织服装、鞋、帽制造业上升了24.35%，化学原料及化学制品制造业上升了12.77%。其中黑色金属冶炼及压延加工业与上海市重工业化的特征不符合，但与资源的相对短缺相适应。

市场占有率一般、显示比较优势指数中度的行业有：食品制造业，医药制造业，橡胶制品业。这些行业市场占有率都有所下降，降幅最大的是医药制造业（45.9%），其次是橡胶制品业（29.29%）、食品制造业（19.29%）；2007年与

2000 年相比，显示比较优势指数只有医药制造业下降了 20.07%，食品制造业上升了 19.257%，橡胶制品业上升了 4.49%。医药制造业作为上海市的重点行业之一，其下降是不相适宜的。

综上所述，上海市竞争力极强的，即市场占有率和显示比较优势指数都很高的行业短缺。其他有较强竞争力的行业发展各有特点，部分行业有竞争力弱化的趋势，如交通运输设备制造业、医药制造业；部分行业竞争力增强，如家具制造业。

四　国际金融危机对上海产业竞争力的影响

1. 工业经济总量保持增长，增长速度下降较快

2008 年是“十一五”承上启下的关键一年。在复杂多变的国际、国内经济背景下，上海工业经济总量持续增长。2008 年，完成工业总产值 24404.97 亿元，比上年增长 8%。其中，重工业在上海工业经济中依然占据主导地位，2008 年全市重工业完成总产值 19108.32 亿元，同比增长 8.2%；轻工业完成总产值 5296.65 亿元，同比增长 7.2%。与 2007 年 16.1% 的增幅相比，2008 年上海工业总产值增幅回落了 8.1 个百分点，这是进入新世纪以来上海工业增幅最低的一年。

从具体行业看，在 34 个工业大类行业中，黑色金属冶炼及压延加工业，化学纤维制造业，纺织服装、鞋、帽制造业，纺织业，橡胶制品业等 10 个行业工业总产值比上年下降，出现负增长，下降幅度最大的是皮革、毛皮、羽毛（绒）及其制品业（-8.1%），其次是木材加工及木、竹、藤、棕、草制品业（-7.155%），纺织业（-7.097%），橡胶制品业（-6.6%）；24 个总产值增长的行业中，增幅较大的是农副食品加工业（37.8%），废弃资源和废旧材料回收加工业（32.8%），石油加工、炼焦及核燃料加工业（22.58%），其次是工艺品及其他制造业（19.09%）、通用设备制造业（15.02%）、食品制造业（14.34%）、烟草制品业（16.78%）、燃气生产和供应业（16.68%）。占上海市工业总产值比重最大的 6 个行业为：通信设备、计算机及其他电子设备制造业，交通运输设备制造业，化学原料及化学制品制造业，电气机械及器材制造业，黑色金属冶炼及压延加工业，通用设备制造业，共占上海市工业总产值比重的 62.82%，与 2007 年

63.08%的占比相比，下降了0.4%。各个行业占上海市工业总产值的比重出现“两升四降”的趋势，化学原料及化学制品制造业上升了2.79%，通用设备制造业上升了6.88%；其他4个行业下降，通信设备、计算机及其他电子设备制造业下降0.46%，交通运输设备制造业下降4.54%，电气机械及器材制造业下降2.88%，黑色金属冶炼及压延加工业下降3.61%。

2. 工业经济运行呈“前高后低”之势

与国际金融危机对国内经济影响逐步加剧的整体趋势一致，2008年上海工业总产值呈前高后低的走势，第四季度快速下滑。分季度看，第一季度上海工业总产值比上年同期增长16.1%，增幅同比提高0.1个百分点；第二季度受国际大宗商品价格大幅上涨的影响，生产成本快速提高，工业生产增幅有所下降，上半年增长14.3%，增幅同比回落了2个百分点；下半年，特别是第四季度起，随着国际金融危机的蔓延，外需下滑、内需不振，上海工业生产形势日趋严峻，增幅回落势头明显，其中11月和12月连续下降，同比分别下降了0.9%和13.6%，与2007年的增幅落差不断扩大；全年仅增长8%，增幅比上年和上半年分别回落了8.1个和6.3个百分点。

3. 重点行业状况

从具体行业看，六个重点工业产业生产呈现“四升两降”之势：电子信息产品制造业、石油化工及精细化工制造业、生物医药制造业和成套设备制造业工业的总产值比上年增加；汽车制造业和精品钢制造业的工业总产值有不同程度下降。六大重点产业效益呈现“两升四降”：生物医药制造业和成套设备制造业的利润上升，电子信息产品制造业、汽车制造业、石油化工及精细化工制造业、精品钢制造业的利润总额均出现较大幅度下滑。

五　提升上海产业竞争力的对策建议

1. 加大高新技术产业研发投入

上海市的研发投入总量虽然较高，但是相比北京，在GDP中的占比较低。2008年，上海高技术产业实现较快增长，完成工业总产值6041.98亿元，比上年增长11.6%，增幅高出全市规模以上工业总产值3.6个百分点，所占比重为24.8%。分行业看，电子及通信设备制造业、医疗设备及仪器仪表制造业增长较快，分别增长了27.9%和14.7%；电子计算机及办公设备制造业外向度高，对国际市场依赖程度大，是上海市高技术产业的主导部分，2008年全年仅增长2.9%，增幅同比回落39.8个百分点；更重要的是，通信设备、计算机及其他电子设备制造业目前仍处于产业链低端，以加工组装为主，创新能力不强，严重影响竞争力的提升和产业的发展。为了确保高技术产业的经济引领地位和实现经济持续稳定增长，需要全力推进高技术产业的发展。

2. 加强重点产业的竞争力建设

上海市较有竞争力的行业比较多，但是竞争力极强的行业空缺。为继续提升优势行业的竞争力，可以对接国家重点产业调整振兴规划，结合上海产业发展的优势和特点，推动汽车、电子信息、装备、船舶、钢铁、石化、轻纺等产业的发展，继续提升先进制造业的能级水平，发展支柱产业。汽车业要坚持乘用车与商用车并重，加快发展自主品牌汽车、新能源汽车和汽车电子；石化业重点发展精细化工产品，争取新的炼化一体化项目；精品钢材业重点发展高附加值钢材。

3. 推进企业技术改造和产业升级

为落实国家产业调整和振兴规划的具体内容，支持企业加快技术改造，必须提高工业企业产品质量，加大节能减排，加强环境保护，促进装备更新，推进安全生产。重点聚焦全市工业支柱产业、战略产业和新兴产业，推进技术创新、产品升级换代及提高质量水平、装备升级换代及工艺流程再造，加强节能减排及资源综合利用、引进国外先进技术、并购境外技术先进型企业等方面的技术改造。对上海市纳入国家重点产业振兴规划的技术改造和产业升级、节能减排技改等项目给予贴息支持。

天津产业竞争力

曾宪奎*

一 “十一五”期间天津产业竞争力的变化

1. 市场占有率

2007 年，从天津市各行业市场占有率指标来看，超过 5% 的行业有 3 个，分别是石油和天然气开采业（7.96%），通信设备、计算机及其他电子设备制造业（6.48%），黑色金属冶炼及压延加工业（5.35%）；超过 3% 的行业共有 6 个，除了上述 3 个行业外，还有交通运输设备制造业（3.42%）、医药制造业（3.37%）、废弃资源和废旧材料回收加工业（3.27%），详见表 1。

表 1　天津市各行业市场占有率情况

单位：%

行业 \ 年份 / 项目	2000	2005	2006	2007
	市场占有率	市场占有率	市场占有率	市场占有率
煤炭开采和洗选业	0.03	0.04	0.34	—
石油和天然气开采业	3.89	8.59	7.86	7.96
非金属矿采选业	3.42	2.55	1.34	1.57
农副食品加工业	1.03	0.93	0.79	1.05
食品制造业	3.03	2.10	2.26	1.72
饮料制造业	1.60	2.12	1.60	1.77
烟草制品业	0.20	0.00	0.00	0.28
纺织业	1.42	0.66	0.51	0.49
纺织服装、鞋、帽制造业	2.38	1.87	1.21	1.09

* 曾宪奎，中国社会科学院马克思主义研究院副研究员。

续表 1

行业 \ 项目 年份	2000	2005	2006	2007
	市场占有率	市场占有率	市场占有率	市场占有率
皮革、毛皮、羽毛(绒)及其制品业	0.98	0.60	0.50	0.50
木材加工及木、竹、藤、棕、草制品业	0.53	0.84	0.38	0.46
家具制造业	5.38	2.45	1.69	1.62
造纸及纸制品业	0.72	1.29	0.93	0.68
印刷业和记录媒介的复制	2.95	1.11	1.14	1.65
文教体育用品制造业	2.91	1.80	1.69	1.53
石油加工、炼焦及核燃料加工业	2.25	1.74	1.87	1.21
化学原料及化学制品制造业	3.08	2.14	1.85	2.06
医药制造业	4.17	3.09	3.83	3.37
化学纤维制造业	0.68	0.21	0.09	0.24
橡胶制品业	2.92	1.91	2.08	2.29
塑料制品业	2.99	2.53	2.71	2.02
非金属矿物制品业	0.87	1.09	0.84	0.68
黑色金属冶炼及压延加工业	2.61	2.99	5.83	5.35
有色金属冶炼及压延加工业	0.23	0.95	0.73	0.37
金属制品业	2.93	2.80	2.43	2.79
通用设备制造业	2.22	2.09	1.77	2.71
专用设备制造业	2.03	2.30	2.08	2.17
交通运输设备制造业	2.62	3.62	3.11	3.42
电气机械及器材制造业	1.86	1.63	1.70	1.74
通信设备、计算机及其他电子设备制造业	9.68	5.80	7.19	6.48
仪器仪表及文化、办公用机械制造业	2.58	1.84	2.30	2.01
工艺品及其他制造业	—	1.01	0.97	1.17
废弃资源和废旧材料回收加工业	—	2.92	2.76	3.27
电力、热力的生产和供应业	1.50	1.58	1.43	1.41
燃气生产和供应业	4.76	3.36	1.67	1.97
水的生产和供应业	1.52	1.96	2.16	2.30

“十一五”以来，天津市市场占有率指标整体保持平稳，2007 年天津市工业增加值占全国比重为2.52%，基本与2005 年持平（2.53%）。但是，不同行业市场占有率呈现此起彼伏的变化趋势，与2005 年相比，2007 年总计有15 个行业市场占有率有所提升，其中提升幅度比较大的三个行业依次是黑色金属冶炼及压延加工业，通信设备、计算机及其他电子设备制造业，通用设备制造业，三个行业市场占有率分别提高了2.36 个、0.68 个和0.63 个百分点。其他的行业市场占有率则有所降低，其中下降幅度比较大的三个行业依次是燃气生产和供应业、非金属矿采选业、家具制造业，分别下降了1.39 个、0.98 个和0.82 个百分点。

2. 显示比较优势指数

天津市显示比较优势指数普遍偏低，2007 年，超过1 的行业有8 个，分别是石油和天然气开采业（3.157），通信设备、计算机及其他电子设备制造业（2.570），黑色金属冶炼及压延加工业（2.120），交通运输设备制造业（1.355），医药制造业（1.337），废弃资源和废旧材料回收加工业（1.295），金属制品业（1.106）、通用设备制造业（1.076），详见表2。

与2005 年相比，2007 年天津市显示比较优势指数大于1 的行业少了1 个，其中燃气生产和供应业、非金属矿采选业从大于1 变为小于1，而通用设备制造业从小于1 变为大于1。从行业数值的变动情况看，天津市有15 个行业显示比较优势指数有所提高，其中提高幅度比较大的三个行业依次是黑色金属冶炼及压延加工业，通信设备、计算机及其他电子设备制造业，通用设备制造业，分别提高了0.942、0.281、0.253。

3. 产品技术含量指数

2007 年，天津市经过标准化处理的产品技术含量指数为13.2，比2005 年下降了0.1，比2001 年下降了3.5。由图1 可以看出，“十一五”以来，天津市产品技术含量指数整体处于下降的过程，由于产品技术含量指数是通过与产品技术含量最高的省份相比较而得出的相对性指标，其数值一直下降表明天津市的产品技术含量与最强省份（广东省）的差距在不断拉大。同时，与其他沿海发达省市相比，天津市产品技术含量指数的绝对值偏低，例如，2007 年山东省、江苏省、浙江省的产品技术含量指数分别为89.4、78.0、57.4，都远远高于天津市的数值。这就说明，天津市的产品技术含量相对于其他发达省份比较低。

表 2　天津市各行业显示比较优势指数情况

行业＼年份	2000	2005	2006	2007
煤炭开采和洗选业	—	0.013	0.016	0.133
石油和天然气开采业	3.850	3.390	2.943	3.157
黑色金属矿采选业	—	—	—	—
有色金属矿采选业	—	—	—	—
非金属矿采选业	0.214	1.006	0.501	0.624
其他采矿业	—	—	—	—
农副食品加工业	1.514	0.365	0.295	0.415
食品制造业	0.545	0.830	0.844	0.683
饮料制造业	1.079	0.837	0.599	0.701
烟草制品业	1.631	0.000	0.000	0.113
纺织业	2.144	0.261	0.191	0.195
纺织服装、鞋、帽制造业	0.985	0.736	0.453	0.432
皮革、毛皮、羽毛(绒)及其制品业	0.532	0.235	0.189	0.197
木材加工及木、竹、藤、棕、草制品业	0.204	0.331	0.141	0.180
家具制造业	0.165	0.965	0.633	0.644
造纸及纸制品业	0.509	0.507	0.349	0.268
印刷业和记录媒介的复制	0.357	0.439	0.425	0.656
文教体育用品制造业	0.241	0.712	0.631	0.605
石油加工、炼焦及核燃料加工业	1.374	0.684	0.701	0.481
化学原料及化学制品制造业	2.364	0.843	0.693	0.815
医药制造业	0.750	1.219	1.432	1.337
化学纤维制造业	0.502	0.081	0.035	0.095
橡胶制品业	0.361	0.755	0.779	0.908
塑料制品业	0.780	0.998	1.015	0.802
非金属矿物制品业	1.964	0.430	0.313	0.270
黑色金属冶炼及压延加工业	2.301	1.178	2.180	2.120
有色金属冶炼及压延加工业	0.573	0.376	0.273	0.148
金属制品业	0.690	1.106	0.909	1.106
通用设备制造业	1.464	0.823	0.662	1.076
专用设备制造业	0.811	0.907	0.777	0.862
交通运输设备制造业	2.117	1.429	1.163	1.355
电气机械及器材制造业	1.638	0.642	0.635	0.689
通信设备、计算机及其他电子设备制造业	2.234	2.289	2.691	2.570
仪器仪表及文化、办公用机械制造业	0.391	0.724	0.862	0.798
工艺品及其他制造业	—	0.399	0.364	0.465
废弃资源和废旧材料回收加工业	—	1.151	1.033	1.295
电力、热力的生产和供应业	4.059	0.622	0.537	0.561
燃气生产和供应业	0.061	1.327	0.624	0.782
水的生产和供应业	0.263	0.773	0.806	0.913

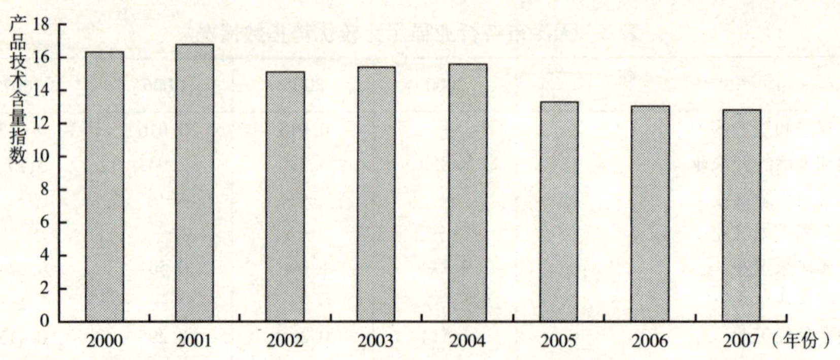

图1　2000～2007年天津市产品技术含量指数情况

二　天津市产业竞争力的影响因素分析

1. 总资产利润率

天津市以利润总额占资产总计比重计算的总资产利润率比较高，2007年达到9.2%，高于全国平均水平1.5个百分点。从各行业看，2007年天津市36个行业中，资产利润率为负值的行业有3个，分别是烟草制品业（－16.55%），石油加工、炼焦及核燃料加工业（－6.24%），燃气生产和供应业（－0.19%）；其余的33个行业资产利润率均为正值，其中数值最高的前三个行业依次是石油和天然气开采业（50.07%）、煤炭开采和洗选业（16.13%）、通用设备制造业（10.70%）。与全国相比，天津市资产利润率高于全国平均水平的行业有9个，其中差额最大的三个行业依此是石油和天然气开采业、煤炭开采和洗选业、交通运输设备制造业，分别高山全国平均水平14.47个、8.76个、3.60个百分点；其余27个行业的资产利润率均低于全国平均水平，其中差额最大的三个行业依次是烟草制品业，非金属矿采选业，石油加工、炼焦及核燃料加工业，分别低于全国平均水平32.7、11.09、8.54个百分点（见表3）。

从指标的变动情况看，2000～2005年天津市总资产利润率迅速提高。2000年天津市总资产利润率仅为4.1%，而2005年则提高到8.7%，5年时间内提高了4.6个百分点，增长十分迅速。进入“十一五”之后，总资产利润率指标经历了一个先上升后下降的过程，具体体现在2006年天津市总资产利润率比2005

表3　2007年天津市及全国各行业资产利润率情况

单位：%

行　业	天津市	全国均值	行　业	天津市	全国均值
煤炭开采和洗选业	16.13	7.37	医药制造业	6.76	8.40
石油和天然气开采业	50.07	35.60	化学纤维制造业	0.08	4.65
黑色金属矿采选业	—	17.57	橡胶制品业	0.81	6.47
有色金属矿采选业	—	23.61	塑料制品业	4.94	6.74
非金属矿采选业	0.14	11.23	非金属矿物制品业	3.32	7.42
其他采矿业	—	12.27	黑色金属冶炼及压延加工业	4.96	7.17
农副食品加工业	6.92	10.16	有色金属冶炼及压延加工业	1.94	10.32
食品制造业	5.17	8.93	金属制品业	3.92	7.11
饮料制造业	4.44	9.09	通用设备制造业	10.70	7.88
烟草制品业	-16.55	16.15	专用设备制造业	9.48	7.77
纺织业	0.52	5.58	交通运输设备制造业	10.29	6.69
纺织服装、鞋、帽制造业	3.17	7.83	电气机械及器材制造业	6.20	7.52
皮革、毛皮、羽毛(绒)及其制品业	1.95	9.65	通信设备、计算机及其他电子设备制造业	7.02	5.93
木材加工及木、竹、藤、棕、草制品业	4.75	9.42	仪器仪表及文化、办公用机械制造业	8.26	8.88
家具制造业	3.13	6.58	工艺品及其他制造业	6.03	7.90
造纸及纸制品业	3.51	6.23	废弃资源和废旧材料回收加工业	2.91	8.98
印刷业和记录媒介的复制	3.08	6.90			
文教体育用品制造业	6.37	5.37	电力、热力的生产和供应业	3.70	3.71
石油加工、炼焦及核燃料加工业	-6.24	2.30	燃气生产和供应业	-0.19	4.63
			水的生产和供应业	0.92	0.80
化学原料及化学制品制造业	5.40	8.18			

年有所提高，达到9.7%，而2007年则有所下降，为9.2%，比2006年下降了0.5个百分点，但是依然比2005年高0.5个百分点，因而从整体上看，天津市在“十一五”期间的总资产利润率水平比“十五”期间有所提高。与全国相比，2000～2007年天津市总资产利润率一直高于全国平均水平，但是在“十一五”之后，这种差距比“十五”末有所缩小。2007年，天津市总资产利润率高于全国平均水平1.5个百分点，而2005年该差额为2.7个百分点，差额缩小了1.2个百分点（见图2）。

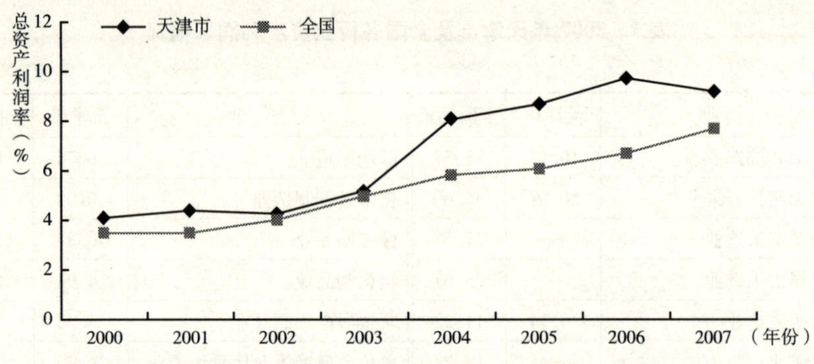

图 2　2000～2007 年天津市及全国总资产利润率情况

数据来源：历年《中国统计年鉴》，根据规模以上工业企业的数据计算而得。

2. 产业创新（研发经费强度）

“十一五”以来，天津市研发经费强度不断提高。2008 年，天津市科技经费内部支出总额达到 304.4 亿元，以科技经费内部支出总额占 GDP 比重计算的研发经费强度达到 4.8%，比 2005 年提高了 0.9 个百分点，比 2001 年提高了 1.4 个百分点。与全国相比，天津市研发经费强度一直远高于全国平均水平，同时这一差距有不断拉大的趋势，例如，2001 年天津市研发经费强度比全国平均指标高出 1.3 个百分点，而 2008 年已经高出全国平均值 2.0 个百分点（见图 3）。可以看出，天津市研发经费强度高并且处于不断上升的趋势，由于研发经费强度在很大程度上决定了一个地区未来的技术创新能力，这种状况就表明未来天津市技术竞争力将会较强。

3. 产品多样化指数

“十一五”以来，天津市产品多样化指数先下降后升。2006 年，多样化指数为 0.878，比 2005 年（0.890）下降了 0.012。2007 年，天津市多样化指数迅速提高，达到 0.895，分别比 2006 年和 2005 年提高了 0.017 和 0.005（见图 4）。但是与 2000 年相比，天津市多样指数却出现了下降，2000 年多样化指数为 0.907，2007 年比 2000 年下降了 0.012，这就表明天津市产品多样化指数是在经历了“十五”期间下降的基础之上而出现回升的。

4. 经济集中度

本文通过天津市少数大企业的主营业务收入、资产总额、从业人员数量三个指标占工业行业的比重来衡量该地区的经济集中度。从计算结果上看，2007 年，

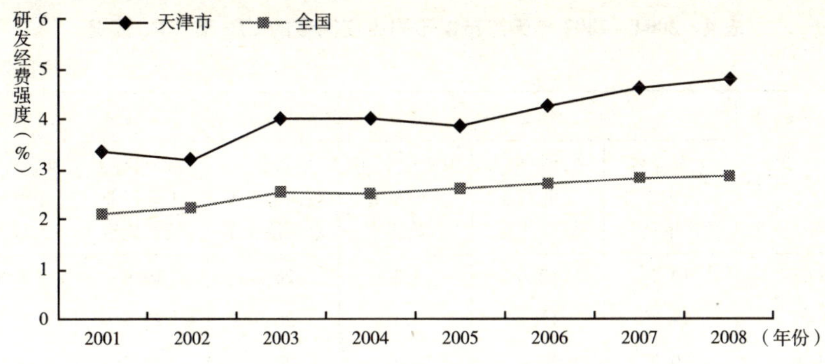

图 3　2001～2008 年天津及全国研发经费强度情况

数据来源：科技经费内部支出数据来源于历年《中国科技统计年鉴》；地区生产总值数据来源于历年《中国统计年鉴》，2008 年数据来源于《2008 年天津市国民经济和社会发展统计公报》。

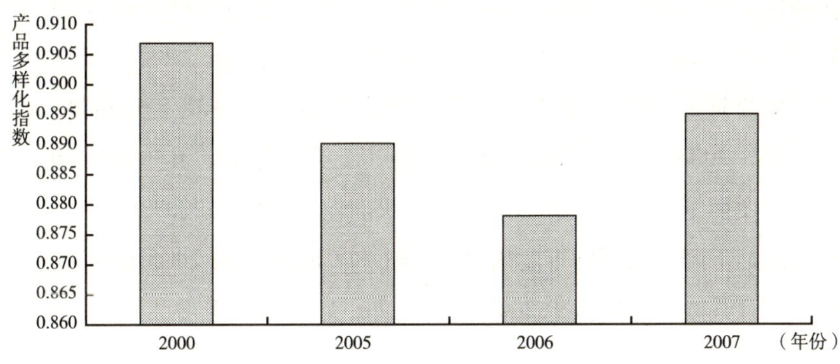

图 4　2000～2007 年天津市产品多样化指数情况

天津市以主要营业收入、资产总额、从业人员数量占工业行业比重的 CR_4 分别是 15.3%、7.5% 和 3.1%，CR_8 分别是 22.7%、18.2% 和 7.5%。可以看出，天津市前 4 大企业在营业收入方面与紧随其后的 4 个企业差距较大，前者占工业总产量的比重达到 15.3%，而后者所占比重（CR_8-CR_4）为 7.4%，前者比后者高出 7.9 个百分点。但是，从资产总额和从业人员人员数量两个维度上看，前 4 大企业明显比紧随其后的 4 个企业的比重要低，前者资产总额、从业人员占工业行业的比重分别为 7.5% 和 3.1%，而后者的比重（CR_8-CR_4）分别为 10.7% 和 4.4%，前者分别比后者低了 3.2 个和 1.3 个百分点（见表 4）。

表 4　2004～2007 年天津市以不同维度衡量的 CR_4 和 CR_8 情况

单位：%

年份 \ 项目 \ 指标	CR_4			CR_8		
	主营业务收入占工业总产值比重	资产总额占工业行业资产比重	从业人数占工业从业人数比重	主营业务收入占工业总产值比重	资产总额占工业行业资产比重	从业人数占工业从业人数比重
2004	19.2	12.6	4.1	26.2	19.9	6.8
2005	19.7	11.1	4.1	26.9	20.1	7.0
2006	20.0	11.8	3.5	28.6	23.2	8.6
2007	15.3	7.5	3.1	22.7	18.2	7.5

资料来源：根据历年《中国大型工业企业年鉴》和历年《中国统计年鉴》的相关数据计算而得。

从指标的变动情况看，天津市经济集中度在 2004～2007 年经历了一个从上升到下降的过程。其中，2004～2006 年是经济集中度稳步提高的阶段。由表 4 可以看出，除了 2004～2005 年以资产总额维度衡量的 CR_4、2005～2006 年以从业人员维度衡量的 CR_4 出现下降之外，其余的指标均呈现上升趋势，特别是 CR_8 在 2004～2006 年各项指标均保持了稳步上升的态势，其中 2006 年较 2005 年以三个维度衡量的 CR_8 指标数值增长较快。但是，进入 2007 年后，天津市经济集中度迅速下降，以不同维度衡量的 CR_4 和 CR_8 不但较 2006 年出现了大幅度的下降，而且其数值还均低于 2005 年。例如，以主营业务收入维度衡量的 CR_4 指标在 2007 年为 15.3%，比 2006 年和 2005 年分别下降了 4.7 个和 4.4 个百分点。

三　天津优势产业分析

我们将显示比较优势指数（RCA）≥2.5 并且市场占有率≥5% 的行业作为竞争力极强行业，将 1≤RCA＜2.5 并且市场占有率≥5%，以及 RCA≥2.5 并且市场占有率≥3% 的行业作为竞争力明显的行业，将 RCA≥1 并且市场占有率≥3% 的行业作为具有竞争力的行业。依照此标准，天津市竞争力极强的行业包括石油和天然气开采业，通信设备、计算机及其他电子设备制造业两个产业，竞争力明显的行业包括黑色金属冶炼及压延加工业（见表 5）。

表 5 天津市优势产业分类

指 标	1≤RCA<2.5	RCA≥2.5
市场占有率≥3%	医药制造业，交通运输设备制造业，废弃资源和废旧材料回收加工业	
市场占有率≥5%	黑色金属冶炼及压延加工业	石油和天然气开采业，通信设备、计算机及其他电子设备制造业

1. 石油和天然气开采业

天津市的石油和天然气资源丰富，其中位于大港区的大港油田是中国最主要的石油产地之一，现已在大港探区建成投产 15 个油气田、24 个开发区，形成年产原油 430 万吨和天然气 3.8 亿立方米的生产能力。丰富的石油、天然气资源，推动了天津石油和天然气开采业的发展，使该产业成为天津市的优势产业之一。2007 年，天津市石油和天然气开采业的市场占有率达到 7.96%，显示比较优势指数达到 3.157，均居天津市各行业首位。同时，天津市还拥有一批较有竞争力的石油开采企业，如中国石油天然气有限公司大港油田公司在近几年一直位居天津市大中型企业的前八强。

2. 通信设备、计算机及其他电子设备制造业

通信设备、计算机及其他电子设备制造业是天津市具备极强竞争力的行业，2007 年该行业的市场占有率达到 6.48%，显示比较优势指数为 2.570，两项指标与 2005 相比均有所提高，表明这一行业的竞争优势在"十一五"之后依然在提高。通信设备、计算机及其他电子设备制造业是天津市的支柱产业，根据规划，天津市"十一五"期间，将投资 683 亿元加快电子信息产业的发展，建成最大的半导体分立器件和硅材料生产基地，并成为国内重要的高端电子信息产品制造基地。同时，由于通信设备、计算机及其他电子设备制造业属于技术密集型产业，其未来的发展对研发经费投入敏感度较高，而天津市近几年研发经费强度不断提高，这也有利于该行业的发展和竞争力的提高。

通信设备、计算机及其他电子设备制造业之所以能够成为天津市优势极强的产业，与外资的进入具有紧密的联系。2007 年，天津市大中型企业排名中，排名第一和第三的分别是摩托罗拉（中国）电子有限公司和天津三星通信技术有限公司，这些国外大企业在很大程度上决定了天津市通信设备、计算机及其他电子设备制造业的竞争力状况。值得高度关注的是，最近几年，天津市一些大型的国际通信企业面临着转型危机，例如摩托罗拉竞争力出现下降趋势，主营业务收入在2007年出现大幅度下降，从2006年的853.3亿美元下降到2007年的480.6亿美元①。由于摩托罗拉（中国）是天津市内最大的企业，这必然会在一定程度上影响天津市通信设备的竞争力。

四 国际金融危机对天津产业竞争力的影响

国际金融危机对天津整体经济与产业竞争力造成了较为严重的影响。从2008年下半年的10月开始，天津市出口额开始急剧下降，并于2009年1月降至谷底，该月出口额仅为21.41亿美元；2009年6月之后才逐步出现上升趋势，但是从绝对额上看，依然没有恢复到2008年的水平（见图5）。据统计，2009年1～12月天津市出口额为299.85亿美元，同比下降29.0%，远高于同期全国货物出口16.0%的降幅②。出口可以作为衡量一个地区产业竞争力的重要指标，天津市出口额较大幅度的下降表明天津市产业的国际竞争力受到了十分严重的影响。

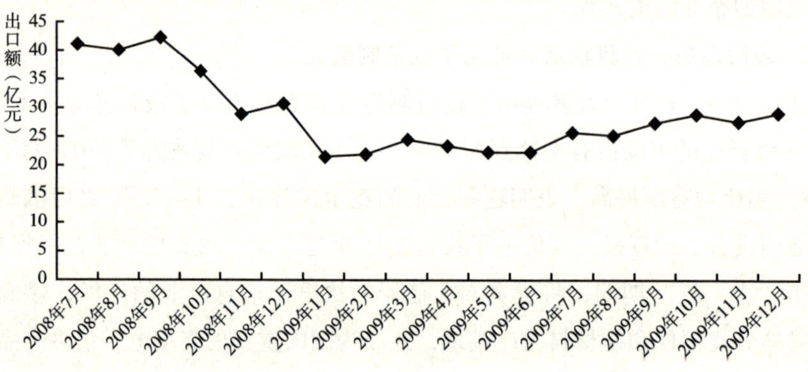

图5 2008年7月～2009年12月天津市出口额

数据来源：天津市统计信息网。

从工业增加值的角度看，天津市不但没有受到国际金融危机的影响出现增长大幅度减速的局面，相反还依然保持了较高的增长速度。2008年下半年之后，

① 数据来源于《中国大型工业企业年鉴》（2007、2008），中国统计出版社。

② 数据来源于《中华人民共和国2009年国民经济和社会发展统计公报》。

虽然在个别月份天津市工业增加值增长速度稍有下降，但基本都维持在20%左右，远高于同期全国增速。天津市工业增加值占全国工业增加值的比重即市场占有率在国际金融危机期间不断上升，2008年市场占有率达到2.74%，高出2007年0.22个百分点，2009年市场占有率达到2.79%，比2008年提高了0.02个百分点（见图6）。这就表明天津市相对于全国其他地区竞争力非但没有受到国际金融危机的影响而减弱，反而有所增强。

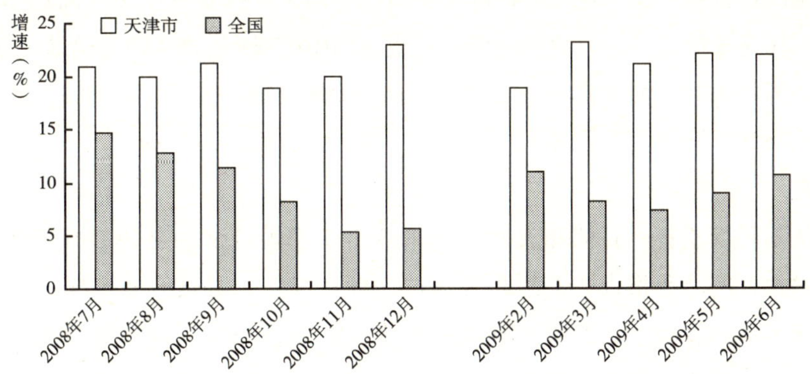

图6　2008年7月~2009年6月天津市和全国工业增加值增加速度

数据来源：国家统计局网站，其中缺乏2009年1月数据。

天津市出现出口急剧下降而工业增加值增速和比重同时上升的现象，表明天津市虽然出口受到较为严重的影响，其国际竞争力有所下降，但是其工业在国内市场的竞争力却迅速提高。天津市出口下降幅度高于全国平均水平与其出口产品结构有很大的关系，其主要出口产品为机电产品和高新技术产品，与纺织服装、食品等生活必须品相比，这些产品不存在“硬需求”，更容易受到国际金融危机的冲击，因而出口额下降幅度比较大。天津市工业的国内市场竞争力之所以会增强，与近几年天津市高新技术的发展有很大关系。天津市一直非常重视高新技术产业的发展，高新技术产业在工业中的地位不断提高，这一点对提高竞争力十分重要。2009年，天津市高新技术产业产值完成3920.63亿元，占规模以上工业的比重达到30.0%，比2008年提高了1.6个百分点，新产品产值完成3949.76亿元，增长了12.9%①。

① 数据来源于《天津市2009年国民经济和社会发展统计公报》。

五　2010 年天津产业竞争力的判断

根据以上的分析，结合天津市工业发展面临的外部环境和内部动力，我们认为天津市的整体竞争力还将在 2009 年的基础之上继续提高，依据如下。

从内外环境上看，一方面，国际金融危机对全球经济的影响将在 2010 年逐步消除，世界主要发达国家将恢复正增长，而中国也将重新步入高速增长的轨道。在这种情况下，天津市的出口有望在 2010 年恢复到金融危机前的水平，国内经济环境的改善也将带动天津各行业的发展。另一方面，滨海新区也将在国际金融危机结束之后，进入快速开发阶段，而这将迅速带动天津产业竞争力的提高。

从不同行业看，石油和天然气开采业由于中国经济的迅速回升导致需求迅速增加，产品价格也有上涨趋势，在这种情况下，必然会有利于天津市石油和开采业的发展，其竞争力有望不断提高。通信设备、计算机及其他电子设备制造业作为一个高新技术产业已经度过金融危机带来的困难时期，预计会在 2010 年进入一个快速发展的时期。天津市作为中国一个通信设备、计算机及其他电子设备制造业比较发达的地区，受到国家和地区相关政策的支持，加之较高的研发经费强度的推动，其竞争力很可能会在近几年不断增强的基础上持续提高。

六　提升天津产业竞争力的对策建议

第一，采取广泛措施，尽快提高出口额。天津市出口受国际危机的影响非常大，出口额下降幅度远高于全国平均水平。要提高竞争力，就必须采取广泛措施，提高出口额，尽快将其恢复到金融危机前的水平，通过出口的快速增长，促进经济的发展和产业竞争力的提高。

第二，积极扶持高新技术产业的发展，不断培育新的支柱产业。天津市高新技术产业比较发达，特别是通信设备、计算机及其他电子设备制造业，具备较强的竞争优势。但是，天津市一些原先具备较强竞争力的产业在近几年正不断弱化，如交通运输设备制造业。在这种情况下，天津市应该积极扶持高新技术产业发展，并从中不断培育新的支柱产业，以促进竞争力的提高。

第三，加大对本土企业的扶持力度，逐步减少对外资企业的依赖。外资在天津市经济中占有重要地位。2007 年天津市最大的 8 家企业中，有 3 家是外资企业，这就导致天津市的经济发展和产业竞争力在很大程度上受到外资企业政策的影响。要解决这个问题，天津市就应该加大对本土企业的扶持力度，特别是对本土高新技术企业的扶持力度，从而促进竞争力的不断提高。

广东产业竞争力

曾宪奎*

一　“十一五”期间广东产业竞争力的变化

1. 市场占有率

广东省是中国主要的制造业生产基地，其工业产出比重在全国所占比例很高。从以工业增加值占全国比重所衡量的市场占有率指标看，2007 年广东省市场占有率达到 12.0%，比重比较大。从分行业看，2007 年广东省 38 个工业行业中，市场占有率超过 5% 的行业达到 34 个，即除了黑色金属矿采选业、有色金属矿采选业、其他采矿业、黑色金属冶炼及压延加工业外，其余行业市场占有率均超过了 5%。市场占有率超过 10% 的行业有 20 个，分别是食品制造业，纺织服装、鞋、帽制造业，皮革、毛皮、羽毛（绒）及其制品业，家具制造业，造纸及纸制品业，印刷业和记录媒介的复制，文教体育用品制造业，化学原料及化学制品制造业，塑料制品业，非金属矿物制品业，金属制品业，交通运输设备制造业，电气机械及器材制造业，通信设备、计算机及其他电子设备制造业，仪器仪表及文化、办公用机械制造业，工艺品及其他制造业，废弃资源和废旧材料回收加工业，电力、热力的生产和供应业，燃气生产和供应业，水的生产和供应业。市场占有率超过 20% 的行业有 10 个，分别是家具制造业，印刷业和记录媒介的复制，文教体育用品制造业，塑料制品业，金属制品业，电气机械及器材制造业，通信设备、计算机及其他电子设备制造业，仪器仪表及文化、办公用机械制造业，废弃资源和废旧材料回收加工业，水的生产和供应业。其中，文教体育用品制造业，通信设备、计算机及其他电子设备制造业两个行业的市场占有率超过了 30%，分别达到了 37.96% 和 31.81%（见表 1）。

---

* 曾宪奎，中国社会科学院马克思主义研究院副研究员。

表1　广东省各行业市场占有率情况

单位：%

行业＼年份	2000	2005	2006	2007
煤炭开采和洗选业	—	0.05	—	—
石油和天然气开采业	11.10	9.33	8.68	8.22
黑色金属矿采选业	5.42	2.74	2.53	2.66
有色金属矿采选业	3.16	2.71	2.91	3.78
非金属矿采选业	11.36	4.68	4.87	5.10
其他采矿业	—	—	—	0.47
农副食品加工业	7.82	6.44	5.53	5.46
食品制造业	18.07	12.01	10.63	10.41
饮料制造业	10.97	10.17	8.75	7.40
烟草制品业	4.54	6.06	5.80	5.97
纺织业	10.19	9.05	8.55	8.08
纺织服装、鞋、帽制造业	25.47	18.32	17.08	18.32
皮革、毛皮、羽毛(绒)及其制品业	25.71	19.76	19.80	19.46
木材加工及木、竹、藤、棕、草制品业	14.84	8.28	7.72	7.65
家具制造业	23.63	27.99	25.68	25.07
造纸及纸制品业	10.47	14.69	15.14	14.48
印刷业和记录媒介的复制	14.21	23.08	23.17	22.33
文教体育用品制造业	40.40	33.89	34.82	37.96
石油加工、炼焦及核燃料加工业	10.31	9.34	10.23	9.05
化学原料及化学制品制造业	10.13	11.96	11.95	11.38
医药制造业	9.17	7.44	7.40	6.69
化学纤维制造业	8.20	3.89	5.24	5.51
橡胶制品业	9.04	7.90	7.84	7.65
塑料制品业	26.32	23.47	23.26	23.97
非金属矿物制品业	11.93	10.98	10.88	10.60
黑色金属冶炼及压延加工业	2.77	2.17	2.66	2.68
有色金属冶炼及压延加工业	2.60	7.98	7.53	7.50
金属制品业	20.69	21.79	21.93	21.29
通用设备制造业	5.48	5.77	5.56	5.32
专用设备制造业	5.78	9.23	9.01	8.77
交通运输设备制造业	8.54	11.35	12.01	11.70
电气机械及器材制造业	21.08	26.90	26.49	25.19
通信设备、计算机及其他电子设备制造业	31.76	36.62	35.57	31.81
仪器仪表及文化、办公用机械制造业	34.35	28.04	25.85	24.05
工艺品及其他制造业	—	20.91	20.21	19.82
废弃资源和废旧材料回收加工业	—	21.40	21.85	23.95
电力、热力的生产和供应业	15.43	12.15	13.74	12.30
燃气生产和供应业	7.47	16.03	15.31	16.92
水的生产和供应业	16.31	21.88	24.32	25.94

“十一五”以来，广东省市场占有率呈现出下降的趋势。2007 年广东省工业增加值占全国比重为 12.0%，比 2005 年下降了 1 个百分点。从具体行业看，2007 年广东省 38 个行业中，除了煤炭开采和洗选业、其他采矿业在 2005 年缺乏数据不具备比较意义外，只有 11 个行业市场占有率比 2005 年有所提高，其中提高幅度比较大的行业是文教体育用品制造业、水的生产和供应业、废弃资源和废旧材料回收加工业，分别上升了 4.07 个、4.06 个和 2.55 个百分点；1 个行业市场占有率没有变化，即纺织服装、鞋、帽制造业；25 个行业市场占有率出现了下降，其中下降幅度比较大 3 个行业分别是通信设备、计算机及其他电子设备制造业，仪器仪表及文化，办公用机械制造业，家具制造业，分别比 2005 年下降了 4.81、3.99、2.92 个百分点。由于广东省各行业市场占有率指标绝对值普遍偏高，因而虽然市场占有率在绝对值的变化比较大，但是变动的幅度相对其绝对值而言是比较小的。

2. 显示比较优势指数

2007 年，广东省 38 个行业中，显示比较优势指数大于 1 的行业总计有 16 个；显示比较优势指数大于 2 的行业有 5 个，分别是家具制造业，文教体育用品制造业，电气机械及器材制造业，通信设备、计算机及其他电子设备制造业，水的生产和供应业。其中文教体育用品制造业和通信设备、计算机及其他电子设备制造业两个行业的显示比较优势指数超过 2.5，分别达到了 3.150 和 2.640（见表 2）。

与 2005 年相比，2007 年广东省 37 个行业（除去其他采矿业）中，26 个行业的显示比较优势指数上升，其中上升幅度比较大的 3 个行业分别是文教体育用品制造业、水的生产和供应业和废弃资源和废旧材料回收加工业，显示比较优势指数数值分别增加了 0.552、0.476 和 0.346；2 个行业显示比较优势指数数值保持不变，分别是木材加工及木、竹、藤、棕、草制品业和通用设备制造业，2 个行业显示比较优势指数在 2007 年和 2005 年均保持在 0.635、0.442；9 个行业显示比较优势指数下降，其中下降幅度比较大 3 个行业分别是通信设备、计算机及其他电子设备制造业，饮料制造业，仪器仪表及文化、办公用机械制造业，3 个行业显示比较优势指数数值比 2005 年分别下降了 0.167、0.166、0.154。

表 2　广东省各行业显示比较优势指数情况

行业 \ 年份	2000	2005	2006	2007
煤炭开采和洗选业	—	0.004	—	—
石油和天然气开采业	0.963	0.715	0.671	0.682
黑色金属矿采选业	0.470	0.210	0.196	0.221
有色金属矿采选业	0.274	0.207	0.225	0.314
非金属矿采选业	0.985	0.359	0.376	0.423
其他采矿业	—	—	—	0.039
农副食品加工业	0.678	0.494	0.428	0.453
食品制造业	1.568	0.921	0.822	0.864
饮料制造业	0.952	0.780	0.677	0.614
烟草制品业	0.394	0.464	0.448	0.496
纺织业	0.884	0.694	0.661	0.671
纺织服装、鞋、帽制造业	2.210	1.404	1.320	1.520
皮革、毛皮、羽毛(绒)及其制品业	2.231	1.515	1.531	1.615
木材加工及木、竹、藤、棕、草制品业	1.287	0.635	0.597	0.635
家具制造业	2.051	2.146	1.985	2.080
造纸及纸制品业	0.908	1.126	1.170	1.202
印刷业和记录媒介的复制	1.233	1.769	1.791	1.853
文教体育用品制造业	3.505	2.598	2.692	3.150
石油加工、炼焦及核燃料加工业	0.894	0.716	0.791	0.751
化学原料及化学制品制造业	0.879	0.917	0.924	0.944
医药制造业	0.795	0.570	0.572	0.555
化学纤维制造业	0.711	0.298	0.405	0.457
橡胶制品业	0.784	0.605	0.606	0.635
塑料制品业	2.284	1.800	1.798	1.990
非金属矿物制品业	1.035	0.842	0.841	0.880
黑色金属冶炼及压延加工业	0.240	0.166	0.205	0.223
有色金属冶炼及压延加工业	0.226	0.612	0.582	0.622
金属制品业	1.795	1.671	1.695	1.766
通用设备制造业	0.476	0.442	0.430	0.442
专用设备制造业	0.501	0.708	0.697	0.728
交通运输设备制造业	0.741	0.870	0.929	0.971
电气机械及器材制造业	1.829	2.063	2.048	2.091
通信设备、计算机及其他电子设备制造业	2.755	2.807	2.750	2.640
仪器仪表及文化、办公用机械制造业	2.980	2.150	1.998	1.996
工艺品及其他制造业	—	1.603	1.562	1.644
废弃资源和废旧材料回收加工业	—	1.641	1.689	1.987
电力、热力的生产和供应业	1.338	0.931	1.062	1.021
燃气生产和供应业	0.648	1.229	1.184	1.404
水的生产和供应业	1.415	1.677	1.880	2.153

3. 产品技术含量指数

从计算的结果看，广东省从2001年至2007年产品技术含量指数一直在全国31个省、市、自治区中位列第一，但是，与全国其他EXPY指数比较高的地区来看，广东省技术方面的竞争优势有缩小的趋势。全国31个省市中，产品技术含量指数与广东省比较接近的省份分别是山东省、江苏省和浙江省，这3个省份也同时是中国工业生产比较集中的区域。其中，山东省EXPY指数自2001年以来不断提高，2007年的产品技术含量指数达到89.4，比2005年提高了6.2，已经与广东省十分接近。江苏省虽然与“十五”相比，“十一五”的数值出现较大下降，从2005年的最高值90.3下降到2007年的78.0，下降了12.3，但是相对于2006年的数值，2007年的数值还是有所提高，而且从其绝对值上看，与广东省的相差幅度也并不算大。只有浙江省与广东省的差距相对大一些，2007年其产品技术含量指数为57.4，从发展动态看，“十一五”以来，浙江省产品技术含量指数呈现出稳步上升的趋势，2007年比2005年提高了0.6（见图1）。

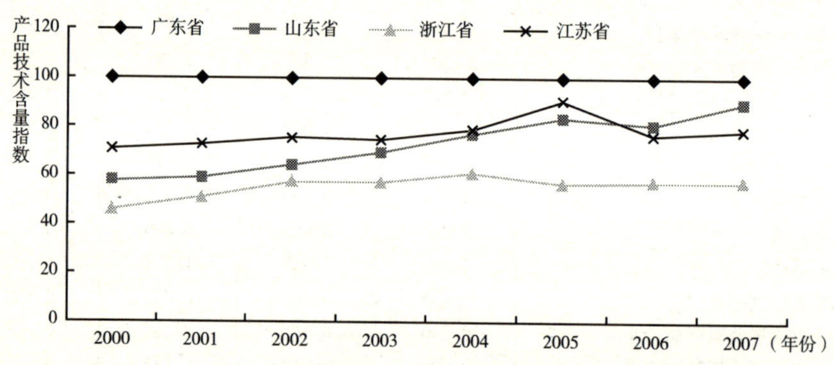

图1　2000~2007年广东省及若干沿海省份的产品技术含量指数情况

二　广东产业竞争力的影响因素分析

1. 总资产利润率

广东省以利润总额占资产总计比重计算的总资产利润率与全国平均水平比较接近，2007年达到7.7%，与全国平均水平持平。从各行业看，2007年广东省38个行业中，资产利润率均为正值，其中数值最高的前3个行业依次是石油和

盘点年度资讯　预测时代前程

社会科学文献出版社

2010年版皮书

权威·前沿·原创

社会科学文献出版社
SOCIAL SCIENCES ACADEMIC PRESS (CHINA)

权威分析　专家解读　机构预测

社会科学文献出版社“皮书系列”

“皮书系列”是社会科学文献出版社近十年来连续推出的大型系列图书，由一系列权威研究报告组成，在每年的岁末年初对每一年度有关中国与世界的经济、社会、文化、法治、国际形势、区域等各个领域的现状和发展态势进行分析和预测，年出版百余种。

该系列图书的作者以中国社会科学院的专家为主，多为国内一流研究机构的一流专家，他们的看法和观点体现和反映了对中国与世界的现实和未来最高水平的解读与分析，具有不容置疑的权威性。

2010年起，皮书系列随书附赠产品将从原先的电子光盘改为更具价值的皮书数据库阅读卡。读者可以凭借附赠的阅读卡获得皮书数据库高价值的免费阅读服务。

皮书是非常珍贵实用的资讯，对社会各个阶层、各种职业的人士都能提供有益的帮助，适宜各级党政部门决策人员、科研机构研究人员、企事业单位领导、管理工作者、媒体记者、国外驻华商社和使领事馆工作人员，以及关注中国和世界经济、社会形势的各界人士阅读。

法 律 声 明

“皮书系列”（含蓝皮书、绿皮书、黄皮书）为社会科学文献出版社按年份出版的品牌图书。社会科学文献出版社拥有该系列图书的专有出版权和网络传播权，其LOGO（ ）与“经济蓝皮书”、“社会蓝皮书”等皮书名称已在中华人民共和国工商行政管理总局商标局登记注册，社会科学文献出版社合法拥有其商标专用权，任何复制、摹仿或以其他方式侵害（ ）和“经济蓝皮书”、“社会蓝皮书”等皮书名称商标专有权的行为均属于侵权行为，社会科学文献出版社将采取法律手段追究其法律责任，维护合法权益。

欢迎社会各界人士对侵犯社会科学文献出版社上述权利的违法行为进行举报。电话：010-58137737。

社会科学文献出版社

法律顾问：北京市大成律师事务所

1. 经济蓝皮书

2010年中国经济形势分析与预测

陈佳贵　李　扬　主编　　2009年12月出版　　49.00元

▲　本书为“总理基金项目”，由中国社会科学院副院长、经济学部主任陈佳贵及中国社会科学院副院长李扬担任主编，中国社会科学院经济研究所所长刘树成、数量经济与技术经济研究所所长汪同三任副主编，联合国内权威专家学者共同编写，深度解析了全球金融危机背景下2009年中国经济的发展，并在此基础上对2010年中国的经济形势作出科学的预测。

2. 社会蓝皮书

2010年中国社会形势分析与预测

汝　信　陆学艺　李培林　主编　　2009年12月出版　　49.00元

▲　中国社会科学院核心学术品牌之一，荟萃国内主要学术单位的多名社会学学者的原创成果。以社会学的视角来分析2009年中国的社会发展问题，并在此基础上，针对未来可能出现的社会热点、焦点问题作出科学的预测，并提供相应的对策建议。

3. 文化蓝皮书

2010年中国文化产业发展报告

张晓明　胡惠林　章建刚　主编　　2010年4月出版　　59.00元

▲　本书由中国社会科学院文化研究中心与文化部、上海交通大学国家文化产业创新与发展研究基地共同编写，内容上涵盖了我国的文化产业分析及政策分析。既有全国文化产业发展的宏观分析，又有文化产业内不同行业的年度发展分析，是研究我国文化发展问题的难得的年度报告。

4. 经济信息绿皮书

中国与世界经济发展报告（2010）

王长胜　主编　　2010年1月出版　　65.00元

▲　本书由国家信息中心主编。全书论述在全球金融危机演变的背景下中国及世界经济发展问题，高屋建瓴，从宏观角度及全球经济一体化的背景考虑我国经济发展的定位、战略目标、战略重点、战略对策等深层次问题。

5. 世界经济黄皮书

2010年世界经济形势分析与预测

王洛林　张宇燕　主编　　2009年12月出版　　49.00元

▲　本书由中国社会科学院世界经济与政治研究所编写，中国社会科学院特邀顾问、研究生院教授王洛林及中国社会科学院世界经济与政治研究所副所长李向阳两位作为本书主编。本书从2009年世界经济发展的现状出发，对2010年世界经济形势发展形势作出预测和分析。

6. 国际形势黄皮书

全球政治与安全报告（2010）

李慎明　王逸舟　主编　　2009年12月出版　　49.00元

▲　本书由中国社会科学院的相关学者专家编写，着眼于国际关系发展的全局，对2009年国际关系发展的新的动态作出研究与分析，并对2010年国际关系可能出现的新的重大动态作出前瞻性的分析与预测。

7. 欧洲蓝皮书

欧洲发展报告（2009～2010）

周　弘　主编　　2010年2月出版　　49.00元

▲　本书由中国社会科学院欧洲研究所及中国欧洲学会联合编写，从政治、经济、法制进程、社会文化和国际关系以及国别等角度，对欧洲的年度发展形势作出全面的分析与论述。本书对研究欧洲问题的学者和需要了解欧洲的读者有重要的参考意义。

8. 亚太蓝皮书

亚太地区发展报告（2010）

李向阳　主编　　2010年4月出版　　69.00元

▲　本书由中国社会科学院亚洲太平洋研究所的专家学者编写，本书从经济、政治与社会、国际关系等角度系统地论述了2009年亚太地区发生的重大事件，并在此基础上对2010年亚太地区的发展作出科学的展望。

9. 农村经济绿皮书

中国农村经济形势分析与预测（2009～2010）

中国社会科学院农村发展研究所 国家统计局农村社会经济调查司　著

2010年4月出版　49.00元

▲　农村经济发展及研究的两大权威部门联合，针对2009年中国农业和农村发展和运行状况加以调查，系统分析农村发展中存在的各种社会问题，对社会各界关注的热点和难点问题进行科学分析，并在此基础上对2010年中国农村经济发展趋势提供了科学的预测。

10. 人口与劳动绿皮书

中国人口与劳动问题报告No.11

蔡　昉　主编　2010年7月出版　49.00元（估）

▲　本书关注中国当前人口的总量与增量情况，在人口学预测的基础上，研究我国人口总量及劳动力人口的数量与结构问题，提出随着“人口红利”的消失，我国劳动力供给方面可能带来的一些重要变化。本书对关心我国经济发展动力以及就业研究的人群有重要的参考意义。

11. 环境绿皮书

中国环境发展报告（2010）

杨东平　主编　2010年3月出版　59.00元

▲　本书由“自然之友”组织编写，汇集了学者、记者、环保人士等众多视角，考察中国年度的环境发展态势，附加经典案例分析，并提供翔实的环境保护资料索引。本书可供研究环境发展领域的学者进行研究参考，也适合对资源环境感兴趣的一般人群进行阅读。

12. 旅游绿皮书

2010年中国旅游发展分析与预测

张广瑞　刘德谦　宋　瑞　主编　2010年4月出版　59.00元

▲　本书由中国社会科学院旅游研究中心组织编写，内容涉及2009年度我国旅游业发展的状况及未来发展态势。本书深入分析旅游业相关的各类因素的影响状况，并对旅游业的热点问题进行分析，提供其产业运行方面的深入思考。

13. 教育蓝皮书

中国教育发展报告（2010）

杨东平　主编　　2010年3月出版　　55.00元

▲　本书由著名教育学家杨东平任主编，代表了中国教育的国际视野和专家立场，对于我国当前的教育改革进行了专业性的研究与分析，对关系我国教育发展的人群有重要的参考意义。本书同时推出英文版，是皮书系列中首批“走出去”的皮书。

14. 法治蓝皮书

中国法治发展报告No.8（2010）

李　林　主编　　2010年2月出版　　65.00元

▲　中国社会科学院法学研究所主创，对中国年度法治现状和法治进程进行客观的记述、分析、评价和预测。总结回顾了2009年我国法治发展所取得的一系列进步，并在此基础上，对接下来2010年我国法治发展情况进行了科学的探讨。

15. 就业蓝皮书

2010年中国大学生就业报告

麦可斯研究院　编著　王伯庆　主审

2010年6月出版　　98.00元

▲　这是一份基于科学的数据调查、借助于统计学和劳动经济学的科学体系来研究高等教育的全新报告，也是一个结果导向的评价系统。本书供高校的各级管理者、各级政府的教育管理官员、高等教育的研究者和招募大学毕业生的企业参考使用，对于高考生和求职的大学生而言也是一本了解就业市场的重要参考书。

16. 区域蓝皮书

中国区域经济发展报告（2009～2010）

戚本超　景体华　主编　　2010年3月出版　　69.00元

▲　由北京市社会科学院、河北省社会科学院、上海社会科学院、广东省社会科学院等单位的专家联手编写，是对中国区域经济最全面、最深入的分析和预测。内容上涉及我国区域发展领域的新近动态，并提供2010年我国各个不同区域发展的科学预测。

17. 长三角蓝皮书

2010年率先转型中的长三角

左学余　主编　　2010年5月出版　　59.00元

▲　上海社会科学院、江苏省社会科学院、浙江省社会科学院强强联合，共同发布《长三角蓝皮书》，对中国最具活力和竞争力的长三角地区的经济、社会发展进行全面解读与预测。

18. 东北蓝皮书

中国东北地区发展报告（2010）

辽宁省社会科学院等　主编　　2010年9月出版　　69.00元（估）

▲　本书由东北地区的社会科学院联合编写，汇集了吉林、辽宁、黑龙江和内蒙古社会科学界学者的研究成果，同时也汇集了东北地区有关部门和院校专家的一些理论思考和理论探索。本书是顺应东北地区振兴战略形势而推出的一本蓝皮书，对东北地区的发展状况及态势提供了科学的分析与预测。

19. 中部蓝皮书

中国中部地区发展报告（2010）

张　锐　林宪斋　主编　　2010年1月出版　　59.00元

▲　本书由中部六省社会科学院联合编创，在承接东部产业结构升级，迎来发展良机的背景下，对中部地区2009年经济、社会发展状况进行了分析，并对2010年我国中部地区各省市的发展作出科学的展望。

20. 西部蓝皮书

中国西部经济发展报告（2010）

姚慧琴　主编　　2010年7月出版　　79.00元（估）

▲　本书由教育部人文社会科学重点研究基地——西北大学中国西部经济发展研究中心组织编写，汇集全国长期研究西部经济发展问题的众多专家学者的研究成果，对国家实施西部大开发战略进行了动态跟踪，并对西部经济发展中的重大理论与现实问题进行了深度分析。

21. 城市竞争力蓝皮书

中国城市竞争力报告No.8（2010）

倪鹏飞　主编　　2010年5月出版　　65.00元

▲　本书由著名城市经济学家倪鹏飞担任主编，汇集了众多研究城市经济问题的专家、学者关于城市竞争力方面的最新研究成果。本书评述客观、内容丰富，基于详尽的基础数据，科学构建各项指标，对各级政府、有关研究机构、社会公众具有重要的决策参考及借鉴意义。

22. 中国省域竞争力蓝皮书

中国省域经济综合竞争力发展报告（2008～2009）

李建平　李闽榕　高燕京　主编　　2010年2月出版　　258.00元

▲　本书在科学界定省域经济综合竞争力的基础上，紧密跟踪前沿研究动态，利用科学的指标体系及数学模型，深入分析当前我国省域经济综合竞争力的特点、变化趋势及动因，对我国31个省市区综合经济竞争力进行了比较分析。

23. 金融蓝皮书

中国金融发展报告（2010）

李　扬　王国刚　主编　　2010年5月出版　　79.00元

▲　本书由中国社会科学院副院长李扬担任主编，从多个方面对中国金融业总体发展状况进行分析和预测。本书对2009年我国的金融领域发生的各个重大事件进行了评述，对金融领域内研究及工作人群具有重要的参考和借鉴意义。

24. 房地产蓝皮书

中国房地产发展报告No.7

潘家华　李景国　主编　　2010年5月出版　　55.00元

▲　本书由中国社会科学院组织编写，汇集了众多研究城市房地产经济的专家学者关于城市房地产方面研究的最新成果。本书秉承客观公正、科学中立的宗旨和原则，追踪我国房地产市场的最新资讯，并对未来房地产市场发展的态势进行了深度分析。

经济类

经济蓝皮书
2010年中国经济形势分析与预测
著(编)者：陈佳贵　李　扬　2009年12月出版／定价：49.00元

经济蓝皮书春季号
中国经济前景分析——2010年春季报告
著(编)者：陈佳贵　李　杨　2010年4月出版／定价：49.00元

经济信息绿皮书
中国与世界经济发展报告(2010)
著(编)者：王长胜　2010年1月出版／定价：65.00元

宏观经济蓝皮书
中国经济增长报告（2009～2010）
著(编)者：张　华　刘霞辉　2010年3月出版／定价：69.00元

农村经济绿皮书
中国农村经济形势分析与预测（2009～2010）
著(编)者：中国社会科学院农村发展研究所
国家统计局农村社会经济调查司
2010年4月出版／定价：49.00元

民营经济蓝皮书
中国民营经济发展报告（2009～2010）
著(编)者：黄孟复　2010年7月出版／估价：69.00元

发展和改革蓝皮书
中国经济发展和体制改革发展报告（2010）
著(编)者：邹东涛　欧阳日辉　2010年10月出版／估价：98.00元

城乡创新发展蓝皮书
城乡一体化发展报告（2010）
著(编)者：傅崇兰　2010年10月出版／估价：58.00元

城市蓝皮书
中国城市发展报告No.3（2010）
著(编)者：潘家华　2010年7月出版／估价：78.00元

城市竞争力蓝皮书
中国城市竞争力报告No.8（2010）
著(编)者：倪鹏飞　2010年5月出版／定价：65.00元

省域竞争力蓝皮书
中国省域经济综合竞争力发展报告（2008～2009）
著(编)者：李建平　李闽榕　高燕京
2010年2月出版／定价：258.00元

企业蓝皮书
中国企业竞争力报告(2010)
著(编)者：金培　2010年11月出版／估价：69.00元

民营企业蓝皮书
中国民营企业竞争力报告No.6(2010)
著(编)者：刘迎秋、徐志祥　2010年11月出版／估价：59.00元

中国总部经济蓝皮书
中国总部经济发展报告（2009～2010）
著(编)者：赵弘　2009年10月出版／定价：55.00元

金融中心蓝皮书
中国金融中心发展报告（2010）
著(编)者：王力　2010年10月出版／估价：58.00元

就业蓝皮书
中国大学生就业报告（2010）
著(编)者：麦可思研究院　2010年6月出版／定价：98.00元

人才蓝皮书
中国人才发展报告（2010）
著(编)者：潘晨光　2010年6月出版／定价：79.00元

人口与劳动绿皮书
中国人口与劳动问题报告No.11（2010）
著(编)者：蔡昉　2010年7月出版／估价：49.00元

商业蓝皮书
中国商业发展报告（2009～2010）
著(编)者：荆林波　2010年4月出版／定价：85.00元

商品市场蓝皮书
中国商品市场竞争力报告（2010）
著(编)者：荆林波　2010年10月出版／估价：59.00元

社会类

社会蓝皮书
2010年中国社会形势分析与预测
著(编)者：汝　信　陆学艺　李培林　2009年12月出版／定价：49.00元

社会保障绿皮书
中国社会保障发展报告 No.4（2010）
著(编)者：陈佳贵　王延中　2010年4月出版／定价：59.00元

老年蓝皮书
中国老年发展报告（2010）
著(编)者：田雪原　2010年10月出版 / 估价：58.00元

教育蓝皮书
中国教育发展报告（2010）
著(编)者：杨东平　2010年3月出版 / 定价：55.00元

环境绿皮书
中国环境发展报告（2010）
著(编)者：杨东平　2010年3月出版 / 定价：59.00元

气候变化绿皮书
应对气候变化报告（2010）
著(编)者：王伟光　郑国光　2010年10月出版 / 估价：68.00元

民族蓝皮书
中国民族发展报告No.2（2010）
著(编)者：郝时远　王希恩　2010年8月出版 / 估价：59.00元

宗教蓝皮书
中国宗教报告（2010）
著(编)者：金泽　邱永辉　2010年7月出版 / 估价：59.00元

法治蓝皮书
中国法治发展报告No.8（2010）
著(编)者：李林　2010年2月出版 / 定价：65.00元

妇女绿皮书
中国性别平等与妇女发展报告（2009～2010）
著(编)者：蒋永平　姜秀花　2010年8月出版 / 估价：79.00元

妇女发展蓝皮书
中国妇女发展报告（2009~2010）：妇女与传媒
著(编)者：王金玲　2010年8月出版 / 估价：59.00元

妇女生活蓝皮书
2009～2010年：中国女性生活状况报告
著(编)者：韩湘景　2010年8月出版 / 估价：49.00元

妇女教育蓝皮书
中国妇女教育发展报告（2009～2010）
著(编)者：宋胜菊　2010年8月出版 / 估价：68.00元

中国政府创新蓝皮书
科学发展观与政府创新
著(编)者：俞可平　2010年11月出版 / 估价：78.00元

电子政务蓝皮书
中国电子政务发展报告（2010）
著(编)者：王长胜　刘晓平　2010年4月出版 / 定价：59.00元

创新蓝皮书
创新型国家建设报告（2010）
著(编)者：詹正茂　2010年8月出版 / 估价：79.00元

民间组织蓝皮书
中国民间组织报告（2009～2010）
著(编)者：黄晓勇　2009年12月出版 / 定价：59.00元

企业公民蓝皮书
中国企业公民报告（2010）
著(编)者：王再文　2010年7月出版 / 估价：58.00元

企业社会责任蓝皮书
中国企业社会责任研究报告（2010）
著(编)者：陈佳贵　2010年10月出版 / 估价：59.00元

慈善蓝皮书
中国慈善发展报告（2010）
著(编)者：杨团　2010年8月出版 / 估价：59.00元

文化类

文化蓝皮书
中国文化产业发展报告（2010）
著(编)者：张晓明　胡惠林　章建刚　2010年4月出版 / 定价：59.00元

公共文化蓝皮书
中国公共文化服务发展报告（2010）
著(编)者：张晓明　2010年10月出版 / 估价：59.00元

文化创新蓝皮书
中国文化创新发展报告（2010）
著(编)者：于平　傅才武
2009年12月出版 / 定价：98.00元

文化遗产蓝皮书
中国文化遗产事业发展报告（2010）
著(编)者：刘世锦　林家彬　苏杨
2010年11月出版 / 估价：69.00元

科学传播蓝皮书
中国科学传播报告（2010）
著(编)者：詹正茂　2010年8月出版 / 估价：79.00元

传媒蓝皮书
2010年：中国传媒产业发展报告
著(编)者：崔保国　2010年4月出版 / 定价：79.00元

区域类

区域蓝皮书
中国区域经济发展报告（2009～2010）
著(编)者：戚本超　景体华　2010年3月出版 / 定价：69.00元

北京蓝皮书
北京经济发展报告（2009～2010）
著(编)者：梅松　2010年4月出版 / 定价：49.00元

北京蓝皮书
北京社会发展报告（2009～2010）
著(编)者：戴建中　2010年7月出版 / 估价：49.00元

北京蓝皮书
北京文化发展报告（2009～2010）
著(编)者：张泉　2010年4月出版 / 定价：49.00元

北京蓝皮书
北京城乡发展报告（2009～2010）
著(编)者：黄序　2010年4月出版 / 定价：49.00元

北京蓝皮书
北京公共服务发展报告（2009～2010）
著(编)者：张耘　2010年1月出版 / 定价：58.00元

北京蓝皮书
中国社区发展报告（2009～2010）
著(编)者：于燕燕　2010年8月出版 / 估价：59.00元

上海蓝皮书
上海经济发展报告（2010）
著(编)者：屠启宇　沈开艳　2010年2月出版 / 定价：59.00元

上海蓝皮书
上海社会发展报告（2010）
著(编)者：卢汉龙　2010年2月出版 / 定价：69.00元

上海蓝皮书
上海文化发展报告（2010）
著(编)者：叶　辛　蒯大申　2010年2月出版 / 定价：49.00元

上海蓝皮书
上海资源环境发展报告（2010）
著(编)者：周冯琦　2010年2月出版 / 定价：69.00元

广州蓝皮书
中国广州经济发展报告（2010）
著(编)者：李江涛　朱名宏　2010年8月出版 / 估价：59.00元

广州蓝皮书
中国广州社会发展报告（2010）
著(编)者：涂成林　2010年8月出版 / 估价：49.00元

广州蓝皮书
中国广州文化发展报告（2009～2010）
著(编)者：王晓玲　2010年8月出版 / 估价：59.00元

广州蓝皮书
中国广州科技发展报告（2010）
著(编)者：涂成林　2010年8月出版 / 估价：49.00元

广州蓝皮书
中国广州城市建设发展报告（2010）
著(编)者：涂成林　2010年7月出版 / 估价：49.00元

广州蓝皮书
中国广州创意产业发展报告(2010)
著(编)者：卢一先　范旭　舒扬　2010年7月出版 / 估价：65.00元

广州蓝皮书
中国广州汽车产业发展报告（2010）
著(编)者：李江涛　2010年9月出版 / 估价：49.00元

深圳蓝皮书
深圳经济发展报告（2010）
著(编)者：乐正　2010年3月出版 /定价：59.00元

深圳蓝皮书
深圳社会发展报告（2010）
著(编)者：乐正　祖玉琴　2010年5月出版 / 定价：69.00元

深圳蓝皮书
深圳劳动关系发展报告（2010）
著(编)者：汤庭芬　2010年5月出版 / 定价：69.00元

经济特区蓝皮书
中国经济特区发展报告（2010）
著(编)者：钟坚　2010年6月出版 / 定价：85.00元

河南经济蓝皮书
2010年河南经济形势分析与预测
著(编)者：刘永奇 河南省统计局　2010年3月出版 / 定价：49.00元

河南蓝皮书
2010年河南社会形势分析与预测
著(编)者：林宪斋　赵保佑　2010年1月出版 / 定价：59.00元

河南蓝皮书
河南文化发展报告（2010）
著(编)者：张　锐　2010年2月出版 / 定价：49.00元

河南蓝皮书
河南城市改革发展报告（2010）
著(编)者：林宪斋　喻新安　王建国　2010年1月出版 / 定价：49.00元

陕西蓝皮书
陕西经济发展报告（2010）
著(编)者：杨尚勤　裴成荣　2010年4月出版 / 定价：49.00元

陕西蓝皮书
陕西社会发展报告（2010）
著(编)者：杨尚勤　石英　江波　2010年5月出版 / 定价：65.00元

陕西蓝皮书
陕西文化发展报告（2010）
著(编)者：杨尚勤　石英　王长青　2010年4月出版 / 定价：55.00元

四川蓝皮书
2010年四川经济形势分析与预测
著(编)者：侯水平　2010年8月出版 / 估价：55.00元

四川蓝皮书
四川文化产业发展报告（2010）
著(编)者：侯水平　2010年7月出版 / 估价：59.00元

武汉蓝皮书
武汉经济社会发展报告（2010）
著(编)者：刘志辉　2010年5月出版 / 定价：49.00元

武汉城市圈蓝皮书
武汉城市圈经济社会发展报告（2009~2010）
著(编)者：肖安民　2010年7月出版 / 定价：69.00元

武汉城市圈蓝皮书
武汉城市圈房地产发展报告（2009~2010）
著(编)者：王涛　2010年8月出版 / 估价：89.00元

郑州蓝皮书
郑州文化发展报告（2010）
著(编)者：窦志力　2010年8月出版 / 估价：49.00元

浙江服务业蓝皮书
2009浙江省服务业发展报告
著(编)者：浙江省发展和改革委员会　2010年8月出版 / 估价：68.00元

温州蓝皮书
2010年温州经济社会发展形势分析与预测
著(编)者：王春光　余浩　2010年2月出版 / 定价：69.00元

海南蓝皮书
海南经济发展报告（2010）
著(编)者：刘仁伍　2010年8月出版 / 估价：49.00 元

辽宁蓝皮书
2010年辽宁经济社会形势分析与预测
著(编)者：曹晓峰　张　晶　张卓民　2010年1月出版 / 定价：69.00元

东北蓝皮书
中国东北地区发展报告（2010）
著(编)者：辽宁省社科院　等　2010年9月出版 / 估价：69.00元

环渤海蓝皮书
环渤海区域经济发展报告（2010）
著(编)者：周立群　2010年8月出版 / 估价：59.00元

长三角蓝皮书
2010年率先转型中的长三角
著(编)者：左学金　2010年5月出版 / 定价：59.00元

珠三角蓝皮书
珠三角发展报告（2010）
著(编)者：中山大学港澳珠三角研究中心　2010年8月出版 / 估价：59.00

中部蓝皮书
中国中部地区发展报告（2010）
著(编)者：张　锐　林宪斋　2010年1月出版 / 定价：59.00元

西部蓝皮书
中国西部经济发展报告（2010）
著(编)者：姚慧琴　2010年7月出版 / 估价：79.00元

长株潭城市群蓝皮书
长株潭城市群发展报告（2010）
著(编)者：张萍　2010年8月出版 / 估价：69.00元

泛北部湾蓝皮书
泛北部湾合作发展报告（2010）
著(编)者：古小松　2010年8月出版 / 估价：65.00元

福建经济竞争力蓝皮书
福建经济综合竞争力报告（2009~2010）
著(编)者：王秉安、罗海成　2010年9月出版 / 估价：49.00元

环海峡经济区蓝皮书
环海峡经济区发展报告（2010）
著(编)者：李闽榕、王秉安　2010年9月出版 / 估价：49.00元

海峡西岸蓝皮书
海峡西岸经济区发展报告(2010)
著(编)者：叶飞文　2010年9月出版 / 估价：49.00元

香港蓝皮书
香港经贸发展报告（2010）
著(编)者：荆林波　2010年8月出版 / 估价：49.00元

澳门蓝皮书
澳门经济社会发展报告（2009～2010）
著(编)者：郝雨凡　吴志良　2010年3月出版 / 定价：59.00元

台湾蓝皮书
台湾经贸发展报告（2010）
著(编)者：荆林波　2010年8月出版 / 估价：49.00元

行业类

住房绿皮书
中国住房发展报告（2009～2010）
著(编)者：倪鹏飞　2009年12月出版 / 定价：69.00元

房地产蓝皮书
中国房地产发展报告NO.7
著(编)者：潘家华　李景国　2010年5月出版 / 定价：55.00元

汽车蓝皮书
中国汽车产业发展报告（2010）
著(编)者：国务院发展研究中心产业经济研究部
中国汽车工程学会　大众汽车集团（中国）
2010年7月出版 / 估价：59.00元

医疗卫生绿皮书
中国医疗卫生发展报告（2010）
著(编)者：张文鸣　2010年11月出版 / 估价：68.00元

食品药品蓝皮书
食品药品安全与监管政策研究报告（2010）
著(编)者：唐民皓
2010年5月出版 / 定价：69.00元

金融蓝皮书
中国金融发展报告（2010）
著(编)者：李扬　王国刚　2010年5月出版 / 定价：79.00元

金融蓝皮书
中国商业银行竞争力报告（2010）
著(编)者：王松奇　2010年8月出版 / 估价：49.00元

金融蓝皮书
中国金融生态报告（2010）
著(编)者：李扬　2010年8月出版 / 估价：49.00元

金融蓝皮书
中国理财产品分析与评价报告（2010）
著(编)者：殷剑峰　2010年8月出版 / 估价：59.00元

产权市场蓝皮书
中国产权市场发展报告（2009～2010）
著(编)者：曹和平　2010年8月出版 / 估价：59.00元

资本市场蓝皮书
中国场外交易市场发展报告（2009～2010）
著(编)者：高峦　2009年12月出版 / 定价：69.00元

财经蓝皮书
中国服务业发展报告NO.8
著(编)者：裴长洪　2010年1月出版 / 定价：59.00元

旅游绿皮书
2010年中国旅游发展分析与预测
著(编)者：张广瑞　刘德谦　宋瑞　2010年4月出版 / 定价：59.00元

交通运输蓝皮书
中国交通运输业发展报告（2010）
著(编)者：中国民生银行交通金融事业部课题组
2010年7月出版 / 定价：59.00元

体育产业蓝皮书
中国体育产业发展报告（2009～2010）
著(编)者：中国体育产业研究中心
2011年2月出版 / 估价：69.00元

餐饮蓝皮书
中国餐饮产业发展报告（2010）
著(编)者：杨柳　2010年6月出版 / 定价：59.00元

循环经济蓝皮书
中国循环经济发展报告（2009～2010）
著(编)者：解振华　2010年7月出版 / 估价：79.00元

会展经济蓝皮书
中国会展经济发展报告（2010）
著(编)者：王方华　过聚荣　2010年7月出版 / 估价：55.00元

商会蓝皮书
中国商会发展报告（2009～2010）
著(编)者：黄孟复　2010年9月出版 / 估价：98.00元

传媒蓝皮书
2010年：中国传媒产业发展报告
著(编)者：崔保国　2010年4月出版 / 定价：79.00元

广告主蓝皮书
中国广告主营销传播趋势报告（2009～2010）
著(编)者：黄升民　杜国清　2010年8月出版 / 估价：68.00元

能源蓝皮书
中国能源发展报告（2010）
著(编)者：崔民选　2010年4月出版 / 定价：79.00元

煤炭蓝皮书
中国煤炭工业发展报告（2010）
著(编)者：岳福斌　2010年9月出版 / 估价：50.00元

电力蓝皮书
中国电力工业发展报告（2010）
著(编)者：张安华　2010年10月出版 / 估价：58.00元

农业竞争力蓝皮书
中国农业竞争力发展报告（2009～2010）
著(编)者：郑传芳　2010年9月出版 / 估价：89.00元

林业竞争力蓝皮书
中国林业竞争力发展报告（2009～2010）
著(编)者：郑传芳　2010年9月出版 / 估价：89.00元

茶叶产业蓝皮书
中国茶叶产业发展报告（2010）
著(编)者：荆林波　2010年8月出版 / 估价：49.00元

测绘蓝皮书
中国测绘发展研究报告（2010）
著(编)者：徐永清　2010年8月出版 / 估价：58.00元

国际类

世界经济黄皮书
2010年世界经济形势分析与预测
著(编)者：王洛林　张宇燕　2009年12月出版 / 定价：49.00元

国际形势黄皮书
全球政治与安全报告（2010）
著(编)者：李慎明　王逸舟　2009年12月出版 / 定价：49.00元

世界社会主义黄皮书
世界社会主义跟踪研究报告（2009～2010）
著(编)者：李慎明　2010年2月出版 / 定价：89.00元

上海合作组织黄皮书
上海合作组织发展报告（2010）
著(编)者：吴恩远　吴宏伟　2010年6月出版 / 定价：49.00元

美国蓝皮书
美国发展报告（2010）
著(编)者：黄平　2010年8月出版 / 估价：79.00元

欧洲蓝皮书
欧洲发展报告（2009～2010）
著(编)者：周弘　2010年2月出版 / 定价：49.00元

亚太蓝皮书
亚太地区发展报告（2010）
著(编)者：李向阳　2010年4月出版 / 定价：69.00元

中东非洲黄皮书
中东非洲发展报告No.12（2009～2010）
著(编)者：杨光　2010年4月出版 / 定价：49.00元

拉美黄皮书
拉丁美洲和加勒比发展报告（2009～2010）
著(编)者：苏振兴　2010年3月出版 / 定价：69.00元

俄罗斯东欧中亚黄皮书
俄罗斯东欧中亚国家发展报告（2010）
著(编)者：吴恩远　2010年6月出版 / 定价：59.00元

日本蓝皮书
日本发展报告（2010）
著(编)者：李薇　2010年5月出版 / 定价：69.00元

日本经济蓝皮书
日本经济与中日经贸关系发展报告（2010）
著(编)者：王洛林　2010年6月出版 / 定价：69.00元

韩国蓝皮书
韩国发展报告（2010）
著(编)者：牛林杰　刘宝全　2010年7月出版 / 定价：59.00元

越南蓝皮书
越南国情报告（2010）
著(编)者：古小松　2010年 6 月出版 / 定价：49.00元

注：2010年起，每册皮书将附赠100元的皮书数据库阅读卡。

创社科经典　出传世文献

社会科学文献出版社

SSAP

SOCIAL SCIENCES ACADEMIC PRESS(CHINA)

社会科学文献出版社成立于1985年，是直属于中国社会科学院的人文社会科学专业学术出版机构。

成立以来，特别是1998年实施第二次创业以来，依托于中国社会科学院丰厚的学术出版和专家学者两大资源，坚持“创社科经典，出传世文献”的出版理念和“权威、前沿、原创”的产品定位，走学术产品的系列化、规模化、市场化经营道路，取得了令人瞩目的成绩，销售收入等主要效益指标取得了年平均增长20%以上的发展速度，先后策划出版了著名的图书品牌和学术品牌“皮书”系列、获得国家图书奖和“五个一工程奖”的《世界沧桑150年 —— <共产党宣言>发表以来世界发生的主要变化》、《甲骨学一百年》、《二十世纪中国民俗学经典》以及“全球化译丛”、“经济研究文库”、“社会理论译丛”等一大批既有学术影响又有市场价值的系列图书，使社会科学文献出版社的知名度和美誉度日益提高，确立了人文社会科学著作出版的权威地位。

基于人才的优势和创新的理念，通过准确的市场定位和科学的发展规划，社会科学文献出版社在选题策划、主题出版与主题营销、品牌推广、数字出版等方面取得了领先，虽然目前还不能称为大社、强社，但对专业学术出版的坚持与执着以及先进的经营理念和科学的管理方式已经使社会科学文献出版社具备了现代企业快速发展与大规模成长的条件。在新的发展时期，社会科学文献出版社结合社会的需求、自身的条件以及行业的发展，提出了新的创业目标，那就是：精心打造人文社会科学成果推广平台，发展成为一家集图书、期刊、声像电子和网络出版物为一体，面向高端读者和用户，具备独特竞争力的人文社会科学内容资源供应商。

规划皮书行业标准，引领皮书出版潮流
发布皮书重要资讯，打造皮书服务平台

中国皮书网
www.pishu.cn

皮书博客
blog.sina.com.cn/pishu

中国皮书网全新改版，增值服务大众

请到各地书店皮书专架/专柜购买，也可办理邮购

咨询/邮购电话：010-59367028 邮箱：duzhe@ssap.cn
邮购地址：北京市西城区北三环中路甲29号院3号楼华龙大厦13层学术传播中心
邮　　编：100029
银行户名：社会科学文献出版社发行部
开户银行：工商银行北京东四南支行
账　　号：0200001009066109151
网上书店　电话：010-59367070　QQ：168316188
网　　址：www.ssap.com.cn;www.pishu.cn

天然气开采业（68.29%）、其他采矿业（24.24%）、烟草制品业（20.03%）。与全国相比，广东省资产利润率高于全国平均水平的行业有15个，其中差额最大的3个行业依次是石油和天然气开采业、有色金属矿采选业、其他采矿业，分别高出全国水平32.69个、13.33个、11.97个百分点；有23个行业的资产利润率均低于全国平均水平，其中差额最大的3个行业依次是皮革、毛皮、羽毛（绒）及其制品业，橡胶制品业，纺织服装、鞋、帽制造业，分别低于全国平均水平5.05个、3.53个、2.57个百分点（见表3）。

表3　2007年广东省及全国各行业资产利润率情况

单位：%

行　业	广东省	全国	行　业	广东省	全国
煤炭开采和洗选业	—	7.37	医药制造业	7.67	8.40
石油和天然气开采业	68.29	35.60	化学纤维制造业	7.01	4.65
黑色金属矿采选业	18.57	17.57	橡胶制品业	2.94	6.47
有色金属矿采选业	36.94	23.61	塑料制品业	6.13	6.74
非金属矿采选业	13.58	11.23	非金属矿物制品业	6.93	7.42
其他采矿业	24.24	12.27	黑色金属冶炼及压延加工业	5.33	7.17
农副食品加工业	8.61	10.16	有色金属冶炼及压延加工业	8.74	10.32
食品制造业	12.76	8.93	金属制品业	6.70	7.11
饮料制造业	7.74	9.09	通用设备制造业	6.90	7.88
烟草制品业	20.03	16.15	专用设备制造业	8.33	7.77
纺织业	4.51	5.58	交通运输设备制造业	13.89	6.69
纺织服装、鞋、帽制造业	5.26	7.83	电气机械及器材制造业	6.42	7.52
皮革、毛皮、羽毛(绒)及其制品业	4.60	9.65	通信设备、计算机及其他电子设备制造业	6.26	5.93
木材加工及木、竹、藤、棕、草制品业	8.80	9.42	仪器仪表及文化、办公用机械制造业	7.56	8.88
家具制造业	5.77	6.58	工艺品及其他制造业	6.09	7.90
造纸及纸制品业	4.54	6.23	废弃资源和废旧材料回收加工业	7.08	8.98
印刷业和记录媒介的复制	5.04	6.90			
文教体育用品制造业	4.86	5.37	电力、热力的生产和供应业	7.44	3.71
石油加工、炼焦及核燃料加工业	8.85	2.30	燃气生产和供应业	3.95	4.63
			水的生产和供应业	3.03	0.80
化学原料及化学制品制造业	12.88	8.18			

从指标的变动情况看，2000～2007 年广东省总资产利润率不断提高。2000 年广东省总资产利润率仅为 3.9%，而 2005 年则提高到 6.3%，5 年时间内提高了 2.4 个百分比点。进入“十一五”之后，总资产利润率指标继续延续了这一不断提高的发展趋势，2007 年达到 7.7%，比 2005 年下降了 1.4 个百分点。与全国情况相比，2000～2007 年广东省总资产利润率一直与全国平均水平比较接近。其中，2001～2003 年，广东省总资产利润率一直高于全国平均水平，2004 年与全国平均水平持平，2005 年又略高于全国平均水平，2006 年则略低于全国平均水平，2007 年又与全国平均水平持平（见图 2）。整体来看，在最近几年，广东省总资产利润率与全国平均水平比较接近。

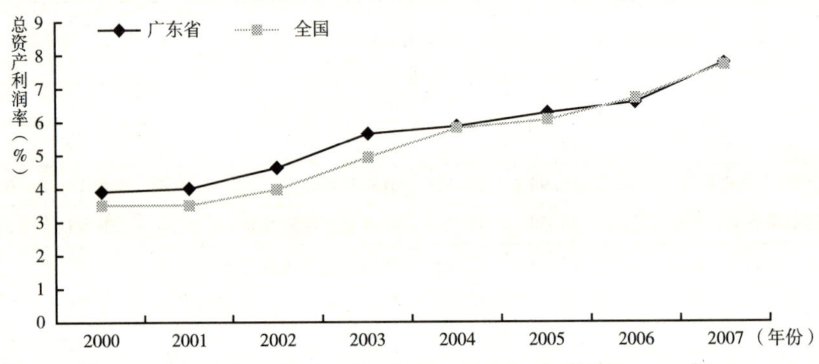

图 2　2000～2007 年广东省及全国总资产利润率情况

数据来源：历年《中国统计年鉴》，根据规模以上工业企业的数据计算。

2. 产业创新

2001～2008 年，广东省科技内部经费支出总额不断增加，从 2001 年的 257.4 亿元提高到 2008 年的 838.7 亿元，年均名义增长率达到 18.4%。从研发经费强度指标看，广东省经历了一个先下降后上升的过程。2003～2005 年，广东省研发经费强度不断下降，从 2003 年的 2.3% 下降到 2005 年的 2.0%。但是，进入“十一五”之后，广东省研发经费强度不断上升，2008 年达到 2.3%，比 2005 年提高了 0.3 个百分点（详见图 3）。

与全国平均水平相比，广东省研发经费强度比较低。从 2001～2008 年的情况看，自 2003 年开始，广东省研发经费强度开始持续低于全国平均水平，2005 年、2006 年、2007 年均低于全国平均值 0.6 个百分点，2008 年这一差距

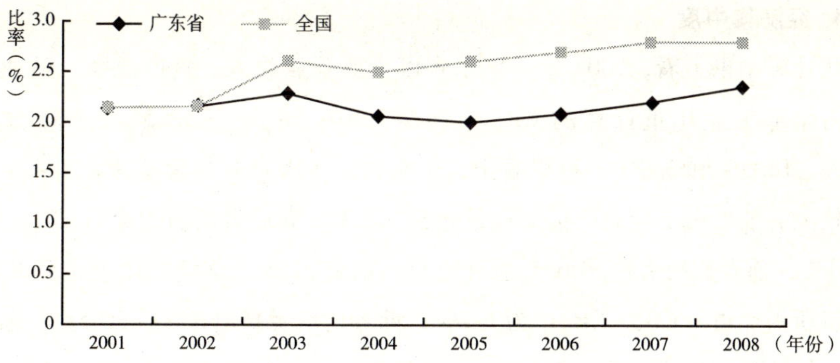

图3　2001～2008年广东省科技内部经费支出占地区生产总值比率情况

资料来源：科技经费内部支出总额来源于历年《中国科技统计年鉴》，地区生产总值来源于《中国统计年鉴》（2006和2008），2008年数据来源于《2008年广东省国民经济和社会发展统计公报》。

略有缩小，低于0.5个百分点。可以看出，虽然广东省"十一五"以来研发经费强度持续提高，但是与全国平均水平依然有不小的差距，这将会在未来影响其整体竞争力。

3. 多样化指数

"十一五"以来，广东省产品多样化指数稳步提高，2007年和2006年分别为0.931和0.920，分别比2005年（0.917）提高了0.014和0.003。但是与2000年相比，广东省产品多样化指数却出现了下降，2000年其多样化指数为0.936，2007年比2000年下降了0.005，这就表明广东省产品多样化指数是在经历了"十五"期间下降的基础之上而在"十一五"出现上升的（见图4）。

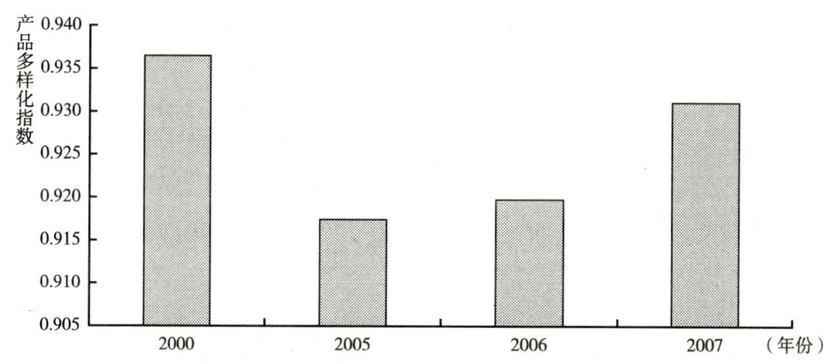

图4　2000～2007年广东省产品多样化指数情况

4. 经济集中度

从计算结果上看，2007 年，广东省以主要营业收入、资产总额、从业人员数量占全部工业比重计算的 CR_4 分别是 9.5%、8.3% 和 2.5%，CR_8 分别是 12.9%、10.0% 和 3.3%。可以看出，广东省前 4 大企业与紧随其后的 4 个企业差距较大，前者占工业总产值的比重达到 9.5%，而后者所占比重（CR_8-CR_4）为 3.4%，前者比后者高出 6.1 个百分点；前者占资产总额的比重达到 8.3%，而后者所占比重（CR_8-CR_4）为 1.7%，前者比后者高出 6.6 个百分点；前者占从业人员数量的比重达到 2.5%，而后者所占比重（CR_8-CR_4）为 0.8%，前者比后者高出 1.7 个百分点（见表 4）。

表 4　2004～2007 年广东省以不同维度衡量的 CR_4 和 CR_8 情况

单位：%

指标 / 项目 / 年份	CR_4			CR_8		
	主营业务收入占工业总产值比重	资产占全部工业资产比重	从业人数占工业从业人数比重	主营业务收入占工业总产值比重	资产占全部工业资产比重	从业人数占工业从业人数比重
2004	7.9	7.8	0.8	11.4	11.8	1.7
2005	7.6	8.1	1.1	11.7	10.9	2.2
2006	7.4	3.8	2.0	10.8	5.7	2.4
2007	9.5	8.3	2.5	12.9	10.0	3.3

数据来源：根据历年《中国大型工业企业年鉴》和历年《中国统计年鉴》的相关数据计算。

从指标的变动情况看，广东经济集中度在 2004～2007 年经历了一个从下降到上升的过程。其中，2004～2006 年经济集中度呈现下降趋势。进入 2007 年后，广东省经济集中度指标迅速提高，而且大多数衡量经济集中度的指标，其数值高于 2005 年。例如，以主营业务收入维度衡量的 CR_4 指标在 2007 年为 9.5%，比 2006 年和 2005 年分别上升了 2.1 个和 1.9 个百分点。

三　广东优势产业分析

广东省的很多行业都具有很高的市场占有率，其规模竞争力很强。但是依据我们的分类标准，广东省竞争力极强的行业仅包括文教体育用品制造业和通信设备、计算机及其他电子设备制造业两个行业。

1. 文教体育用品制造业

文教体育用品制造业是广东省竞争优势极强的产业，2007 年其市场占有率达到 37.96%，虽然比 2000 年的 40.40% 有所下降，但是比 2005 年的 33.89% 却有所提高。显示比较优势指标也经历了类似的变化，2007 年，文教体育用品制造业的显示比较优势指数达到 3.150，虽然比 2000 年（3.505）有所下降，但是却比 2005 年（2.598）有所提高。2008 年广东省文教体育用品制造业依然保持了快速发展的态势，实现增加值 262.6 亿元，同比增长 28.9%①。这表明广东省文教体育用品制造业在经历了"十五"期间竞争力有所下降的阶段之后，"十一五"期间的竞争力正逐步提高。文教体育用品制造业属于劳动密集型产业，该产业之所以成为广东省的一个优势产业，与珠江三角洲诸多从事文教体育用品制造业的中小企业集群紧密相关。发达的分工体系、较低的劳动力成本构成了其竞争优势。

2. 通信设备、计算机及其他电子设备制造业

通信设备、计算机及其他电子设备制造业是广东省另一个竞争力极强的产业，2007 年其市场占有率达到 31.81%，比 2005 年（36.62%）有所下降。从显示比较优势指数看，2007 年达到 2.640，比 2005 年（2.807）低 0.167。可以看出，虽然广东省通信设备、计算机及其他电子设备制造业依然占据全国市场 1/3 左右的份额，但是其竞争力在近年却呈现出逐步下降的趋势。广东省作为中国一个高科技产业比较发达的地区，涌现出了一批在国内外都较有影响力的通信企业，如华为技术有限公司就是国内技术创新能力突出的企业。但是，由于广东省研发经费强度比较低，在很大程度上限制了通信设备、计算机及其他电子设备制造业未来竞争力的提高。

四 国际金融危机对广东产业竞争力的影响

国际金融危机对广东省的出口造成了较为严重的影响。在出口方面，2008 年下半年出现了急剧下降，其中 11 月、12 月出现了负增长，2008 年全年出口额

① 数据来源于广东省统计信息网。

增长9.4%，比上年回落了12.8个百分点①；2009年上半年，出口持续陷入负增长，其中1月的出口增幅为-23.6%，达到谷底，之后有所提升，2月、3月、4月的出口增长率分别为-16.9%、-14.3%、-16.1%，5月份又开始下降，增长率为-21.2%，2009年全年出口额为3589.56亿元，同比下降11.5%②。然而，与全国出口的变动情况相比，广东省出口额的降幅较低，2009年全国出口同比降低16.0%，比广东省降幅高了4.5个百分点，这就意味着广东省2009年出口额占全国比重实际上还略微上升。

从工业增加值的角度看，2008年下半年广东省依然保持了高速增长，除了7月份之外，2008年下半年的其他月份广东省工业增加值的增长速度都高于全国平均水平。自2009年之后，广东省工业增加值增长速度明显放缓，低于全国平均水平（见图5）。从市场占有率的情况看，2008年以全部工业增加值衡量的市场占有率为13.4%，高于2007年的12.0%。虽然2009年广东省受国际金融危机影响，市场占有率比2008年略有下降，但是市场占有率仍然比2007年有所提高，金融危机对广东省市场竞争力的影响相对比较小，其竞争力反而有所提高。

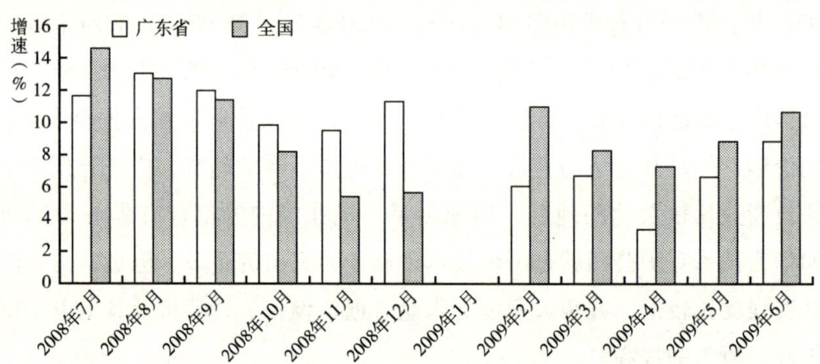

图5 2008年7月~2009年6月广东省和全国工业增加值增加速度

注：数据来源于国家统计局网站，其中缺乏2009年1月数据。

整体而言，虽然国际金融危机对广东省经济造成了十分不利的影响，但是从竞争力的角度看，对广东省的竞争力并没有造成负面影响。之所以会形成这种反

① 广东省统计局：《2008年对外经济发展情况分析》，广东省统计信息网，2009年3月17日。

② 数据来源于广东省统计信息网。

差，一方面在于广东省工业规模比较大且外向性强，国际金融危机导致广东省大量企业特别是出口型企业面临经营困境，因而对其经济造成了严重影响。但另一方面，广东省经济规模大，各行业占全国比重普遍比较高，抵抗外部风险的能力相对较强，同时国际金融危机持续的时间并不很长，因而对广东省的竞争力并没有造成特别重大的影响。

五　2010 年广东产业竞争力的判断

2010 年广东省产业竞争力将呈现出整体提高的趋势。但是，从不同行业类型上看，劳动密集型产业将面临较为严重的要素制约，其竞争力有可能会降低，资本和技术密集型产业的竞争力则很可能在现有的基础之上进一步提高。

从整体外部环境上看，从 2010 年开始，国际金融危机的影响将逐步消退，主要发达国家很可能逐步恢复经济正增长，而中国经济也将逐步走出国际金融危机的阴影，转入高速增长的轨道。在内外环境的影响下，作为中国主要工业基地的广东省将会迎来一个工业快速增长的时期，因而从整体上看，广东省整体产业竞争力很可能会在 2010 年稳步提高。

对劳动密集型产业而言，由于面临“民工荒”等要素资源的制约，在 2010 年其竞争力有可能降低。广东省劳动密集型产业的竞争力主要来源于产品的低价格因素，这就需要稳定的廉价劳动力来源。然而，随着劳动力价格的持续上涨，劳动密集型产业要获取充足的劳动力，就必须提高工资水平，这就会降低其价格竞争力。另一方面，在产业转移成为大趋势的前提下，要继续扩大广东劳动密集型产业的规模将面临较大的困难。因此，我们认为在 2010 年及之后的若干年，广东省的劳动密集型产业在市场占有率、显示比较优势指数等指标方面很可能会逐步降低，竞争力也会相应降低。

对资本和技术密集型产业而言，2010 年其增长速度很可能会高于工业平均水平的速度，因而其竞争力有可能会继续提高。但是，广东省的研发经费强度在近年一直低于全国平均水平，这虽然在短期内可能难以影响到竞争力，而从长期看，这将严重制约技术密集型产业的发展。

六 提升广东产业竞争力的对策建议

第一，要不断加大研发投入，持续提高研发经费强度。广东省虽然高科技产业比较发达，但是其研发经费强度却非常低，这对未来广东省产业竞争力的提高构成了很大的威胁。要解决这个问题，广东省政府应该采取广泛措施，通过税收、融资等方面的优惠政策，鼓励企业加大研发投入，特别是对重大科技创新以及具备自主知识产权的本土企业从事创新给予重点扶持，从而推动产业竞争力的持续提高。

第二，创造良好的用工环境，保证充裕的劳动力供应。在近期及较长时间内，广东省劳动密集型产业都将面临劳动力供应不足的问题。要解决这个问题，政府应该与企业联合创造良好的用工环境，以保证充裕的劳动力供应。一方面，政府应积极鼓励企业不断提高用工待遇，监督企业遵守相关法律，创造一个吸引劳动力的环境；另一方面，不断提高公共培训水平，同时积极支持企业加强员工培训，以解决劳动力在需求和供应上存在的结构性矛盾。

第三，积极扶持高新技术产业发展，不断提高高新技术产业的比重。广东省虽然是中国工业比较发达的地区，工业规模大，但是其发展正面临来自其他地区的挑战，一些传统的竞争优势正在消失。要不断提高竞争力，广东省就应该着重发展高新技术产业，特别是一些在国际上正处于快速发展但仍旧不成熟的产业，以便在未来的竞争中占据有利位置，不断提高地区竞争力。

江苏产业竞争力

郭文杰*

一 “十一五”期间江苏产业竞争力的变化

1. 市场占有率

从2000年到2004年，江苏省工业市场占有率不断提高，从2000年的10.28%上升到2004年的11.54%；而2004～2007年其工业市场占有率有所降低，降至2007年的11.04%；2008年工业市场占有率快速提升，达到12.96%（见图1）。

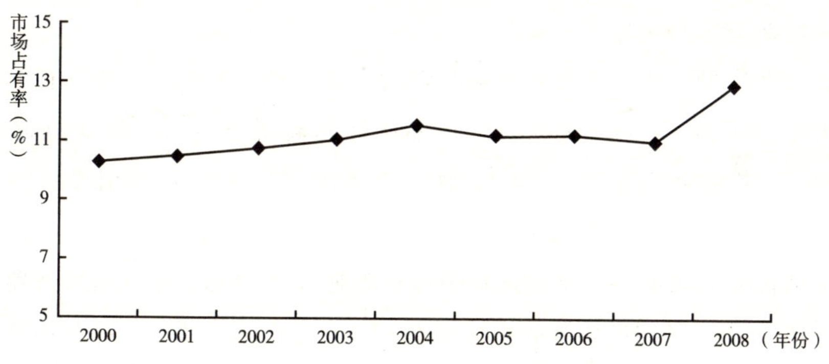

图1 2000～2008年江苏省工业市场占有率

分行业来看2000年江苏省各工业行业的市场占有率水平。全国市场占有率超过10%的行业达到14个，其市场占有率从低到高依次为：橡胶制品业（10.12%），医药制造业（10.40%），木材加工及木、竹、藤、棕、草制品业（13.90%），专用设备制造业（14.42%），仪器仪表及文化、办公用机械制造业

* 郭文杰，中国船舶工业市场研究中心工程师。

(14.67%)，塑料制品业（14.80%），文教体育用品制造业（16.07%），电气机械及器材制造业（16.44%），化学原料及化学制品制造业（17.04%），金属制品业（17.64%），纺织服装、鞋、帽制造业（17.95%），通用设备制造业（19.99%），纺织业（23.51%），化学纤维制造业（24.38%）。

分行业看2005年江苏省各工业行业的市场占有率水平，市场占有率超过10%的行业达到19个，其市场占有率从低到高依次为：医药制造业（10.66%），造纸及纸制品业（11.00%），橡胶制品业（11.72%），黑色金属冶炼及压延加工业（12.15%），塑料制品业（12.48%），专用设备制造业（13.65%），仪器仪表及文化、办公用机械制造业（14.70%），电气机械及器材制造业（14.98%），文教体育用品制造业（15.08%），木材加工及木、竹、藤、棕、草制品业（15.36%），通用设备制造业（16.34%），废弃资源和废旧材料回收加工业（16.61%），化学原料及化学制品制造业（17.01%），金属制品业（17.03%），通信设备、计算机及其他电子设备制造业（20.88%），纺织服装、鞋、帽制造业（21.33%），纺织业（23.09%），化学纤维制造业（35.51%），其他采矿业（68.13%）。

分行业看2007年江苏省各工业行业的市场占有率水平，市场占有率超过10%的行业达到17个，其市场占有率从低到高依次为：造纸及纸制品业（11.2%），塑料制品业（11.4%），橡胶制品业（12.1%），专用设备制造业（12.6%），黑色金属冶炼及压延加工业（12.7%），木材加工及木、竹、藤、棕、草制品业（14.4%），文教体育用品制造业（14.7%），电气机械及器材制造业（15.9%），通用设备制造业（16.0%），仪器仪表及文化、办公用机械制造业（16.4%），金属制品业（16.8%），化学原料及化学制品制造业（17.1%），其他采矿业（20.1%），纺织服装、鞋、帽制造业（20.3%），通信设备、计算机及其他电子设备制造业（21.2%），纺织业（21.6%），化学纤维制造业（35.4%）。

综合3个时点的数据分析，可以得到，江苏省市场占有率一直较高的行业为化学纤维制造业，纺织业，纺织服装、鞋、帽制造业，通用设备制造业，化学原料及化学制品制造业，金属制品业，其3年平均市场占有率分别为31.77%、22.73%、19.86%、17.44%、17.05%、17.16%。

2. 显示比较优势指数

2000 年江苏省显示比较优势指数高于 1 的行业较多，达到了 13 个。江苏省显示比较优势指数高于 1 的行业从低到高分别为：医药制造业（1.01），木材加工及木、竹、藤、棕、草制品业（1.35），专用设备制造业（1.40），仪器仪表及文化、办公用机械制造业（1.43），塑料制品业（1.44），文教体育用品制造业（1.56），电气机械及器材制造业（1.60），化学原料及化学制品制造业（1.66），金属制品业（1.72），纺织服装、鞋、帽制造业（1.75），通用设备制造业（1.95），纺织业（2.29），化学纤维制造业（2.37）。

2005 年江苏省显示比较优势指数高于 1 的行业有 17 个，从低到高分别为：橡胶制品业（1.05），黑色金属冶炼及压延加工业（1.09），塑料制品业（1.12），专用设备制造业（1.22），仪器仪表及文化、办公用机械制造业（1.31），电气机械及器材制造业（1.34），文教体育用品制造业（1.35），木材加工及木、竹、藤、棕、草制品业（1.37），通用设备制造业（1.46），废弃资源和废旧材料回收加工业（1.49），化学原料及化学制品制造业（1.52），金属制品业（1.52），通信设备、计算机及其他电子设备制造业（1.87），纺织服装、鞋、帽制造业（1.91），纺织业（2.06），化学纤维制造业（3.17），其他采矿业（6.09）。

2007 年江苏省显示比较优势指数高于 1 的行业有 17 个，从低到高分别为：造纸及纸制品业（1.01），塑料制品业（1.03），橡胶制品业（1.09），专用设备制造业（1.14），黑色金属冶炼及压延加工业（1.15），木材加工及木、竹、藤、棕、草制品业（1.30），文教体育用品制造业（1.33），电气机械及器材制造业（1.44），通用设备制造业（1.44），仪器仪表及文化、办公用机械制造业（1.49），金属制品业（1.52），化学原料及化学制品制造业（1.55），其他采矿业（1.82），纺织服装、鞋、帽制造业（1.84），通信设备、计算机及其他电子设备制造业（1.92），纺织业（1.96），化学纤维制造业（3.21）。

综合 3 个时点的数据分析，可以得到，江苏省具有显示比较优势的行业较多。显示比较优势指数一直较高的行业为化学纤维制造业，纺织业，纺织服装、鞋、帽制造业，通用设备制造业，金属制品业，化学原料及化学制品制造业，其 3 年平均相对显示比较优势指数分别为 2.92、2.10、1.83、1.62、1.59、1.58。

3. 产品技术含量指数

新世纪以来，江苏省产品的技术含量基本稳定。产品的技术含量指数2000年为0.707，2007年为0.78（见图2）。

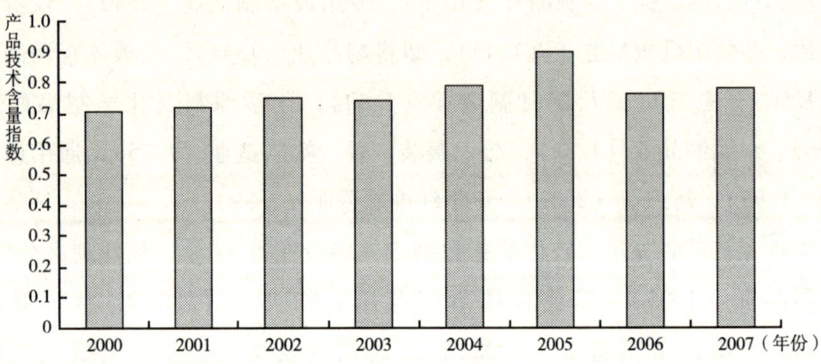

图2 2000～2007年江苏省产品技术含量指数

二 江苏产业竞争力的影响因素分析

1. 产业创新

产业创新水平一般采用研发经费投入（或科技经费内部支出）占工业增加值或销售收入的比重来衡量。主要反映科研开发的投入比重以及产出效率。

总体而言，江苏省从2008年起建立了全面反映全省科技产出状况的统计制度，按年度、季度和月度实施统计，对实时掌握科技投入产出动态，推动企业科技创新、不断提高科技产出起到了积极作用。近年来江苏高度重视科技发展工作，大幅度增加财政科技投入，通过实施各类科技计划和专项，引导全省科技经费快速增长。2008年江苏全社会科技活动经费突破千亿元，达到1080亿元，比上年增长20.0%，研发活动经费540亿元，占地区生产总值的1.8%。

横向比较，与广东、浙江相比，江苏科技投入增长较快。2008年江苏全社会科技活动经费分别比广东和浙江多260亿元、480亿元，同比增幅分别比广东和浙江高4.76、17.56个百分点（见表1）。

表1　2008年江苏、广东、浙江研发投入情况

单位：亿元，%

省份	经费投入	同比增幅	经费投入	同比增幅
江苏	1080	20.0	540	25.56
广东	820	19.4	490	20.8
浙江	600	16.1	343.79	8.0

表2　2000~2008年江苏省科技活动经费支出情况

单位：亿元，%

年份	GDP	活动经费支出科技	占GDP比重
2000	8553.7	73.1	0.85
2001	9456.8	92.3	0.98
2002	10606.9	109.1	1.03
2003	12442.9	150.5	1.21
2004	15003.6	214	1.42
2005	18305.7	270.3	1.48
2006	21645.1	346.1	1.60
2007	25741.2	430.2	1.67
2008	30024.0	540	1.8

2009年江苏省全社会研发投入680亿元，占全省GDP比重突破2%，提前一年完成“十一五”规划目标，基本达到创新型国家的投入水平。特别值得注意的是，从2010年起，江苏省将研发投入列入年度发展大目标，突出鼓励技术创新、加大研发投入，以带来经济增长贡献的结构性转变，保证GDP的健康增长。

从工业企业的研发统计来看，2008年，全省工业企业科技活动经费支出973.46亿元，研发活动经费支出488.43亿元，分别占工业销售收入的1.55%和0.78%。大中型工业企业的科技活动经费支出情况如表3所示，科技经费内部支出占销售收入的比重在不断提高。

表4为分行业的2008年江苏省大中型企业科技经费内部支出情况。从制造业中可以看出，医药制造业、专用设备制造业、电气机械及器材制造业的科技经费内部支出占主营业务收入的比重较高。

综合从全省总体科技研发投入和工业企业的研发投入来看，江苏省的产业创新水平已经处于较高水平。

表 3 江苏省大中型工业企业科技经费内部支出

单位：亿元，%

年份	科技经费内部支出	销售收入	比重
2004	123.99	15450.08	0.80
2005	175.84	20803.05	0.85
2006	238.77	25933.65	0.92
2007	321.85	32496.70	0.99
2008	409.02	36554.11	1.12

数据来源：根据历年《江苏统计年鉴》整理计算。

表 4 分行业 2008 年江苏省大中型工业企业科技经费内部支出

单位：亿元，%

行　　业	科技经费内部支出	主营业务收入	比重
采矿业	4.53	398.05	1.14
煤炭开采和洗选业	3.03	218.98	1.38
石油和天然气开采业	0.77	101.53	0.76
黑色金属矿采选业	0.05	40.45	0.12
有色金属矿采选业	0.02	5.17	0.39
非金属矿采选业	0.66	31.92	2.07
制造业	402.64	34015.31	1.18
农副食品加工业	1.31	416.67	0.32
食品制造业	0.84	130.24	0.64
饮料制造业	3.52	246.45	1.43
烟草加工业	0.26	269.55	0.10
纺织业	12.53	1967.27	0.64
纺织服装、鞋、帽制造业	5.57	837.99	0.66
皮革、毛皮、羽毛(绒)及其制品业	0.13	179.28	0.07
木材加工及木、竹、藤、棕、草制造业	3.54	183.14	1.93
家具制造业	0.04	74.52	0.05
造纸及纸制品业	7.16	458.42	1.56
印刷业和记录媒介的复制	0.23	58.74	0.39
文教体育用品制造业	1.13	83.94	1.35
石油加工、炼焦及核燃料加工业	0.75	742.37	0.10
化学原料及化学制品制造业	50.73	3127.19	1.62
医药制造业	15.18	504.59	3.01
化学纤维制造业	7.52	849.60	0.89
橡胶制品业	3.43	313.68	1.09

续表 4

行　　业	科技经费内部支出	主营业务收入	比重
塑料制品业	4.95	351.92	1.41
非金属矿物制品业	4.32	512.17	0.84
黑色金属冶炼及压延加工业	48.03	5092.68	0.94
有色金属冶炼及压延加工业	6.33	403.69	1.57
金属制品业	14.90	1087.74	1.37
通用设备制造业	29.63	1633.26	1.81
专用设备制造业	15.32	652.98	2.35
交通运输设备制造业	27.83	2173.46	1.28
电气机械及器材制造业	57.07	2767.42	2.06
通信设备、计算机及其他电子设备制造业	69.87	8086.11	0.86
仪器仪表及文化、办公用机械制造业	10.29	720.57	1.43
电力、燃气及水的生产和供应业	1.85	2140.71	0.09
电力、热力的生产和供应业	1.71	2066.77	0.08
燃气生产和供应业	0.05	44.98	0.11
水的生产和供应业	0.09	28.96	0.31

数据来源：根据《江苏统计年鉴》(2009) 计算。

2. 经济集中度

依据统计年报中营业收入指标对江苏省工业企业进行排名，2008 年江苏沙钢集团有限公司以年营业收入 1452.32 亿元的佳绩位列江苏省百强企业首位，江苏省电力公司、苏宁电器集团均超千亿元，分列第二、三位。

从行业分布看，江苏省百强企业（集团）主要分布于电子（18 家）、石化（12 家）、轻纺（12 家）、机械（11 家）、冶金（10 家）等制造产业及建筑（5 家）、贸易（17 家）行业，同时，进入江苏省百强的服务业企业（集团）已达 27 家。这充分表明电子、石油化工、纺织等行业的经济集中度较高。

从数据计算看，2008 年，江苏省工业企业总数为 45818 家，工业增加值总计为 63976.2 亿元，而江苏省百强企业的营业收入总额为 22466.48 亿元。以此衡量江苏省百强企业的营业收入占到全省工业企业的 35.1%。

此外，按照 2008 年《中国大型工业企业年鉴》对于江苏省工业企业的经济集中度予以考察，如表 5 所示。从主营业务收入考察，CR_3 为 5.57%，CR_4 为

6.64%，CR_5 为 7.40%，CR_8 为 9.39%，CR_{10} 为 10.59%；从资产情况考察，CR_3 为5.81%，CR_4 为6.17%，CR_5 为6.87%，CR_8 为8.56%，CR_{10}为8.97%；从从业人员考察，CR_3 为 0.80%，CR_4 为 0.89%，CR_5 为 1.04%，CR_8 为 1.63%，CR_{10}为1.87%。

表5　江苏省经济集中度

单位：万元，人

排名	企　业	主营业务收入	资产总计	从业人数
1	江苏省电力公司	12170808	11333137	35233
2	江苏沙钢集团有限公司	11550416	8214825	26706
3	扬子石油化工股份有限公司	5956147	2517630	7333
4	金陵石化公司	5749668	1385626	7716
5	南京钢铁集团有限公司	4029137	2672866	12424
6	江苏悦达集团有限公司	3736954	2539557	19617
7	熊猫电子集团有限公司	3489620	2118826	11599
8	江苏华西集团公司	3362742	1752039	19958
9	乐金飞利浦液晶显示(南京)有限公司	3321520	318134	4817
10	徐州工程机械集团有限公司	3080167	1247541	15901
	江苏全省	533163800	380112200	8610500

资料来源：《中国大型工业企业年鉴》(2008)。

三　江苏优势产业分析

江苏省的优势产业为化学纤维制造业，纺织业，纺织服装、鞋、帽制造业。

江苏省的化纤行业品种齐全布局合理。江苏化纤行业有粘胶、涤纶、锦纶、腈纶、丙纶和氨纶等品种，龙头优势明显。扬子石化和仪征化纤是江苏乃至国内最大的化纤原料及制品生产企业；江苏化纤企业主要分布在苏州、无锡、盐城、扬州等地区。近年来，江苏吴江地区依靠东方丝绸市场，大力发展化纤生产业，通过引进一大批高档喷水或喷气织机取代普通织机，给吴江化纤发展带来了新的机遇。

江苏省的化工产业集群特色明显。现在长江沿岸化工产业带已经集中了江苏省2/3以上的化工生产能力，形成了规模和特色及集群优势，有以扬子石化、金陵石化、仪征化纤为主体的特大型南京化工生产基地，还有南京化学工业园、镇江国际化学工业园、扬州沿江化工区、中国精细化工（泰兴）开发区、常州滨江工业区、江阴新材料工业园、张家港扬子江国际化学工业园、太仓石化工业园等11家国家级、省级化工园区。

江苏省纺织服装产业具备诸多优势与特点，如独特的地理位置、科研教育、人力资源优势。纺织业是江苏省传统优势产业，产销衔接状况良好，棉纺织行业和服装行业是江苏纺织行业中举足轻重的两大行业，纺织服装业是江苏省出口创汇的大户。在纺织业产业集群的发展上，江苏现已有中国纺织产业基地市（县）5个、中国纺织产业特色名城2个、中国纺织产业特色名镇12个。在近30个纺织服装集群中，呈现出专业化特色明显、产业链体系完整、中小企业集聚效应显著的特色。

特别需要指出的是，江苏的产业集群发展已形成一定规模，包括了以电子及通信设备制造业产业集群、纺织业产业集群、化工产业集群为主的多个产业集群，特别是电子及通信设备制造业产业依托苏州高新技术开发区、苏州工业园区、昆山经济技术开发区、吴江经济技术开发区、无锡高新技术开发区、南京珠江路科技园、江苏软件园等10个信息产业基地（园区），重点发展计算机整机、集成电路、光电子设备及光纤、软件、数字化视听产品、新型电子元器件、计算机配件、信息网络安全设备、手机和通信基站、网络通信设备及终端10个产品群的建设，形成了良好的集群绩效。

四　国际金融危机对江苏产业竞争力的影响

1. 订单不足导致出口量下降

美国次贷所引发的全球性金融危机，造成流动性紧缩，使中国对外出口迅速下滑，这直接导致江苏企业外贸订单减少，企业倒闭的事件时有发生，危机给江苏带来的影响较大，特别是对纺织业造成了较大冲击。

2009年上半年，江苏省共实现出口交货值6864.0亿元，同比下降4.7%，与2008年全年相比，增幅回落23.7个百分点。传统出口行业纺织业2009年上半年实现出口交货值336.7亿元，同比下降12.5%。

2. 部分企业经营困难

由于江苏省许多行业的外向型特征，严峻的形势导致出口企业销售困难，盈利水平降低，甚至亏损，开工率下降，停产或倒闭，工人失业。同时，出口企业也面临着货款回收风险。由于进口国经济衰退，企业和个人的支付能力下降，信用降低，出现支付困难，产品出口到货后不能及时收回货款，或根本无法收回货款。

3. 贸易摩擦逐渐增多

2009 年以来，江苏省遭遇反倾销、反补贴、保障措施（特别保障措施）、美国 337 调查等各类贸易摩擦案件 30 起，涉案金额 17.9 亿美元，超过前 5 年的涉案金额总和（17.8 亿美元），涉案企业 438 家，相当于上年全年的 1.7 倍。其中，钢铁、汽车及零部件分别占涉案总金额的 53% 和 40%；中小企业（年出口涉案产品 1000 万美元以内）涉案占 80% 以上；发展中国家（以印度为代表）发起的案件有 22 起，占案件总数的 73%。

五　2010 年江苏产业竞争力的判断及竞争力提升的政策建议

2010 年，江苏已提出将“创新型经济”作为结构调整的目标，将集中力量支持新能源和智能电网、新材料、生物技术和新医药、节能环保、软件和服务外包、物联网等新兴产业的发展。将大力培育自主知识产权和自主品牌，实施知识产权战略，支持企业设立和兼并国内外研发机构，并加大科技成果转化力度，推进 100 个具有自主知识产权的重大科技成果产业化。因此，总体而言，江苏省产业竞争力在新的一年里将会获得更快的发展。

为了进一步提升产业竞争力，江苏省可以进一步采取如下措施。

1. 促进产业政策的合理化

江苏省许多制造业部门已经具备了相当的实力，具备了独立发展的条件，但由于长期依赖外方资本及管理，难以形成国际竞争力。因此，政府应当及时调整政策，制定独立自主的产业发展战略，使有实力的企业逐渐摆脱外资控制，培育自生能力，寻求自主发展。对于技术落后、竞争力不强的企业，政府要制定合理的改造提升政策措施及衰退产业退出政策，促进产业合理布局，避免结构趋同与无序竞争，鼓励企业错位发展、差别竞争、集聚发展，从宏观战略上引导产业科学合理布局；通过有关的鼓励和惩罚举措，形成一种正向激励和负向激励，共同推动技术落后企业积极实施改造提升，积极引导经济增长方式的转变。此外，政府还应制定政策健全的现代服务体系，减少交易成本。

2. 提高技术自主创新能力

江苏产业技术的创新能力与国际先进水平相比还有很大的差距，绝大部分企业技术开发能力和创新能力比较薄弱，比如装备制造业大部分技术及关键设备仍然依赖进口。企业投入应注重科研开发投入，特别是资金雄厚的大企业，更应加大研发投入，成为产业技术发展的领导力量。江苏拥有众多的科研院所、高校、行业协会等专门研究机构，这些机构具有知识优势和技术优势，要鼓励企业通过与专业机构合作研发，实现技术的交流与扩散，从而加快企业技术创新的步伐。

要特别注意技术创新的策略。第一，在引进硬件的同时，还应该重视软件引进的比重，比如在引进成套设备的同时要注意引进技术许可、顾问咨询、技术服务等，为技术引进后的消化、吸收和创新创造条件。第二，注重引进能够带来先进技术的外商直接投资项目，通过外商直接投资实现技术转移，对于许多项目，应以能够实现技术转移作为先决条件。在制造业领域，重点引进形成高附加值生产制造的外商投资项目，尤其要在新能源、装备制造等产业推进外资的利用。

3. 进一步提升产业规模和产业集群

要大力打造上规模的制造企业，培育一批国际化经营程度高、适应国际市场通行规则、具备一定国际竞争力的大型企业和企业集团。应当制订明确的企业国际化发展计划，把提升江苏企业国际化水平和国际竞争力当作工作重点。划定重点培育的范围，在一定时期内重点支持数家企业提高国际化经营水平，提升江苏企业的国际竞争力。

在具有一定数量的大规模的制造企业的基础上，要提升整个产业集群水平，进一步发挥产业积聚效应，带动上下游关联企业的联动发展，充分享受规模化带来的收益。通过形成在一定地理区域中相对密集的企业群，达到加快技术传播速度、提高企业改进和创新的原动力、实现整体产业竞争力水平提升的目的。

参考文献

江苏省科技统计中心:《2008年江苏科技发展情况简析》,《江苏科技统计》2009年第4期。

章悦、钱筝筝、孟家光:《江苏纺织服装行业竞争力分析》2007年第6期。

毛雯璐:《江苏产业国际竞争力现状研究》,2009年,硕士论文。

戴跃强、强信然、白国华、王云、徐仲良:《当前化纤业现状及江苏化纤业发展对策》,《江苏纺织》2002年第9期。

浙江产业竞争力

王松 原磊*

一 “十一五”期间浙江产业竞争力的变化

“十一五”期间，面对国际金融危机和宏观经济环境变化带来的挑战，以及工业化、信息化、国际化、城市化、市场化发展的大趋势，浙江省通过对经济的调整、整合、提升，促进产业集聚，提高产业层次，壮大产业规模，其产业竞争力进一步增强，一些优势产业还具备了较强的国际竞争力。其具有现实竞争优势的产业主要分布在劳动密集型产业中，如化纤制造业、纺织业、服装鞋帽制造业、皮革毛皮羽毛（绒）及其制品业皮革等。同时，“十一五”期间，浙江不少具有潜在竞争优势行业的产业竞争力有了较大提升，其中包括资金技术、密集型产业，如废弃资源和废旧材料回收加工业、电气机械及器材制造业、通用设备制造业等。整体而言，浙江省工业在“十一五”期间尽管仍以劳动密集型、低附加值产品为主，但其新兴的以资金、技术密集型为主的产业竞争力也在快速提高。

1. 市场占有率

根据计算结果可知，浙江省在化学纤维制造业，纺织业，皮革、毛皮、羽毛（绒）及其制品业，纺织服装、鞋、帽制造业，工艺品及其他制造业，文教体育用品制造业，塑料制品业的市场占有率较高，都在12%以上；在黑色金属冶炼及压延加工业、农副食品加工业、有色金属矿采选业、黑色金属矿采选业、煤炭开采和洗选业、石油和天然气开采业、其他采矿业等资源密集型产业的市场占有率较低，都在3%以下。

* 王松，中国社会科学院研究生院博士；原磊，中国社会科学院工业经济研究所副研究员，工业运行室主任。

由表 1 可以看出，从 2000 年到 2008 年，就选取的 38 个工业行业总体而言，浙江省行业市场占有率有升有降，基本保持了平稳的发展态势，并保持了区域特色产业方面的优势。

表 1　浙江省 2000～2008 年各行业在全国的市场占有率（工业增加值）

单位：%

行业 \ 年份	2000	2005	2007	2008
煤炭开采和洗选业	0.4	0.12	0.07	0.05
石油和天然气开采业	0	0	0	0
黑色金属矿采选业	0.83	0.39	0.51	0.67
有色金属矿采选业	1.30	1.53	0.86	1.09
非金属矿采选业	3.66	5.37	4.27	4.38
其他采矿业	0.03	0	0	0
农副食品加工业	2.79	2.21	1.94	2.66
食品制造业	4.32	3.45	3.07	3.87
饮料制造业	7.43	5.46	5.52	6.04
烟草制品业	3.53	5.77	5.95	4.81
纺织业	13.85	17.63	16.93	20.95
纺织服装、鞋、帽制造业	15.89	16.42	15.55	15.32
皮革、毛皮、羽毛(绒)及其制品业	13.92	19.60	16.64	18.57
木材加工及木、竹、藤、棕、草制品业	7.94	8.58	6.75	7.75
家具制造业	6.65	11.76	12.83	14.64
造纸及纸制品业	8.73	8.31	8.32	10.99
印刷业和记录媒介的复制	5.86	8.01	8.20	9.54
文教体育用品制造业	10.86	13.92	14.03	15.49
石油加工、炼焦及核燃料加工业	4.58	4.19	3.28	4.88
化学原料及化学制品制造业	6.31	5.86	5.65	7.79
医药制造业	6.70	7.49	7.35	7.82
化学纤维制造业	9.96	21.71	26.75	38.95
橡胶制品业	8.42	8.63	8.03	9.42
塑料制品业	10.49	14.44	13.53	15.14
非金属矿物制品业	5.29	5.22	4.57	5.37
黑色金属冶炼及压延加工业	1.86	1.69	2.04	3.68
有色金属冶炼及压延加工业	3.94	5.65	4	6.68
金属制品业	8.44	10.18	9	11.76
通用设备制造业	11.83	12.87	11.66	12.05
专用设备制造业	7.32	7.43	7.01	6.49
交通运输设备制造业	5.32	6.50	6.41	7.86

续表1

行业 \ 年份	2000	2005	2007	2008
电气机械及器材制造业	10.21	10.23	10.42	12.05
通信设备、计算机及其他电子设备制造业	3.51	3.08	3.91	3.88
仪器仪表及文化、办公用机械制造业	11.35	11.17	10.76	10.30
工艺品及其他制造业	—	15.27	15.06	16.58
废弃资源和废旧材料回收加工业	—	14.60	11.52	20.05
电力、热力的生产和供应业	6.42	7.66	6.52	8.52
燃气生产和供应业	0	15.88	2.60	5.80
水的生产和供应业	6.20	8.03	8.53	9.21

说明：2008年是以工业总产值作为度量标准的。
资料来源：《中国统计年鉴》（2001～2009）。

由表2、表3、表4可知，浙江省主要行业在"十一五"期间的竞争力发展较为平稳，除了化学纤维制造业和纺织服装、鞋、帽制造业的市场占有率有较大增长外，大部分行业的市场占有率都和"十五"期间基本相同。应该说，浙江省"十一五"期间在增强了个别优势行业的基础上，其他优势行业也保持了优势现状。

表2　2005年浙江省的产业市场占有率排序（市场占有率大于5%）

单位：%

行　　业	占全国比重	行　　业	占全国比重
化学纤维制造业	21.71	木材加工及木竹藤棕草制品业	8.58
皮革、毛皮、羽毛(绒)及其制品业	19.60	造纸及纸制品业	8.31
纺织业	17.63	水的生产和供应业	8.03
纺织服装、鞋、帽制品业	16.42	印刷业及记录媒介的复制	8.01
工艺品及其他制造业	15.27	电力、热力的生产和供应业	7.66
废弃资源和废旧材料回收加工业	14.60	医药制造业	7.49
塑料制品业	14.44	专用设备制造业	7.43
文教体育用品制造业	13.92	交通运输设备制造业	6.50
普通机械制造业	12.87	化学原料及化学制品制造业	5.86
家具制造业	11.76	烟草制品业	5.77
仪器仪表及文化、办公用机械制造业	11.17	有色金属冶炼及压延加工业	5.65
电气机械及器材制造业	10.23	饮料制造业	5.46
金属制品业	10.18	非金属矿采选业	5.37
橡胶制品业	8.63	非金属矿物制品业	5.22

资料来源：《中国统计年鉴》（2006）。

表3　2007年浙江省的产业市场占有率排序（市场占有率大于5%）

单位：%

行　业	占全国比重	行　业	占全国比重
化学纤维制造业	26.75	水的生产和供应业	8.53
纺织业	16.93	造纸及纸制品业	8.32
皮革、毛皮、羽毛（绒）及其制品业	16.64	印刷业和记录媒介的复制	8.20
纺织服装、鞋、帽制造业	15.55	橡胶制品业	8.03
工艺品及其他制造业	15.06	医药制造业	7.35
文教体育用品制造业	14.03	专用设备制造业	7.01
塑料制品业	13.53	木材加工及木竹藤棕草制品业	6.75
家具制造业	12.83	电力、热力的生产和供应业	6.52
通用设备制造业	11.66	交通运输设备制造业	6.41
废弃资源和废旧材料回收加工业	11.52	烟草制品业	5.95
仪器仪表及文化、办公用机械制造业	10.76	化学原料及化学制品制造业	5.65
电气机械及器材制造业	10.42	饮料制造业	5.52
金属制品业	9.91		

资料来源：《中国统计年鉴》（2008）。

表4　2008年浙江省的产业市场占有率排序（市场占有率大于5%）

单位：%

行　业	占全国比重	行　业	占全国比重
化学纤维制造业	38.95	印刷业和记录媒介的复制	9.54
纺织业	20.95	橡胶制品业	9.42
废弃资源和废旧材料回收加工业	20.05	水的生产和供应业	9.21
皮革、毛皮、羽毛（绒）及其制品业	18.57	电力、热力的生产和供应业	8.52
工艺品及其他制造业	16.58	交通运输设备制造业	7.86
文教体育用品制造业	15.49	医药制造业	7.82
纺织服装、鞋、帽制品业	15.32	化学原料及化学制品制造业	7.79
塑料制品业	15.14	木材加工及木竹藤棕草制品业	7.75
家具制造业	14.64	有色金属冶炼及压延加工业	6.68
电气机械及器材制造业	12.05	专用设备制造业	6.49
普通机械制造业	12.05	饮料制造业	6.04
金属制品业	11.76	燃气生产和供应业	5.80
造纸及纸制品业	10.99	非金属矿物制品业	5.37
仪器仪表及文化、办公用机械制造业	10.30		

注：2008年是以工业总产值作为度量标准的。

资料来源：《中国统计年鉴》（2001～2009）

2. 显示比较优势指数

为了能进一步反映浙江省的产业竞争力情况，我们计算了以工业增加值为统计对象的2000～2007年浙江省各行业的显示比较优势指数。其中，2007年，浙江省显示比较优势较大的行业为：化学纤维制造业，纺织业，皮革、毛皮、羽毛（绒）及其制品业，纺织服装、鞋、帽制造业，工艺品及其他制造业，文教体育用品制造业，塑料制品业，家具制造业，通用设备制造业，废弃资源和废旧材料回收加工业，仪器仪表及文化、办公用机械制造业等，其显示比较优势指数的值都大于1.6（见表5）。说明浙江在这些行业上具有相对较强的产业竞争力。这些行业同时也在全国具有相对较高的市场占有率。

表5　2000～2007年浙江省各行业的显示比较优势指数（工业增加值）

行业＼年份	2000	2005	2007
煤炭开采和洗选业	0.06	0.02	0.01
石油和天然气开采业	0.00	0.00	0.00
黑色金属矿采选业	0.14	0.06	0.08
有色金属矿采选业	0.21	0.23	0.13
非金属矿采选业	0.60	0.80	0.66
其他采矿业	0.01	0.00	0.00
农副食品加工业	0.45	0.33	0.30
食品制造业	0.70	0.52	0.47
饮料制造业	1.21	0.82	0.85
烟草制品业	0.58	0.86	0.92
纺织业	2.25	2.63	2.62
纺织服装、鞋、帽制造业	2.59	2.45	2.40
皮革、毛皮、羽毛(绒)及其制品业	2.27	2.93	2.57
木材加工及木、竹、藤、棕、草制品业	1.29	1.28	1.04
家具制造业	1.08	1.76	1.98
造纸及纸制品业	1.42	1.24	1.29
印刷业和记录媒介的复制	0.95	1.20	1.27
文教体育用品制造业	1.77	2.08	2.17
石油加工、炼焦及核燃料加工业	0.75	0.63	0.51
化学原料及化学制品制造业	1.03	0.88	0.87
医药制造业	1.09	1.12	1.14
化学纤维制造业	1.62	3.24	4.13
橡胶制品业	1.37	1.29	1.24

续表 5

行业 \ 年份	2000	2005	2007
塑料制品业	1.71	2.16	2.09
非金属矿物制品业	0.86	0.78	0.71
黑色金属冶炼及压延加工业	0.30	0.25	0.32
有色金属冶炼及压延加工业	0.64	0.84	0.62
金属制品业	1.37	1.52	1.53
通用设备制造业	1.93	1.92	1.80
专用设备制造业	1.19	1.11	1.08
交通运输设备制造业	0.87	0.97	0.99
电气机械及器材制造业	1.66	1.53	1.61
通信设备、计算机及其他电子设备制造业	0.57	0.46	0.60
仪器仪表及文化、办公用机械制造业	1.85	1.67	1.66
工艺品及其他制造业	—	2.28	2.33
废弃资源和废旧材料回收加工业	—	2.18	1.78
电力、热力的生产和供应业	1.04	1.14	1.01
燃气生产和供应业	-0.01	0.24	0.40
水的生产和供应业	1.01	1.20	1.32

资料来源：《中国统计年鉴》（2001 ~ 2009）。

3. 产品技术含量指数

由图 1 可知，浙江省的产品技术含量指数从 2000 年至 2004 年经历了一个快速的上升期，随后进入了平稳期，其指数基本保持不变。

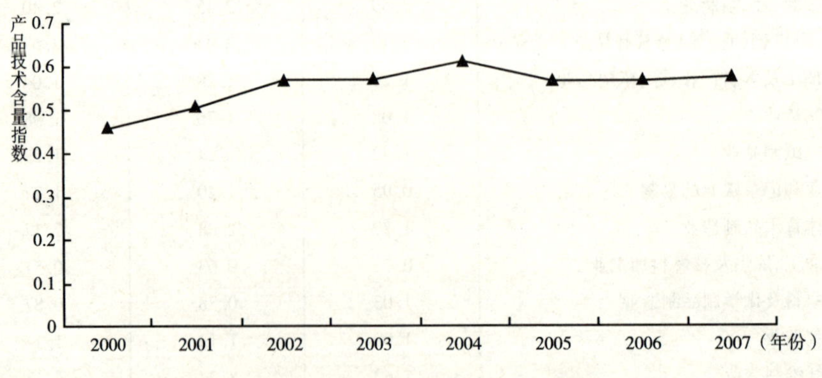

图 1　2001 ~ 2007 年浙江省产品技术含量指数

二　浙江产业竞争力的影响因素分析

要分析影响浙江省产业竞争力的因素，找出浙江省产业竞争力形成和变化的原因，我们认为应该主要从以下四个方面进行考察。

1. 产业创新

产业创新是指新产品和新工艺设想的产生（获取）、研究开发、应用于生产、进入市场销售并实现商业利益以及新技术扩散整个过程的一切技术经济活动的总和，分为产品创新与工艺创新，渐进性创新与基本性创新，资本节约型创新、劳动节约型创新和中性型创新，综合性创新四种类型。根据现代经济增长理论，技术创新在经济发展中越来越具有决定性的作用，也是产业竞争力形成和提高的关键因素。

由于产业创新需要科技研究经费的支持，因此，科研经费的投入在很大程度上决定了产业创新和企业自主创新的成败。为了能比较准确地衡量浙江省“十五”、“十一五”期间的科研经费投入情况，我们用科技经费内部支出的总额和占 GDP 的比重来衡量浙江省产业科技经费强度（其中，科技经费内部支出包括研发经费和新产品开发经费等），并进而用科技经费强度这一指标来间接衡量浙江省产业创新的程度。

从表 6 和图 2 可以看出，一方面，浙江省科技经费强度在 2008 年以前一直低于全国平均水平，说明浙江省产业的技术创新投入在全国各省中是相对较低的，未能较好地支撑浙江省的产业竞争力提升。另一方面，从增长情况看，浙江省“十一五”期间科研经费强度保持了快速增长的态势，到 2008 年科研经费强度已经高于全国平均水平，有力地支撑了浙江省产业竞争力的提升。

具体而言，科技经费内部支出占 GDP 的比重在 2000 年为 1.71%，此后开始不断上升，到 2005 年达到 2.39%，其提高速度高于全国平均水平。进入“十一五”期间，浙江省的科研经费强度进一步提高，到 2008 年达到 2.88%，提高了 0.49 个百分点，并高于全国平均水平，由此，产业创新优势得到了全面提高。浙江省科研经费强度的提高，显示了浙江省政府和企业对创新的重视程度较高，使得浙江省在产业创新方面开始获得领先优势。

表 6　2000～2008 年浙江省和全国科技经费内部支出情况

单位：亿元，%

浙江省				全国			
年份	科技经费内部支出	GDP	科技经费内部支出占 GDP 比重	年份	科技经费内部支出	GDP	科技经费内部支出占 GDP 比重
2000	104.89	6141.03	1.71	2000	2050.20	99214.55	2.07
2001	124.29	6898.34	1.80	2001	2312.50	109655.17	2.11
2002	150.03	8003.67	1.87	2002	2671.50	120332.69	2.22
2003	185.20	9705.02	1.91	2003	3121.57	135822.76	2.30
2004	243.85	11648.70	2.09	2004	4004.43	159878.34	2.50
2005	321.42	13437.85	2.39	2005	4836.20	183217.40	2.64
2006	407.85	15742.51	2.59	2006	5757.30	211923.50	2.72
2007	516.78	18780.44	2.75	2007	7098.90	257305.60	2.76
2008	619.52	21486.92	2.88	2008	8510.60	300670.00	2.83

资料来源：《中国统计年鉴》、《浙江省统计年鉴》（2001～2009），中国统计出版社。

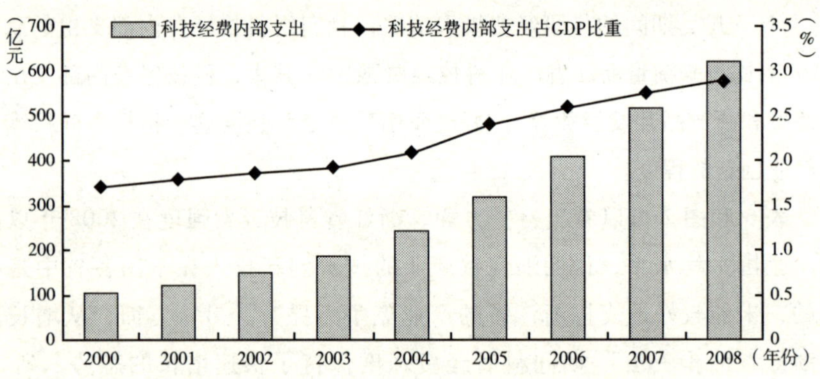

图 2　2000～2008 年浙江省科技经费内部支出及强度

2. 产品多样化指数

为了衡量各产业的产品多样化程度，采用吉布斯—马丁多样化指数对其进行刻画。如表 7 和图 3 所示，采用吉布斯—马丁多样化指数计算的全国工业的产品多样化指数由 2000 年的 0.95260 逐步增长到 2007 年的 0.95532；浙江省产品多样化指数也由 2000 年的 0.94497 增长到 2007 年的 0.94775，增长了 0.00278。其中，在“十五”期间是先升后降，在“十一五”期间一直保持增长。

比较而言，浙江省的产品多样化指数一直低于全国平均水平，不过在“十一五”期间，其指数的增长速度快于全国平均水平。

表 7　2000～2007 年浙江省和全国吉布斯—马丁产品多样化指数

年份	2000	2001	2002	2003	2004	2005	2006	2007
浙江	0.94497	0.94427	0.94547	0.94775	0.94497	0.94427	0.94547	0.94775
全国	0.95260	0.95329	0.95331	0.95333	0.95334	0.95336	0.95427	0.95532

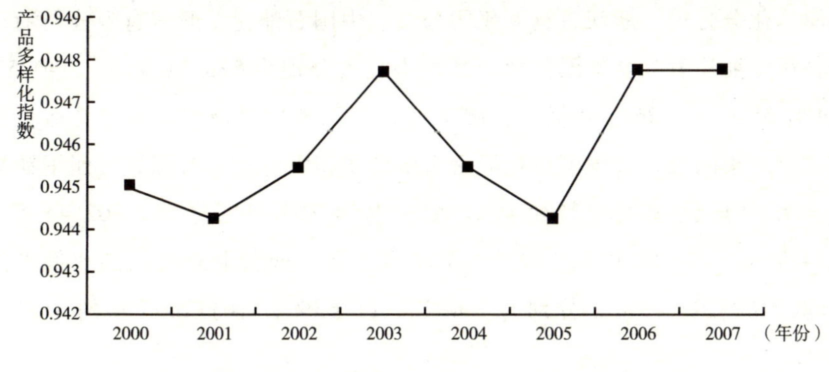

图 3　2000～2007 年浙江省产品多样化指数

3. 经济集中度

产业组织结构是指同 产业内厂商之间的比例关系，包括大中小型企业的分布状况、产业集中度、产业空间集群度、企业之间的分工与协作水平等内容。竞争力不仅可能来源于竞争，也可能来源于集中度或者产业集群。因此，我们说经济的集中度、产业的地区集聚性也是影响地区产业竞争力的重要因素。从经济集中度角度来看，浙江省在全国的经济集中度是较低的，而且在“十一五”期间有进一步下降的趋势。但就产业的地区集聚性来看，浙江省的优势产业集群一直发展较快，已经形成了多个大规模的产业集群，从而有力地促进了产业竞争力的提升。

就浙江省内部而言，我们根据中国企业联合会与中国企业家协会公布的浙江企业 100 强排名，以市场集中度来计算经济集中度，根据数据的可获得性，度量指标选取营业收入，即以排名前 4 和前 8 的企业占地区工业营业总收入的比重来计算（见表 8）。

表 8　2005～2008 年浙江省工业产业经济集中度

单位：%

年份	CR_4	CR_8	年份	CR_4	CR_8
2005	8.65	13.53	2007	6.91	11.07
2006	7.68	11.72	2008	7.65	11.63

数据来源：历年《中国工业经济统计年鉴》。

其中，2005 年，浙江省规模最大的 4 家企业分别是中国石化股份有限公司镇海炼化分公司、浙江省物产集团公司、中国石油化工股份有限公司浙江石油分公司、浙江省兴合集团公司，其销售收入分别为 578.34 亿元、440.57 亿元、428.59 亿元、264.70 亿元；2008 年，浙江省规模最大的 4 家企业分别是浙江省物产集团公司、中国石化股份有限公司镇海炼化分公司、杭州钢铁集团公司、万向集团公司，其销售收入分别为 1073.09 亿元、902.45 亿元、600.14 亿元、455.02 亿元，以其占浙江省工业企业营业总收入的比例来计算的 2008 年的 CR_4、CR_8，分别为 7.65%、11.63%，小于 2005 年的 8.65% 和 13.53%。

4. 总资产利润率

由表 9、图 4 可知，浙江省总资产利润率从 2000 年到 2003 年经历了一个上升过程，由 5.04% 增加到 6.34%，即总资产利润率提高了 1.30 个百分点，从 2003 年到 2005 年是持续下降，到 2005 年降到了 5.33%，随后开始回升，到 2007 年回升到 5.81%，2008 年总资产利润率再次下降到 4.60%，相比 2007 年下降了 1.21 个百分点，下降幅度较大，但考虑到金融危机的冲击，这一下降幅度并不能体现浙江省产业竞争力的实际变化情况。

表 9　2000～2008 年浙江省总资产利润率

单位：亿元，%

年　份	2000	2001	2002	2003	2004	2005	2006	2007	2008
利　润	353.4	459.5	606.1	793.63	999.0	1098.5	1375.5	1775.5	1634.2
资　产	7008	8016	9637	12526	17202	20609	24896	30582	35551
总资产利润率	5.04	5.73	6.29	6.34	5.81	5.33	5.53	5.81	4.60

数据来源：《浙江省统计年鉴》（2000～2009）。

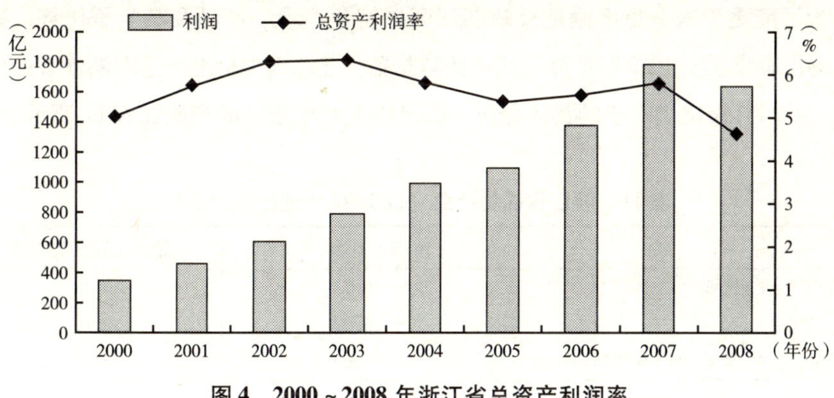

图4　2000～2008年浙江省总资产利润率

三　浙江优势产业分析

就浙江而言，其区域特色产业方面具有明显的优势，尤其是化学纤维制造业，纺织业，皮革、毛皮、羽毛（绒）及其制品业，纺织服装、鞋、帽制造业，工艺品及其他制造业，文教体育用品制造业，塑料制品业，家具制造业。

首先，我们依据市场占有率和显示比较优势指数将浙江省主要产业竞争优势度划分为四大类别，结果见表10。

表10　浙江产业竞争力分类

优势产业	一般优势产业	具有发展潜力的产业	竞争力偏弱的产业
化学纤维制造业	造纸及纸制品业	专用设备制造业	非金属矿物制品业
纺织业	医药制造业	交通运输设备制造业	有色金属冶炼及压延加工业
皮革、毛皮、羽毛(绒)及制品业	饮料制造业	橡胶制品业	食品制造业
电气机械及器材制造业	烟草加工业	印刷业和记录媒介的复制	食品加工业
文教体育用品制造业	化学原料及化学制品业	家具制造业	黑色金属冶炼及压延加工业
塑料制品业	金属制品业	通信设备、计算机及其他电子设备制品业	采掘业
工艺品及其他制造业	仪器仪表及文化、办公机械制造业		燃气生产和供应业
	木材加工及木竹藤棕草制品业		

资料来源：课题组整理。

为了能更深入、更准确地反映浙江区域特色产业、产品及其竞争优势，我们以市场占有率大于10%以及显示比较优势指数大于2.5为标准来选取浙江省的优势产业，并对其做出进一步的具体分析。满足以上两个条件的产业如表11所示。

表11　浙江省优势产业（以2007年的数据为例）

行　业	市场占有率(%)	显示比较优势指数
化学纤维制造业	26.75	4.13
纺织业	16.93	2.62
皮革、毛皮、羽毛(绒)及其制品业	16.64	2.57

资料来源：课题组整理。

1. 化学纤维制造业

浙江化纤行业品种齐全布局合理，而且化纤业技术起点高。在“十一五”期间注重突出了自身特色，一方面，重点发展了化纤及化纤面料、丝绸、经编、家用和产业用纺织品等产品，现在浙江化纤行业有粘胶、涤纶、锦纶、腈纶、丙纶和氨纶等品种，龙头优势都很明显；另一方面，瞄准国际先进水平，重点抓了高新技术纤维，尤其是正集中精力突破差别化纤维和印染后整理的产业技术“瓶颈”，并取得了一定成效，使得产业竞争力进一步加强。

浙江化学纤维制造业的产业集群特色明显。现已经在杭州、宁波、绍兴、温州等地形成了产业带，集中了浙江省2/3以上的化学纤维生产能力，并具备了规模、特色及集群优势。经过“十五”、“十一五”的改造发展，浙江省的远东化纤集团、桐昆集团、恒逸集团已跻身全国化纤行业十强企业之列。在丝绸、针织、印染、产业及家用纺织品等行业，一批企业也相继进入全国同行业的前列。

2. 纺织业

浙江省纺织工业在全国地位举足轻重，2008年，浙江纺织业工业总产值在全国同行业中居第1位，全省全部棉纺能力已有50%达到国内先进水平，30%的织布设备达到国际先进水平，尤其是新增的特宽幅印染生产线，均为国内一流水平。

浙江省在棉纺纱锭、气流纺纱锭以及织布机的拥有数量等方面均位居全国第一，优势企业和优势产品出口势头强劲，毛巾、抽纱等家用纺织品出口额已居全国首位，并在日、韩及东南亚市场占据了较大份额，对浙江省外贸出口起着重要的支撑作用，并形成了一批在全国具有影响力的纺织特色产业集群，主要集中在绍兴、杭州、宁波、温州、嘉兴、湖州6市，产业规模占全省纺织工业的85%。如绍兴、萧山的化纤及化纤面料，宁波、温州的服装，杭州的女装，平湖的出口服装，嵊州的领带，海宁的经编，象山的针织、桐乡的羊毛衫，余杭、海宁的家用纺织品，诸暨、义乌的袜业等，已在全国具有较高的知名度和市场占有率。目前，浙江省已有绍兴县、萧山区、海宁市、余杭区、嵊州市、乐清市、瑞安市、象山县、天台县9个县市区被中国纺织工业协会授予“全国纺织产业基地县(市)”、“中国纺织产业特色城”称号。同时，民营纺织企业在竞争中迅速发展壮大，形成了一批行业龙头企业。在全国服装“双百强”企业中，浙江省占有32家，雅戈尔等5家服装企业进入了全国十强。

浙江省纺织服装产业还具有以专业市场为依托、实现产销结合的市场优势。在浙北、浙东地区就集中了十多个相关专业市场，包括绍兴中国轻纺城、嵊州中国领带城、海宁皮革服装城、湖州治里童装市场、绍兴染料城等。其业务范围涉及产业链的各个方面，无论是面料、辅料、服饰配件，还是印染、后处理及原材料，也无论是针织还是梭织等，都能找到相应的市场。这些专业市场使生产、经营相对集中，既节约了交易成本又使资源的利用率得以提高，不但有利于企业产品的销售，而且有利于国内的纺织企业有效选购国内外最优的原材料，提升产业水平。

3. 皮革、毛皮、羽毛（绒）及其制品业

浙江省皮革、毛皮、羽绒及其制品产业具备诸多优势与特点，如独特的地理优势、科研、人力资源优势。同时该产业是浙江省的传统优势产业，产销衔接状况良好，也是浙江省出口创汇大户。在近十个皮革、毛皮、羽毛（绒）及其制品集群中，呈现出了专业化特色明显、产业链体系完整、中小企业集聚效应显著的特色。

特别需要指出的是，在“十一五”期间，浙江大力发展了精品皮革产业。在继续保持产业规模全国第一的优势下，重点发展了高档产业用革、服装革、品牌皮鞋等产品，努力开拓皮革制品应用的新领域；创新皮革生产工艺，推行清洁生产，提高皮革制品设计能力，培育一批全国皮革制品的著名品牌，争创国际名牌，为建设全国皮革及皮革制品制造中心奠定了基础。

四 国际金融危机对浙江产业竞争力的影响

2008 年，国际金融危机对中国经济产生了重要影响，尤其是对对外贸易产生了巨大冲击。作为中国的外贸大省，浙江省也不可避免地遭受到了危机的冲击，对外出口大幅下滑，经济增长减速，市场需求降低，工业生产大幅下降，企业经济效益下降。

国际金融危机本质上是由国际贸易与国际收支严重失衡所导致的信用与债务危机，以及由此引发的全球经济大调整。国际金融危机对中国及浙江的影响既反映了世界经济与中国经济所存在的结构失衡矛盾，也说明只有通过深刻的、全面的结构调整才能最终解决全球经济与贸易失衡以及信用与债务危机。浙江在国际金融危机中之所以受到较大影响，其基本原因在于劳动密集型制造业与出口经济规模过大，在国际市场需求大幅萎缩的情况下，产能过剩与产业竞争力不足的矛盾凸显。

1. 经济增长速度放慢，外贸出口大幅下滑

2008 年全球金融危机导致世界经济形势急剧下滑，作为一个外向型经济的省份，浙江省也出现了下滑趋势。2008 年浙江省 GDP 同比增长率回落了 4.6%，下滑幅度比全国平均水平高 4%。浙江省经济增长速度的放慢，主要是受进出口贸易增长出现疲软这一状况的影响。从 2008 年 2 月开始出口额出现较大幅度波动，并在 7 月开始直线下降，2009 年 2 月达到最低点 55.06 亿美元。出口和进口的同期增长率自 2008 年 11 月以来均呈现负增长，出口同期下降幅度最大达到 38.27%，进口也在 2009 年 1 月出现同比下降 36.77%。显然，浙江外贸经济面临金融危机的严峻考验，这其中，涉及了浙江省的多数优势行业，如化学纤维制造业，纺织业，皮革、毛皮、羽毛（绒）及其制品业，纺织服装、鞋、帽制造业，工艺品及其他制造业，文教体育用品制造业，塑料制品业等。

2. 工业经济增长速度下降较快，优势产业竞争力逐步减弱

根据相关统计数据，从 2008 年 10 月开始规模以上工业企业利润累计出现负增长，11 月开始地方财政收入当月出现负增长。其中，全省规模以上工业生产增加值增速由 2008 年 2 月的 19.6% 逐月降至 2008 年 11 月的 7.2%，回落 12.4 个百分点；到 2009 年由于一系列经济刺激政策的作用，工业经济增长速度下降有所缓解，并慢慢回升，但对比金融危机前增速还是下降了。尤其是，随着国际金融危机影响的持续，外部需求显著减少，对浙江传统竞争优势产业造成了冲击，其竞争力逐步减弱。

就各优势行业的具体情况而言，以 2008 年为例，三大优势工业企业共完成工业总产值 7118.71 亿元，比上年增长 4.19%，增幅同比回落 15.9 个百分点；实现主营业务收入 6883.69 亿元，增长 3.56%，增幅回落 28.16 个百分点；实现利润总额 216.2 亿元，比上年的 266.06 亿元下降了 18.71%。无论是从主营业务收入还是利润总额看，全省三大优势工业产业的增长幅度均低于全省工业的整体水平。

从具体行业看，三大优势工业产业生产呈现“两升一降”之势。其中，化学纤维制造业、纺织业总产值比上年略有增加，增长速度大幅降低；皮革、毛皮、羽毛（绒）及其制品业总产值有一定程度的下降，由 2007 年的 1109.24 亿元下降到 2008 年的 1090.28 亿元，下降了 18.96 亿元；三大优势产业效益“一升两降”，尤其是化学纤维制造业利润总额出现较大幅度下滑，由 2007 年的 63.47 亿元下降到了 2008 年的 24.9 亿元，下降了 38.57 亿元。

五　2010 年浙江产业竞争力的判断

从整体来看，2010 年浙江省的产业竞争力会进一步增强。但考虑到情况的复杂性以及世界经济、中国经济存在的不确定性，如果没有大力度的促进政策和措施出现，则产业竞争力的提升空间是很有限的。具体而言，我们的判断主要有以下几条：

一是浙江省的产业竞争力尤其是工业的竞争力在金融危机的冲击下一开始有所削弱，但随之逐步恢复，进入 2010 年将会有所提升。在金融危机中，浙江省的许多企业都认识到了自身存在的缺陷，纷纷采取了优化出口市场布局、调整产品结构等措施来改善企业的生产和经营。因此，可以肯定的是随着世界经济和中国经济的复苏，浙江省的产业竞争力将会得到进一步提升。

二是浙江省在提升产业竞争力方面还要进一步加强。尽管从企业的创新研发投入还是从区域经济的集聚性来看，浙江省都呈现出良好的上升趋势，但金融危机后，市场竞争变得更加激烈，技术优势将具有更大的决定作用。浙江省在科技经费强度上才刚刚超过全国平均水平，这和其经济大省的地位不符合，一定程度上制约了2010年甚至相当长一段时间内其相关产业的竞争力提升空间。

三是就具体的行业而言，基于以上计算和分析，浙江的优势产业的竞争力将继续保持，一些新兴优势产业有可能出现。①传统优势产业保持强势，化学纤维制造业，纺织业，纺织服装、鞋、帽制造业，皮革、毛皮、羽毛（绒）制品业，文教体育用品制造业等行业将不仅在浙江经济中继续占有重要的地位，而且其竞争力也将在全国继续保持领先，成为浙江省的优势行业。尤其是其中的大部分重点产品将继续对美、欧、日、韩保持很强的竞争力。②新兴行业可能会有一定比较优势。通用设备制造业，专用设备制造业，交通运输设备制造业，电气机械及器材制造业，仪器仪表及文化、办公用机械制造业等行业的一些重点产品，对美、欧、日、韩也有较强的竞争力，但行业总体优势尚不明显。③部分行业仍旧存在明显的劣势。造纸及纸制品制造业、石油加工业等行业的大部分重点产品很难改变缺乏竞争优势的局面，其高端产品仍旧缺乏。

六　提升浙江产业竞争力的对策建议

1. 通过吸引外商投资，改造和提升传统优势产业的技术水平、产品质量

传统产业是浙江的经济主体和优势所在，市场前景好，因为其技术含量低，所以更有可能通过提高技术水平，达到或超过发达国家同类产业的技术密集度，使之在全国乃至全球市场中占有优势。因此，传统产业的共性技术、关键技术的突破和创新，将会大大推动浙江经济的发展。应该通过产业结构调整和优化，进一步提高经济效益，巩固提高和培育优势产业。

在今后一段相当长的时期内，纺织、普通机械、冶金、建材、石化、化工等传统产业作为基础材料和投资材料在浙江省仍然具有广泛的市场需求，在整体工业中也占有较大比重。这些行业是工业化的基础，也是竞争优势产业的所在。对于这些领域的结构调整，政府应当大力吸引包括外商投资在内的资金参与这些传统产业的升级改造，注重现有企业的技术改造，增加新技术、新品种，提高产品性能、质量和劳动生产率，提升工艺技术和装备水平。

为了达到这样的目的，应当结合这些传统产业国有经济基础雄厚的特点，完善国有企业的产权交易和购并环境，鼓励外资以技术和设备等方式参股、购并和进行资产重组，为传统产业尽快实现技术升级创造条件。

2. 发展产业集群，以产业集群促进先进制造业基地建设

产业聚集度越高，产品配套能力越强，越能有效降低企业的生产成本，提高产品的竞争力。当前浙江省产业集聚度不高、资源浪费、效率低下等现象普遍存在。

以浙江省的纺织服装产业为例，尽管其集群的发展在全国已处在领先位置，但仍处于初级发展阶段。相当一部分是加工型的产业集群，产品档次不高，缺乏创新，缺少知名品牌，多以低成本为基础实施产业集聚，密集型加工工业的附加值很低，知识和技术的扩散十分有限，容易受到外部动荡的打击。而发展完善的产业集群则对提高产业竞争力起着相当重要的作用，不仅具有规模经济、专业化分工协作、交易成本低、信息充分、国际营销网及知名度高等优势，更重要的是可以依靠自我创新优势化解不利因素而实现发展。

要建立和完善浙江省优势产业集群形成的动力机制，以民间资本和外资向产业集群以及有条件形成产业集群的地区流动。优化产业链，进一步提高浙江省优势产业的国际分工地位，提高自主创新能力，推动浙江优势产业集群由低成本型向创新型转变，努力提高浙江优势产业竞争力。为此，要创新投资发展思路：一是加工制造业基地应突出“高新化”；二是整合工业园区，围绕优势产业链条，搞好骨干企业与配套企业的集聚和融合；三是围绕优势产业链，如化学纤维制造业、纺织业等发展产业集群，以产业链带动集群形成，实现集群效应。

3. 以高新技术统领制造业投资发展方向，大力发展电子信息设备制造业

浙江高新技术产业目前具有一定竞争优势，但仍旧处于投入高、收益不高的发展阶段。不过浙江的高新技术产业的市场较为广阔，因此，能够满足市场需求的高新技术产品也需要大力发展，加大研发投入，切实实施高新技术专利推进战略，在可能的领域内培植自身的优势。同时，还应十分重视应用高新技术和实用技术提升传统产业的技术水平，为发展浙江高新技术产业提供广阔的空间。围绕传统产业的技术进步来加快发展高新技术产业的发展，推动信息化、工业化和现代化三者的良性互动发展。

必须大力调整投资结构。一是对高新技术产业集中投入，建设几个大的工业项目，以大项目为载体，形成大项目—产业链—产业群—产业基地的发展方向，促进产业升级；二是充分利用外资和民营资本促进产业发展，特别是对规模要求大、技术要求高的电子信息及交通运输设备制造业，必须加快利用外资，缩短差距；三是建立以企业为主体的自主技术创新机制，增加研究开发投入，实施人才战略，努力实现技术发展由引进、模仿为主向自主创新为主的转变；四是以高新技术开发区为依托，强化产业集聚，形成高新技术产业的群体优势和局部强势。

电子信息设备制造业作为信息产业的核心和基础，对于推动信息产业、带动其他产业发展具有非常重要的作用。近年来浙江省电子信息设备制造业虽然有了较快发展，但在市场开放度和机制灵活运作方面还有待进一步改善和提高。因此，浙江省必须在资金投入力度、人才引进、技术开发以及政府运作机制等方面进一步采取有效举措，以期获得信息设备制造业发展的突破。

4. 增强企业技术创新能力，加快制造业的结构优化升级

浙江省是资源小省，它发达的制造业是以“两头在外”的模式发展起来的。有竞争优势的产业大都是低技术和低附加值的，兼具劳动力密集与资本密集的轻纺、化工、机械等传统制造业，高新技术产业发展滞后。近些年，浙江在土地、劳动力、能源、主要原材料、运力等生产要素制约方面及国际贸易摩擦方面遭遇了前所未有的挑战，许多传统制造企业受到了非常大的冲击。

因此，一是要重视高新技术产业与新兴产业的发展，尤其是中央政府已经明确要将新兴战略性产业发展作为产业结构调整与产业升级的重中之重，培育与发展浙江省的新兴战略性产业，通过产业升级提高浙江的产业层次与经济竞争力。二是要提升企业技术创新能力，提高资源集约利用的水平与能力，转变沿袭多年的粗放的、以外延扩张为主的工业发展模式，积极延伸产业链和产品链，促进产业结构调整与优化升级，逐步改善企业在国际、国内市场的竞争地位。目前，浙江一些地区的制造业企业（集群）的自主研发能力稳步增强，拥有了越来越多的自主品牌及自主知识产权的产品，逐步向分工日益发达、产业关联效应日益显著、产业体系日益完善及综合竞争力日益提高的方向发展。

5. 调整大、中、小企业数量比例关系，建立协调合理的企业规模结构

由于目前浙江的众多工业企业达不到最小合理有效规模的要求，进而使得这些工业企业的市场竞争力不强，所以，对于众多的工业企业都有一个通过兼并、联合和重组达到经济规模要求或最小合理有效规模要求的问题。也就是说，目前浙江需要造就足够数量的有竞争力的大企业。但是，由于行业特点不同，有许多行业如电子信息行业中的软件开发、电子组装等兼具劳动密集和技术密集两种特征，很值得发展，而其企业的最小合理有效规模并不大，故浙江还需要保持足够的中小工业企业。关键是在尽可能使各个企业都达到最小合理有效规模或经济规模的前提下，建立一个大、中、小企业数量比例关系协调合理的企业规模结构。只是由于目前浙江的工业乃至整个产业体系的战略产业面临着重组以及应对日益激烈的国际竞争和这一竞争下众多国外企业的“强强联合”，所以，对于众多的浙江工业乃至整个产业体系中战略产业领域的企业来说，主要还是扩大规模，即需要造就足够数量的大企业和企业集团。

6. 发展循环经济，关注可持续发展

循环经济是随着环境保护工作不断深化而被国际社会确认为走可持续发展道路、构筑发展新优势的先进实践模式，它代表着当今世界经济和环境领域的前沿。循环经济是一种可持续的经济发展模式，要解决的是工业化与资源、环境的矛盾，统筹人与自然的和谐发展。因此，必须大力倡导“绿色”投资，节约使用资源，加强水资源的保护和综合利用，努力培育制造业发展与资源节约、环境保护、生态建设相辅相成、相互促进的发展机制。这些都关系到制造业未来的发展和产业竞争力的提升，更关系到浙江省经济的可持续发展。

山东产业竞争力

梁泳梅 *

一 “十一五”期间山东产业竞争力的变化

1. 市场占有率

一个地区的产业竞争力大小，直观地表现为该地区产业在全国市场上的份额大小。因此，我们可以用地区的产业市场占有率等指标来考察山东省的产业竞争力变化。

用山东省各行业的工业增加值占全国工业各行业增加值的比重来衡量山东省在全国的市场占有率。2007 年，山东的市场占有率最高的前 10 个行业是：其他采矿业、橡胶制品业、农副食品加工业、造纸及纸制品业、纺织业、非金属矿采选业、工艺品及其他制造业、食品制造业、化学原料及化学制品制造业、木材加工及木竹藤棕草制品业（见表 1）。

接下来考察山东省主要行业的市场占有率变化情况。从整体来看，山东省的主要行业在“十一五”期间的竞争力提升较为缓慢，市场占有率增长的速度和幅度都弱于“十五”期间。2000 ~ 2007 年期间，山东省市场占有率较高的行业是橡胶制品业、农副食品加工业、造纸及纸制品业。但是，这些行业的市场占有率在经过一段时期的上涨之后，2005 年开始出现下降趋势。相比之下，市场占有率相对较高的行业如纺织业、木材加工及木竹藤棕草制品业、食品制造业、化学原料及化学制品制造业等则呈现出市场占有率不断持续上升的趋势。

2. 显示比较优势指数

我们首先计算了以工业增加值为统计对象的 2007 年山东省各工业行业的显示比较优势指数（见表 2）。2007 年，显示比较优势较大的行业为其他采矿业、橡

---

* 梁泳梅，中国社会科学院工业经济研究所博士后。

表1　2007年山东省工业各行业在全国的市场占有率（以工业增加值计算）

单位：%

行业名称	市场占有率	行业名称	市场占有率
其他采矿业	33.90	有色金属矿采选业	11.60
橡胶制品业	27.10	纺织服装、鞋、帽制造业	11.50
农副食品加工业	26.80	文教体育用品制造业	11.50
造纸及纸制品业	22.00	塑料制品业	11.40
纺织业	21.80	饮料制造业	10.70
非金属矿采选业	19.00	有色金属冶炼及压延加工业	10.30
工艺品及其他制造业	17.80	石油和天然气开采业	10.10
食品制造业	17.70	皮革、毛皮、羽毛(绒)及其制品业	10.10
化学原料及化学制品制造业	17.70	交通运输设备制造业	9.00
木材加工及木竹藤棕草制品业	17.40	印刷业和记录媒介的复制	8.20
非金属矿物制品业	17.10	黑色金属冶炼及压延加工业	8.10
通用设备制造业	16.80	黑色金属矿采选业	8.00
石油加工、炼焦及核燃料加工业	16.60	仪器仪表及文化、办公用机械制造业	7.50
专用设备制造业	15.60	通信设备、计算机及其他电子设备制造业	7.20
煤炭开采和洗选业	14.80	电力、热力的生产和供应业	4.90
家具制造业	12.60	化学纤维制造业	4.80
金属制品业	12.60	废弃资源和废旧材料回收加工业	4.60
医药制造业	12.20	烟草制品业	3.60
电气机械及器材制造业	11.80		

胶制品业、农副食品加工业、造纸及纸制品业、纺织业、非金属矿采选业、工艺品及其他制造业、化学原料及化学制品制造业、食品制造业、木材加工及木竹藤棕草制品业、非金属矿物制品业、通用设备制造业等。

2001～2007年期间，山东省比较优势较大的行业有橡胶制品业、农副食品加工业、造纸及纸制品业、工艺品及其他制造业、非金属矿物制品业等，其相对比较优势2003年前处于迅速提高的阶段，在2003年后则开始缓慢下降，“十一五”期间有小幅下降。当然，也有一部分行业的表现相对较好，例如比较优势较高的纺织业、化学原料及化学制品制造业等，在“十一五”期间呈现出比较优势不断趋于增大的走势。

表2　2007年山东省工业各行业的显示比较优势指数（以工业增加值计算）

行业名称	显示比较优势指数	行业名称	显示比较优势指数
其他采矿业	2.79	有色金属矿采选业	0.95
橡胶制品业	2.23	纺织服装、鞋、帽制造业	0.95
农副食品加工业	2.21	文教体育用品制造业	0.95
造纸及纸制品业	1.81	塑料制品业	0.94
纺织业	1.80	饮料制造业	0.88
非金属矿采选业	1.57	有色金属冶炼及压延加工业	0.85
工艺品及其他制造业	1.47	皮革、毛皮、羽毛(绒)及其制品业	0.83
化学原料及化学制品制造业	1.46	石油和天然气开采业	0.83
食品制造业	1.45	交通运输设备制造业	0.74
木材加工及木竹藤棕草制品业	1.43	印刷业和记录媒介的复制	0.67
非金属矿物制品业	1.41	黑色金属冶炼及压延加工业	0.67
通用设备制造业	1.38	黑色金属矿采选业	0.66
石油加工、炼焦及核燃料加工业	1.37	仪器仪表及文化、办公用机械制造业	0.62
专用设备制造业	1.29	通信设备、计算机及其他电子设备制造业	0.60
煤炭开采和洗选业	1.22	电力、热力的生产和供应业	0.40
家具制造业	1.04	化学纤维制造业	0.39
金属制品业	1.04	废弃资源和废旧材料回收加工业	0.38
医药制造业	1.01	烟草制品业	0.30
电气机械及器材制造业	0.98		

3. 产品技术含量指数

从图1可以看出，山东省的产品技术含量指数在不断地提高，说明山东省的产业结构在不断提高。对比全国各省的情况来看，山东省2000~2005年排在全

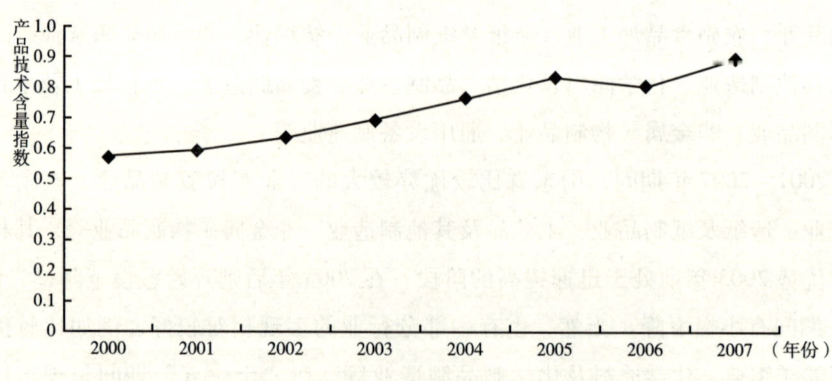

图1　2000~2007年山东省产品技术含量指数

国第三位，仅次于广东省和江苏省；2006 年后，山东省的产品技术含量指数超过了江苏省，排在全国第二位，仅次于广东省。可见，从产品技术含量的角度来看，山东省的产业竞争力是在不断增强的。

二　山东产业竞争力的影响因素分析

1. 产业创新

从所有产业和部门整体的科技活动经费投入来看，山东省的科技经费强度低于全国平均水平，而且与全国平均水平差距较大，意味着山东省整体产业部门的技术创新投入在全国各省中是相对较低的。但是，山东省的科技经费强度在不断增加，说明山东省越来越加大了对创新的重视（见表 3）。

表 3　2000～2008 年山东省及全国科技活动经费内部支出占 GDP 的比重

单位：%

年份	2000	2001	2002	2003	2004	2005	2006	2007	2008
山东	1.75	—	1.91	1.84	1.99	2.02	2.08	2.32	2.38
全国	2.07	2.11	2.22	2.30	2.50	2.64	2.72	2.84	2.83

再进一步具体到工业企业内部，则是另一番不同的情况。我们用科技经费内部支出占工业总产值的比重、科技经费内部支出占工业销售产值的比重这两个指标来衡量山东省的工业科技经费强度。山东省规模以上工业企业的科技经费强度高于全国平均水平，意味着山东省工业的技术创新投入在全国各省中是相对较高的，因而能够有力地支撑山东省的工业竞争力提升。对比表 4 可知，山东省的科技创新投入主要是集中在工业部门，尤其是工业部门的规模以上企业。正是这种倾斜导致了山东省整体科技经费强度低于全国平均水平，但工业部门的科技经费强度却高于全国平均水平。

表 4　山东省及全国规模以上工业企业科技经费内部支出占工业总产值的比重

单位：%

年份	2000	2001	2002	2003	2004	2005	2006	2007	2008
山东	1.38	1.35	1.38	1.17	1.08	1.03	1.01	1.05	1.02
全国	0.96	1.02	1.05	1.03	1.07	1.01	1.00	1.02	1.17

从趋势看，山东省规模以上工业企业的科技经费强度正在不断下降，这与全国规模以上工业企业平均科技经费强度不断提高的趋势是相反的。山东省科技经费内部支出占工业总产值的比重在2000年为1.38%，此后开始波动下降，到2008年只有1.02%（见表4）。对比表5可知，山东省的科技创新经费投入结构正在发生变化，由向工业部门倾斜逐渐转向增加对其他部门投入的比重，因此，导致了山东省整体科技经费强度不断上升但规模以上工业企业的科技经费强度却在下降。

表5　2007年山东省按行业分规模以上工业企业科技活动经费支出强度

单位：%

行　业	科技经费强度1	科技经费强度2	行　业	科技经费强度1	科技经费强度2
化学纤维制造业	2.42	2.48	有色金属矿采选业	0.61	0.62
煤炭开采和洗选业	2.40	2.44	非金属矿物制品业	0.50	0.51
橡胶制品业	2.40	2.45	印刷业和记录媒介的复制	0.46	0.47
通信设备、计算机及其他电子设备制造业	2.29	2.33	纺织业	0.42	0.43
			农副食品加工业	0.37	0.38
电气机械及器材制造业	2.11	2.15	纺织服装、鞋、帽制造业	0.37	0.37
黑色金属冶炼及压延加工业	2.03	2.06	皮革、毛皮、羽毛（绒）及其制品业	0.32	0.33
交通运输设备制造业	1.77	1.81			
医药制造业	1.70	1.75	金属制品业	0.31	0.32
造纸及纸制品业	1.67	1.68	电力、热力的生产和供应业	0.23	0.23
仪器仪表及文化、办公用机械制造业	1.55	1.59			
			木材加工及木、竹、藤、棕、草制品业	0.23	0.23
专用设备制造业	1.42	1.45			
化学原料及化学制品制造业	1.30	1.32	文教体育用品制造业	0.19	0.20
烟草制品业	1.19	1.20	塑料制品业	0.19	0.19
饮料制造业	0.89	0.86	工艺品及其他制造业	0.19	0.19
石油和天然气开采业	0.80	0.80	黑色金属矿采选业	0.11	0.11
食品制造业	0.80	0.81	家具制造业	0.09	0.09
有色金属冶炼及压延加工业	0.77	0.78	非金属矿采选业	0.04	0.04
通用设备制造业	0.75	0.77	水的生产和供应业	0.03	0.03
石油加工、炼焦及核燃料加工业	0.68	0.68	燃气生产和供应业	0.02	0.02

注：科技经费强度1＝科技经费内部支出/工业总产值，科技经费强度2＝科技经费内部支出/工业销售产值。

因此，山东省在工业部门创新方面的领先地位在不断下降。2000 年，山东省规模以上工业企业的科技经费强度高于全国平均水平 0.42 个百分点，而“十一五”期间则仅仅高出 0.02 个百分点左右，产业创新优势几乎消失殆尽。山东省工业企业科技经费强度下降，创新经费的增长速度小于企业生产的增长速度，显示了企业实际上对创新的重视程度不够。在竞争激烈的市场上，科技经费投入的比重下降将阻碍产业创新。

分行业来看，山东省科技经费强度较高的行业是化学纤维制造业，煤炭开采和洗选业，橡胶制品业，通信设备、计算机及其他电子设备制造业，电气机械及器材制造业，黑色金属冶炼及压延加工业。在这些行业中，无论是用科技经费内部支出占工业总产值的比重还是用科技经费内部支出占工业销售产值的比重来衡量，科技经费强度都大于 2%。

2. 经济集中度

经济的集聚性也是影响地区产业竞争力的重要因素。一般来说，如果一个地区的经济集聚性较强，那么不仅企业能够因为规模经济而提升企业竞争力，地区也能够由于相关企业的集中而降低基础设施供应成本和企业间、产业间的经济联系成本。从经济集聚性的角度来看，山东省在全国的经济集中度是比较高的。

根据国家统计局公布的 2005～2007 年度的工业大型企业数量，山东省拥有的大型企业最多，历年均列全国第一，因此，大型工业企业的增加值也列全国第一位（见表 6）。但是，山东省大型工业企业在全国的比重，无论是从企业单位数还是从工业增加值来看，都出现下降的趋势。

表 6　2005～2007 年山东省大型工业企业情况

项　目	年份	山东	全国	山东在全国的比重(%)
企业数（个）	2005	315	2503	12.6
	2006	326	2685	12.1
	2007	341	2910	11.7
工业增加值（亿元）	2005	3327	26317	12.6
	2006	3167	31614	10.0
	2007	4087	39811	10.3

数据来源：历年中国工业经济统计年鉴。

我们根据《中国大型工业企业年鉴》公布的山东省大型企业的各项统计指标，多维度地计算了其经济集中度。2005 年，山东省最大的 4 家工业企业分别是海尔集团公司、中国石化胜利油田有限公司、山东电力集团公司、莱芜钢铁集团有限公司；2008 年，山东省最大的 4 家工业企业分别是海尔集团公司、中国石化胜利油田有限公司、山东电力集团公司、山东魏桥创业集团有限公司。根据两年最大 4 家企业的主营业务收入、资产规模和就业人数计算的 CR_4 见表 7。另外，我们也计算了山东省前 8 家企业的各项 CR_8。

2005 ~ 2007 年间，以主营业务收入为对象测量的山东省大型工业企业的经济集中度在上升，说明其规模经济正在发挥越来越大的作用，从竞争力结果来看，这几家大型企业的竞争力在不断上升。另外，以资产规模为对象测量的集中度在下降，以就业人数为对象测量的集中度在上升。这说明这几家大型工业企业更多地利用了劳动力资源的比较优势，越来越倾向于劳动力密集型的生产经营方式。

表 7　山东省大型工业企业的经济集中度

单位：%

指　标	年份	主营业务收入占比	资产规模占比	就业人数占比
CR_4	2005	4.91	8.49	2.48
	2007	6.35	6.95	3.72
CR_3	2005	8.94	12.30	4.33
	2007	10.40	11.60	5.21

数据来源：根据《中国大型工业企业年鉴》和《山东统计年鉴》相关数据计算。

三　山东优势产业分析

从竞争力的角度来看，山东省目前的优势产业仍然是以资源依赖型产业和低技术产业为主，如采矿业、橡胶制品业对资源依赖较大，农副食品加工业、造纸及纸制品业、纺织业的技术要求相对较低。另外，山东省在化学原料及化学制品制造业、通用设备制造业等行业也具有一定的优势。

农副食品加工业是山东省的主要优势产业之一，这种优势主要体现在山东省巨大的生产能力上。上面计算的市场占有率与显示比较优势指数主要是以工业增加值来衡量，而无论是从工业增加值、工业销售产值还是劳动者人数来看，山东省的农副产品加工业都排在全国第一位。但是，如果从盈利能力来看，则山东省的优势略有下降。在农副食品加工业中，山东省的资产利润率虽然略高于全国平均水平，但却低于河南、内蒙古和河北。盈利能力也是产业竞争力的一个重要方面，体现了企业和产业的自我发展能力。山东省农副食品加工业的盈利能力较弱，主要在于品牌建设相对落后，虽然农副食品加工企业很多，但是具有全国知名品牌的企业却比较少，除了“鲁花”等少数企业外，大多数的食品加工企业只能获得数量极低的加工费。因此，如果能够重视品牌建设，山东省在农副食品加工业的竞争力还有很大的提升空间。

橡胶制品业成为山东的优势产业，主要是由于经济的集聚性。据了解，中国约有 500～600 家轮胎生产商，其中，除了吉林等地的少部分企业，约 60% 的轮胎生产商集中在山东省，有近 400 家。山东以橡胶制品业作为优势产业，其进一步发展面临着挑战。橡胶制品业是对进出口依赖较高的行业，一方面，进口原料价格的变化对该行业的利润影响较大，如 2009 年第四季度天然橡胶价格上涨使行业的毛利出现下降；另一方面，橡胶制品的出口又很容易受到国外市场反倾销的压制，如美国的轮胎特保案对山东省许多橡胶企业影响巨大。归根到底，主要的原因还在于山东省橡胶制品企业的技术创新水平不高，产品同质化较严重且主要集中在中低端市场，在环保安全方面的标准过低，因而易受环境技术贸易壁垒的限制。因此，要进一步提升山东省橡胶制品业的产业竞争力，就必须切实提高行业的技术水平。实际上，山东省的橡胶制品行业已经加大了技术创新投入，从上面的分析也可看到，橡胶制品行业的科研技经费强度在整个山东省中是很高的。例如，山东省的轮胎巨头玲珑集团就开始谋划走高端路线，在 2009 年投资了 11.3 亿元建设轮胎试验场以进行技术改造和产品升级。从产品创新的趋势来看，橡胶制品业在山东省仍将具有较大的竞争力。

化学原料及化学制品制造业是山东省优势产业中技术含量比较高的行业。不管是从市场占有率还是从比较优势的角度来考察，化学原料及化学制品制造业在山东各产业的排位都相对靠前，而且，该行业的产业竞争优势一直在不断增强，虽然“十一五”期间其增长的幅度比较平缓。从研发力度来看，化学原料及化学制品制造业的投入也是相对较高的。2007 年，山东省化学原料及化学制品制造业的研发经费投入 26.6 亿元，仅次于电气机械及器材制造业，通信设备、计算机及其他电子设备制造业。研发的大量投入，为化学原料及化学制品制造业保持和提升竞争力奠定了基础。

四　国际金融危机对山东产业竞争力的影响

2008 年，国际金融危机对中国经济产生了重大影响，山东省也不可避免地遭受到了经济增长回落、市场需求减弱、工业生产大幅下降和企业经济效益下滑等困难。全省规模以上工业生产增加值增速由 2008 年 2 月的 19.6% 逐月降至 2008 年 11 月的 7.2%，回落 12.4 个百分点。

虽然山东省的总体经济状况有所下降，但是，对比全国各省市，从产业竞争力的角度而言，山东省的产业竞争力尤其是工业竞争力却有小幅逆势增长。主要表现在：从山东省工业产品在全国的市场占有率变化来看，山东省工业增加值在全国工业总增加值的比重在平稳上升，2008 年为 12.5%，比 2007 年增长了 0.4 个百分点（见表 8）。山东省规模以上工业企业产品销售收入在全国的比重，2008 年 2 月为 12.6%，比 2007 年 11 月减少 0.1 个百分点，但却比上年同期增长了 0.5 个百分点。随后，在较短的时期内，山东工业企业产品销售收入在全国的比重再次上升，在 2008 年 8 月达到了 13.2%，2008 年全年平均在 13% 左右（见图 2）。从规模以上工业企业产品销售收入的绝对值来看，山东省在 2006 ~ 2007 年排在全国第三位，列于江苏和广东省之后。2008 年 2 月，受金融危机影响，山东与全国其他地区的企业销售均出现大幅下降，但山东与江苏、广东的差距缩小了。随着山东省政府宏观调控的加强，山东企业的增长恢复较快，2008 年 8 月，山东企业的销售收入一度超过了江苏和广东，列居全国第一位，此后也一直高于广东省。

表 8　山东省工业产品在全国的市场占有率变化（按工业增加值计算）

单位：%

年份	2000	2001	2002	2003	2004	2005	2006	2007	2008
市场占有率	9.3	9.4	9.8	10.7	11.6	12.4	12.7	12.1	12.5

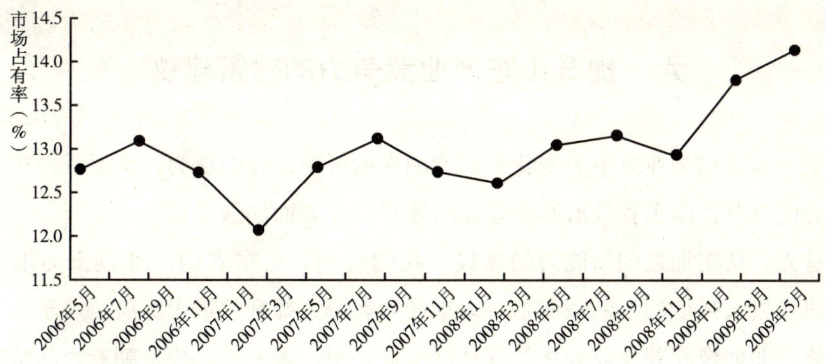

图2　山东省工业产品在全国的市场占有率（按工业企业产品销售收入计算）

五　2010 年山东产业竞争力的判断

基于以上对山东省产业竞争力的分析，我们认为从整体来看，2010 年山东省的产业竞争力仍然会有所增强，但是如果没有大力度的促进政策措施出现，则竞争力的提升空间却是很有限的。分具体行业来看，部分行业如农副食品加工业、造纸及纸制品业等行业的竞争力可能仍然会呈持续下降的趋势，而纺织业的竞争力则会继续提升。我们的判断主要是基于以下做出的。

一方面，山东省的产业竞争力尤其是工业的竞争力在金融危机的背景下仍然有提升，这种抗风险能力显然主要源于山东省本身的产业基础，说明山东的产业结构和发展阶段与该地区的资源禀赋等因素结合得比较好。在金融危机中，山东省的许多企业都认识到了自身存在的缺陷，纷纷采取了优化出口市场布局、调整产品结构等措施改善企业的生产和经营。

另一方面，山东省在提升产业竞争力方面做出的努力还不够。尤其是从企业的创新研发投入来看，研发投入呈现出下降的趋势。金融危机过去后，市场竞争实际上会变得更加激烈，技术优势将具有更大的决定作用。从山东省产业竞争力的变化历程也可以看出，在企业科技经费强度较高、增长较快的阶段（2000～2002年），滞后一年的产业竞争力提升幅度就较大；而在科技经费强度较低的阶段，产业竞争力提升就比较有限。山东省企业的创新投入强度在“十一五”期间出现了较大下降，严重制约了 2010 年甚至相当长一段时间内相关产业的竞争力的提升。

六　提升山东产业竞争力的对策建议

基于对山东产业竞争力变化和影响因素的分析，我们认为，为促进山东产业竞争力的提升，山东省政府和企业还应该在以下方面加强建设。

首先，切实加强创新能力的建设。我们看到，山东省的产业创新力度并不强，研发投入强度的不断减弱是对未来产业竞争力提升的最大障碍。对于山东省的优势产业如橡胶制品业和化学制品制造业来说，未来的趋势是朝着产品精致化的方向发展，这就需要不断进行产品和工艺的创新，才能更好地占领市场、提升竞争力。因此，加强创新能力建设刻不容缓。政府应进一步加大对创新建设的资金支持，制定相应的优惠政策，如对创新投入强度较高的企业给予税收减免等，千方百计鼓励和激发企业加强对创新能力的建设。

其次，要加强企业盈利能力的建设。良好的盈利能力是保持竞争力的基础。这方面山东的某些产业还需要进一步加强，如农副食品加工业的盈利能力水平就相对落后于其产业规模和市场占有率。加强企业盈利能力的建设，一方面要通过对产品的创新和精细化生产来提高附加值；另一方面，则是加强品牌建设、提高品牌知名度，因为建立在良好质量和深厚内涵基础上的知名品牌能够拥有忠实的客户群，从而减小销售和价格波动带来的冲击。盈利能力的提高同时也是企业由大变强的过程。

再次，进一步加强企业与行业的整合，更好地发挥经济集聚所带来的优势。进一步加强企业与行业的整合，能够提高资源的利用效率、发挥规模经济效应，同时也有利于研发的投入，这些都有利于提升产业竞争力。

辽宁产业竞争力

梁泳梅*

一 “十一五”期间辽宁产业竞争力的变化

辽宁省竞争力较高的行业大部分为资源密集型产业。2007 年，辽宁的市场占有率最高的前 10 个行业是石油加工、炼焦及核燃料加工业，黑色金属矿采选业，黑色金属冶炼及压延加工业，通用设备制造业，家具制造业，专用设备制造业，农副食品加工业，非金属矿物制品业，交通运输设备制造业，木材加工及木竹藤棕草制品业。

1. 市场占有率

按照 2000～2007 年市场占有率的变化情况，可以将辽宁省的主要行业分为三大类。第一类：竞争力提升较快的行业，包括石油加工、炼焦及核燃料加工业，黑色加工及金属矿采选业，家具制造业，专用设备制造业，农副食品加工业，木材加工及木竹藤棕草制品业 6 大行业；第二类：竞争力提升较慢、变化幅度不大的行业，如通用设备制造业，非金属矿物制品业，交通运输设备制造业；第三类：竞争力有所下降的行业，如黑色金属冶炼及压延加工业（见表 1）。

2. 显示比较优势指数

2007 年，辽宁显示比较优势最突出的行业为石油加工、炼焦及核燃料加工业，黑色金属矿采选业。另外，黑色金属冶炼及压延加工业，通用设备制造业，家具制造业，专用设备制造业，农副食品加工业等行业的相对比较优势指数也较大，说明辽宁在这些行业上具有相对较强的产业竞争力（见表 2）。

---

* 梁泳梅，中国社会科学院工业经济研究所博士后。

表 1　2007 年辽宁省各行业在全国的市场占有率

单位：%

行业名称	市场占有率	行业名称	市场占有率
石油加工、炼焦及核燃料加工业	15.9	其他采矿业	3.3
黑色金属矿采选业	11.4	饮料制造业	3.2
黑色金属冶炼及压延加工业	9.3	皮革、毛皮、羽毛(绒)及其制品业	3.1
通用设备制造业	8.3	医药制造业	3.1
家具制造业	7.7	仪器仪表及文化、办公用机械制造业	3.0
专用设备制造业	6.4	有色金属冶炼及压延加工业	3.0
农副食品加工业	6.0	化学原料及化学制品制造业	2.9
非金属矿物制品业	5.7	食品制造业	2.9
交通运输设备制造业	5.4	印刷业和记录媒介的复制	2.5
木材加工及木竹藤棕草制品业	5.3	化学纤维制造业	2.5
金属制品业	5.2	燃气生产和供应业	2.2
非金属矿采选业	4.8	煤炭开采和洗选业	2.1
橡胶制品业	4.6	通信设备、计算机及其他电子设备制造业	2.1
塑料制品业	4.6	造纸及纸制品业	1.9
石油和天然气开采业	4.2	工艺品及其他制造业	1.7
纺织服装、鞋、帽制造业	3.9	废弃资源和废旧材料回收加工业	1.7
水的生产和供应业	3.7	纺织业	1.2
有色金属矿采选业	3.7	文教体育用品制造业	1.0
电气机械及器材制造业	3.6	烟草制品业	0.8
电力、热力的生产和供应业	3.3		

2000～2007 年期间，辽宁省石油加工、炼焦及核燃料加工业的比较优势积累非常明显，显示比较优势指数增长幅度很大。另外，黑色金属矿采选业和家具制造业在辽宁的发展也非常快，2000 年，这两个行业在辽宁还没有比较优势，两者的显示比较优势指数分别为 0.92 和 0.64，尤其是家具制造业当时的竞争力还比较弱。在随后的七年间，这两个行业迅速发展，将比较劣势转变成了比较优势，2007 年的显示比较优势指数分别为 2.43 和 1.63（见表 2），已经具有了较强的竞争力。

表 2　2007 年辽宁省各行业的显示比较优势指数

行　业　名　称	显示比较优势指数	行　业　名　称	显示比较优势指数
石油加工、炼焦及核燃料加工业	3.39	其他采矿业	0.70
黑色金属矿采选业	2.43	饮料制造业	0.68
黑色金属冶炼及压延加工业	1.97	皮革、毛皮、羽毛(绒)及其制品业	0.66
通用设备制造业	1.77	医药制造业	0.66
家具制造业	1.63	仪器仪表及文化、办公用机械制造业	0.64
专用设备制造业	1.35	有色金属冶炼及压延加工业	0.63
农副食品加工业	1.29	化学原料及化学制品制造业	0.62
非金属矿物制品业	1.20	食品制造业	0.61
交通运输设备制造业	1.14	印刷业和记录媒介的复制	0.53
木材加工及木竹藤棕草制品业	1.13	化学纤维制造业	0.53
金属制品业	1.10	燃气生产和供应业	0.46
非金属矿采选业	1.02	煤炭开采和洗选业	0.46
橡胶制品业	0.98	通信设备、计算机及其他电子设备制造业	0.45
塑料制品业	0.97	造纸及纸制品业	0.40
石油和天然气开采业	0.89	工艺品及其他制造业	0.36
纺织服装、鞋、帽制造业	0.83	废弃资源和废旧材料回收加工业	0.36
水的生产和供应业	0.79	纺织业	0.26
有色金属矿采选业	0.78	文教体育用品制造业	0.21
电气机械及器材制造业	0.76	烟草制品业	0.17
电力、热力的生产和供应业	0.70	其他采矿业	0.70

3. 产品技术含量指数

从图 1 可以看出，辽宁省的产品技术含量指数总体来说变化不大，表明辽宁

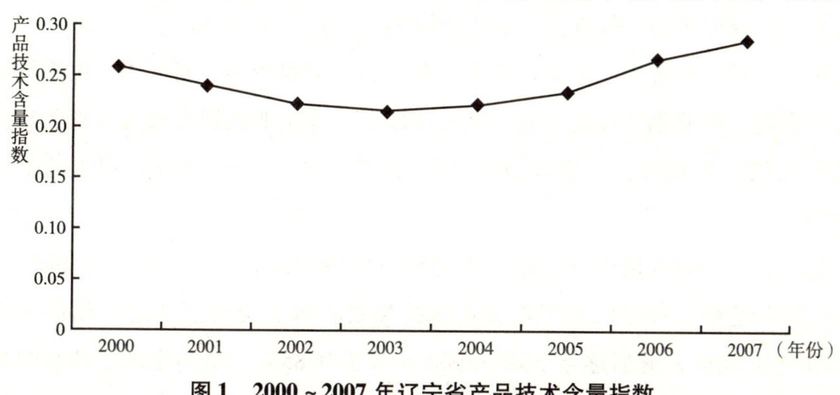

图 1　2000 ~ 2007 年辽宁省产品技术含量指数

省的产业结构提升不大。在2003年以前，其产品技术含量指数是在下降的，“十一五”期间，其产品技术含量指数有了较大提升，表明辽宁的产业结构在“十一五”期间出现了优化。对比全国各省的情况来看，辽宁省排在全国第七位，其产业竞争力处于中上等水平。

二　辽宁产业竞争力的影响因素分析

1. 产业创新

从所有产业和部门整体的科技活动经费投入来看，一方面，辽宁省的科技经费强度与全国平均水平相当，2002～2004年，辽宁省的科技经费强度还高于全国平均水平，说明辽宁省整体产业部门的技术创新投入并不低。另一方面，辽宁省的科技经费强度增长缓慢，许多年份都出现了同比小幅下降，由此可见辽宁省对创新的重视还不够（见表3）。

表3　辽宁省及全国科技活动经费内部支出占GDP的比重

单位：%

年份	2000	2001	2002	2003	2004	2005	2006	2007	2008
辽宁	1.91	—	2.64	2.42	2.67	2.54	2.42	2.62	2.49
全国	2.07	2.11	2.22	2.30	2.50	2.64	2.72	2.84	2.83

用科技经费内部支出占工业总产值的比重来衡量辽宁省的产业科技经费强度（科技经费内部支出包括研发经费和新产品开发经费等），辽宁省的科技经费投入具有投入强度较弱、投入强度趋于下降两个特点（见表4）。

第一，辽宁省规模以上工业企业的科技经费强度较弱，略低于全国平均的科技经费强度，产业创新程度不高。从规模以上工业企业的科技经费内部支出占工业总产值的比重来看，辽宁省2008年仅为0.85%，低于全国1.17%的平均水平。

第二，辽宁省规模以上工业企业的科技经费强度在“十一五”期间呈现出不断下降的趋势。规模以上工业企业科技经费内部支出占工业总产值的比重在2005年为1.20%，此后逐年下降，2008年仅为0.85%，这与全国平均科技经费强度不断提高的趋势是相反的。辽宁省工业企业科技经费强度的波动，创新经费的增长速度小于企业生产的增长速度，显示了企业实际上对创新的重视程度不够。

表4　辽宁省及全国规模以上工业企业科技经费内部支出占工业总产值的比重

单位：%

年份	2000	2005	2006	2007	2008
辽宁	0.91	1.20	0.96	0.91	0.85
全国	0.96	1.01	1.00	1.02	1.17

分行业来看，辽宁省科技经费强度较高的行业是航空航天器制造业，其科技经费内部支出占工业总产值的比重达8.01%，这主要是由行业的特殊性质决定的。另外，医药制造业、电子及通信设备制造业、医疗器械及仪器仪表制造业也是辽宁省中科技经费强度较高的行业（见表5）。

表5　2007年辽宁省分行业高新技术行业规模以上工业企业科技活动经费支出强度

单位：%

行　　业	科技经费强度	行　　业	科技经费强度
医药制造业	1.61	电子元件制造业	0.20
化学药品制造业	1.65	家用视听设备制造业	0.68
中成药品制造业	1.24	其他电子设备制造业	3.08
生物、生化制品制造业	2.49	电子计算机及办公设备制造业	0.13
航空航天器制造业	8.01	电子计算机整机制造业	0.13
电子及通信设备制造业	1.27	电子计算机外部设备制造业	0.02
通信设备制造业	5.75	医疗器械及仪器仪表制造业	1.56
雷达及配套设备制造业	1.04	医疗仪器设备及器械制造业	0.44
广播电视设备制造业	2.78	仪器仪表制造业	2.06
电子器件制造业	1.50		

2. 经济集中度

从在全国所聚集的企业及生产来看，辽宁省在全国的经济集中度不算高。但是，如果从辽宁省内部来看，几个大型企业集中了辽宁省绝大部分的生产和销售，呈示辽宁经济集聚性非常高。不过，无论是从哪个角度来看，辽宁省的经济集中度在“十一五”期间都有略微下降的趋势。

从辽宁省在全国的经济集中度来看，2005～2007年，辽宁省的大型工业企业数量平均仅占全国总数的4.5%左右，大型工业企业的增加值在全国的比重平均接近6%，其经济集聚性仅处于全国的中等水平（见表6）。

表6　辽宁省大型工业企业情况

	年份	辽宁	全国	辽宁在全国的比重(%)
企业数（个）	2005	114	2503	4.55
	2006	118	2685	4.39
	2007	123	2910	4.23
工业增加值（亿元）	2005	1565	26317	5.95
	2006	1888	31614	5.97
	2007	2215	39811	5.56

数据来源：历年《中国工业经济统计年鉴》。

在辽宁省内部，我们根据《中国大型工业企业年鉴》公布的辽宁省大型企业的各项统计指标，多维度地计算了经济集中度。2005年，辽宁省最大的4家工业企业分别是鞍山钢铁集团公司、辽宁省电力有限公司、中国石油天然气股份有限公司大连石化公司、中国石油天然气股份有限公司抚顺石化分公司；2007年，辽宁省最大的4家工业企业分别是鞍山钢铁集团公司、中国石油天然气股份有限公司大连石化公司、中国石油天然气股份有限公司抚顺石化分公司、本溪钢铁（集团）有限责任公司。根据每年4家企业的主营业务收入、资产规模和就业人数计算的CR_4见表7。另外，我们也计算了辽宁省前8家企业的各项CR_8。

表7　辽宁省大型工业企业的经济集中度

单位：%

指　标	年份	主营业务收入占比	资产规模占比	就业人数占比
CR_4	2005	16.66	17.84	4.59
	2007	11.28	16.78	6.73
CR_8	2005	25.00	26.97	7.83
	2007	17.05	22.05	8.56

数据来源：根据《中国大型工业企业年鉴》和《辽宁省统计年鉴》相关数据计算。

首先，从整体来看，辽宁省内部的经济集中度非常高。无论是以主营业务收入为对象，还是以资产规模和就业人数为对象测量的大型工业企业经济集中度指标，都远远高于拥有大型工业企业最多的山东省。

其次，纵向对比来看，2005～2007 年，以主营业务收入为对象测量的辽宁省大型工业企业的经济集中度在下降，这可能说明其竞争力在不断下降。另外，对比以资产规模为对象和以就业人数为对象测量的经济集中度，发现辽宁省大型工业企业的特点是按资产规模衡量的经济集中度远远高于按就业人数衡量的经济集中度，说明辽宁省大型工业企业目前还是偏向资本密集型的。但是，从资产规模和就业人数衡量的经济集中度来看，辽宁省以资产规模为对象测量的经济集中度在下降，以就业人数为对象测量的经济集中度在上升，说明这几家大型工业企业开始更多地利用了劳动力资源的比较优势，正在逐渐向劳动力相对密集型的生产经营方式转变。

三 辽宁优势产业分析

从竞争力的角度来看，辽宁省的优势产业主要是资源依赖型产业，例如石油加工、炼焦及核燃料加工业，黑色金属矿采选业。另外，辽宁省优势产业的结构都比较偏重，例如通用设备制造业、专用设备制造业都是辽宁的重要优势产业。这种偏向重工业、对资源依赖过大的特点是由辽宁省作为老工业基地的地位决定的，具有路径依赖性。

以通用设备制造业、专用设备制造业为主的装备制造业是辽宁省的传统优势产业。根据《关于进一步实施东北地区等老工业基地振兴战略的若干意见》，装备制造业仍然是辽宁省未来发展的重中之重。辽宁省也将自身的战略定位为国家的装备制造业基地，并且加大了对装备制造业的投入力度。近年来，装备制造业完成投资年均增长 63%，并在 2008 年成为辽宁省的第一大支柱产业。辽宁省的装备制造业在未来一段时期内，能够不断提升竞争力的有利因素在于国家振兴东北的战略为其发展提供了宽松、良好的政策环境和推动力，能够吸引到更多的资本，这对于具有资本密集型性质的装备制造业来说，就相当于源源不断地为其输送了新鲜血液。但是，进一步做好装备制造业仍然面临着很大的挑战，其中最重要的因素在于产业创新的力度依然比较弱。前面的分析曾指出，近年来辽宁省的科技经费强度在不断下降，逐渐落后于全国的平均水平，这非常不利于装备制造业的发展。装备制造业是对技术要求很高的行业，要想提升装备制造业的竞争力，必须着眼于加强研发设计。只有切实加入研发投入，促进该行业的技术进步和提高自主创新能力，才能为其提升竞争力打下最坚实的基础。

石化行业也一直是辽宁省的优势产业和重要支柱行业。无论是以市场占有率来衡量还是以显示比较优势指数来衡量，石油加工、炼焦及核燃料加工业都是辽宁省 2000～2007 年竞争优势最强的行业。但是，从近年来的发展趋势来看，石化行业的竞争优势有所减弱。2005 年辽宁最大的 4 家企业中，有 2 家是石化企业；而在 2009 年则只有 1 家石化企业挤进了前四强。2005 年，中国石油天然气股份有限公司大连石化分公司的销售收入占辽宁 GDP 的比重为 4.89%，2009 年该比例则下降为 4.65%。研发投入强度的减弱也对石化行业竞争力的提升造成了阻碍。石化行业的发展方向是精细化，精细化程度越高，产业附加值也就越高，从而不断提升盈利能力和竞争力。而“精细化”依赖于技术的发展和产品的开发，依赖于对研发投入的高度重视。这些都是未来辽宁省石化行业提升竞争力要注意的问题。

四　国际金融危机对辽宁省产业竞争力的影响

由于外向依存度的差别，辽宁省受国际金融危机的影响较沿海地区显得稍晚一些，但是，国际需求下降等因素所导致的冲击依然难以避免。辽宁省也同样出现了部分行业和企业生产经营困难、经济增速下滑等。全省规模以上工业企业增加值增速在 2008 年 3 月为 20.3%，金融危机的影响在 2008 年下半年逐渐显现，7 月增速下降至 16.5%，12 月增速降至 9%。

虽然辽宁省的经济状况受金融危机的影响而下降，但是对比全国各省市，从产业竞争力的角度而言，辽宁省的产业竞争力尤其是工业竞争力却没有下降，而是较平稳地维持在与危机前相同的水平上，甚至略有增长。主要表现在：从辽宁省在全国的市场占有率变化来看，辽宁省工业增加值在全国工业总增加值的比重一直处于比较平稳的状态，2008 年为 5.2%，比 2007 年增长了 0.5 个百分点（见表 8），辽宁省规模以上工业企业产品销售收入在全国的比重，2008 年前两个季度与 2007 年后半年相比表现十分平稳，2008 年 5 月为 4.48%，比 2008 年 2 月降低了 0.06 个百分点，但却比上年同期增长了 0.14 个百分点。随后，在较短的时期内，辽宁省工业企业产品销售收入在全国的比重迅速上升，在2008年11月达到了4.78%，2008年全年平均在4.6%左右（见图2）。

表8　辽宁省工业品在全国的市场占有率变化（按工业增加值计算）

单位：%

年份	2000	2001	2002	2003	2004	2005	2006	2007	2008
比重	5.3	5.0	4.9	4.7	4.1	4.5	4.6	4.7	5.2

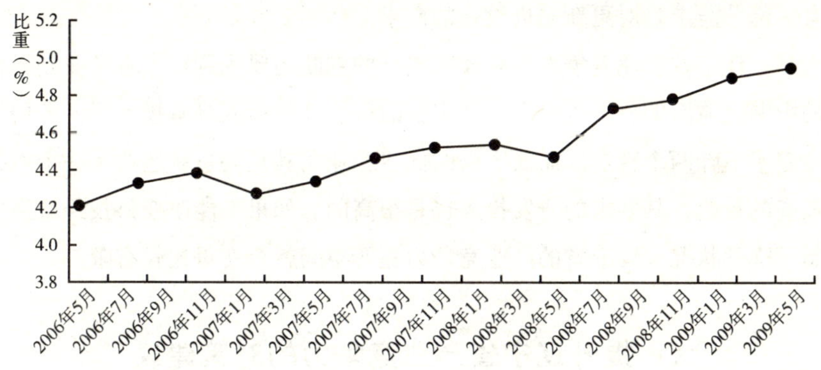

图2　辽宁省规模以上工业企业产品销售收入在全国的比重

在金融危机的背景下，辽宁省能够维持工业竞争力的平稳不下降，主要是因为：辽宁省的优势产业大部分集中在工业生产的上游，其对金融危机的敏感性相对来说要弱于直接面向居民消费的下游行业；危机发生后不久，中央政府和地方政府迅速采取了多方面措施，加大基础设施建设，加快项目推进力度，从而使金融危机对辽宁工业的影响还没有深化时就得到了及时应对。

五　2010年辽宁产业竞争力的判断

从整体来看，2010年辽宁省的产业竞争力会有较大提升。分具体行业来看，与资源禀赋密切相关的黑色金属矿采选业等冶金行业，石油加工、炼焦及核燃料加工业等石化行业的竞争优势依然会保持；受到政府大力推动的通用设备制造业、专用设备制造业等装备行业的竞争优势将会更加突出。我们的判断主要是基于以下分析。

辽宁省的优势产业主要集中在工业生产的上游领域，而这恰与金融危机后经济恢复所带来的需求相吻合，能够为辽宁省提升产业竞争力提供市场空间。一方面，为了应对国际金融危机的影响，国家加大了对基础设施的投资，这部分投资在未来一年内仍会不断地被释放出来，增加了对基础设施建设原材料和建设设备的需求。另一方面，随着宏观经济企稳回升，来自国内外的消费需求将会逐步增长，企业生产将缓慢恢复和扩张。经历了金融危机的考验，将会有越来越多的企业认识到技术创新和升级是实现持续发展的必然之路，从而加大创新投入，这其中将有一部分需求是对更新先进设备的需求。

但是，辽宁省产业竞争力会有较大提升的判断还要受到辽宁省产业创新程度状况的影响。前面的分析曾指出，辽宁省的科技经费投入具有投入强度较弱、投入强度趋于下降两个特点。而辽宁省的优势产业尤其是装备制造业是一个对技术要求较高的行业，其要求的研发投入也是很高的。如果不能改变科技经费强度弱和趋于下降的状况，辽宁省的产业竞争力提升空间就会变得比较有限。

六　提升辽宁省产业竞争力的对策建议

制约辽宁省产业竞争力提升的最重要因素是技术升级和产品创新的能力较弱。因此，辽宁省应围绕促进产业的技术进步和创新升级，在以下各方面创造条件来提升产业竞争力。

第一，在资金支持方面，加强技术改造的资金投入。加大技术改造项目在整体项目中的比重。加大对用于技术升级和产品创新的银行贷款的优惠力度。对科技经费强度大的企业给予一定程度的税收减免，鼓励和引导企业加大研发投入。

第二，在招商引资方面，强化引资过程中的技术转移，更好地发挥外资在推动技术进步方面的积极作用。近年来，辽宁省实际利用外资的数量不断增加，并在全国居于前列。在引资过程中，辽宁省更应该注重对外资的甄选，确保引进相关行业的先进技术，并千方百计促进外资企业对内资企业技术转让的实现。

第三，在人才支撑方面，加强技术人才队伍建设，积极引进优秀的国内外技术人才，加大对人才科技创新的扶持力度，优化对科技人才的奖励机制。加强科研机构与企业的联系，建立产学研结合的平台，依托多种人才力量实现技术进步和产品升级。

江西产业竞争力

胡文龙*

一 “十一五”期间江西产业竞争力的变化

1. 市场占有率

市场占有率是地区工业最现实的竞争力，市场占有率越大，占据的市场份额也就越大，相应的影响和支配市场的能力就越强，产业竞争力因此也越强。通过表1可以看出，江西省在2007年市场占有率最高的前10个行业是，有色金属冶炼及压延加工业，有色金属矿采选业，医药制造业，非金属矿采选业，木材加工及木竹藤棕草制品业，非金属矿物制品业，黑色金属矿采选业，印刷业和记录媒介的复制，纺织服装、鞋、帽制造业，化学纤维制造业。除有色金属冶炼及压延加工业、有色金属矿采选业外，江西省其他产业在全国的市场占有率均没有超过5%，表明江西省从整体上看其产业竞争力较弱，属于典型的亟须“崛起”的中部地区。

2000~2007年，江西省主要行业的市场占有率情况整体上呈现出“稳中有升”的特点。其中，有色金属冶炼及压延加工业、非金属矿物制品业、有色金属矿采选业的市场占有率在2000~2007年呈现出“波浪式”上升的势头；医药制造业、非金属矿采选业的市场占有率在2000~2007年呈现出逐年平缓上升的势头；黑色金属矿采选业，纺织服装、鞋、帽制造业，化学纤维制造业在2003年以前的市场占有率较低，2004年开始出现了较大幅度的上升，且呈逐年缓慢上升的趋势；木材加工及木竹藤棕草制品业、印刷业和记录媒介的复制的市场占有率在2000~2007年基本维持平稳的发展趋势（见图1）。

---

* 胡文龙，中国社会科学院工业经济研究所助理研究员。

表1　2007年江西省各行业在全国的市场占有率

单位：%

行业代码	行业名称	市场占有率	行业代码	行业名称	市场占有率
33	有色金属冶炼及压延加工业	6.56	13	农副食品加工业	1.47
09	有色金属矿采选业	5.75	19	皮革、毛皮、羽毛(绒)及其制品业	1.38
27	医药制造业	3.28	32	黑色金属冶炼及压延加工业	1.33
10	非金属矿采选业	3.08	37	交通运输设备制造业	1.29
20	木材加工及木竹藤棕草制品业	2.95	34	金属制品业	1.20
31	非金属矿物制品业	2.72	24	文教体育用品制造业	1.10
08	黑色金属矿采选业	2.35	41	仪器仪表及文化、办公用机械制造业	0.95
23	印刷业和记录媒介的复制	2.30			
18	纺织服装、鞋、帽制造业	1.90	30	塑料制品业	0.93
28	化学纤维制造业	1.78	06	煤炭开采和洗选业	0.89
16	烟草制品业	1.70	25	石油加工、炼焦及核燃料加工业	0.87
14	食品制造业	1.68	43	废弃资源和废旧材料回收加工业	0.87
46	水的生产和供应业	1.60	21	家具制造业	0.84
39	电气机械及器材制造业	1.60	29	橡胶制品业	0.76
22	造纸及纸制品业	1.59	35	通用设备制造业	0.63
44	电力、热力的生产和供应业	1.58	36	专用设备制造业	0.63
42	工艺品及其他制造业	1.57	45	燃气生产和供应业	0.49
17	纺织业	1.54	40	通信设备、计算机及其他电子设备制造业	0.46
26	化学原料及化学制品制造业	1.52			
15	饮料制造业	1.51			

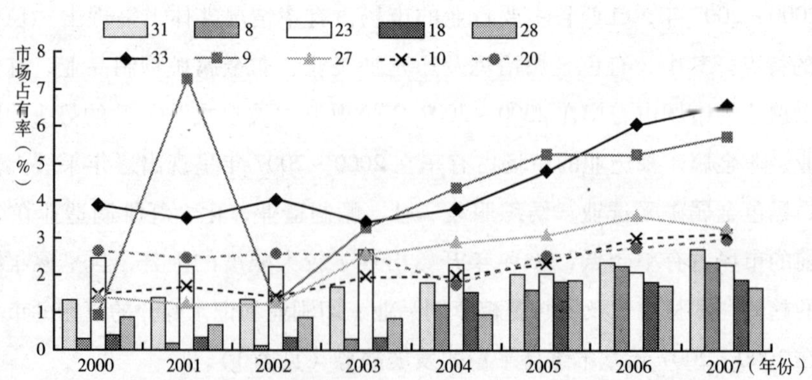

图1　2000~2007年江西省主要行业市场占有率变化情况

注：图中行业代码同表1。

2. 显示比较优势指数

除了市场占有率之外，我们还考察了区域产业竞争力的另一指标—— 显示比较优势指数（见表2）。本文显示比较优势指数用江西省各行业工业增加值占这些行业工业总产值的份额与全国同样行业工业增加值占工业总产值的份额之比表示。2007 年，江西省相对比较优势最大的 10 个行业分别是通信设备、计算机及其他电子设备制造业，废弃资源和废旧材料回收加工业，化学纤维制造业，塑料制品业，家具制造业，纺织业，工艺品及其他制造业，电气机械及器材制造业，金属制品业，通用设备制造业。国际上运用显示比较优势指数的经验表明，如果显示比较优势指数大于 2.5，则表明国际竞争力极强；若显示比较优势指数在 1.25 ~2.5 之间，则国际竞争力较强；若显示比较优势指数在 0.8 ~ 1.25 之间，则国际竞争力中等；若显示比较优势指数小于 0.8，则国际竞争力很弱。参照这一标准，江西省在全国有 10 个行业具有较强的竞争力。

表 2　2007 年江西省各行业的显示比较优势指数

行业代码	行业名称	显示比较优势指数	行业代码	行业名称	显示比较优势指数
40	通信设备、计算机及其他电子设备制造业	1.60	20	木材加工及木、竹、藤、棕、草制品业	1.12
43	废弃资源和废旧材料回收加工业	1.60	23	印刷业和记录媒介的复制	1.12
28	化学纤维制造业	1.38	14	食品制造业	1.12
30	塑料制品业	1.30	18	纺织服装、鞋、帽制造业	1.11
21	家具制造业	1.29	15	饮料制造业	1.10
17	纺织业	1.27	46	水的生产和供应业	1.06
42	工艺品及其他制造业	1.26	13	农副食品加工业	1.05
39	电气机械及器材制造业	1.26	9	有色金属矿采选业	1.00
34	金属制品业	1.26	29	橡胶制品业	0.96
35	通用设备制造业	1.26	44	电力、热力的生产和供应业	0.96
26	化学原料及化学制品制造业	1.24	37	交通运输设备制造业	0.96
41	仪器仪表及文化、办公用机械制造业	1.23	27	医药制造业	0.95
			16	烟草制品业	0.93
22	造纸及纸制品业	1.22	33	有色金属冶炼及压延加工业	0.92
24	文教体育用品制造业	1.21	10	非金属矿采选业	0.90
45	燃气生产和供应业	1.21	32	黑色金属冶炼及压延加工业	0.79
36	专用设备制造业	1.18	8	黑色金属矿采选业	0.78
31	非金属矿物制品业	1.13	25	石油加工、炼焦及核燃料加工业	0.74
19	皮革、毛皮、羽毛(绒)及其制品业	1.13	6	煤炭开采和洗选业	0.72

2000～2007年，江西省主要行业显示比较优势整体情况变化不大，整体呈现出稳中缓升的态势（见图2）。其中：通信设备、计算机及其他电子设备制造业、化学纤维制造业显示比较优势指数在2000～2007年呈现出“波浪式”缓慢上升的态势；电气机械及器材制造业显示比较优势指数在2000～2007年呈现出逐年缓慢上升的态势；塑料制品业显示比较优势指数在2002年以前呈下降趋势，2002年后趋于稳定；家具制造业显示比较优势指数在2004年以前呈上升趋势，2004年后呈稳中趋降的态势；废弃资源和废旧材料回收加工业从2004年开始显示比较优势指数下降较为明显。另外，纺织业、工艺品及其他制造业、金属制品业和通用设备制造业的显示比较优势指数变化趋势在2000～2007年较为平稳。

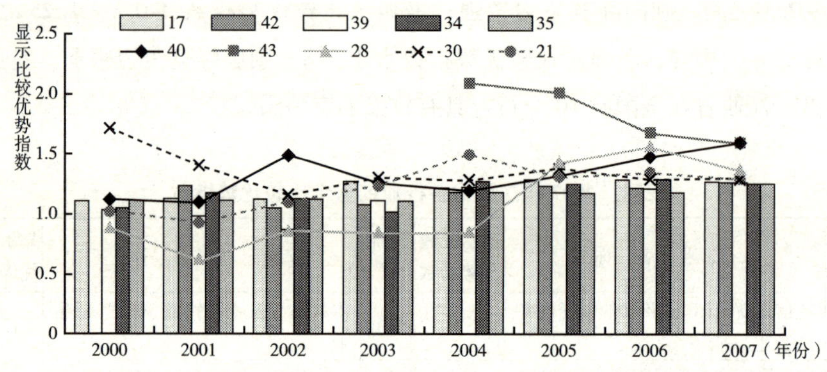

图2　2000～2007年江西省主要行业显示比较优势指数

注：图中行业代码同表2。

二　江西产业竞争力的影响因素分析

1. 产业创新

从图3可以看出，江西省规模以上工业企业科技经费内部支出总量从2000年开始呈逐年增加的趋势，表明江西省工业企业在增加企业创新投入资金总量上逐年有所提高。从总量上来看，2000年江西省规模以上工业企业科技费用内部支出只有不到10亿元，到2008年已增长到70亿元以上，为2000年的7倍。

但是，江西省规模以上工业企业的科技经费强度并不大，产业创新程度较低。从科技经费内部支出占工业增加值的比重（见表3）来看，首先，与全国平

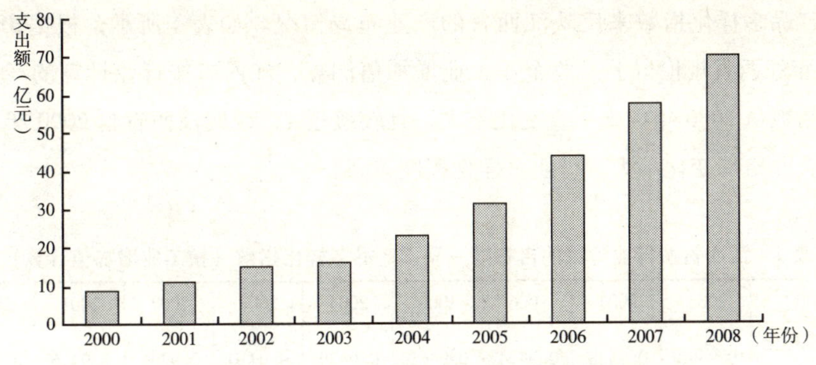

图3 江西省规模以上工业企业科技活动经费内部支出

表3 规模以上工业企业科技活动经费内部支出占工业增加值的比重

单位：%

年度	2000	2001	2002	2003	2004	2005	2006	2007	2008
江西	3.24	3.69	4.12	3.52	3.67	3.57	3.41	3.16	3.03
全国	3.24	3.45	3.53	3.50	3.65	3.52	3.49	3.52	3.81

均水平相比，2006年以前江西省科技经费内部支出占工业增加值的比重略高于全国平均水平，2006年以后连续三年低于全国平均水平，且差距逐年扩大，2006年江西省科技经费内部支出占工业增加值的比重低于国家平均水平0.08个百分点，到2008年这一差距已扩大到0.78个百分点。其次，江西省规模以上工业企业的科技经费强度还呈现出不断下降的趋势，科技经费内部支出占工业增加值的比重在2000年为3.24%，此后有一个波动上升的过程，但从2005年开始波动下降，2008年只有3.03%，这与全国平均科技经费强度不断提高的趋势是相反的。从科技经费内部支出占地区GDP的比重来看，尽管江西省的发展趋势与全国一样，从2000年开始呈现出逐年上升的态势，但江西省科技经费内部支出占地区GDP的比重从2000以来一直持续低于全国平均水平。因此，从以上反映产业科技经费强度的两个指标可以看出，江西省工业企业科技经费强度与全国平均水平相比存在一定的差距，产业创新能力较低。

2. 产品多样化指数

根据迈克尔·波特的“钻石”模型，一国或地区在某一产业竞争力的强弱取决于该国或地区是否能够创造良好的环境使本地公司获得竞争优势。而决定这种商业环境优劣的一个重要因素就是相关产业布局及其所引起的集聚效应，本文选用产品多样化指数来反映江西省的产业布局情况。如表4所示，根据2000～2008年江西省规模以上工业企业工业增加值测算，江西省按行业计算的产品多样化指数从2000年以来一直变化不大，且较接近1，说明江西省自2000年以来工业企业格局变化不大，行业多样化程度较高。

表4 江西省按行业计算的吉布斯－马丁产品多样化指数（按工业增加值计算）

年度	2008	2007	2006	2005	2004	2003	2002	2001	2000
产品多样化指数	0.9398	0.9388	0.9404	0.9462	0.9439	0.9410	0.9294	0.9416	0.9378

3. 经济集中度

为了反映江西省的经济集中度，本文用前4、前8工业企业的以下三个指标进行衡量：主营业务收入占工业总产值的比重、资产总额占工业总资产的比重和从业人数占工业从业人员总数的比重。

从表5可以看出，2007年度江西省以前4、前8工业企业主营业务收入占工业总产值的比重计算的经济集中度 CR_4 为17.21%，CR_8 为25.02%，以前4、前8工业企业资产总额占工业企业总资产的比重计算的经济集中度 CR_4 为18.96%，CR_8 为29.85%，以前4、前8工业企业从业人数占工业企业总从业人数的比重计算的经济集中度 CR_4 为5.38%，CR_8 为10.19%，均远远高于全国平均水平，说明江西省经济集中度较高，同时对特大型工业企业的经济依存度也较高。还可以看出，江西省前8位工业企业主营业务收入和资产总额占了全省规模以上工业企业的1/4左右，在全省国民经济中具有举足轻重的作用。

表5 2007年江西省与全国经济集中度指标

单位：%

项 目	主营业务收入/工业总产值		资产总额/工业总资产		从业人数/工业从业总人数	
	CR_4	CR_8	CR_4	CR_8	CR_4	CR_8
江 西	17.21	25.02	18.96	29.85	5.38	10.19
全 国	1.86	3.20	3.52	7.13	2.79	4.13

2009年江西企业100强中，江西铜业集团公司、江西省冶金集团公司、新余钢铁有限责任公司、萍乡钢铁有限责任公司、南昌铁路局、中国石化股份有限

公司九江分公司、江陵汽车集团公司、南昌长力钢铁股份有限公司、江西赛维LDK太阳能高科技有限公司、中国移动通信集团江西有限公司10家企业分别以605.8158亿元、458.6117亿元、306.1175亿元、202.2894亿元、201.7298亿元、197.1298亿元、153.8709亿元、134.3237亿元、113.2263亿元、92.8968亿元的销售收入进入前十名。可以看出，销售收入前十位的企业大多数属于有色金属冶炼及压延加工业，有色金属矿采选业，通信设备、计算机及其他电子设备制造业等具有较强市场占有率或比较优势的行业。

三　江西优势产业分析

从产业竞争力上来看，我们将前十大市场占有率行业和前十大显示比较优势指数行业划分为几类（见表6）。通过分析可以看出，江西省市场占有率较高的行业显示比较优势并不明显，显示比较优势明显的行业市场占有率相对又较低。具体来说，市场占有率较高的产业仅有有色金属矿采选业，木材加工及木竹藤棕草制品业，非金属矿物制品业，印刷业和记录媒介的复制这几个行业具有相对比较优势，而有色金属冶炼及压延加工业、医药制造业、非金属矿采选业、黑色金属矿采选业在全国处于相对劣势的地位。具有"较强"（1.25≤显示比较优势指数<2.5）相对比较优势的化学纤维制造业，通信设备、计算机及其他电子设备制造业，废弃资源和废旧材料回收加工业，塑料制品业，家具制造业，纺织业，工艺品及其他制造业，电气机械及器材制造业，金属制品业，通用设备制造业的市场占有率均低于2%，表明其显示比较优势还处于成长发展阶段，并没有转化为现实的市场占有率。

表6　江西省优势产业分析表

指　标	显示比较优势指数≥2.5	1.25≤显示比较优势指数<2.5	1≤显示比较优势指数<1.25	显示比较优势指数<1
市场占有率≥5%	—	—	09	33
5%>市场占有率≥2%	—	—	20、31、23	27、10、08
2%>市场占有率	—	28、40、43、30、21、17、42、39、34、35	18	—

注：表中行业代码同表1。

从竞争力的角度来看，江西省目前的优势产业主要集中在有色金属业、钢铁业、光伏产业、新型陶瓷产业、医药五大支柱产业上。

1. 有色金属产业

江西省矿产资源丰富，尤其是有色、稀有金属和稀土矿产资源优势显著。截至 2007 年底，江西共发现各类矿产 202 种，其中铜、银、铀、钽、钍、铯、铷、伴生硫、滑石粉、石英、白石岩等探明储量居全国首位①，为江西产业发展奠定了很好的资源基础。

有色金属产业是江西工业的龙头产业，江西有色金属工业在全国甚至全球都具有较强的竞争优势：①行业基础好，投入大。2009 年完成基本建设投资 282.51 亿元，占全省工业投资的 7.83%，比 2008 年同比增长 12.33%。其中有色金属矿采选业完成投资 42.84 亿元，同比增长 12.62%，有色金属冶炼及压延加工业完成投资 239.67 亿元，同比增长 12.28%。②市场占有率较高。江西有色金属冶炼及压延加工业、有色金属矿采选业产品的全国市场占有率分别为 6.56%、5.75%，远高于江西省其他工业品在全国市场占有率的水平。③企业规模较大。销售收入在 300 亿元以上的企业 1 家、10 亿元以上的企业 6 家；利润总额在亿元以上的企业 5 家，千万元以上的企业 32 家。目前江西铜业集团是全国最大的铜加工企业。江西已形成从采矿、选矿、冶炼到铜材加工的产业链，已建成全国最大、世界一流的铜冶炼及精深加工产业基地和全国重要的离子型稀土生产研发基地。

2. 钢铁产业

江西钢铁产业主要以“袁河”牌中厚板、“山凤”牌钢丝、“海鸥”牌螺纹钢筋三大品牌，以及“新钢”的板材、线材，“南钢”的优质线材、螺纹钢、汽车弹簧钢，“萍钢”的建筑钢材三大精品钢材为基石，在全国钢铁产业中占有一席之地。2009 年，在中国钢铁产业总量出现严重过剩的情况下，江西以“新钢”、“萍钢”、“南钢”为代表的三大钢铁企业全年累计实现主营业务收入 820.22 亿元，利税总额达到 54.79 亿元，利润 20.85 亿元。全年主要经济指标同比虽小幅下降，但远远高于全国平均水平，钢铁企业盈利能力位于全国前列。除此之外，江西钢产品的市场占有率也很高，其中“新钢”船板国内市场占有率第一，“南钢”弹簧扁钢市场占有率全国第一，“萍钢”建筑用螺纹钢及长材等也走俏全国。

---

① 江西省统计局：《江西统计年鉴（2007）》，中国统计出版社，2007，第 162 页。

3. 光伏产业

光伏产业是江西正在迅速兴起的优势产业。江西省凭借其原材料丰富、产业配套条件好、电力相对宽松等优势，从高位切入，围绕多晶硅料、多晶硅片、多晶硅太阳能电池、辅料耗材配套四个发展方向，延伸产业链，大力发展光伏产业，有望成为继有色金属、钢铁之后，江西省第三大支柱产业。2008 年江西省光伏产业发展迅速，实现销售收入 128.9 亿元。另外江西省生产的多晶硅片已占全球总产量的 1/4，龙头企业赛维 2008 年的产能超过 1400 兆瓦。2005 年 7 月，江西启动了江西赛维 LDK 公司总投资 120 亿元的 1.5 万吨硅料项目。随着这一目前世界太阳能领域单个项目投资最大、产能设计规模最大的项目实施和一期工程的正式投产，江西在多晶硅铸锭和切片这个产业链中承上启下的关键环节上已走在全国最前列。在江西新余市已形成以江西赛维 LDK 为龙头，以中材太阳能、华升太阳能等一批企业为重要环节的国内首个“硅料—纯硅—硅片—电池片—组件”完整的产业链。与此同时，江西的抚州、南昌、上饶、九江、赣州等市，陆续有多个多晶硅项目投产或拟上马，江西成为全国多晶硅光伏产业基地的雏形初见。

4. 新型陶瓷产业

目前江西省陶瓷产业的主要优势体现在：①品牌优势。江西陶瓷制造起始于汉代，至唐朝景德镇制瓷得到了长足发展，宋时凭“白如玉、明如镜、薄如纸、声如磬”的青白瓷而成为举世闻名的“瓷都”。②技术和艺术优势。景德镇制瓷业的整体技术水平居全国前列，艺术瓷在全国同行业处于领导和领先地位，单位出口售价也是全国最高。③人才优势。景德镇拥有 5000 余名专业技术人员，有 12 个“中国工艺美术大师”，占全国的 1/3，此外还有大批的研究人员和民间艺人。④资源优势。除瓷石、长石、石英外，江西高岭土丰富，储量 1.17 亿吨，开发前景好。

5. 医药产业

江西省医药生产企业 400 余家，约占全国的 1/10。近年工业增加值、销售率、利润增幅均居全国前列。产品涉及化学原料药及制剂、系列化学药品、中成药、中药饮片、医疗器械、药用包装材料等门类，其中盐酸洁霉素、盐酸土霉素通过了美国 FDA 验收，进入美国和欧洲市场。目前已经形成了江西医药港、袁州医药工业园和樟树福城医药园三大医药产业基地，构筑门类基本齐全，产、学、研良性互动的产业格局。

四　国际金融危机对江西产业竞争力的影响

1. 部分行业增幅和效益下降，金融危机即时性影响显著

2008年以来江西省部分企业的经营效益下滑，部分重点行业出现大额亏损。2008年1～2月，全省规模以上工业亏损企业亏损额为17.2亿元；1～10月规模以上工业增加值增长22.3%，同比回落1.7个百分点；前8个月，规模以上工业利润增长17.5%，同比回落68.7个百分点，增速逐月下行。有效需求不足，企业减产、限产、停产、倒闭增多。特别是大中型企业增幅回落明显，电力、石化、化纤等企业出现大额亏损，省属建材、纺织、电子、医药、稀土、钨业等公司，利税总额都出现不同程度的负增长。亏损企业亏损额同比增加44.4亿元，增长3.1倍（上年同期为下降35.2%）。在39个大类行业中，有17个行业的亏损企业亏损额在1000万元以上，其中电力生产和供应业，石油加工、炼焦及核燃料加工业，有色金属冶炼及压延加工业，黑色金属冶炼及压延加工业4个行业的亏损企业亏损额增大，亏损额分别达到8.65亿元、1.34亿元、1.34亿元和1.15亿元。同时，2008年1～10月江西省实际利用外商直接投资仅增长10.1%，而全国增长35.1%，显示出对江西省经济发展有着重大贡献的开放型经济受到了很大影响。

2. 企业生产经营日趋艰难，金融危机滞后影响大

金融危机对经济的影响，具有从出口、加工贸易型企业向内需和一般工业制成品企业蔓延的特点。在出口、加工贸易型企业外需订单减少的情况下，其生产能力必然向内需转移，使国内市场竞争更加激烈。相对而言，江西省企业规模小、实力弱、创新和市场竞争力不强，因此受到强烈冲击。表现为：①企业库存和应收账款增加较快。许多企业价格高位购进原材料，随着价格的下降，一方面库存原材料金额大幅缩水，另一方面又占用了大量企业资金。同时市场需求下降，使产成品库存增加。2008年1～8月规模以上工业企业应收账款净额增长17.0%，产成品库存增长25.4%。②企业生产成本快速上升。原材料、燃料动力购进价格指数大大高出工业品出厂价格指数，下游企业生产成本压力大大增加。另外，贷款利率、管理费用、职工工资提高也增加了企业成本，大大压缩了企业利润。③企业流动资金紧张。2008年前三季度，人民币各项贷款比年初增加516.2亿元，同比少增10.4亿元；衡量企业资金充裕状况的企业存款仅增加

242.2亿元，同比少增62.6亿元。企业景气调查显示，企业流动资金、企业融资均处于不景气状态。

五　2010年江西产业竞争力的判断

2010年江西省产业竞争力将是稳中趋降，理由如下：

首先，科技经费投入不足，江西省缺乏提升产业竞争力的核心优势。一直以来，江西省在科技经费投入上都低于全国平均水平，致使产业长期竞争力的提升能力大为削弱。由于金融危机的影响，各产业在市场需求和原材料供应上大都面临着双重压力，流动资金趋于紧张，利润降低，这必将进一步加剧科技经费投入不足的窘境。而金融危机下市场的恶化、竞争的加剧，又可能使得较为缺乏竞争力的江西省产业的市场占有率出现大幅下滑。因此，尽管2009年江西省经济恢复较快，但随着国际金融危机在实体经济中的深化和不断蔓延，江西省产业竞争力在2010年可能出现稳中趋降的态势。

其次，江西省重点产业恢复的迹象不明显。一方面，2009年上半年铜价总体上处于企稳、缓慢恢复的态势。但另一方面铜冶炼原料中的废杂铜供应量急剧下降，铜精矿的供应也未有明显上升，铜原料供应更趋紧张。江西铜业表示，预计下半年全球经济将进入缓慢恢复阶段，铜实际需求将逐步增加，而美元仍将维持弱势，流动性的泛滥将使得通货膨胀的可能性越来越大，使得铜价难以有大幅回调。因此，短期内江西省优势产业的竞争力难以恢复。

最后，承接东部沿海产业转移为江西省产业竞争力增强提供了难得的机遇。由于产业结构调整，东部沿海一些产业逐步向内地转移，江西省由于独特的区位优势和丰富的自然资源禀赋，将会成为承接东部沿海产业转移的重要阵地。在产业转移过程中，由于新技术、新理念的引进，江西省科技创新能力也会得到一些增强，这有利于江西产业竞争力的提升。

六　提升江西产业竞争力的对策建议

1. 发展产业集群，提升企业规模效益和竞争力

加快产业集群发展，是壮大产业规模、提升产业竞争力的有效途径。要抓住产业转移的历史性发展机遇，充分利用江西资源丰富、交通便捷、生态良好、水电充足、成本低廉的优势，进一步扩大改革开放，加大招商引资力度，主动承接沿海地区产业转移，形成产业聚集，壮大经济实力。要充分利用“世界铜都”、“世界钨都”、“稀土王国”这些金字招牌，以大企业为依托、以工业园区为载体，发挥优势资源和大项目的带动作用，推进铜、钨、稀土产业集群化发展，把鹰潭建成全国最大、世界知名的铜冶炼基地，以及铜加工产业基地、铜回收利用基地和铜产品物流中心，把赣州建成全国重要的钨和稀土精深加工基地和贸易中心。

发展产业集群，要求围绕核心企业，延长产业链，带动中小企业发展。江西优势产业中大多产业链较短、关联度较高，关系较紧密的配套企业还很少。如围绕江铜集团，带动全省铜行业中小企业发展，延伸电子行业用铜、家用电器用铜、电力电气行业用铜、交通运输和建筑行业用铜产业链，建立完善有利于铜产业发展壮大的相关配套体系；围绕江西稀有稀土金属钨业集团公司，打造稀土永磁材料、稀土发光材料、稀土储氢材料、中重稀土合金、稀土新材料五条产业链等。善用资源优势，进一步加大资源开发利用力度，从根本上改变以往初级产品多、产业前向性强、后向联系度弱的产业状况，延伸产业链，提高附加值，促使产业后向发展，做精做优、做强做大江西优势产业，让其资源优势在经济发展上体现出来，成为推动经济高质量增长的新型动力。

2. 整合资源，加强企业兼并重组

根据《钢铁产业发展政策》提出的目标，2020 年中国前 10 家钢铁生产企业集团钢产量要达到全国产量的 70%。钢铁产业的重组既是国家战略，也是企业竞争的必然结果，尤其是在当前需求委靡、价格剧降、经营困难的情况下，为企业的重组提供了难得的契机。随着山东钢铁集团、河北钢铁集团、广西钢铁集团、广东钢铁集团等大型钢铁集团相继挂牌成立，钢铁行业的重组风起云涌，江西省的钢铁企业必然面临着更为激烈的竞争。因此，建议江西省加紧研究办法，在充分利用市场机制的同时，发挥政府的引导作用，从打造千亿级企业的高度来打造钢铁产业，不然，“小打小闹”必将带来生存危机。除钢铁之外，其他一些行业尤其是资源加工型行业、规模效益明显的行业也要积极加以引导。

3. 增加创新投入，培育产业核心竞争力

政府应从四个方面促进企业的创新：①提供正确的方向，如提供技术和需求预测、财政诱导；②资助中介组织，以使其更好地为中小企业提供服务和信息；③设立专门基金，促进中小企业分担风险，雇用技术工作或聘用顾问；④加强知识产权管理，合理保护企业在创新中的应得利益，促进创新。

参考文献

国务院发展研究中心发展战略和区域经济研究部、中部六省政府发展研究中心：《中部崛起战略和对策》，经济科学出版社，2006。

迈克尔·波特：《国家竞争优势》，华夏出版社，2002。

《中国统计年鉴》（2000~2009），中国统计出版社。

《江西省统计年鉴》（2000~2009），江西省统计局。

黄丽华、熊利民：《江西产业集群研究》，《价格月刊》2005 年第 8 期。

陈晓生：《产业竞争力的测度与评估》，《上海统计》2002 年第 9 期。

金碚：《国际金融危机后中国产业竞争力的演变趋势》，《科学发展》2009 年第 12 期。

周红：《壮大支柱产业，力促江西产业结构调整》，《金融与经济》2003 年第 11 期。

舒晓波、张震雄、钟业喜：《江西区域产业竞争力评价与分析》，《价格月刊》2006 年第 12 期。

于淑艳、詹玉萍：《辽宁工业行业竞争力实证研究》，《科技管理研究》2009 年第 8 期。

安徽产业竞争力

胡文龙*

一 “十一五”期间安徽产业竞争力的变化

1. 市场占有率

如表1所示，2007年，安徽省在全国市场占有率高的前10个行业是，煤炭开采和洗选业、电气机械及器材制造业、黑色金属矿采选业、烟草制品业、橡胶制品业、有色金属冶炼及压延加工业、饮料制造业、黑色金属冶炼及压延加工业、塑料制品业、交通运输设备制造业。从整体上看，安徽省市场占有率最高的行业其值仅为4.99%，表明安徽省各产业竞争力的相对优势从全国来看并不明显。

表1　2007年安徽省各行业在全国的市场占有率

单位：%

行业代码	行业名称	市场占有率	行业代码	行业名称	市场占有率
06	煤炭开采和洗选业	4.99	14	食品制造业	2.35
39	电气机械及器材制造业	4.21	31	非金属矿物制品业	2.33
08	黑色金属矿采选业	4.06	23	印刷业和记录媒介的复制	2.31
16	烟草制品业	3.91	44	电力、热力的生产和供应业	2.24
29	橡胶制品业	3.51	46	水的生产和供应业	2.20
33	有色金属冶炼及压延加工业	3.28	43	废弃资源和废旧材料回收加工业	2.14
15	饮料制造业	3.05	10	非金属矿采选业	2.09
32	黑色金属冶炼及压延加工业	2.83	35	通用设备制造业	2.02
30	塑料制品业	2.74	36	专用设备制造业	1.87
37	交通运输设备制造业	2.71	34	金属制品业	1.86
20	木材加工及木、竹、藤、棕、草制品业	2.67	26	化学原料及化学制品制造业	1.82
13	农副食品加工业	2.56	19	皮革、毛皮、羽毛(绒)及其制品业	1.54

* 胡文龙，中国社会科学院工业经济研究所助理研究员。

续表 1

行业代码	行 业 名 称	市场占有率	行业代码	行 业 名 称	市场占有率
45	燃气生产和供应业	1.50	42	工艺品及其他制造业	1.12
24	文教体育用品制造业	1.46	28	化学纤维制造业	1.08
17	纺织业	1.44	18	纺织服装、鞋、帽制造业	0.96
27	医药制造业	1.34	25	石油加工、炼焦及核燃料加工业	0.77
22	造纸及纸制品业	1.25	21	家具制造业	0.64
41	仪器仪表及文化、办公用机械制造业	1.20	40	通信设备、计算机及其他电子设备制造业	0.50
09	有色金属矿采选业	1.13			

2000~2007 年，安徽省主要行业市场占有率整体呈现有升有降、平稳为主的特点。其中，烟草制品业、电气机械及器材制造业在全国的市场占有率呈现出逐年缓慢递增的发展态势；煤炭开采和洗选业、黑色金属矿采选业、橡胶制品业在全国市场占有率呈逐年降低的态势，尤以黑色金属矿采选业的下降最为显著；大多数行业，包括有色金属冶炼及压延加工业、饮料制造业、黑色金属冶炼及压延加工业、塑料制品业、交通运输设备制造业在全国市场占有率较为平稳，波动不大。

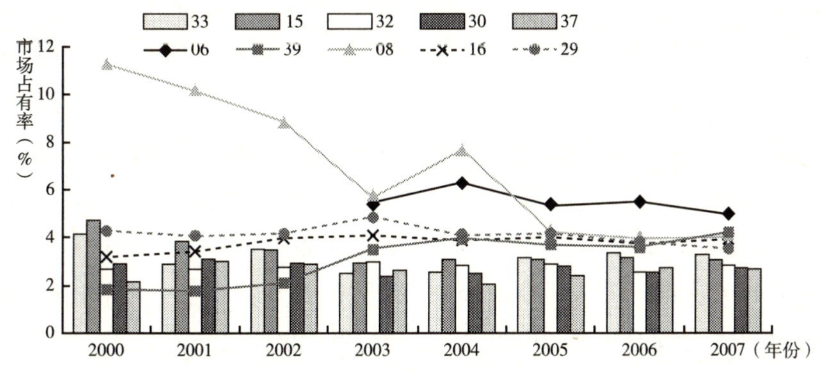

图 1 安徽省主要行业市场占有率变化情况（2000~2007）

注：图中行业代码代表的行业名称同表 1。

2. 显示比较优势指数

除了市场占有率之外，显示比较优势指数是衡量区域产业竞争力的另一指标。本文显示比较优势指数用安徽省各行业工业增加值占这些行业工业总产值的份额与全国这些行业工业增加值占工业总产值的份额之比表示。一般而言，显示比较优势指数值等于1表示中性的相对比较利益，无所谓相对优势或劣势可言；显示比较优势指数值大于1，表示该产业增加值在安徽的比重大于在全国的产业增加值比重，意味着安徽省在该产业上具有相对比较优势，在全国具有一定的地区产业竞争力；显示比较优势指数值小于1，则表示安徽省在该产业的生产上不具有比较优势，地区竞争力相对较弱。2007年，安徽省显示比较优势大的10个行业分别是通信设备、计算机及其他电子设备制造业，化学纤维制造业，仪器仪表及文化、办公用机械制造业，文教体育用品制造业，黑色金属冶炼及压延加工业，水的生产和供应业，黑色金属矿采选业，通用设备制造业，工艺品及其他制造业，金属制品业。运用显示比较优势指数的国际经验表明，如果显示比较优势指数大于2.5，则表示竞争力极强；若显示比较优势指数在1.25～2.5之间，则表示竞争力较强；若显示比较优势指数在0.8～1.25之间，竞争力为中等；若显示比较优势指数小于0.8，则表示竞争力很弱。参照这一标准，安徽省在全国有5个行业具有较强的竞争力。整体上看，截至2007年，通信设备、计算机及其他电子设备制造，化学纤维制造业，仪器仪表及文化、办公用机械制造业，文教体育用品制造业，黑色金属冶炼及压延加工业是安徽省相对比较优势较强的行业（见表2）。

考察安徽省主要行业的显示比较优势指数变化情况（见图2），整体来看，2000～2007年安徽省主要行业相对比较优势整体情况变化不大。具体来看，相对比较优势上升较明显的是通信设备、计算机及其他电子设备制造业，其在2000年在全国处于相对比较劣势地位，到2007年已发展成为在安徽最具有相对比较优势的行业；水的生产和供应业相对比较优势从2000年到2007年呈现出逐年缓慢上升的特点；化学纤维制造业、工艺品及其他制造业相对比较优势从2000年到2007年呈现出波动中缓慢上升的特点；仪器仪表及文化、办公用机械制造业相对比较优势在2000～2007年呈现出波动中下降的特点；相对比较优势下降较为明显的是黑色金属矿采选业，尽管其在安徽省仍然属于相对比较优势较强的行业，但其相对比较优势呈逐年下降态势，2000～2007年已由竞争力较强降低为竞争力中等；文教体育用品制造业、黑色金属冶炼及压延加工业、通用设备制造业、金属制品业相对比较优势略有波动，但变化并不显著。

表2 2007年安徽省各行业的显示比较优势指数

行业代码	行业名称	显示比较优势指数	行业代码	行业名称	显示比较优势指数
40	通信设备、计算机及其他电子设备制造业	1.50	44	电力、热力的生产和供应业	1.10
			18	纺织服装、鞋、帽制造业	1.09
28	化学纤维制造业	1.38	31	非金属矿物制品业	1.06
41	仪器仪表及文化、办公用机械制造业	1.32	23	印刷业和记录媒介的复制	1.03
			15	饮料制造业	1.03
24	文教体育用品制造业	1.30	22	造纸及纸制品业	1.02
32	黑色金属冶炼及压延加工业	1.25	37	交通运输设备制造业	1.01
46	水的生产和供应业	1.24	13	农副食品加工业	1.01
8	黑色金属矿采选业	1.22	20	木材加工及木、竹、藤、棕、草制品业	0.99
35	通用设备制造业	1.22			
42	工艺品及其他制造业	1.22	26	化学原料及化学制品制造业	0.99
34	金属制品业	1.21	9	有色金属矿采选业	0.98
39	电气机械及器材制造业	1.20	10	非金属矿采选业	0.97
19	皮革、毛皮、羽毛(绒)及其制品业	1.18	43	废弃资源和废旧材料回收加工业	0.97
29	橡胶制品业	1.16	14	食品制造业	0.96
21	家具制造业	1.16	27	医药制造业	0.95
36	专用设备制造业	1.14	16	烟草制品业	0.93
6	煤炭开采和洗选业	1.14	33	有色金属冶炼及压延加工业	0.93
30	塑料制品业	1.12	45	燃气生产和供应业	0.87
17	纺织业	1.12	25	石油加工、炼焦及核燃料加工业	0.64

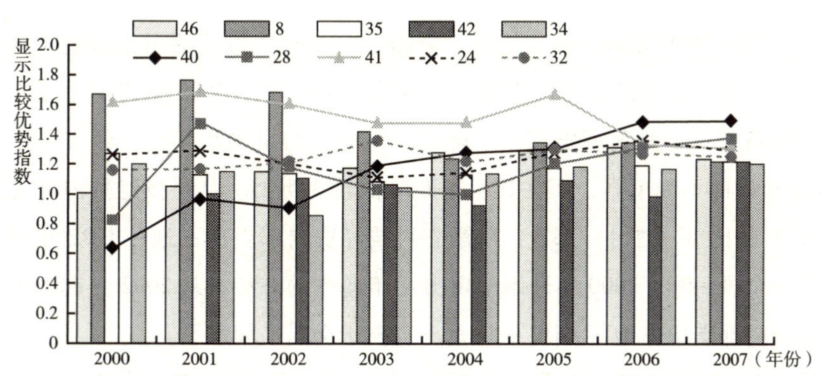

图2 2000～2007年安徽省主要行业显示比较优势指数变化情况

注：图中行业代码同表2。

二　安徽产业竞争力的影响因素分析

1. 产业创新

从图 3 可以看出，安徽省规模以上工业企业科技经费内部支出总量从 2000 年开始呈逐年增加的趋势，表明安徽省工业企业在增加企业创新投入资金总量上逐年有所提高。从总量上来看，2000 年安徽省规模以上工业企业科技费用内部支出只有 20 亿左右，到 2008 年已增长到 160 亿元以上，增幅达 7 倍以上。

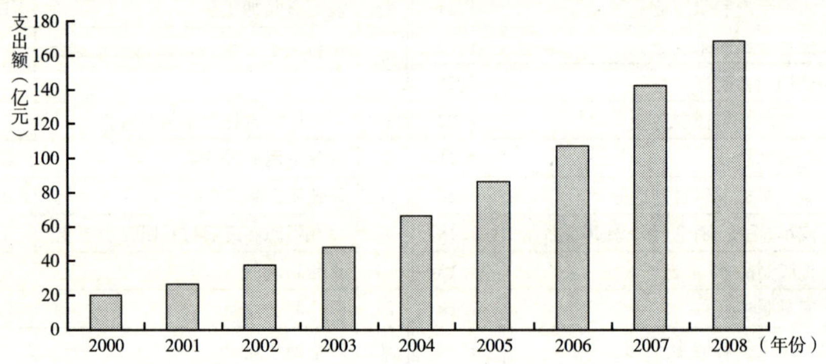

图 3　安徽省规模以上工业企业科技活动经费内部支出

从科技经费内部支出占工业增加值的比重（表 3）来看，与全国平均水平比较，安徽省科技经费内部支出占工业增加值的比重从 2000 年开始均高于全国平均水平，且除 2000 年外，各年均高于全国平均水平 1. 18 个百分点以上。从变化的趋势看，安徽省规模以上工业企业的科技经费强度在 2005 年以前呈逐年增长态势，2005 年以后则呈现出逐年下降的态势。这与全国平均科技经费强度水平在 2004 年以前不断上升，而在其后不断降低较为类似。从科技经费内部支出占地区 GDP 的比重（图 4）来看，安徽省科技经费内部支出占地区 GDP 比重的变化趋势与全国一样，2000 年开始呈现出逐年递增的态势；从 2002 年起，安徽省科技经费内部支出占地区 GDP 的比重一直高于全国平均水平。

从以上反映产业科技经费强度的两个指标可以看出，安徽省规模以上工业企业的科技经费强度较大，产业创新程度相对较高。安徽省工业企业科技经费强度的走势，表明安徽省工业企业对创新的重视程度较高。

表 3　规模以上工业企业科技活动经费内部支出占工业增加值的比重

单位：%

年份	2000	2001	2002	2003	2004	2005	2006	2007	2008
安徽	3. 96	4. 63	5. 51	5. 43	5. 53	5. 79	5. 72	5. 55	5. 15
全国	3. 24	3. 45	3. 53	3. 50	3. 65	3. 52	3. 49	3. 52	3. 81

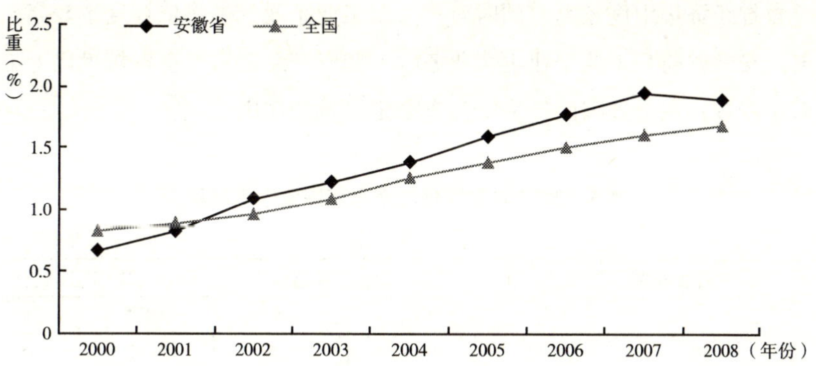

图 4　安徽省规模以上工业企业科技活动经费内部支出占地区 GDP 的比重

2. 产品多样化指数

如表 4 所示，根据2000～2008 年安徽省规模以上工业企业工业总产值测算，安徽省按行业计算的产品多样化指数自 2000 年以来变化不大，且较接近于 1，说明安徽省行业分布在各年变化不大，产品多样化程度较高，并没有形成在安徽省具备显著优势的行业。

表 4　安徽省按行业计算的吉布斯－马丁多样化指数（按工业总产值测算）

年　份	2000	2001	2002	2003	2004	2005	2006	2007	2008
产品多样化指数	0. 9488	0. 9459	0. 9453	0. 9464	0. 9431	0. 9426	0. 9425	0. 9418	0. 9416

3. 经济集中度

为了反映安徽省的经济集中度，本文用前 4、前 8 工业企业的以下三个指标进行衡量：主营业务收入占工业总产值的比重、资产总额占工业总资产的比重和从业人数占工业从业人员总数的比重。

从表5可以看出，2007年度安徽省以前4、前8工业企业主营业务收入占工业总产值的比重计算的经济集中度 CR_4 为18.74%、CR_8 为26.51%；以前4、前8工业企业资产总额占工业企业总资产的比重计算的经济集中度 CR_4 为19.73%、CR_8 为28.06%；以前4、前8工业企业从业人数占工业企业总从业人数的比重计算的经济集中度 CR_4 为5.92%、CR_8 为11.41%，均远远高于全国平均水平，说明安徽省经济集中度较高，同时对特大型工业企业的经济依存度也较高。还可以看出，安徽省前8工业企业主营业务收入和资产总额占了全省规模以上工业企业的1/4左右，在全省国民经济中具有举足轻重的作用。

表5　2007年安徽省与全国经济集中度指标

单位：%

项　目	主营业务收入/工业总产值		资产总额/工业总资产		从业人数/工业从业总人数	
	CR_4	CR_8	CR_4	CR_8	CR_4	CR_8
安　徽	18.74	26.51	19.73	28.06	5.92	11.41
全　国	1.86	3.20	3.52	7.13	2.79	4.13

安徽省经济和信息化委员会和安徽省企业联合会联合向社会发布的“2009安徽企业100强”中显示，在“2009安徽企业100强”中，工业企业共有72家，仅占全省规模以上工业企业数量（10513家）的0.68%，但其营业收入合计为4466.68亿元，占百强企业营业收入的72.48%，占规模以上工业企业营业收入的42.95%，实现利润105.35亿元，占省百强企业实现利润的29.93%，占全省规模以上工业企业实现利润的30.7%。“2009安徽企业100强”合计营业收入为6162.55亿元，占全省GDP的69.44%。由此可见，安徽省工业企业在该地区国民经济中具有重要的地位。

三　安徽优势产业分析

通过分析可以看出，安徽省并没有国际划分标准上的竞争力极强（RCA > 2.5）的产业，但具有5个较强（1.25≤RCA < 2.5）竞争力的产业，可市场占有率并不高，仅黑色金属冶炼及压延加工业的市场占有率超过2%。

安徽省的优势产业主要集中在两个方面：一是以资源依赖为主的能源、原材料产业，比如黑色金属冶炼及压延加工业、煤炭开采和洗选业、黑色金属矿采选业、水的生产和供应业等；二是具有低人力成本和较高技术优势的制造业，比如电气机械及器材制造业、饮料制造业、塑料制品业、通用设备制造业、交通运输设备制造业等。安徽省2009年百强企业主要集中在制造业和服务业中，其中各类电气、机械及器材制造业企业64家、服务业企业23家、采掘业企业6家、建筑业企业7家。

1. 能源、原材料产业

安徽省的能源、原材料产业优势集中在包括煤炭开采和洗选业、黑色金属矿采选业等能源和原材料采选业，以及能源原材料的后续加工产业领域，如有色金属冶炼及压延加工业、黑色金属冶炼及压延加工业等。安徽省资源储量丰富，开发规模较大的矿产有煤、铁、铜、水泥、石灰岩、硫铁矿等。作为能源、原材料产业大省，安徽省是华东乃至全国重要的能源、原材料生产基地。安徽省拥有丰富的煤炭资源，目前已探明煤炭保有储量250多亿吨，为华东地区之首，且煤种齐全、煤质优良、具有特低硫（<0.5%）等特点，是中国东部和南部地区煤炭资源最好、储量最大的整装煤田。目前已形成能源、建材、冶金、有色、化工五大基础产业，是国家级的原材料工业基地和能源供应基地。两淮煤矿（淮南、淮北）是中国南方最大的煤炭生产基地，马钢是中国重要的钢铁生产基地，铜陵是中国重要的铜冶炼和加工基地。资源优势为安徽能源、原材料产业的发展奠定了坚实的基础。

2. 制造业

安徽制造业的优势集中在电气机械及器材制造业、饮料制造业、塑料制品业、通用设备制造业、交通运输设备制造业、水的生产和供应业等行业，尤其以汽车、家用电器等为代表的加工制造业相对优势更为明显。

汽车及工程机械是安徽最大的工业行业，目前工程机械行业在全国排名前3位，汽车产销量在全国排名第6位。叉车、挖掘机、豪华大客车、客车底盘、快速液压机、大型潜水电泵、农用运输车、汽车及摩托车仪表、立式加工中心、活塞环、滤清器等一批产品达到国内先进水平，产量位居全国前列。在产量快速增长的同时，产品体系也由单一的载重汽车发展到客车及底盘、轿车、轻微型载重汽车、商务车、专用汽车等系列产品，涌现出江淮汽车、奇瑞轿车、安凯客车、合肥昌河、星马专用车等国内知名生产企业，形成了一定的竞争优势。江汽集团客车底盘是中国质量最好、市场占有率最大的产品，安凯集团的安凯客车位于世界顶级客车之列，合肥现代客车在中国中档客车中有着较好的性价比，奇瑞轿车、瑞风商务车畅销全国各地。

安徽家用电器行业在全国占有重要地位，拥有美菱、荣事达、海尔、美的、科龙、西门子、日立、三洋等一批知名企业。

四　国际金融危机对安徽产业竞争力的影响

安徽省在全球金融危机冲击下表现相对较好，工业企业经济波动下行慢于全国而恢复快于全国。安徽省产业竞争力在国际金融危机下显示出相对较强的态势。通过图5可以看出，安徽省规模以上工业企业工业增加值在全国的占有率在2008年为2.47%，比2007年增长了0.28个百分点，处于逆势增长的态势。

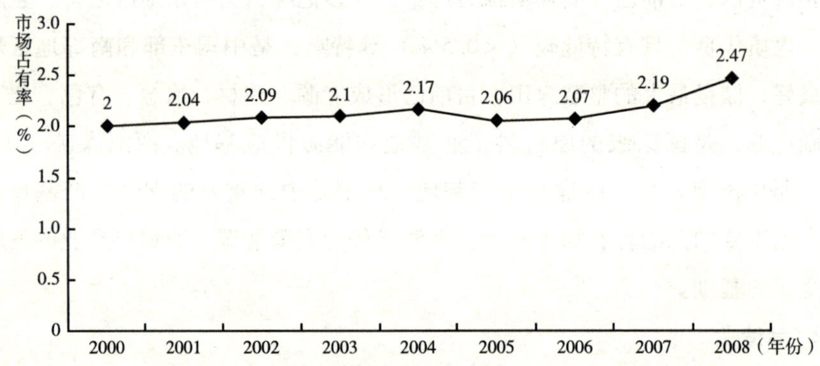

图5　安徽省工业产品在全国的市场占有率变化（按工业增加值计算）

国际金融危机下，安徽省产业竞争力显示出相对较强的态势主要体现在两个方面。①安徽省工业企业主要指标回落幅度小于全国。与2007年相比，2008年安徽省规模以上工业增加值增幅回落了2.5个百分点，而全国回落了5.6个百分点。②安徽省工业企业主要指标增幅高于全国，且在全国和中部地区的位次上升。与全国相比，2008年全年安徽省规模以上工业增加值增长22%，增幅提高了9.1个百分点，居全国第3位，前移4位；出口增长28.8%，增幅提高了11.6个百分点，居全国第12位，前移2位。与中部地区其他省相比，2008年全年安徽省规模以上工业增加值增幅居中部首位，前移1位。2008年1~11月，安徽省规模以上工业企业主营业务收入占全国的份额（市场占有率）为2.14%，比2007年的1.97%上升了0.17个百分点；38个工业行业中，有27个行业的市场占有率比上年上升。

国际金融危机对安徽省实体经济的影响主要体现在重点产业的市场环境恶化。由于安徽省的外向型企业不多、对外出口的规模不大，因此由于国际市场需求不足导致的出口减少对安徽省的影响有限，国际金融危机对安徽省产业的直接影响并不明显。但是，安徽省的产业结构层次还不够高，国际金融危机下竞争的加剧会导致市场环境的恶化。目前安徽省的主要支柱产业为钢铁、有色金属、煤炭、电力、汽车和化工等行业，这些产业受经济周期性波动影响大，产能过剩的矛盾又较为突出。国际金融危机进一步加重了这些行业的产能过剩问题。

五　2010年安徽产业竞争力的判断

2010年安徽省产业竞争力的基本判断是稳中有升。分行业来看，电气机械及器材制造业等制造业的竞争力有可能仍会逐步增强，煤炭开采和洗选业等资源性产业的竞争力会相对下降，主要基于以下原因：

首先，低人力资本成本和较高的科技经费投入是安徽省产业竞争力增强的核心优势。由于金融危机的影响，各产业在市场需求和原材料供应上大都面临着双重压力，流动资金趋于紧张，较低的人力资本优势使安徽省制造业具备了难得的竞争优势，同时，较高比例的科技经费投入使安徽省制造业的技术含量有了较大的提高。在此前提下，结合安徽省在资源、能源上的传统优势和原有产业基础，安徽省走向制造大省和制造强省的愿望应该有望实现。2008年国际金融危机以来，安徽省工业企业一改1998年亚洲金融危机时“下得快，上得慢”的局面，工业经济保持持续平稳较快增长就是最好的证明。

其次，承接东部沿海产业转移为安徽省产业竞争力增强提供了难得的机遇。由于产业结构调整，东部沿海一些产业逐步向内地转移。安徽省由于独特的区位优势和丰富的自然资源禀赋，将会成为承接东部沿海产业转移的重要阵地。在产业转移过程中，由于新技术、新理念的引进，安徽省科技创新能力也会得到一些增强，这有利于安徽产业竞争力的提升。

六　提升安徽产业竞争力的对策建议

1. 强化结构调整，着力构筑提升产业竞争力的有利机制

优化产业、产品结构，强化结构调整，可以进一步促进产业、产品升级，构建更具竞争力的现代产业体系，培育更多新的经济增长点。一是借外力调结构，主要是引进对安徽省产业结构优化升级具有重大影响、对区域经济发展具有重大带动作用的战略投资者。二是借平台调结构，主要是提升各类园区的经济承载力，充分发挥集聚效应和规模效应，促进产业向园区集聚、企业向园区集中，努力打造产业集群、企业集聚、资源集约的“块状经济”。三是借创新调结构，重点改造提升资源优势明显、基础稳固、带动力强的传统产业，如煤炭、冶金、化工、建材等；大力发展新能源、电子信息、生物医药等新型产业，发展循环经济，降低各种资源消耗指标，构筑新的产业格局。

2. 加大企业改革和兼并重组力度

安徽省在产业整合方面近年来虽有进展，但力度并不大，致使产业内部以及产业间协同效应并不明显。因此，亟须加大企业改革和兼并重组力度。当然，兼并重组也不能盲目进行，要在企业发展战略规划的主导下进行妥善谋划和安排。

3. 加大实施技术创新的力度

从现实情况看，安徽省企业拥有自主知识产权的名牌产品并不多，绝大多数企业只是从事技术含量低、附加值低的产品生产，产学研结合也只是少数企业。科技成果转化率不高、企业技术创新能力薄弱成为制约安徽省企业做大做强的瓶颈，也是安徽省企业与国内外同类企业的核心差距所在。因此需要加大实施技术创新的力度。一是大企业要在国家自主创新战略的指导下，依据本企业所处的发展阶段实际，选择适合企业发展战略的自主创新实现形式，以掌握核心技术、发展壮大知识产权储备为宗旨，以市场需求为引领，实现企业创新链和产业链的有机结合，通过创新谋质量、谋效益、谋发展。二是建立区域创新体系，即为一个区域内有特色的、与地区资源相关联的、有利于推进创新的制度组织网络，其目的是推动区域内新技术或新知识的产生、流动、更新和转化。三是加强技术管理，扎实有效地推进管理制度化、规范化和现代化，建立高效的创新激励机制，充分发挥全员创新的主动性和积极性，努力将开发研究成果转化为现实生产力。

四是要千方百计加大企业研发投入，努力完善企业自身的造血功能。五是加强企业专利技术的管理，密切注视市场上新的技术动向及对市场的潜在影响，加大专利保护力度。

参考文献

国务院发展研究中心发展战略和区域经济研究部、中部六省政府发展研究中心：《中部崛起战略和对策》，经济科学出版社，2006。

谢培秀：《安徽区域经济差距与发展战略取向：中部崛起论》，经济科学出版社，2006。

《中国统计年鉴》（2000～2009），中国统计出版社。

《安徽省统计年鉴》（2000～2009），安徽省统计局。

周文斌：《中部崛起与科技创新》，经济科学出版社，2006。

安徽省政府：《安徽省"十一五"高新技术产业发展规划》。

金碚：《国际金融危机后中国产业竞争力的演变趋势》，《科学发展》2009年第12期。

安徽省情网：《安徽"861"行动计划》，http://www.dss.gov.cn/rsah/anhsq/ahsq6.10.htm。

金碚：《企业竞争力测评的理论与方法》，《中国工业经济》2003年第3期。

湖南产业竞争力

王　磊*

一　2002 年以来湖南省产业竞争力的变化

1. 市场占有率

表 1 列出了 2002 年以来湖南省 38 个产业市场占有率的变化，以及各产业市场占有率在湖南省产业结构中所占的位置。

表 1　2002 ~ 2008 年湖南省各产业市场占有率及其排名的变动情况

单位：%

产　　业	2008 年	排名	2005 年	排名	2002 年	排名
煤炭开采和洗选业	2.553	17	2.210	19	0.000	37
黑色金属矿采选业	1.868	24	1.628	24	1.300	23
有色金属矿采选业	6.592	3	6.471	3	11.654	1
非金属矿采选业	6.683	2	5.672	4	3.919	5
其他采矿业	0.000	38	0.000	38	0.000	38
农副食品加工业	3.326	10	2.766	15	2.716	14
食品制造业	3.488	8	3.249	12	1.427	22
饮料制造业	2.554	16	1.691	22	1.639	20
烟草制品业	9.358	1	9.602	1	8.905	2
纺织业	1.285	30	1.167	32	0.876	29
纺织服装、鞋、帽制造业	0.895	34	0.484	35	0.391	34
皮革、毛皮、羽毛(绒)及其制品业	1.556	27	1.581	25	1.000	27
木材加工及木竹藤棕草制品业	4.831	6	4.487	6	4.469	4
家具制造业	2.205	21	1.772	20	2.780	13
造纸及纸制品业	3.392	9	4.069	8	3.182	9
印刷业和记录媒介的复制	2.951	14	3.340	11	3.395	8

* 王磊，中国社会科学院研究生院博士。

续表 1

产　　业	2008 年	排名	2005 年	排名	2002 年	排名
文教体育用品制造业	0.653	36	0.341	37	0.219	35
石油加工、炼焦及核燃料加工业	2.098	23	4.306	7	3.667	7
化学原料及化学制品制造业	2.721	15	2.786	13	2.305	16
医药制造业	3.063	12	2.500	17	1.015	26
化学纤维制造业	0.664	35	1.664	23	1.745	19
橡胶制品业	1.005	33	0.808	34	0.979	28
塑料制品业	1.344	29	1.195	31	0.776	31
非金属矿物制品业	2.956	13	2.773	14	2.835	10
黑色金属冶炼及压延加工业	2.525	18	2.337	18	2.534	15
有色金属冶炼及压延加工业	5.141	4	5.385	5	6.526	3
金属制品业	1.357	28	1.243	29	0.859	30
通用设备制造业	1.843	25	1.564	27	1.238	24
专用设备制造业	5.069	5	3.732	9	2.825	11
交通运输设备制造业	1.613	26	1.731	21	1.772	18
电气机械及器材制造业	1.281	31	1.280	28	1.124	25
通信设备、计算机及其他电子设备制造业	0.339	37	0.410	36	0.730	32
仪器仪表及文化、办公用机械制造业	2.238	20	1.220	30	1.431	21
工艺品及其他制造业	1.107	32	0.904	33	2.788	12
废弃资源和废旧材料回收加工业	4.616	7	8.677	2	0.000	36
电力、热力的生产和供应业	2.124	22	2.517	16	2.245	17
燃气生产和供应业	2.277	19	1.573	26	0.414	33
水的生产和供应业	3.284	11	3.525	10	3.836	6

资料来源：根据中国统计数据支持系统的数据计算。

首先，从各产业市场占有率来看，2002～2008 年除了石油加工，炼焦及核燃料加工业，化学纤维制造业，工艺品及其他制造业，废弃资源和废旧材料回收加工业，电力、热力的生产和供应业，水的生产和供应业 5 个产业在全国的市场占有率出现下降趋势，以及其他采矿业的市场占有率保持不变以外，其余 32 个产业在全国市场上的占有率都有所上升，说明在此期间湖南省整体产业竞争力得到很大提升，尤其是煤炭开采和洗选业、非金属矿采选业、专用设备制造业、废弃资源和废旧材料回收加工业，燃气生产和供应业 5 个产业的市场占有率均是迅

速提升，增加了1倍以上。

其次，从各产业市场占有率在湖南省产业结构的排名来看，煤炭开采和洗选业、非金属矿采选业、农副食品加工业、食品制造业、饮料制造业、医药制造业、专用设备制造业、燃气生产和供应业等10个产业的排名保持持续上升的趋势，说明这些产业在湖南省经济和产业发展中的作用越来越重要；黑色金属矿采选业，其他采矿业，烟草制品业，纺织业，纺织服装、鞋、帽制造业，皮革、毛皮、羽毛（绒）及其制品业，木材加工及木竹藤棕草制品业，造纸及纸制品业，文教体育用品制造业，化学原料及化学制品制造业，塑料制品业，橡胶制品业，有色金属冶炼及压延加工业，金属制品业，仪器仪表及文化、办公用机械制造业15个产业排名基本稳定，但略有变化，说明这些产业在湖南省产业发展的过程中起到了积极作用，有利于产业结构转换的顺利实现；家具制造业，印刷业和记录媒介的复制，石油加工、炼焦及核燃料加工业，化学纤维制造业，非金属矿物制品业，黑色金属冶炼及压延加工业，通用设备制造业，交通运输设备制造业，电气机械及器材制造业，通信设备、计算机及其他电子设备制造业，工艺品及其他制造业，电力、热力的生产和供应业，水的生产和供应业13个产业在全国以及湖南省工业结构中所占的比重相对较小或处于下降趋势，导致市场竞争力有所下降，竞争优势还不强。

再次，有色金属矿采选业、非金属矿采选业、烟草制品业、木材加工及木竹藤棕草制品业、有色金属冶炼及压延加工业5个产业的排名一直在前10名，市场占有率基本上都在5%左右，说明湖南省这些产业在全国有一定的竞争优势，在湖南省产业结构中也处于重要位置，对湖南省产业的发展具有重要的推动作用。

此外，我们还可以看到，这些市场占有率高的产业基本上都是资源密集型和劳动密集型产业，说明湖南省的优势产业仍具有较强的资源依附性，产业结构处于较低的层次。

2. 显示比较优势指数

根据显示比较优势指数的计算公式，我们得到2002年、2005年和2008年湖南省38个工业行业的显示比较优势指数值，以及其在湖南省产业结构中的排名（见表2）。

表 2　2002 年以来各产业显示比较优势指数及排名

产　　业	2008 年	排名	2005 年	排名	2002 年	排名
煤炭开采和洗选业	0.836	17	0.779	19	0.000	37
黑色金属矿采选业	0.612	24	0.574	24	0.428	23
有色金属矿采选业	2.158	3	2.282	3	3.836	1
非金属矿采选业	2.188	2	2.000	4	1.290	5
其他采矿业	0.000	38	0.000	38	0.000	38
农副食品加工业	1.089	10	0.975	15	0.894	14
食品制造业	1.142	8	1.146	12	0.470	22
饮料制造业	0.836	16	0.596	22	0.540	20
烟草制品业	3.064	1	3.386	1	2.932	2
纺织业	0.421	30	0.412	32	0.288	29
纺织服装、鞋、帽制造业	0.293	34	0.171	35	0.129	34
皮革、毛皮、羽毛(绒)及其制品业	0.509	27	0.558	25	0.329	27
木材加工及木竹藤棕草制品业	1.582	6	1.582	6	1.471	4
家具制造业	0.722	21	0.625	20	0.915	13
造纸及纸制品业	1.111	9	1.435	8	1.047	9
印刷业和记录媒介的复制	0.966	14	1.178	11	1.118	8
文教体育用品制造业	0.214	36	0.120	37	0.072	35
石油加工、炼焦及核燃料加工业	0.687	23	1.519	7	1.207	7
化学原料及化学制品制造业	0.891	15	0.983	13	0.759	16
医药制造业	1.003	12	0.882	17	0.334	26
化学纤维制造业	0.217	35	0.587	23	0.575	19
橡胶制品业	0.329	33	0.285	34	0.322	28
塑料制品业	0.440	29	0.421	31	0.255	31
非金属矿物制品业	0.968	13	0.978	14	0.933	10
黑色金属冶炼及压延加工业	0.827	18	0.824	18	0.834	15
有色金属冶炼及压延加工业	1.683	4	1.899	5	2.148	3
金属制品业	0.444	28	0.438	29	0.283	30
通用设备制造业	0.603	25	0.552	27	0.408	24
专用设备制造业	1.660	5	1.316	9	0.930	11
交通运输设备制造业	0.528	26	0.611	21	0.583	18
电气机械及器材制造业	0.419	31	0.451	28	0.370	25
通信设备、计算机及其他电子设备制造业	0.111	37	0.145	36	0.240	32
仪器仪表及文化、办公用机械制造业	0.733	20	0.430	30	0.471	21
工艺品及其他制造业	0.363	32	0.319	33	0.918	12
废弃资源和废旧材料回收加工业	1.511	7	3.060	2	0.000	36
电力、热力的生产和供应业	0.695	22	0.888	16	0.739	17
燃气生产和供应业	0.745	19	0.555	26	0.136	33
水的生产和供应业	1.075	11	1.243	10	1.263	6

资料来源：根据中国统计数据支持系统的数据计算。

首先，就显示比较优势指数而言，显示比较优势指数大于1的产业由2002年的9个增加到2005年和2008年的12个，说明湖南省的产业竞争力在整体上有所提升。2002年，显示比较优势指数大于1的产业主要有：色金属矿采选业，烟草制品业，有色金属冶炼及压延加工业，木材加工及木竹藤棕草制品业，非金属矿采选业，水的生产和供应业，石油加工、炼焦及核燃料加工业，印刷业和记录媒介的复制，造纸及纸制品业9个产业，这些具有比较优势的产业主要是资源密集型和劳动密集型产业；2008年，显示比较优势指数大于1的产业主要有：烟草制品业、非金属矿采选业、有色金属矿采选业、有色金属冶炼及压延加工业、专用设备制造业、木材加工及木竹藤棕草制品业、废弃资源和废旧材料回收加工业、食品制造业、造纸及纸制品业、农副食品加工业、水的生产和供应业、医药制造业12个产业，与2002年相比，增加了专用设备制造业、废弃资源和废旧材料回收加工业、医药制造业、农副食品加工业4个产业，减少了石油加工、炼焦及核燃料加工业，印刷业和记录媒介的复制2个产业。而专用设备制造业和医药制造业2个产业主要生产的是技术密集型产品，意味着湖南省具有比较优势的产业的技术含量得到提升，产业结构在一定程度上得到了优化。

其次，就显示比较优势指数在湖南省产业结构中的排名而言，煤炭开采和洗选业、非金属矿采选业、农副食品加工业、食品制造业、饮料制造业、烟草制品业、医药制造业、专用设备制造业、废弃资源和废旧材料回收加工业、燃气生产和供应业10个产业的显示比较优势指数排名基本上都保持不断提高的趋势，表明这些产业的比较优势在不断增强，产业竞争力也在不断提升，而其他的28个产业的显示比较优势指数或保持不变或呈下降趋势。在湖南省产业结构中，这些产业比较优势相对稳定或下降，产业竞争力在一定程度上保持稳定或有所下降。

再次，烟草制品业、非金属矿采选业、有色金属矿采选业、有色金属冶炼及压延加工业、木材加工及木竹藤棕草制品业、造纸及纸制品业、水的生产和供应业7个产业的显示比较优势指数一直都大于1，说明2002年以来湖南省这些产业在全国一直都具有比较优势，产业竞争力也相对较强；而且前6个产业的显示比较优势指数排名一直在前10名以内，表明这些产业在湖南省产业结构中也具有很强的比较优势，竞争力也处于较高的水平。

3. 产品技术含量指数

图1给出了2001年以来湖南省产品技术含量指数的变动情况。可以看到，

一方面湖南省产品技术含量指数整体上呈上升趋势，说明湖南省产品技术含量越来越高，产业结构也在不断升级优化；另一方面，湖南省产品技术含量指数整体处于比较低的水平，其最高点2007年也仅是0.20，说明湖南省产品技术含量相对较低，产业结构层次不高，与前面对各个产业的市场占有率和显示比较优势指数的分析结果相对应，产业比较优势仍是一些劳动密集型产业。

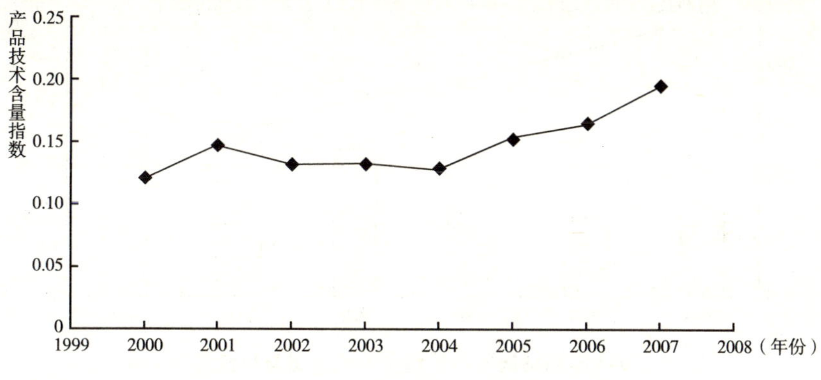

图1　2000年以来湖南省产品技术含量指数

资料来源：根据《湖南省2002～2008年国民经济和社会发展统计公报》整理。

二　湖南省产业竞争力的影响因素分析

2002年以来，湖南省产业竞争力整体有所提升，但提升幅度有限。我们分别从产业创新、产品多样化指数以及经济集中度三个方面来详细分析2002年以来湖南省产业竞争力变动的原因。

1. 产业创新

技术进步是促进产业竞争力提升的原动力，因而加速技术创新无疑对于产业发展和产业升级有着至关重要的作用。2003年以来，湖南省的科技经费快速增加，2008年科技经费内部支出211.33亿元，占科技活动经费支出的95.1%，2003年以来年均增长超过20%。科研经费的大量投入大大地推动了湖南工业和高新技术产业的发展。2008年，全省全部工业增加值达到4280.16亿元，比上年增长16.0%，占地区GDP的比重为38.4%，比上年提高了1.7个百分点；高新技术产业实现产值3529.86亿元，同比增长30.7%，实现增加值1098.84亿元，同比增长30.7%，占工业增加值的比重由上年的24.9%提高到25.7%；全省大中型工业企业实现新产品产值1174.45亿元，增长43.7%，占企业产品产值的19.9%，比2007年提高1.1个百分点。但与此同时，我们还要看到湖南省产业创新的不足，2003年以来湖南省科技经费强度逐年下降，大大的制约了湖南省产业竞争力的提升（见图2）。

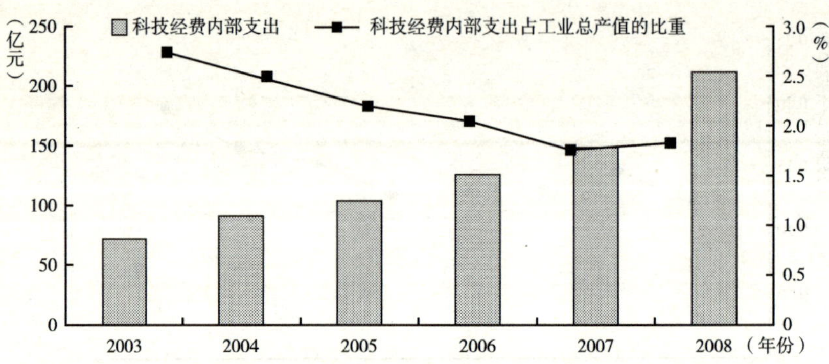

图2　2003年来湖南省科技经费内部支出与科技经费强度

资料来源：工业总产值数据出自中经网数据库，科技经费内部支出数据出自湖南省2003～2008年各年科技进步统计监测评价结果。

2. 产品多样化指数

如图3所示，2002年以来湖南省产品多样化指数保持在较高的水平并呈现出缓慢上升的趋势，表明湖南省近年来产业结构调整取得成效，逐渐形成部门齐全的现代产业体系，这无疑有助于进一步推动湖南产业竞争力的提升。

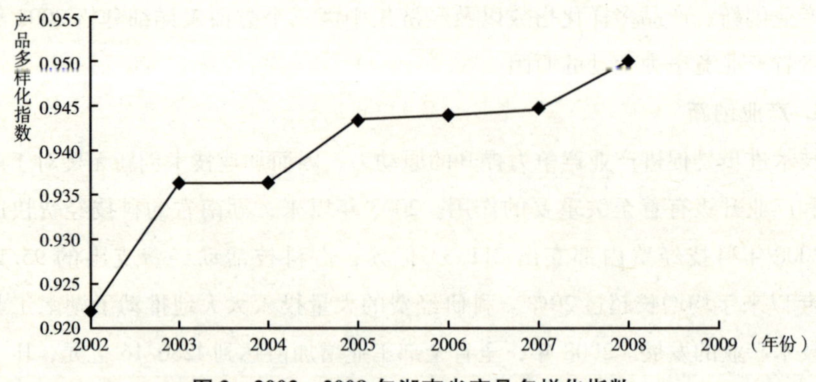

图3　2002～2008年湖南省产品多样化指数

资料来源：根据中经网数据库数据计算。

三 湖南优势产业分析

通过对湖南省38个工业行业的市场占有率和显示比较优势指数和产品技术含量指数的分析，可以观察到湖南省工业行业竞争力的变动，进而识别出湖南省的优势产业。综合以上分析可知，2008年湖南省优势产业主要包括：有色金属矿采选业、非金属矿采选业、农副食品加工业、食品制造业、烟草制品业、木材加工及木竹藤棕草制品业、造纸及纸制品业、有色金属冶炼及压延加工业、专用设备制造业、废弃资源和废旧材料回收加工业等资源密集型和劳动密集型产业。2008年，在湖南省38个工业行业中，这些产业的市场占有率和显示比较优势指数都排名在前10，比较优势都很好地转化为现实的竞争优势，比较优势与竞争优势具有高度一致性。它们的显示比较优势指数都大于1，且市场占有率都处于3%～10%，不仅具有较强的比较优势，还具有很强的竞争优势，产业竞争力也相对较强。其中，最具优势的产业是烟草制品业，它在全国的市场占有率高达9.36%，接近全国市场的1/10，显示比较优势指数也高达3.06，具有极强的比较优势。非金属矿采选业由于资源优势，市场占有率和显示比较优势指数分别是6.68%和2.19，产业优势和竞争力位居次席。

从整体来看，湖南优势产业优势并不明显，产业竞争力还相对较弱。2008年，在湖南省38个大工业行业中，增加值居前10位的行业有6个行业属于国务院十大产业调整和振兴规划涉及的行业。但是，在这6个行业中，只有有色金属矿采选业、有色金属冶炼及压延加工业、专用设备制造业在全国有一定的比较优势，占全国相应行业增加值的比重分别为6.59%、5.14%和5.07%，其他3个行业——化工、钢铁、农副食品加工业占全国相应行业的比重均不足3%。国际金融危机对湖南经济的冲击和传导，以及国家对高耗能的钢铁、有色金属、石化等国家重要支柱产业将采取控制总量、淘汰落后、企业重组、技术改造、优化布局的调整措施，会给湖南省产业竞争力的提升带来较大压力，产业结构升级和调整也将面临较大的压力。

此外，湖南优势产业主要都是劳动密集型和资源密集型产业，技术密集型的产业仅有专用设备制造业1个。除了专用设备制造业，其他产业或者依靠较低的劳动力成本优势，或者依赖本省的资源优势，导致产业结构技术含量低、产业结构的低级化、产业发展的质量和产业竞争力大而不强，而且还在很大程度上造成了资源浪费和环境污染，不利于形成符合“两型”要求的产业体系。

四 国际金融危机对湖南产业竞争力的影响

湖南省经济对外依存度比较低，2008 年仅为7.8%，进出口总额只占全国的0.5%左右。出口对湖南经济增长的直接作用较小，但是，在湖南的产业结构中，原材料工业比重高，占全省规模工业增加值的30%左右。2008 年全省黑色金属冶炼及压延加工业、有色金属冶炼及压延加工业的增加值分别占规模工业增加值的8.5%和8.3%。受金融危机影响，国际市场上原材料产品价格大幅下降，甚至出现销售价格与生产成本倒挂的现象。工业品出厂综合价格持续低迷，特别是部分重点行业产品价格大幅下跌，对原材料类工业企业生产及经济效益造成了较大的影响。湖南作为人口大省，产业劳动力供给充足，劳动力成本低，优势产业外向度低，因而这类产业受金融危机的冲击很小，产业竞争力在很大程度上并没有被削弱。

面对国际金融危机对产业竞争力的影响，中央及时调整宏观经济政策取向，迅速出台了扩大内需、促进经济平稳较快发展的一揽子计划。湖南省结合本省经济对外依存度低以及优势产业主要集中在劳动密集型产业的特点，贯彻落实中央各项部署，有效减缓了国际金融危机的巨大冲击，避免了工业经济过度下滑，实现了产业竞争力迅速恢复和提升。2009 年第1～3 季度，湖南工业经济平稳较快增长，全省全部工业实现增加值3372.92 亿元，同比增长16.6%，增速比上年同期高1.0 个百分点，工业经济效益稳步提升；全省规模以上工业企业累计实现主营业务收入8650.74 亿元，同比增长12.1%，盈亏相抵后实现利润369.12 亿元，增长31.5%；全省工业企业实缴税金468.94 亿元，增长2.5%；全省规模以上工业企业吸纳就业人员216.27 万人，增长5.1%①。

与此同时，为应对金融危机，湖南省紧抓中部崛起、长株潭地区“两型社会”综合配套改革试验区建设等发展机遇，大力实施开放带动主战略，深入推进与泛珠三角互动合作，主动融入长三角，加强与中西部地区合作交流，大力承

① 数据来源：湖南统计信息网，http：//www. hntj. gov. cn/。

接产业转移，产业竞争力在很大程度上得到了提升。湖南省承接这些产业转移的重心是制造业。2008 年，全省制造业实际引进内资 595.48 亿元，占第二产业的 76.5%，占全部产业的 48.4%；制造业实际利用外商直接投资 25.63 亿美元，占外资直接投资总额的 64%，比 2000 年提高 10.6 个百分点。

五　2010 年湖南产业竞争力的判断

随着发达国家大规模的经济刺激计划以及中国十大重点产业调整和振兴规划的贯彻落实，湖南省工业继续保持稳步增长。2009 年，湖南 38 个工业行业中，除石油加工、炼焦及核燃料加工业外，其余 37 个行业生产都实现增长。生产增长贡献率居前 7 位的行业中，专用设备制造业累计增加值同比增长 37.1%，拉动湖南省规模工业增长 2.2 个百分点；交通运输设备制造业增长 33.4%，拉动湖南省规模工业增长 1.4 个百分点；非金属矿物制品业增长 29.8%，拉动湖南省规模工业增长 1.6 个百分点；农副食品加工业增长 28.7%，拉动湖南省规模工业增长 1.7 个百分点；化学原料及化学制品制造业增长 16.8%，拉动湖南省规模工业增长 1.5 个百分点；有色金属冶炼及压延加工业增长 15.8%，拉动湖南省规模工业增长 1.3 个百分点；烟草制品业增长 11.5%，拉动湖南省规模工业增长 1.0 个百分点。7 个行业合计拉动湖南省规模工业增长 10.7 个百分点，增长贡献率达 52.2%①。因此，综合本文对湖南产业竞争力的分析，全省产业竞争力预计整体会进一步提升，不同产业的竞争力预计将继续保持 2002 年以来产业发展的趋势。

六　提升湖南产业竞争力的对策建议

1. 继续贯彻落实产业调整和振兴规划，加快工业发展

要加强与国家重点产业调整和振兴规划的衔接，参照国家产业振兴和调整规划，综合分析，对有比较优势和竞争优势的产业，要进一步做大做强，对于比较优势和竞争优势不明显的产业，则实行错位竞争，实现产业发展的“弯道超

① 数据来源：湖南省统计信息网，http://www.hntj.gov.cn/。

速”。积极落实相关政策措施，争取更多、更大的产业项目落户湖南，通过项目驱动，来加快重点产业的发展和竞争力的提升。

2. 促进产业资源重组，加快产业结构调整和升级

充分利用企业并购的杠杆，加快企业兼并、重组的步伐，提高抵御风险能力和竞争力。支持效益好、市场潜力大的核心企业加快配套能力建设，以核心企业带动相关产业发展，做大做强产业集群，实现产业资源的集聚和重组。加快创新产学研结合机制和模式，促进高新技术成果产品化、产业化，切实增强产业发展的后劲和核心竞争力，推动产业结构优化和升级。

3. 发挥区位优势，积极承接产业转移

要发挥本地靠近泛珠三角、承东启西的区位优势，充分利用本省丰富的劳动力和资源优势，积极承接沿海地区的产业转移。

4. 加强区域合作，发挥长株潭城市群产业的辐射作用

以“两型社会”建设为契机，以经济发展与环境保护并重为指导，明确湖南各地区的产业发展定位，明确各地区在区域分工中的位置，充分发挥长株潭城市群的增长极作用，突出各区域的主导和优势产业，提升自身的产业核心竞争力，形成专业化分工、社会化协作的产业格局，以及高层次、特色鲜明的“两型”产业体系。

参考文献

于淑艳、詹玉萍：《辽宁工业产业竞争力实证研究》，《科技管理研究》2009 年第 8 期。

Balassa，B. “Trade liberation and revealed comparative advantage”，*The Manchester School of Economic and Social Studies*，1965，92 – 123.

Hausmann，Ricardo and Dani Rodrik. “Economic Development as Self-Discovery”. *Journal of Development Economics*，2003，603 – 633.

湖南省统计信息网：http：//www. hntj. gov. cn/。

湖北产业竞争力

叶振宇*

一 “十一五”期间湖北产业竞争力的变化

2006年以来，湖北省开始把培育市场主体和有竞争力的优势产业作为“十一五”时期工作的重点，并且明确以建设现代制造业聚集区和高新技术发展区为目标，以加快形成电子信息、汽车、钢铁、石化、食品、纺织6个年销售收入过千亿元的支柱产业为重点，强力推进新型工业化，整体提升工业竞争力。① 为此，本文将通过市场占有率、显示比较优势指数、产品技术含量指数来衡量主要工业行业竞争力的变化情况。

1. 市场占有率

从表1的结果可以看出，湖北省产业在全国市场占有率比较高的有农副食品加工业、交通运输设备制造业、烟草制品业、饮料制造业、医药制造业、黑金属矿采选业等行业，它们占全国市场份额都在3%以上，属于市场竞争优势明显的行业。从中看出，湖北省在通信设备、计算机及其他电子设备制造业、化学纤维制造业、文教体育用品制造业、家具制造业等行业的市场份额仅为1%，表明这些行业市场竞争优势相对较弱，未来可能具有更大的发展潜力。②

2. 显示比较优势指数

为了进一步说明各行业的地区比较优势，这里采用显示比较优势指数来考察湖北省产业地区专业化程度或者地区比较优势，结果如表2所示，在制造业M1～M28行业中，共有13个行业属地区专业化部门，其中饮料制造、烟草制

---

* 叶振宇，中国社会科学院工业经济研究所助理研究员。

① 《湖北省国民经济和社会发展第十一个五年规划纲要》。

② 由于采掘业高度依赖于资源分布，而水、电、气供应属地性很强，因而均不在此深入讨论。

品、印刷传媒、医药制造、仪器仪表等行业具有很高的地区比较优势水平，令人意外的是交通运输设备制造专业化程度并不突出。

表1　2008 年湖北省产业的市场占有率

单位:%

行业			市场占有率	行业			市场占有率
采掘业	C1	煤炭开采	0.3	制造业	M15	医药制造	3.6
	C2	石油开采	1.5		M16	化学纤维	0.8
	C3	黑色金属	3.2		M17	橡胶制品	1.0
	C4	有色金属	1.1		M18	塑料制品	1.9
	C5	非金属矿	7.2		M19	非金属制品	2.6
	C6	其　他	0.8		M20	黑色金属	2.9
制造业	M1	食品加工	3.1		M21	有色金属	2.1
	M2	食品制造	2.4		M22	金属制品	2.1
	M3	饮料制造	5.0		M23	通用设备	1.9
	M4	烟草制品	5.1		M24	专用设备	1.2
	M5	纺　织	2.6		M25	交通运输	6.3
	M6	服装鞋帽	2.4		M26	电气机械	1.5
	M7	皮革毛皮	0.3		M27	通信设备	1.0
	M8	木材加工	1.4		M28	仪器仪表	2.6
	M9	家具制造	0.6	其他行业	Q1	工艺品	1.5
	M10	造　纸	1.9		Q2	废弃回收	2.5
	M11	印刷传媒	2.8		Q3	电力热力	3.4
	M12	文教体育	0.5		Q4	燃气供应	1.5
	M13	石油加工	1.9		Q5	水生产供应	9.2
	M14	化学原料	3.0				

注：行业名称采用简写形式，具体表示：C1——煤炭采选业，C2——石油和天然气开采业，C3——黑色金属矿采选业，C4——有色金属矿采选业，C5——非金属矿采选，C6——其他采矿业；M1——农副食品加工业，M2——食品制造业，M3——饮料制造业，M4——烟草制品业，M5——纺织业，M6——纺织服装、鞋、帽制品业，M7——皮革、毛皮、羽毛（绒）及其制品业，M8——木材加工及竹藤棕草制品业，M9——家具制造业，M10——造纸及纸制品业，M11——印刷业和记录媒介的复制，M12——文教体育用品制造业，M13——石油加工、炼焦及核燃料业，M14——化学原料及化学制品制造业，M15——医药制造业，M16——化学纤维制造业，M17——橡胶制品业，M18——塑料制品业，M19——非金属矿物制品业，M20——黑色金属冶炼及压延加工业，M21——有色金属冶炼及压延加工业，M22——金属制品业，M23——通用设备制造业，M24——专用设备制造业，M25——交通运输设备制造业，M26——电气机械及器材制造业，M27——通信设备、计算机及其他电子设备制造业，M28——仪器仪表及文化、办公用机械制造业；Q1——工艺品及其他制造业，Q2——废弃资源和废旧材料回收加工业，Q3——电力、热力的生产和供应业，Q4——燃气生产和供应业，Q5——水的生产和供应业。

表2　2008年湖北省产业显示比较优势指数

	行业		显示比较优势指数		行业		显示比较优势指数
采掘业	C1	煤炭开采	0.105	制造业	M15	医药制造	2.315
	C2	石油开采	0.755		M16	化学纤维	1.015
	C3	黑色金属	4.715		M17	橡胶制品	1.198
	C4	有色金属	2.079		M18	塑料制品	0.998
	C5	非金属矿	—		M19	非金属制品	0.661
	C6	其　它	—		M20	黑色金属	0.339
制造业	M1	食品加工	0.684		M21	有色金属	0.514
	M2	食品制造	1.603		M22	金属制品	0.726
	M3	饮料制造	4.088		M23	通用设备	0.408
	M4	烟草制品	5.950		M24	专用设备	0.444
	M5	纺　织	0.622		M25	交通运输	0.979
	M6	服装鞋帽	1.384		M26	电气机械	0.264
	M7	皮革毛皮	0.274		M27	通信设备	0.115
	M8	木材加工	1.546		M28	仪器仪表	2.564
	M9	家具制造	1.054	其他行业	Q1	工艺品	1.905
	M10	造　纸	1.289		Q2	废弃回收	13.630
	M11	印刷传媒	5.741		Q3	电力热力	0.643
	M12	文教体育	1.119		Q4	燃气供应	5.579
	M13	石油加工	0.431		Q5	水生产供应	54.157
	M14	化学原料	0.452				

注：① C5、C6两行业显示比较优势指数值因数据等原因而导致不准确。②行业名称采用简写形式，具体表示同表1。

3. 产品技术含量指数

图1表明，2000年以来，湖北省的产品技术水平经历了下降又上升的趋势，

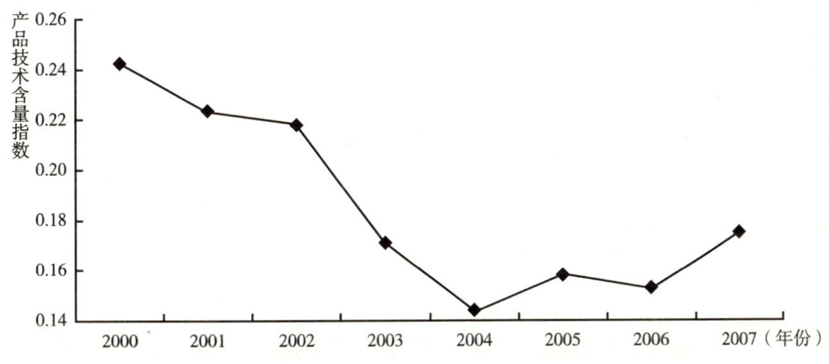

图1　2000～2007年湖北省产品技术含量指数变化趋势

但至2007年，仍未恢复到2000年的水平。可以看出，2004年以后，湖北省产业竞争力相对其他地区而言处于上升的阶段。

二　湖北产业竞争力的影响因素分析

一个地区的产业竞争力会受到多种因素综合影响，下面重点讨论影响行业竞争力的主要因素。

第一，产品多样化指数比较高，呈现上升的态势。根据计算的结果湖北省产品多样化指数为0.931794，则可说明湖北省产品多样性比较高的，起到推动产业创新和扩大市场的作用。

第二，产品多样化指数处在上升的趋势。表3报告了1993～2007年28个制造业部门的产品多样化指数的变化情况，结果表明它们基本都处在上升的趋势。产品多样化程度越高，越有利于为其发展提供更加完善的配套条件。

表3　1993～2007年湖北省产品多样化指数变动

行业代码	1993年	2000年	2007年	行业代码	1993年	2000年	2007年
M1	12.932	13.333	13.599	M15	12.820	13.083	13.424
M2	12.813	13.006	13.319	M16	12.771	12.980	13.218
M3	12.837	13.063	13.330	M17	12.801	12.981	13.223
M4	12.779	12.986	13.220	M18	12.831	13.021	13.307
M5	20.270	18.114	18.024	M19	15.215	15.223	14.336
M6	12.978	13.317	13.702	M20	13.622	13.968	14.414
M7	12.797	12.971	13.218	M21	12.803	13.029	13.292
M8	12.779	12.974	13.243	M22	13.058	13.089	13.351
M9	12.781	12.969	13.218	M23	13.541	13.520	13.938
M10	12.847	13.028	13.267	M24	13.138	13.257	13.320
M11	12.811	13.004	13.242	M25	15.277	16.914	18.522
M12	12.772	12.968	13.216	M26	12.963	13.091	13.366
M13	12.777	12.980	13.221	M27	12.806	13.006	13.339
M14	13.450	14.129	14.293	M28	12.795	12.983	13.226

注：行业表示用代码，具体含义同表1。

第三，产业集中度比较高。产业集中度是衡量地区市场结构的重要指标。为了更加准确地分析湖北省产业集中度水平，这里使用主营业务收入、资产总计和从业人员三个指标分别占工业总产值、工业总资产和年均从业人员数的比重，求出 CR_4 和 CR_8，结果如表 4 所示。如果从主营业务收入和资产来看，无疑湖北省产业集中度是比较高的。由于工业企业从业人员相对比较稳定，加之现代化设备的投入使用，因而使用该指标计算显得低一些，但是也可发现，湖北省主营业务收入排名前四位的企业为全省提供了很高比例的就业岗位。

表 4　2008 年湖北省产业集中度水平

单位：%

项　目	主营业务收入占比	资产总计占比	从业人员占比
CR_4	0.268	0.261	0.154
CR_8	0.325	0.290	0.160

数据来源：《湖北省统计年鉴 2009》和《中国大型工业企业年鉴 2008》。

第四，工业科技创新逐渐得到重视。采用科技经费内部支出占地区 GDP 比重来表示科技投入水平，结果如图 2 所示。2000～2004 年期间，湖北省科技投入占地区 GDP 的比重有下滑趋势；进入“十一五”以后，全省科技投入又出现回升，特别是 2007 年以后增长速度更加明显，这可能是导致产业竞争力提升的关键因素之一。

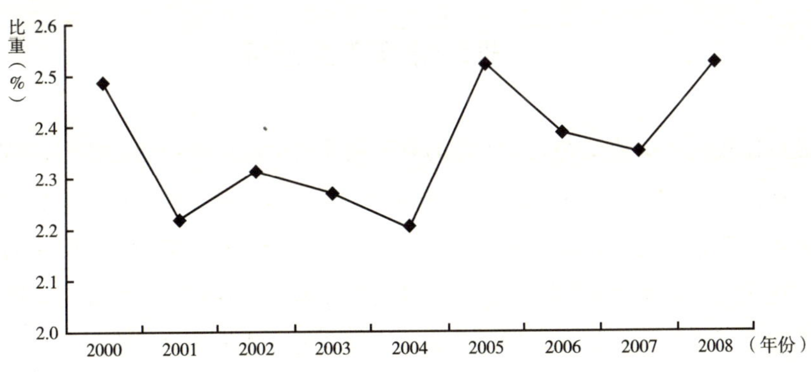

图 2　2000～2008 年湖北省科技投入水平变动趋势

数据来源：《湖北省统计年鉴》（2001～2009）。

第五，工业全要素生产率增速加快。图 3 说明了湖北省工业全要素生产率增速在进入 21 世纪以后开始稳步加快，特别是近年来这种趋势变得更加明显，甚至超过了东部地区。技术进步、体制改革、管理创新等诸多因素已成为湖北省工业全要素生产率增速加快的推动力量。

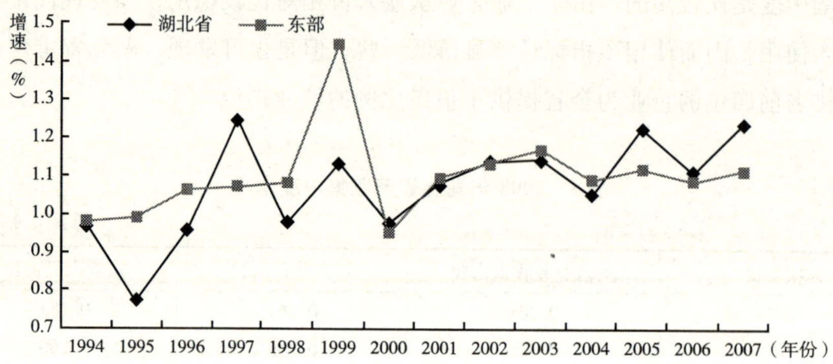

图3　湖北省和东部地区工业全要素生产率增速变化趋势

第六，区域政策提升湖北产业竞争力的作用逐渐凸显出来。国家中部崛起政策、武汉城市圈“两型社会”综合配套改革试验区等诸多政策，为湖北省产业竞争力提升提供了良好的政策资源。政策优势转变为经济增长的动力支持，传统优势产业得到加速发展，大规模基础设施建设全面开展，经济增长的质量也好于以往。

三　湖北优势产业分析

显示比较优势指数是否大于1作为判断湖北省地区优势产业的依据，结果如表5所示：在28个制造业部门中，2007年有11个部门属于地区比较优势的行业或者地区专业化部门。食品、饮料、纺织、烟草等轻工业在全国具有明显的地区优势，这些产业具有消耗初级农产品、吸纳就业多、涉及民生等特点。印刷及记录传媒业是近十年发展起来的新兴产业，该行业地区比较优势越来越明显，可能跟当地的文化创业产业勃兴有密切的关系。

进入2000年以后，化学原料及化学制品业和医药制造业逐渐成为湖北省具有地区比较优势的产业部门，这两个行业投资大、规模经济效应高、技术密集。从产业布局历史看，湖北省具有雄厚的石油化工基础，江汉油田曾经是中国石油化工的重要基地，为湖北乃至国家经济发展作出重要的贡献，并且武汉、荆门等又是全国性或区域性石化基地，本省高校的石油化工和制造专业齐全，石化和制药的上下游产业体系日趋完善，相关配套条件也比较成熟，诸多有利因素促进了这些行业的发展。

非金属矿物制品业、黑色金属冶炼及压延加工业是湖北省的传统优势行业。武汉钢铁集团公司是湖北省重化工业的典型代表，拥有国内先进的炼钢、轧钢设备，凭借着规模优势、接近矿产地和消费地以及便利的交通优势，迅速跻身中国钢铁工业的第一梯队。尽管如此，钢铁工业的下游产业相对滞后的情形没有转变，比如专用设备制造业、通用设备制造业等行业没有形成地区优势产业，据推测，市场需求不足导致了本地区设备制造业发展缓慢。跟沿海地区相比，湖北省在对外交通、企业管理、商务成本、民营经济等方面不具有优势，于是在整个改革开放的过程中难以培育出具有核心竞争优势的专用设备或通用设备制造业。

交通运输制造业是湖北省享誉世界的重要行业部门，主要包括汽车制造、船舶制造以及相关制造业部门。中国第二汽车制造厂是新中国成立初期国家的重点投资项目，在国家不同时期经济建设中产生过重要的影响。现在汽车制造已从十堰基地向外延伸到襄樊、武汉，形成国内最大的汽车设计、生产制造、销售产业带之一，也是中国整车生产链最为完整的制造基地之一，年销售汽车 132.1 万辆，同日产、本田等世界汽车巨头合作生产各种世界知名品牌轿车。武汉船舶重工有限公司是中国造船业的先驱，发挥武汉沿江港口优势，形成军品、民船、非船舶产品三大主业协调发展的格局。从人才培养看，武汉理工大学、海军工程大学等重点大学每年为湖北交通运输业发展输送了数以百计的专业人才，解决了人才资源奇缺的问题。湖北省交通运输便利，随着武汉至南京铁路和“武广高铁”投入运营，大大缩短了武汉与珠江三角洲、长江三角洲之间的往来时间，扩大了地区之间的经贸交流。并且，随着武汉城市圈被国务院批准为国家“两型”社会综合配套改革试验区之后，以武汉市为中心的经济空间架构逐渐形成，“两圈一带”的产业网络聚合作用开始显现。①

① “两圈一带”战略是指武汉城市圈“两型”社会综合配套改革试验区、鄂西生态文化旅游圈和长江经济带。

表5　湖北省产业显示比较优势指数变化分析

行业代码 \ 年份	1993	1995	1999	2002	2005	2007
M1	0.912	1.056	1.245	1.111	1.038	1.171
M2	0.716	0.689	0.736	0.681	1.238	1.205
M3	0.922	0.973	0.888	1.088	1.364	1.699
M4	1.579	1.556	1.454	1.999	2.601	1.985
M5	1.288	1.273	1.326	1.307	1.451	1.523
M6	0.943	0.965	0.982	0.960	0.798	0.841
M7	0.679	0.667	0.221	0.148	0.116	0.105
M8	0.506	0.585	0.618	0.502	0.760	0.797
M9	1.108	1.079	0.636	0.566	0.254	0.286
M10	0.854	0.832	0.762	0.810	0.799	0.832
M11	0.965	0.919	1.085	0.997	1.306	1.159
M12	0.345	0.337	0.201	0.204	0.072	0.119
M13	0.667	0.550	0.521	0.554	0.525	0.487
M14	0.902	0.958	1.057	1.218	1.329	1.333
M15	1.166	0.974	1.111	1.537	1.699	1.675
M16	0.401	0.705	0.794	0.905	0.791	0.612
M17	0.987	0.840	0.672	0.679	0.556	0.510
M18	0.871	0.814	0.663	0.666	0.640	0.685
M19	1.012	1.064	1.048	1.048	1.135	1.151
M20	1.234	1.121	1.281	1.337	1.792	1.749
M21	0.847	0.838	0.697	0.915	0.966	0.899
M22	0.740	0.944	0.933	0.704	0.714	0.682
M23	0.911	0.902	0.823	0.803	0.942	0.999
M24	0.845	0.837	1.020	0.993	0.646	0.637
M25	1.933	1.901	1.984	2.194	2.393	2.419
M26	0.748	0.599	0.506	0.489	0.383	0.437
M27	0.559	0.493	0.398	0.355	0.298	0.303
M28	0.794	0.810	0.732	0.739	0.548	0.500

注：行业用代码表示，具体含义同表1。

四　国际金融危机对湖北产业竞争力的影响

国际金融危机对中国造成了严重的影响，特别是对沿海外向型产业或企业。面对外需萎缩、内需不足的困境，湖北省工业也受到了不同程度的冲击，具有如下特点。

第一，国际金融危机对湖北省工业影响相对有限。尽管国际金融危机减少了国际市场需求，但是国家利好的宏观政策在扩大内需和保增长的过程中取得了积极的作用，加之湖北省自身的产业结构特点，避免了国际金融危机较大的冲击。图4表明，2009年2月工业增长速度开始升高，2009年10月以后超过金融危机前的水平。总体而言，湖北省制造业市场需求受国际金融危机的影响比较有限。

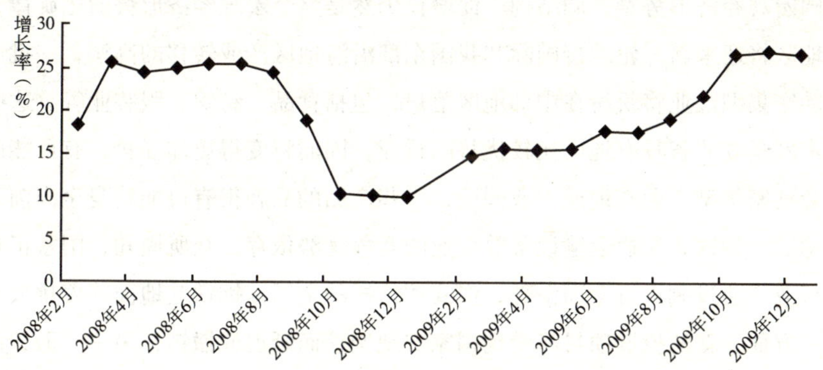

图4　2008～2009年湖北省工业增加值同比增长率变化趋势

数据来源：中国统计数据应用支持系统。

第二，湖北省产业竞争力在金融危机后变得更加突出。经过金融危机的冲击，湖北省产业竞争力变得更具有优势，国内市场需求规模持续扩大和制造业成本优势愈发明显，使得传统优势产业竞争能力迅速提升，一些原本不具有优势的产业开始发力，后来居上之势更加瞩目。

第三，承接国际和我国东部产业转移为湖北省产业顺利渡过危机提供了良好的外部条件。金融危机期间，国务院出台了若干指导意见，其中之一就是鼓励中西部地区承接东部地区的产业转移。湖北省具有良好的区位优势和资源优势，凭借自身的工业基础承接国际或我国东部地区转移过来的产业项目，为新一轮的经济增长蓄积了更大的潜力。

第四，武汉城市圈“两型”社会国家综合配套改革试验区建设化危机为转机。武汉城市圈成为中国“两型”社会综合配套改革试验区，意味着湖北省将迎来一次体制改革先行先试的好机会。在新一轮城市圈发展热潮中，本省工业企业可利用政策资源优势寻求更多的发展机会，从而弥补国际需求的不足。

五 2010年湖北产业竞争力的判断

第一，食品、纺织等行业继续发挥资源优势，处于全国有利的竞争地位。从资源禀赋、市场需求、区位条件等方面出发，仍然可以发现湖北省劳动密集型产业具有运输成本低、本地市场需求大、原材料配套条件好等优越条件。从2010年中国宏观经济形势看，调结构、促增长仍然是整个宏观经济形势的主旋律，中西部地区将迎来新一轮承接国际和我国东部沿海地区产业转移的高潮，一批成熟的劳动密集型产业将纷纷在中部地区落户，包括食品、纺织、服装业等。这些行业原本就是湖北省具有地区比较优势的行业，因而将变得更加强势，有可能诞生一批劳动密集型产业基地或工业园区，一些产品的品牌很有可能跻身全国前列。

第二，钢铁、交通运输设备等行业的竞争优势依存。众所周知，国家正在对钢铁行业产能过剩进行全面治理，像武钢这样的全国性钢铁基地面临着挑战和机遇。一方面，新的投资项目将受到国家宏观调控而延迟或撤销；另一方面，原有产业优势加上武汉城市圈“两型”社会综合配套改革的先机将使之蓄积更多的后劲。武汉钢铁集团正在向下游产业延伸，做强、做大特色产业，并跟汽车、造船等用钢企业合作联合打造武汉制造基地。汽车制造业是湖北省具有战略意义的主导产业，其兴衰可以说是湖北省经济变动的风向标，从市场需求可预见，湖北省汽车工业将在5~10年内仍然保持其独特的市场和技术优势。造船业虽然受到金融危机的影响较为严重，但是预计2010年将走出低谷，实现恢复性增长。

第三，化工、制药、装备制造、新能源等行业有可能成为湖北省新的经济增长点。近年来，湖北省化工和制药行业异军突起，涌现出了一些国内知名、有代表性的化工或制药企业。便捷的交通运输、众多的专业技术人才和优越的资源条件都为本地发展化工、能源提供了强有力的基础，不断增大的国内外市场又为该行业发展提供了需求。装备制造业是国家“十一五”及“十二五”重点发展的行业，湖北省是中国高校和科研院所比较集中的地方，许多装备制造业已经具有良好的科研基础，如果能提供产业化条件，将迅速释放出强大的能量。武汉光谷逐渐成为中国新能源的研发基地，新能源产业将成为湖北省2010年经济增长的亮点和成长型行业。

六　提升湖北产业竞争力的对策建议

第一，创建良好的商务环境。商务环境是影响产业竞争力的重要因素，它包括交通成本、地方政府办事效率、地区投资环境、地区信息化水平等方面。长期以来，湖北省尽管拥有全国数量众多的高等院校和科研院所，但是人才资源优势并没有很好地转化为产业竞争优势，其中的重要原因就是商务环境不好。今后应该重点解决以下几方面问题：一是转变政府职能，打造服务型政府形象。二是提高信息化水平，加快现代信息工程建设，提高信息服务企业的范围，建设数字湖北。三是重视城市环境建设，用美丽城市环境塑造良好城市形象，用鲜明城市形象集聚海内外企业。

第二，鼓励民营经济发展。湖北省工业基础比较雄厚，国有经济比重较高，但民营经济不发达，企业市场竞争意识薄弱，许多优势资源并没有得到有效开发，因此建议：一是支持民营企业家的发展，要把企业家资源当作社会的重要资源，为他们提供良好的发展平台，挖掘其潜力；二是鼓励区外民营企业家到湖北投资兴业，广泛吸引民营企业家到湖北投资，内引外联，招商引资。

第三，培育特色产业集群。湖北省要培育的特色产业集群应包括食品工业集群、纺织工业集群、化工制药业集群、冶金业集群和交通运输设备制造业集群，要围绕集群发展定位，大力发展相互配套协作的产业。集群发展要以园区为空间依托，通过现代交通网络联系各集群空间载体。建议以湖北省空间规划为载体，形成若干个有较强竞争优势的产业集群。

第四，发展面向国内市场的优势产业。国内市场需求导向是湖北省产业发展的重点，湖北省交通便利，武汉与北京、上海、西安、广州的距离相近。随着中国内需逐步扩大，发展面向国内市场需求的产业将有很好的前景。湖北省二线城市可以成为承接东部地区产业转移的重要基地，重点面向国内需求开展生产，鼓励当地农民就地转业，避免跨地区大规模流动。加快城镇化步伐，以武汉城市圈为核心，逐步扩大城市圈的辐射能力，带动周边地区发展。

河南产业竞争力

刘宏 白玫*

一 “十一五”期间河南产业竞争力的变化

1. 市场占有率

根据市场占有率考察，河南的煤炭开采和洗选业，有色金属矿采选业，非金属矿采选业，食品制造业等基础性和资源性产业的市场竞争力极强，而电气机械及器材制造业，仪器仪表及文化、办公用机械制造业等高技术产业的市场竞争力弱，文教体育用品制造业，通信设备、计算机及其他电子设备制造业市场竞争力极弱（见表1）。

表1 2002年、2007年河南省工业部门市场占有率的变化情况

行业部门	市场占有率(%)			市场竞争力状况
	2007年	2002年	变化情况(百分点)	
煤炭开采和洗选业	13.79	—	—	极强
石油和天然气开采业	4.54	4.11	0.42	强
黑色金属矿采选业	3.31	1.44	1.87	弱
有色金属矿采选业	23.87	4.74	19.13	极强
非金属矿采选业	10.75	5.50	5.25	极强
其他采矿业	10.58	9.43	1.15	极强
农副食品加工业	9.28	7.75	1.53	极强
食品制造业	9.94	9.45	0.49	极强
饮料制造业	7.36	4.19	3.17	强
烟草制品业	4.92	4.99	-0.06	强
纺织业	4.22	2.89	1.33	强
纺织服装、鞋、帽制造业	1.32	0.67	0.65	弱
皮革、毛皮、羽毛(绒)及其制品业	4.82	3.90	0.92	强

---

* 刘宏，首都经济贸易大学教授；白玫，中国社会科学院工业经济研究所副研究员。

续表 1

行业部门	市场占有率(%)			市场竞争力状况
	2007 年	2002 年	变化情况(百分点)	
木材加工及木竹藤棕草制品业	6.05	3.36	2.69	强
家具制造业	3.73	2.41	1.32	强
造纸及纸制品业	8.50	7.66	0.84	强
印刷业和记录媒介的复制	3.58	3.21	0.36	强
文教体育用品制造业	0.58	0.25	0.34	极弱
石油加工、炼焦及核燃料加工业	2.70	2.74	-0.04	强
化学原料及化学制品制造业	3.98	3.63	0.35	强
医药制造业	6.13	3.35	2.78	强
化学纤维制造业	3.32	4.62	-1.30	强
橡胶制品业	6.68	3.65	3.04	强
塑料制品业	3.00	2.31	0.69	强
非金属矿物制品业	11.75	8.00	3.75	极强
黑色金属冶炼及压延加工业	4.33	3.18	1.15	强
有色金属冶炼及压延加工业	9.64	9.84	-0.20	极强
金属制品业	2.43	1.41	1.02	弱
通用设备制造业	3.88	3.08	0.80	强
专用设备制造业	7.58	5.89	1.68	强
交通运输设备制造业	2.33	1.75	0.59	弱
电气机械及器材制造业	2.18	2.67	-0.50	弱
通信设备、计算机及其他电子设备制造业	0.27	0.49	-0.22	极弱
仪器仪表及文化、办公用机械制造业	2.41	0.70	1.71	弱
工艺品及其他制造业	5.85	4.29	1.57	强
废弃资源和废旧材料回收加工业	2.69	—	—	弱
电力、热力的生产和供应业	8.30	7.40	0.90	强
燃气生产和供应业	4.91	2.70	2.20	强
水的生产和供应业	2.03	3.41	-1.39	弱

注：如果产业部门的市场占有率≥9%，则称该行业部门的竞争力极强；若 3%≤市场占有率<9%，则竞争力强；若 1%≤市场占有率<3%，则竞争力弱；若市场占有率<1%，则竞争力极弱。

资料来源：根据《河南省统计年鉴》计算。

“十一五”期间，河南大部分产业在全国的市场占有率有所提升。从 2002 年到 2007 年，39 个产业部门中，市场占有率下降的有 7 个，其余 32 个产业部门的市场占有率都是上升的。市场占有率变化幅度较大的行业有：有色金属矿采选、非金属矿采选、饮料制造、木材加工和医药制造 5 个行业部门。其中，有色金属矿采选业的市场占有率从 2002 年的 4.74%，迅速上升到 2007 年的 23.87%，表明该行业的市场竞争力提升迅速，在全国有很强的竞争力。而市场占有率下降幅度超过1%的有化学纤维制造业、水的生产和供应业，表明这两个行业部门的市场地位受到较大的挑战。

2. 显示比较优势指数

河南省2007年和2002年各产业的显示比较优势指数如表2。

由表2可见，河南产业生产竞争力现状是有色、煤炭、食品、非金属、电力等产业具有相对比较优势。2007年河南省39个工业部门中，16个产业部门的显示比较优势指数≥1，占41.03%；23个产业部门的显示比较优势指数<1，占58.97%；这表明，大多数产业在全国不具有比较优势。16个具有比较优势的产业中，比较突出的是有色金属矿采选业，煤炭开采和洗选业，非金属矿物制品业，食品制造业，电力、热力的生产和供应业，非金属矿采选业，其他采矿业。有色金属冶炼及压延加工业、造纸和纸制品业和农副食品加工业等行业的相对比较优势也较强，说明河南的这些行业在全国具有一定的产业竞争力。

表2 2002年、2007年河南省工业显示比较优势指数

名　称	2007年	2002年	变化情况	竞争力状况
煤炭开采和洗选业	2.20	—	—	强
石油和天然气开采业	0.48	0.62	-0.14	—
黑色金属矿采选业	0.44	0.24	0.20	—
有色金属矿采选业	3.13	0.92	2.21	极强
非金属矿采选业	1.89	1.39	0.50	强
其他采矿业	1.85	3.04	-1.19	强
农副食品加工业	1.73	1.99	-0.26	强
食品制造业	1.97	2.41	-0.44	强
饮料制造业	1.07	0.88	0.19	强
烟草制品业	0.69	1.08	-0.39	弱
纺织业	0.92	0.81	0.11	弱
纺织服装、鞋、帽制造业	0.26	0.19	0.07	弱
皮革、毛皮、羽毛(绒)及其制品业	1.00	1.11	-0.11	中性
木材加工及木、竹、藤、棕、草制品业	1.25	0.91	0.34	强
家具制造业	0.68	0.69	-0.01	弱
造纸及纸制品业	1.69	2.03	-0.34	强
印刷业和记录媒介的复制	0.62	0.81	-0.18	弱
文教体育用品制造业	0.13	0.06	0.07	极弱
石油加工、炼焦及核燃料加工业	0.45	0.47	-0.01	弱

续表 2

名　称	2007 年	2002 年	变化情况	竞争力状况
化学原料及化学制品制造业	0.71	0.88	-0.16	弱
医药制造业	0.99	0.81	0.18	弱
化学纤维制造业	0.49	1.12	-0.63	弱
橡胶制品业	1.55	0.85	0.70	强
塑料制品业	0.57	0.58	-0.01	弱
非金属矿物制品业	2.13	2.03	0.10	强
黑色金属冶炼及压延加工业	0.85	0.84	0.01	弱
有色金属冶炼及压延加工业	1.74	2.86	-1.13	强
金属制品业	0.49	0.40	0.09	弱
通用设备制造业	0.77	0.85	-0.08	弱
专用设备制造业	1.26	1.71	-0.46	强
交通运输设备制造业	0.43	0.41	0.02	弱
电气机械及器材制造业	0.39	0.75	-0.36	弱
通信设备、计算机及其他电子设备制造业	0.07	0.16	-0.10	极弱
仪器仪表及文化、办公用机械制造业	0.59	0.24	0.35	弱
工艺品及其他制造业	1.28	1.12	0.16	强
废弃资源和废旧材料回收加工业	0.54	—	—	弱
电力、热力的生产和供应业	1.87	1.65	0.22	强
燃气生产和供应业	0.94	0.63	0.31	弱
水的生产和供应业	0.33	0.87	-0.54	弱

注：产业显示比较优势指数≥2.5，则竞争力极强；1 < 产业显示比较优势指数 < 2.5，则竞争力强；产业显示比较优势指数 = 1，则竞争力中等；0.2≤产业显示比较优势指数 < 1，则竞争力弱；产业显示比较优势指数 < 0.2，则竞争力极弱。

资料来源：根据《河南省统计年鉴》计算。

从显示比较优势指数变动的角度考察，河南省 51.28% 的产业显示比较优势指数是上升的，48.72% 的产业显示比较优势指数是下降的。2000 ~ 2007 年期间，显示比较优势指数有较大提升的产业是有色金属矿采选业，橡胶制品业，非金属矿采业；显示比较优势指数大幅度下降的产业是其他采矿业、有色金属冶炼及压延加工业。有色金属矿采选业比较优势积累非常明显，显示比较优势指数增长幅度很大，2000 年，其显示比较优势指数为 0.92，尚不具有比较优势，到 2007 年，其显示比较优势指数为 3.13，已经具有很强的竞争力。

河南产业生产竞争力的变化表明，在中国经济发展过程中，地区间的产业竞争极为激烈，相对比较优势的保持仅仅依赖资源优势是困难的。河南产业要获得并保持竞争优势，不仅要充分发挥资源优势，还要依靠科技进步、制度创新和产业结构升级。

3. 产品技术含量指数

产品技术含量指数也是衡量一个地区产业竞争力的重要指标。我们分别计算了2000～2007年河南省的产品技术含量指数（见表3），其呈不断升高的趋势。

表3　2000～2007年河南省产品技术含量指数

年份	产品技术含量指数	年份	产品技术含量指数
2000	0.2466	2004	0.2403
2001	0.2374	2005	0.2797
2002	0.2375	2006	0.3140
2003	0.2285	2007	0.4163

资料来源：根据《河南省统计年鉴》计算。

二　河南产业竞争力的影响因素分析

1. 产业创新

产业创新是影响产业竞争力的重要因素。用研发投入强度、科技人员密度、企业研发机构密度和专利密度四项指标来衡量河南省的产业创新程度。这里，

研发投入强度 = 研发投入(或科技经费内部支出)/工业增加值(或销售收入)
科研人员密度 = 企业科技人数/工业增加值(或销售收入)
研发机构密度 = 企业研发机构数量/企业总数
专利密度 = 企业拥有专利数/企业总数

河南产业创新的现状是创新投入少，产业创新能力缺乏基本投入保障，缺乏创新竞争力。

第一，河南产业创新投入少，研发经费投入强度低于全国平均水平。2008年，我国研发投入强度平均为1.52%，而河南研发投入强度仅为0.70%，相当于全国平均水平的50%左右（见表4）。

第二，河南省产业的研发投入占工业增加值的比重不足3%，多数行业的研发投入太低，50%以上的行业，其研发投入占工业增加值的比重不足1%（见表5）。应该注意到，河南一些很有竞争力的行业，如有色金属矿采选业，非金属

表4　河南省与全国研发投入情况比较

单位：亿元，%

年份	全国			河南			
	GDP	研发经费支出	研发投入强度	GDP	研发经费支出	研发投入强度	相当于全国平均水平的比重
2000	98000	896	0.91	5053	26	0.52	57.14
2001	108068	1043	0.96	5533	28	0.51	53.13
2002	119096	1288	1.08	6035	29	0.49	45.37
2003	135174	1540	1.14	6868	34	0.50	43.86
2004	159587	1966	1.23	8554	42	0.50	40.65
2005	184089	2450	1.33	10587	60	0.56	42.11
2006	213132	3003	1.41	12363	85	0.68	48.23
2007	259259	3710	1.43	15012	107	0.71	49.65
2008	302853	4616	1.52	18408	130	0.70	46.05

资料来源：根据《中国统计年鉴》（2001～2009）和《河南省统计年鉴》（2001～2009）整理计算。

表5　2008年河南省产业创新情况

项目	研发投入/工业增加值（元/万元）	科技人数/工业增加值（人/亿元）	企业研发机构数量/企业数（个/个）	拥有专利数/企业数（项/个）
化学纤维制造业	2444.60	119.26	0.21	0.71
通信设备、计算机及其他电子设备制造业	934.58	97.38	0.32	0.76
交通运输设备制造业	776.26	55.44	0.17	0.29
电气机械及器材制造业	738.95	57.09	0.13	0.27
专用设备制造业	738.63	51.48	0.12	0.28
仪器仪表及文化、办公用机械制造业	655.16	86.23	0.31	0.66
黑色金属冶炼及压延加工业	644.94	19.07	0.05	0.09
橡胶制品业	592.92	21.35	0.10	0.12
医药制造业	499.34	49.72	0.26	0.32
有色金属冶炼及压延加工业	393.19	21.89	0.13	0.61
通用设备制造业	384.77	33.83	0.09	0.26
煤炭开采和洗选业	379.23	33.86	0.04	0.04
饮料制造业	316.86	19.18	0.12	0.21
化学原料及化学制品制造业	300.06	20.33	0.08	0.15
食品制造业	235.05	25.91	0.08	0.14
金属制品业	207.28	19.54	0.07	0.07
印刷业和记录媒介的复制	153.65	15.49	0.05	0.05
非金属矿物制品业	133.89	13.95	0.04	0.06

续表 5

项　　目	研发投入/工业增加值（元/万元）	科技人数/工业增加值（人/亿元）	企业研发机构数量/企业数（个/个）	拥有专利数/企业数（项/个）
农副食品加工业	130.86	9.77	0.05	0.03
燃气生产和供应业	106.38	6.17	0.04	0.38
皮革、毛皮、羽毛（绒）及其制品业	98.71	4.00	0.04	0.03
纺织服装、鞋、帽制造业	97.76	0.00	0.00	0.00
石油和天然气开采业	96.88	25.94	1.80	0.60
造纸及纸制品业	95.67	7.15	0.04	0.06
烟草制品业	95.57	3.87	0.15	0.45
纺织业	94.75	15.63	0.04	0.02
电力、热力的生产和供应业	89.39	6.56	0.05	0.36
工艺品及其他制造业	85.28	10.70	0.05	0.02
水的生产和供应业	77.49	12.27	0.00	0.00
塑料制品业	58.50	7.29	0.03	0.01
有色金属矿采选业	48.78	0.95	0.00	0.00
石油加工、炼焦及核燃料加工业	45.41	3.31	0.10	0.05
木材加工及木、竹、藤、棕、草制品业	36.35	2.01	0.02	0.00
黑色金属矿采选业	25.53	4.15	0.00	0.00
文教体育用品制造业	14.36	0.00	0.00	0.00
家具制造业	9.28	0.00	0.00	0.00
非金属矿采选业	4.19	1.26	0.01	0.00
总　　计	289.92	21.29	0.07	0.13

资料来源：根据《河南省统计年鉴》（2009）计算。

矿采选业，电力、热力的生产和供应业的研发投入非常低，这将可能制约这些行业保持竞争优势。一些行业的研发投入较大，如化学纤维制造业，电子设备制造业，交通运输设备制造业，电气机械及器材制造业，仪器仪表及文化、办公用机械制造业，橡胶制品业，但只有橡胶制品业的竞争优势较为突出，其他行业在国内市场上缺乏竞争优势，甚至处于劣势地位。

第三，从企业规模看，大型企业的万元工业增加值的研发投入、科技人数，以及单位企业的研发机构数、专利数都远远高于中小型企业。以万元工业增加值的研发投入为例，2008 年，大型企业为 640.34 元，分别是中型企业 254.15 元的 2.5 倍，小型企业 65.91 元的 9.7 倍（见表 6）。

表 6　2008 年河南省不同规模企业的创新情况

项　　目	研发投入/工业增加值(元/万元)	科技人数/工业增加值(人/亿元)	企业研发机构数量/企业数(个/个)	拥有专利数/企业数(项/个)
大型企业	640.34	41.63	1.41	4.04
中型企业	254.15	21.27	0.27	0.51
小型企业	65.91	6.83	0.03	0.04
总　　计	289.92	21.29	0.07	0.13

资料来源：根据《河南省统计年鉴》（2009）计算。

2. 经济集中度

河南省的市场集中度非常低，缺乏在国际、国内市场上具有超强竞争力的大企业集团。根据中国企业联合会与中国企业家协会公布的河南企业排名，计算企业的市场集中度 CR_1、CR_4 和 CR_8，其结果分别为 3.23%、9.31% 和 12.04%（见表 7）。

表 7　2008 年河南省经济集中度

项　　目	营业收入(亿元)	CR_1	CR_4	CR_8
全省规模上工业企业销售收入	25389.80			
河南煤业化工集团有限公司	821.15			
中国平煤神马能源化工集团有限责任公司	681.34			
安阳钢铁集团有限责任公司	510.23			
河南省漯河市双汇实业集团有限责任公司	350.59	3.23	9.31	12.04
河南中烟工业公司	203.19			
金龙精密铜管集团股份有限公司	170.67			
河南神火集团有限公司	160.62			
洛阳新安电力集团有限公司	157.98			

3. 产品多样化指数

考察基于从业人数的产品多样化指数，根据图 1 不难发现，从 2000 年开始，河南产品多样化指数呈现出下降趋势，直到 2004 年企稳回升。相对于 2000 年，2007 年的产品多样化指数略微下降。考察基于工业增加值的产品多样化指数，从 2000 年起，河南省产品多样化水平一直处于较高的位置。

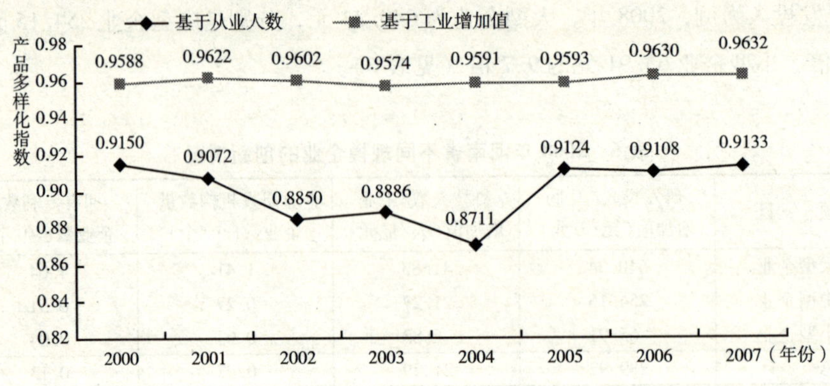

图1　河南省产品多样化水平变化情况

三　河南优势产业分析

目前，河南省的优势产业是以资源依赖型产业和低技术产业为主，如煤炭业、有色金属行业、橡胶制品业、农副食品加工业等。另外，河南省的专用设备制造业也具有一定的优势。

1. 煤炭、电力和有色金属行业

观察表8，河南的煤炭行业竞争优势较为突出，排在第三、第四位，市场竞争能力较强，盈利能力较强，但出口能力较弱。有色金属行业的竞争优势非常明显，居全国第一位。特别是铝矿开采与冶炼、铅锌冶炼，无论是市场竞争能力、盈利能力，还是出口能力都居绝对优势地位，其中，铝矿开采国内市场占有率为82.46%，铝和铅锌冶炼国内市场占有率超过20%，铅锌冶炼出口市场占有率（中国）超过60%。

2. 非金属矿采选及制品业

河南省非金属矿采选及制品业竞争力排在山东之后，位居第二。观察表9，河南的石棉水泥制品制造、耐火陶瓷制品及其他耐火材料制造、石墨及碳素制品制造、玻璃仪器制造等产业的竞争力极强，市场占有率接近或超过30%，利润总额占全国比重超过40%。如石棉水泥制品制造业的市场占有率为74.75%、利润总额占全国的81.71%，玻璃仪器制造业的市场占有率为29.89%、利润总额占全国的51.23%。

表 8　河南省煤炭、电力和有色金属行业竞争力

单位:%

行　业	排名	河南产业市场占有率	排名第一省份相应产业的市场占有率	出口市场占有率	利润总额占全国的比重
煤炭开采和洗选业	3	11.41	23.05	5.52	13.27
烟煤和无烟煤的开采洗选业	3	12.15	24.59	5.84	14.29
其他煤炭采选业	4	15.45	29.00	—	38.85
炼焦业	4	8.96	37.46	0.00	18.75
火力发电业	4	8.11	11.66	6.59	23.35
有色金属矿采选业	1	23.46	23.46	0.00	26.61
铝矿采选业	1	82.46	82.46	—	93.83
铅锌矿采选业	4	7.48	18.52	0.00	11.46
铜矿采选业	13	2.07	28.58	0.00	1.58
稀土金属矿采选业	8	0.00	43.97	—	0.00
锡矿采选业	8	0.36	49.63	—	0.16
有色金属冶炼及压延加工业	1	11.12	11.12	10.93	18.04
铝冶炼业	1	28.11	28.11	19.70	49.21
铅锌冶炼业	1	21.89	21.89	63.87	58.11
有色金属合金制造业	2	10.88	16.06	2.94	24.70
铜冶炼业	13	1.93	22.33	0.00	10.60
其他常用有色金属冶炼业	8	4.69	13.59	0.00	11.20
常用有色金属压延加工业	6	6.45	19.04	8.88	8.52
锡冶炼业	—	0.00	60.39	0.00	0.00

表 9　河南省非金属矿采选及制品业竞争力

单位：%

行　业	排名	河南产业市场占有率	排名第一省份相应产业的市场占有率	出口市场占有率	利润总额占全国的比重
非金属矿采选业	2	8.72	18.01	0.00	12.33
非金属矿物制品业	2	12.15	17.10	1.88	20.99
石棉水泥制品制造业	1	74.75	74.75	0.00	81.71
耐火陶瓷制品及其他耐火材料制造业	1	36.21	36.21	5.25	52.91
其他非金属矿物制品制造业	1	31.66	31.66	10.16	44.56
玻璃仪器制造业	2	29.89	40.96	0.00	51.23

续表 9

行　业	排名	河南产业市场占有率	排名第一省份相应产业的市场占有率	出口市场占有率	利润总额占全国的比重
石墨及碳素制品制造业	1	29.59	29.59	11.47	39.92
玻璃纤维增强塑料制品制造业	1	27.75	27.75	0.00	51.97
耐火土石开采业	1	22.51	22.51	0.00	35.70
黏土砖瓦及建筑砌块制造业	2	20.93	23.61	0.00	33.70
石棉制品制造业	2	18.98	21.06	0.00	32.92
黏土及其他土砂石开采业	2	14.72	18.09	0.04	17.52
卫生陶瓷制品制造业	2	11.76	51.02	0.09	23.24
其他玻璃制品制造业	3	11.29	21.34	0.84	24.27
建筑用石加工业	3	11.12	32.26	0.34	16.70
日用玻璃制品及玻璃包装容器制造业	4	9.95	17.10	0.00	25.39
隔热和隔音材料制造业	4	8.93	15.36	3.32	11.92
其他非金属矿采选业	6	8.90	13.75	0.00	12.87
砼结构构件制造业	3	8.77	19.90	0.00	12.94
建筑装饰用石开采业	4	8.56	17.71	0.00	15.68
轻质建筑材料制造业	3	8.38	34.76	0.00	11.41
平板玻璃制造业	5	8.38	15.46	0.12	11.27
石灰和石膏制造业	3	7.86	19.10	0.00	10.41
其他建筑材料制造业	5	7.27	18.69	0.00	15.43
日用陶瓷制品制造业	5	6.57	34.53	2.24	16.64
水泥制造业	5	6.50	11.40	0.40	9.57
水泥制品制造业	5	6.16	15.75	12.44	13.00
园林、陈设艺术及其他陶瓷制品业	4	6.06	41.25	0.00	16.90
石灰石、石膏开采业	6	5.28	29.43	0.00	13.88
特种陶瓷制品制造业	6	5.02	33.56	2.73	9.07
玻璃纤维及制品制造业	7	4.09	37.72	0.00	6.30
防水建筑材料制造业	3	4.07	60.03	0.00	11.19

3. 农副食品加工制造业

河南省农副食品加工制造业市场竞争力排在山东之后，列第2位。河南省农副食品加工制造业中最有市场竞争力的产业部门是速冻食品，米、面制品，方便面，酒精制造，饼干制品业，糕点、面包制造业（见表10），其中：全国速冻食品的1/3来自河南，全国米面制品1/4来自河南，全国酒精、方便面、味精等的1/5来自河南。

表 10　河南省农副食品加工制造业竞争力

单位：%

行　业	排名	河南产业市场占有率	排名第一省份相应产业的市场占有率	出口市场占有率	利润总额占全国的比重
农副食品加工业	2	9.01	24.66	0.69	15.84
食品制造业	2	10.12	19.09	1.27	17.65
饮料制造业	4	7.40	13.03	6.88	8.50
速冻食品制造业	1	32.73	32.73	0.10	50.96
米、面制品制造业	1	28.78	28.78	0.14	50.45
酒精制造业	1	22.70	22.70	66.20	24.63
方便面及其他方便食品制造业	1	22.47	22.47	3.31	31.27
肉制品及副产品加工业	2	21.52	29.05	3.61	28.64
味精制造业	2	20.84	26.86	41.71	26.16
谷物磨制业	1	18.70	18.70	0.02	30.35
饼干及其他焙烤食品制造业	1	18.05	18.05	0.07	25.51
盐加工业	2	17.24	24.44	0.00	23.98
糕点、面包制造业	1	16.62	16.62	0.00	32.79
酱油、食醋及类似制品业	3	10.13	33.65	3.61	20.89
畜禽屠宰业	3	9.74	24.53	3.74	19.92
冷冻饮品及食用冰制造业	5	8.34	14.71	0.00	38.68
啤酒制造业	3	7.83	17.53	0.00	14.96
果菜汁及果菜汁饮料制造业	4	7.30	14.99	11.65	9.19
非食用植物油加工业	4	7.27	39.01	0.00	6.33
糖果、巧克力制造业	6	7.02	30.11	0.00	10.19
其他调味品、发酵制品业	3	6.64	23.26	1.33	8.59
含乳饮料和植物蛋白饮料制造业	6	6.44	15.39	0.02	4.76
饲料加工业	6	6.41	13.39	11.55	11.12
白酒制造业	4	6.35	35.98	0.02	6.33
蜜饯制作业	5	6.29	27.61	0.17	15.01
淀粉及淀粉制品业	4	6.18	27.86	0.59	10.05
食用植物油加工业	6	5.93	18.99	0.38	13.73
葡萄酒制造业	4	5.70	59.79	0.24	8.33
瓶(罐)装饮用水制造业	7	5.01	31.94	69.63	11.02

4. 专用设备制造业

河南专用设备制造业的市场竞争力排在山东、江苏和广东之后，列第四位。河南省专用设备制造业中最有市场竞争力的产业是采矿、采石设备制造，拖拉机制造，制浆和造纸专用设备制造，农副食品加工专用设备制造，机械化农业及园艺机具制造，农林牧渔机械配件制造，建筑材料生产专用机械制造，水资源专用机械制造等（见表11）。河南专用设备制造业竞争力较强，主要是该产业的研发投入较高。2008年，河南省专用设备制造业的研发经费投入仅次于化学纤维制造业，通信设备、计算机及其他电子设备制造业。研发的大量投入，为专业设备制造业保持和提升竞争力奠定了基础。

表11　河南省专用设备制造业竞争力

单位：%

行　业	排名	河南产业市场占有率	排名第一省份相关产业的市场占有率	出口市场占有率	利润总额占全国的比重
专用设备制造业	4	7.43	15.61	1.75	9.18
拖拉机制造业	1	38.80	38.80	34.12	23.58
制浆和造纸专用设备制造业	1	29.15	29.15	0.00	52.91
农副食品加工专用设备制造业	1	24.81	24.81	0.21	38.08
采矿、采石设备制造业	1	22.66	22.66	12.22	26.27
机械化农业及园艺机具制造业	3	19.89	24.74	0.89	31.56
农林牧渔机械配件制造业	2	15.94	57.21	0.00	25.71
其他日用品生产专用设备制造业	2	13.92	27.01	0.00	34.75
建筑材料生产专用机械制造业	2	12.24	18.46	11.27	23.08
水资源专用机械制造业	3	11.15	25.40	21.55	2.30
其他农林牧渔业机械制造及机修业	2	9.96	80.64	0.00	26.48
照明器具生产专用设备制造业	3	8.84	38.61	1.00	32.88
食品、饮料、烟草工业专用设备制造业	6	7.63	13.86	0.80	13.10
电工机械专用设备制造业	7	6.39	21.95	2.79	4.48
纺织专用设备制造业	6	5.85	31.21	1.85	9.14
其他专用设备制造业	7	5.76	20.13	2.76	4.69
石油钻采专用设备制造业	7	4.92	15.83	4.04	5.64
地质勘察专用设备制造业	6	4.72	44.61	0.00	2.66
玻璃、陶瓷和搪瓷制品生产专用设备制造业	5	4.65	36.53	0.55	3.57
饲料生产专用设备制造业	6	4.10	45.72	0.00	5.37

5. 橡胶制品业

2007年，河南省橡胶制品业的市场竞争力排在山东、江苏、浙江和广东之后，在全国处于第五位。河南省非常有竞争力的产业是橡胶板、管、带的制造业，人力车胎制造业，再生橡胶制造和橡胶靴鞋制造业（见表12）。

表 12　2008 年河南省橡胶制品业竞争力

单位：%

行　业	排名	市　场 占有率	出口市场 占有率	利润总额占 全国比重
橡胶板、管、带的制造业	4	12.07	0.01	20.86
人力车胎制造业	6	6.77	0.00	25.11
再生橡胶制造业	5	6.61	0.00	10.49
橡胶靴鞋制造业	5	8.31	0.00	17.65
车辆、飞机及工程机械轮胎制造业	5	4.91	4.12	5.86
橡胶零件制造业	12	1.35	0.00	1.37
日用及医用橡胶制品制造业	5	5.99	0.00	11.20
其他橡胶制品制造业	7	4.30	0.42	9.75
轮胎翻新加工业	6	4.33	0.00	9.61

资料来源：《河南省统计年鉴》（2009）。

从盈利能力上看，河南橡胶制品业的盈利能力较强，利润总额占全国比重较高，特别是人力车胎业和橡胶板、管、带制造业，其利润总额约占全国利润总额的20%以上。从国际市场竞争力来看，与其他省份相比，河南橡胶制品业的国际竞争力较弱，仅车辆、飞机及工程机械轮胎制造业有一定的出口规模，多数细分行业的出口额为零。橡胶制品业作为河南省的优势产业，其进一步发展将面临巨大挑战和机遇。由于橡胶制品业是高度依赖国际市场的行业，而河南省橡胶制品业的国际市场竞争力较弱，这将成为制约河南省橡胶制品业进一步发展的主要瓶颈。

四　国际金融危机对河南产业竞争力的影响

1. 对工业增长的影响

受全国经济减速、外部需求减弱的影响，河南工业经济增长明显放缓。2009年，工业增加值增长 14.6%，同比增幅下降 5.2 个百分点。特别是 2009 年上半年，工业增加值累计增长为个位数，同比下降 10 个百分点以上（见表 13）。与东部发达地区比较，河南工业受到的影响要相对平缓和滞后。其一，由于河南产业结构中基础性产业比重大，这些产业位于国民经济生产链的前端，其波幅要小于产业链末端行业的波幅；其二，由于河南产业对国外市场的依赖少，因而所受金融危机的影响也相对较小。

表 13　2008～2009 年河南省工业增长情况

单位：%

月份	工业增加值环比增长			工业增加值同比增长		
	2008 年	2009 年	变化率	2008 年	2009 年	变化率
2	21.4	2.1	-19.3	22.8	2.6	-20.2
3	21.5	3.1	-18.4	22.9	5.1	-17.8
4	22.3	4.2	-18.1	24.2	7.3	-16.9
5	22.3	5.3	-17.0	23.9	9.0	-14.9
6	22.7	7.1	-15.6	24.1	14.6	-9.5
7	22.7	8.7	-14.0	23.3	16.7	-6.6
8	22.6	9.7	-12.9	22.2	15.9	-6.3
9	22.5	10.5	-12.0	21.7	16.5	-5.2
10	21.7	12.1	-9.6	14.8	23.8	9.0
11	20.5	13.2	-7.3	8.1	27.6	19.5
12	19.8	14.6	-5.2	5.3	29.8	24.5

资料来源：根据《河南省统计年鉴》计算。

2. 对就业的影响

观察表 14，2009 年第 1 季度，河南省在岗职工人数减少，由 2008 年第 4 季度的 691.92 万人，减少到 2009 年第 1 季度的 686.60 万人，减少了 5.32 万人。但随着经济的回暖，从 2009 年第 2 季度开始，在岗职工人数开始增加。

表 14　2008～2009 年河南省就业变化情况

季　度	在岗职工人数季末值(万人)				平均工资(元)			
	2008 年	2009 年	变化情况	同比增减(%)	2008 年	2009 年	变化情况	同比增减(%)
第 1 季度	690.56	686.60	-3.96	-0.57	4731.38	5547.63	816.25	17.25
第 2 季度	687.50	693.35	5.85	0.85	4834.18	5648.81	814.62	16.85
第 3 季度	688.17	696.28	8.11	1.18	5292.59	6367.55	1074.97	20.31
第 4 季度	691.92	—	—	—	—	—	—	—

资料来源：根据《河南省统计年鉴》计算。

从统计上看，在岗职工的报酬没有受到金融危机的影响而减少，相反有较大幅度的增长。2009 年，在岗职工平均工资增长 800 多元，同比增长 16% 以上。这是因为危机发生后不久，中央政府和地方政府迅速采取了多方面措施，加大基础设施建设，加快项目推进力度，充分发挥了政府的宏观调控作用。

3. 对产业结构调整的影响

河南工业增加值连年稳居全国第五位，成为名副其实的新兴工业大省，但是，能源、原材料产业比重偏大，产业结构层次偏低，一直是河南工业的基本特征。金融危机的发生，从某种程度上催生了新的更适合经济发展的产业结构，为河南产业结构调整、在国内外产业链分工中重新定位带来了机遇。在全球经济放缓的背景下，跨国公司、沿海发达地区的企业将会对国内产业价值链进行重构，区域产业布局将会出现较大的调整，这个过程将伴随着产业升级和技术提升。经过多年发展，河南工业已经具备了完整的工业体系，基础设施及产业配套条件较好，具有承接产业转移的区位、市场、资源及劳动力等方面的优势。

五　2010 年河南产业竞争力的展望与建议

展望2010 年，河南省产业竞争力将进一步提升。现有优势行业正处于转型升级的关键时期，仍将保持在全国竞争中的绝对优势地位，在国际上也占有重要地位，具有打造世界性产业的条件和潜力。但同时主要面临四个方面的困难：一是产业结构偏重、偏资源；二是发展模式粗放，整体处于产业链低端环节；三是资源保障程度低，产业持续发展面临挑战；四是多数行业缺少领军企业，难以适应经济全球化进程。为此，提出以下建议：

第一，要转变河南产业的竞争战略，由以成本优势和资源优势为主的竞争战略向以技术革新为主的竞争战略转换。技术创新与产品创新是提升河南省产业竞争力的根本。就河南省实际看，传统产业的技术创新最主要集中在两大方面：一是促进产品升级换代的技术创新，因为只有产品升级换代，才能形成新的需求，使传统产业持续成为经济发展的支撑点；二是促进产品深加工的技术创新，因为只有传统产业的产品深加工，才能延长传统产业的产业链，有利于在更大程度上推动传统产业的有效需求，从而使传统产业得以持续发展；三是加大研究与开发的投入，提高企业的市场竞争力。

第二，要加快产业结构的调整与升级。经过多年的发展，河南已经形成了较完整的工业体系，但矿产资源丰富客观上造成了上游产业过大、高技术产业比重较低的结构特征，河南工业产业结构层次低的问题日益突出。金融危机为河南提供了产业调整的机遇，要借此机会加大产业结构调整和优化升级的力度，有针对性地解决长期制约河南省产业发展的结构问题和低层次问题。要大力促进资源依赖型、初加工型产业向资源节约型和深加工型产业转型升级，从初级加工为主向深加工和精加工转变，从单层次加工生产向循环经济产业链多层次加工转变，从低技术含量、低附加值产品向高技术含量和高附加值产品转变，从高消耗、高排污向低消耗和低排污转变，从而增强河南产业的竞争力。

第三，要积极承接发达地区的产业转移。充分利用当前沿海地区产业转移的大好机会，积极主动地承接发达地区先进制造业和先进技术的转移，有条件和有针对性地吸引适合河南工业发展条件、发展前景和长期竞争力的企业迁入，引进高级人才、先进技术、先进设备和战略投资，填补产业空白，做强薄弱环节，扩张弱势行业。

第四，要大力促进大企业集团的组建。促进企业进行战略性重组，通过并购与重组造就一大批有竞争力的大企业集团；引进国内外龙头企业，形成开放式的发展氛围；支持骨干企业与上下游企业建立配套关系，组成战略联盟，实现优势互补；推动企业抢抓机遇，加快发展，提升大企业集团在国内外的竞争力。

第五，要加快人才队伍建设。积极营造良好环境，重点引进国内外高级经营管理人才和掌握关键技术的高层次专家，特别要注重引进掌握高新技术产业化成套技术的优秀团队；建立多层次的适合实际需要的人才培养体系，加大高级技能人才和营销人才的培养力度。

广西产业竞争力

叶振宇*

一 “十一五”期间广西产业竞争力的变化

评价地区产业竞争力的方法很多，本文用显示比较优势指数和市场占有率两个指标，结合其他指标综合评价“十一五”期间广西产业竞争力的变化情况，如表1所示。广西产业竞争力显现出“升降并存”的格局，部分行业竞争力优势不足，也有行业竞争力正在增强。具体的变化特征有以下几点。

第一，农副食品加工业、食品制造业、烟草制品业等以初级农产品为原料的工业部门在全国的地位正在下降。无论是显示比较优势指数的时序指标还是行业市场占有率指标都表明，21世纪之后这些行业的竞争力进入下降的通道。

第二，木材加工业和造纸加工业已成为地区专业化部门，地区比较优势得到确立。森林面积大、林木品种好为广西发展木材加工业提供了良好的资源基础，而家具、装潢等庞大的市场需求为广西相关行业的市场扩张提供了契机。加之，木材加工业属于劳动密集型产业，适合像广西这样的地区发展。目前，广西已形成钦州和北海林浆纸一体化制造基地、柳州竹浆纸一体化制造基地，两大基地在“十一五”期间的建成投产对行业发展起到举足轻重的作用。

第三，化学原料及化学制品制造业、医药制造业市场占有率不断提高，具有潜在优势。“十一五”期间，广西政府积极引导“南化”、“柳化”、“河化”、“鹿化”、广维集团等骨干企业重点发展化肥、农药、新材料等优势产品，重点建设沿海石油炼化项目。期间，化工行业规模出现跨越式发展，依托技术进步、体制改革等实现效益提高。

---

* 叶振宇，中国社会科学院工业经济研究所助理研究员。

表 1 广西产业显示比较优势指数和市场占有率

行业代码	显示比较优势指数				市场占有率
	1993 年	2000 年	2007 年	2008 年	2008 年
M1	2. 486	3. 426	2. 875	1. 530	0. 034
M2	2. 386	1. 516	1. 251	1. 213	0. 009
M3	1. 118	0. 777	1. 641	3. 371	0. 020
M4	1. 983	1. 438	1. 764	5. 071	0. 021
M5	0. 733	0. 544	0. 584	0. 175	0. 004
M6	0. 553	0. 115	0. 178	0. 141	0. 001
M7	0. 611	0. 006	0. 467	1. 215	0. 007
M8	1. 341	1. 215	3. 438	7. 548	0. 034
M9	1. 19	0. 321	0. 28	0. 847	0. 002
M10	1. 485	1. 467	1. 875	1. 924	0. 014
M11	1. 209	1. 267	0. 852	5. 274	0. 013
M12	0. 29	0. 038	0. 268	1. 411	0. 003
M13	0. 174	0. 208	0. 218	0. 168	0. 004
M14	1. 111	1. 189	1. 613	0. 349	0. 011
M15	1. 415	1. 454	1. 825	1. 949	0. 015
M16	0. 962	0. 859	0. 018	0. 033	0. 000
M17	0. 87	0. 97	0. 549	1. 093	0. 004
M18	0. 82	0. 49	0. 465	0. 529	0. 005
M19	1. 411	1. 693	2. 066	0. 791	0. 015
M20	0. 779	0. 894	1. 383	0. 439	0. 018
M21	1. 23	2. 482	2. 716	1. 045	0. 020
M22	0. 465	0. 577	0. 345	0. 290	0. 004
M23	0. 962	1. 052	0. 508	0. 210	0. 005
M24	0. 771	0. 753	0. 98	1. 168	0. 015
M25	0. 891	0. 963	1. 393	0. 697	0. 022
M26	0. 789	0. 696	0. 351	0. 197	0. 006
M27	0. 552	0. 345	0. 255	0. 064	0. 003
M28	0. 448	0. 607	0. 344	0. 429	0. 002

注：（1）2008 年数据是用从业人员数计算，因该年没有出版《中国工业经济统计年鉴》，因而计算结果跟往年相比有较大偏差，于此列出仅供参考。

（2）M1——农副产品加工业，M2——食品制造业，M3——饮料制造业，M4——烟草制品业，M5——纺织业，M6——纺织服装、鞋、帽制造业，M7——皮革、毛皮、羽毛（绒）及其制品业，M8——木材加工及竹藤棕草制品业，M9——家具制造业，M10——造纸及纸制品业，M11——印刷业和记录媒介的复制，M12——文教体育用品制造业，M13——石油加工、炼焦及核燃料加工业，M14——化学原料及化学制品制造业，M15——医药制造业，M16——化学纤维制造业，M17——橡胶制品业，M18——塑料制品业，M19——非金属矿物制品业，M20——黑色金属冶炼及压延加工业，M21——有色金属冶炼及压延加工业，M22——金属制品业，M23——通用设备制造业，M24——专用设备制造业，M25——交通运输设备制造业，M26——电气机械及器材制造业，M27——通信设备、计算机及其他电子设备制造业，M28——仪器仪表及文化、办公用机械制造业。下表同。

第四，资源优势转化为经济优势，提升了资源性产业的竞争力水平。随着国内其他地区资源进入枯竭阶段，广西矿物制品加工业和有色金属冶炼业逐渐发挥了特有的资源优势和市场优势，接近珠三角地区的市场需求。其中，水泥、陶瓷和氧化铝项目在国内仍然占据重要的地位，随着骨干企业改造和新技术引入，这些行业还将保持较高的地区竞争力。另外，2005 年以来，北部湾经济区开发带动了一批重化工业项目落户兴建，其中钢铁项目成为在这次开发中令外界关注的焦点，临港工业发展模式使得钢铁工业有望成为继炼铝之后广西重要的支柱产业。

第五，广西交通运输设备制造业是中国装备制造业的奇葩，显示出较强的竞争优势。2002 年以后，交通运输设备制造业逐渐成为广西国民经济发展的支柱产业，形成了以上汽通用五菱、东风柳汽、一汽柳特、桂客集团、柳州五菱、玉柴南宁专汽等骨干企业为龙头的产业格局，微型汽车、小型乘用车、重型载货汽车、客车、车用内燃机等产品在全国占有较高的市场份额。柳州、玉林等地已形成汽车上下游产业相互衔接的集群，成为西南地区最大的整车生产和零部件加工基地之一。

二　广西产业竞争力的影响因素分析

第一，全要素生产率呈上升态势。图 1 表明，1994 年以来，广西制造业全要素生产率增速总体处于上升的态势，说明技术进步、体制创新等因素推动行业增长质量提高，更有利于提升地区的产业竞争力。

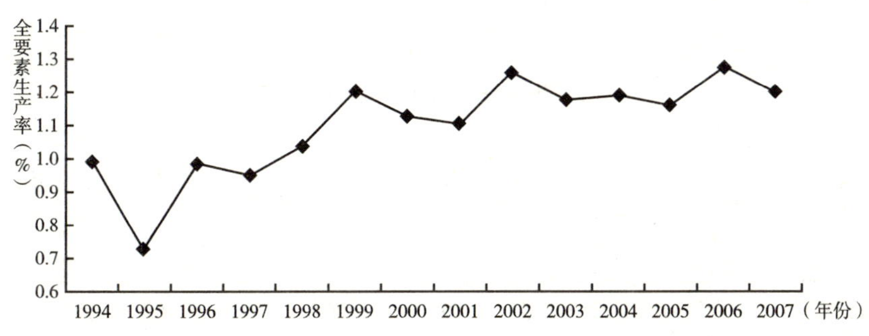

图 1　1994～2007 年广西制造业全要素生产率变化

第二，工业科技创新逐渐得到重视。采用科技经费内部支出占地区 GDP 比重来表示科技投入水平，结果如图 2 所示。2000～2005 年，广西科技投入占地区 GDP 的比重呈明显上升趋势；进入“十一五”以后，全省科技投入先下降后出现回升，预计未来还会持续增长，并将带动产业竞争力的提升。

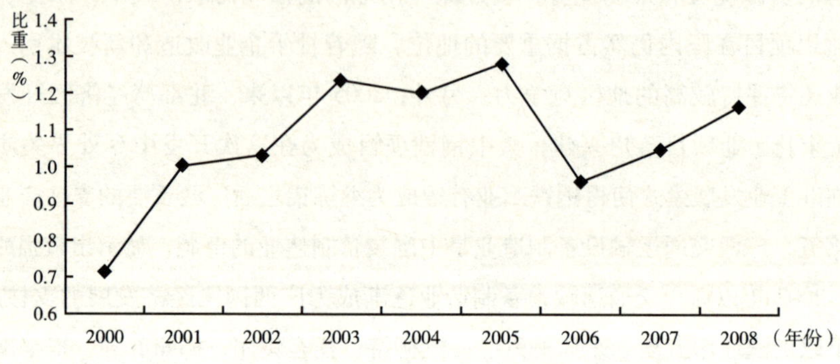

图 2　2000～2008 年广西科技投入水平变动趋势

数据来源：《广西壮族自治区统计年鉴》（2001～2009）。

第三，产业集中度提升还有潜力。产业集中度是衡量地区市场结构的重要指标，为了更加准确地分析广西产业集中度水平，这里使用主营业务收入、资产总计和从业人员三个指标分别占工业总产值、工业总资产和年均从业人员数的比值，求出 CR_4 和 CR_8（见表 2）。如果从业务收入和资产来看，无疑广西产业集中度是不高的。由于工业企业从业人员相对比较稳定，加之现代化设备投入使用，因而使用该指标计算显得低一些。从上述指标可暴露出广西大型企业规模不高，产业集中度还有上升的空间。

表 2　2008 年广西产业集中度水平

单位：%

指　标	主营业务收入占比	资产总计占比	从业人员占比
CR_4	10.8	13.3	7.3
CR_8	14.1	16.7	10.2

数据来源：《广西壮族自治区统计年鉴》（2009）和《中国大型工业企业年鉴》（2008）。

第四，企业规模小、布局分散、农产品价格波动等原因导致了农副食品加工业，食品制造业，纺织服装、鞋、帽制造业的竞争力下降。广西这几个行业的企业规模普遍较小，企业没有能力做大自己的品牌，由于缺少全国性品牌，并且远离消费市场以及农产品价格波动加剧，造成这些行业整体竞争力优势下降。

第五，资源优势强化了木材加工、造纸、有色金属冶炼、建材等行业的区域竞争力。国家加大对森林资源的保护，对森林资源有优势的地区而言，就可以发挥资源优势提高造纸工业和木材加工业的竞争力。随着社会经济水平的提高，木材需求量逐年上升，木材价格持续走高，带动了整个上下游产业的发展。有色金属冶炼和建材工业充分发挥了富集资源和廉价能源的优势，并利用接近珠江三角洲市场的条件，从而成为有竞争力的工业部门。

第六，产业多样化推动技术创新。这里使用了赫芬达指数的倒数来测量产业多样性。$\mathrm{HHI}_{ik}=1/\sum_{j\neq k}s_{ij}^2$，$s_{ij}$表示地区 i 的两位数行业 j 的从业人员数与该地区所有除 k 行业以外的其他行业就业人数之比，HHI_{ik}指数越大，表示多样化程度越高。如果从产品多样化指标看，多数行业经历了先下降后升高的过程，近年来产业多样化逐步提高，创新能力逐步增强（见表 3）。当一个地区产品多样化趋势较为明显时，意味着这个地区产业间技术溢出或投入产出的关系更为显著，经济外部性直接推动了产业竞争力的提升。

表 3　广西产品多样化指数变化

行业代码	1993 年	2000 年	2007 年	行业代码	1993 年	2000 年	2007 年
M1	16.278	16.333	17.492	M15	14.645	13.062	14.568
M2	15.194	13.047	14.408	M16	14.559	12.900	14.278
M3	14.677	12.939	14.403	M17	14.580	12.921	14.288
M4	14.568	12.898	14.283	M18	14.619	12.911	14.327
M5	16.852	13.479	14.911	M19	22.575	19.652	19.612
M6	14.640	12.892	14.303	M20	14.974	13.353	15.128
M7	14.577	12.887	14.344	M21	14.640	13.479	15.142
M8	14.631	12.917	14.908	M22	14.694	12.959	14.318
M9	14.566	12.887	14.281	M23	15.681	13.670	14.488
M10	14.855	13.118	14.589	M24	14.946	13.089	14.570
M11	14.633	12.928	14.295	M25	15.150	13.642	15.912
M12	14.550	12.887	14.283	M26	14.828	13.099	14.391
M13	14.549	12.888	14.279	M27	14.594	12.924	14.380
M14	15.943	14.451	16.211	M28	14.559	12.896	14.284

注：代码的意义同表 1。

三 广西优势产业分析

在经典的区域经济理论中，显示比较优势指数是否大于1用作判断一个行业是否属于地区优势产业的依据。据此，对表1报告的广西1993～2007年28个制造业部门显示比较优势指数进行分析，从中可以看出：

轻工业是广西传统的优势行业，其中农副食品加工和食品制造业属于具有地区比较优势的产业，但是在快速的市场化进程之中，这种优势正在逐渐消失，最为突出的表现是显示比较优势指数持续下降。1994年以来，饮料制造业、烟草制品业市场占有率和专业化水平比较稳定，预计在“十二五”期间这两个行业将面临竞争力下降、市场萎缩的困境。这是由北部湾经济区重化工业基地建设和东盟自由贸易区政策进入实施引起的。此外，由于缺乏企业营销模式，广西当地烟草企业并没有全国知名的品牌，在新一轮市场竞争中可能面临市场萎缩的危险。

木材加工业、造纸业都是以木材和竹子为原料的行业。从1993～2007年显示比较优势指数变化趋势看，这两个行业的地区比较优势正在下降，竞争力也在下滑。广西境内多山，雨量充沛，适合亚热带或热带植物生长，丰富的森林资源为地区木材加工业的发展提供了资源基础。造纸工业则是木材和竹子的主要用户，每年消耗了大量森林资源。但未来这两个行业将面临更加严峻的形势，一方面全球气候变化更加受到重视，国家将会出台更加严厉的法律限制滥采滥伐行为，保护更多的森林，特别是原始森林；另一方面，随着资源再循环生产技术的逐渐推广，使得拥有技术优势和市场需求的地区的造纸工业处于有利的竞争地位。

化学原料及化学制品制造业、医药制造业是广西传统的优势产业。广西拥有“西瓜霜”、“两面针”等全国知名日用化工和制药品牌。从过去二十年看，广西日用化工具有明显的竞争优势，这应该归结为起步早、产品质量稳定和技术创新活跃。近年来，广西大力开发北部湾，并积极开展对东盟国家的贸易活动，一定程度上刺激了石油化工和海洋化工的发展，并逐渐取代日用化工主导广西未来化工业的发展格局。预计到2015年，广西北部湾大型石油炼化基地建成投产之后将成为中国石油化工的重要基地之一。另外，随着甘蔗、木薯等优势资源的深度开发，生物化工也会成为广西初级农产品深加工的重要发展方向。

在冶金工业领域，非金属矿物制品业、有色金属冶炼及压延加工业是广西两个专业化程度比较高的优势产业和支柱产业。这两个行业资源导向很强，能够发挥广西当地的资源优势，其中非金属矿物制品业中的水泥、陶瓷等行业，布局比较分散，企业规模普遍偏小，缺少全国知名品牌，产业优势没有得到更好的发挥。广西有色金属冶炼业有悠久的发展史，西部地区的锡、锑、钨、铅、锌、铟、稀土等有色金属矿产资源丰富，蕴藏量大，并能充分利用境内水电资源。随着长期超常开采和地区环境大面积污染，该行业面临越来越不利的困境，国家环保部门可能对该区域有色金属冶炼企业采取更加严厉的规制措施。

“十一五”以来，交通运输业是广西上下大力发展的区域性主导产业，以柳州五菱、玉柴动力等为代表的汽车工业迅速崛起，重卡、微型乘用车等车型占据市场优势。围绕着汽车相关的钢铁、物流等配套产业逐渐形成规模，可预见汽车工业将在“十二五”期间成为广西重要的支柱产业。

四　国际金融危机对广西产业竞争力的影响

广西地处中国南部沿海地区，外贸依存度比较高，国际金融危机对广西产业竞争力产生了较大影响，特别是结构层面，也显示出“早进晚退”的特点。从图3中可以发现，在2008年5月，广西工业增长速度就有下滑的苗头，即早进入危机；同年11月进入谷底，此后虽有回升但基础不稳固，可见金融危机的影响还没解除，亦即晚退出危机。具体表现在以下几个方面。

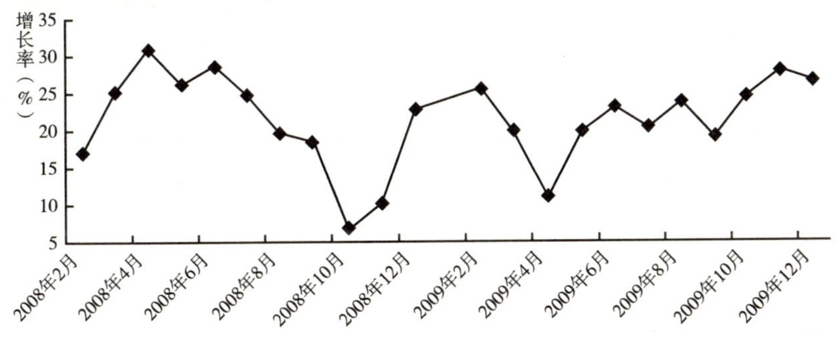

图3　2008～2009年广西工业增加值同比增长率变化趋势

数据来源：中国统计数据应用支持系统。

第一，部分行业企业受到的冲击比较大。统计数据显示，2009 年广西钢材和汽车出口明显下滑，分别下滑 87.1% 和 51.3%，这也是沿海地区工业遭受国际金融危机重创的共同表现，但在东盟自由贸易区、北部湾经济区开发等利好政策的共同影响下，有效遏制了出口继续下滑的趋势。据统计分析，2009 年广西全年外贸进出口总额较上年增长了 7.3%，其中边境小额贸易增长了 54.9%，这主要是民营中小企业创造的业绩。

第二，改善广西经济发展总体外部环境，外部需求扩张带动产业竞争力提升。受到国际金融危机的影响，广西大胆用好、用足中央支持广西的各种区域政策，使得自治区的交通条件发生翻天覆地的变化，对外港口和境外铁路连接线取得空前发展。东盟自由贸易区建设步伐有明显的进展，使广西区位优势逐渐显现出来。这些变化有利于提升自治区产业竞争力。

第三，劳动密集型产业出口逆势增长，国际竞争力显现。统计数据表明，2009 年广西的箱包、塑料制品、鞋、服装、家具等劳动密集型产业出口额出现高速增长，其中箱包较上一年增长了 17 倍，塑料制品增长了 5.8 倍，鞋增长了 5.7 倍，家具增长了 3.2 倍，而服装增长了 90.2%。上述数据说明广西利用加入东盟自由贸易区的有利机遇，结合自身资源优势，使得劳动密集型产业整体竞争力迅速提高。

五　2010 年广西产业竞争力的判断

结合国际国内经济形势变化，对 2010 年广西产业竞争力的总体判断如下：

第一，传统行业优势依然存在。食品、烟草、饮料等传统行业仍然有竞争优势。珠三角发达地区传统产业向两翼转移，使广西邻近广东的地区迎来承接珠三角产业转移的高峰，预计将有一大批传统劳动密集型企业落户这些地区。随着产业迅速集聚，广西传统产业地方化集群优势开始出现，将焕发出新的活力，竞争优势更加明显。

第二，重化工业逐渐成为地区支柱产业。随着北部湾经济区开发，广西化工、钢铁、汽车、造船等产业投资规模迅速扩大，产业布局和区域布局优化，加之国务院出台《促进广西经济社会发展的若干意见》、《北部湾经济区规划》和西部大开发政策都为广西重化工业发展提供了强有力的支持，大型中央企业对本地区投资将使广西在较短时间内成为中国东南沿海地区重化工业基地。

第三，资源性产业发展面临更加不确定性。随着国家采取更严厉的环保政策和资源将枯竭的威胁，非金属矿物制品业和有色金属冶炼业将面临更加复杂的环境，行业新一轮的重组兼并将可能发生，一批不具治污条件的企业将接受政府治理。2009 年底以来，国家对水泥、炼铝等产能过剩行业的政策付诸实施，将改变原有竞争格局和市场结构。

第四，现代服务业的优势逐渐显现。广西大力发展现代制造业，与之相配套的物流、金融等现代服务业将迎来一次重大历史发展机遇。东盟自由贸易区建立之后，商贸业对 2010 年广西经济贡献份额将会增加，边境小额贸易也将成为广西未来贸易的快速增长点。

六　提升广西产业竞争力的对策建议

1. 整合资源优势，培育优势产业集群

大力发展特色农业，培育农副食品加工集群。广西拥有明显的农业资源优势，是全国水稻、玉米、甘蔗、木薯、亚热带水果、罗非鱼等农业产品的主产区，对于农业初级产品应该理顺价格体系，建立“公司 + 农户”等多种形式共同分担市场风险的机制；鼓励下游加工产业发展，实现就地加工转化；加快企业兼并重组，形成一批有竞争力的农业龙头企业。把现代制造业发展成为自治区“十二五”期间的支柱产业，以骨干企业为龙头，培养根植性强的产业集群，重点发展以铝加工、汽车、制糖、炼油、钢铁、工程机械等为主的支柱产业，以产业园区为空间依托，引导产业链向精深加工延伸，培育全国性品牌。继续挖掘建材、造纸、船舶、服装、木材加工、医药等优势产业的潜力，扩大产业规模，调整行业布局结构，推广循环经济发展模式，提高生态环境地区承载能力。

2. 淘汰落后产能，加快产业升级

由于市场竞争和历史政策原因，广西已经累积了相当规模的落后产能，包括有色金属冶炼、食品、水泥等行业。由于企业存在规模小、技术落后、非法排污等问题，致使广西境内江河受到了不同程度的污染。下一步应重点治理重点行业的落后产能问题和环境污染问题。通过政府政策引导，鼓励技术升级、禁止生产和就地报废等办法，既要淘汰落后产能，又要防止落后产能向贫困边远地区转移。

3. 加快空间规划，优化产业布局

广西发挥沿海、沿江和沿边优势，形成重点产业集聚带。在北部湾经济区规划指导下，充分利用沿海港口的优势，借助中央特大型企业的力量，通过东盟自由贸易区这一国际平台，重点发展石油化工、钢铁、造纸、船舶、新能源等现代临港产业集群，形成沿海先进制造业基地和现代物流基地。对西江黄金水道进行统一规划和开发，提高通航能力，构建集铁路、公路、水路、民航相互衔接的综合交通体系，降低广西内陆地区的物流成本，引导沿江有色金属冶炼业、装备制造业、化工业合理布局，并建立区域间生态环境补偿机制，尽可能降低环境风险。扩大沿边境口岸对外经贸规模，探索建设多功能的保税港区，发展面向东盟的出口加工业，亦可利用周边国家丰富的劳动力资源，发展边境装配加工业。

4. 加快发展现代服务业，实现跨越式发展

根据广西制造业的行业特点，建设若干个特色物流园区或物流基地，如汽车物流园区、工程机械物流园区等。利用北部湾经济区开发和中国—东盟自由贸易区的机遇，加快金融资源的整合力度，如推动开发性金融发展、发展面向东盟国家的离岸金融；培育从事国际服务外包的中小企业，并给予优惠政策支持。

5. 适应自由贸易区规则，积极开拓东盟市场

继续采取全方位、多层次、宽领域的对外开放合作政策，充分利用好中国—东盟自由贸易区的有利平台，推动北部湾经济区建设和大湄公河次区域合作。促进同东盟国家的国际产业分工，发展出口加工装配制造业，内引外联，为东盟国家进入中国市场开设更宽阔的窗口。

四川产业竞争力

孙秋鹏*

一 “十一五”期间四川产业竞争力的变化

对于四川产业发展目标，《四川省国民经济和社会发展十一五规划纲要》指出：第二产业增加值比重达到44.5%，其中工业增加值比重达到39.0%；服务业增加值比重达到40.0%；非农就业比重达到52%；增强自主创新能力，研究与开发经费占全省生产总值的比例提高到2%左右，形成一批自主创新能力和国际竞争力较强的优势企业。产业发展目标是要通过产业竞争力的提高来实现的，下面分析四川省近些年竞争力提升的情况。

1. 市场占有率

采用产业增加值计算的2007年四川省市场占有率前五位的产业分别为饮料制造业、燃气生产和供应业、其他采矿业、农副食品加工业、医药制造业。市场占有率指标显示：2007年与2005年相比有32个产业的市场占有率上升，7个下降；2007年与2000年相比有33个产业市场占有率上升，6个下降。2007年与2005年相比，市场占有率提升较快的行业分别为：其他采矿业，有色金属矿采选业，家具制造业，印刷业和记录媒介的复制，饮料制造业，非金属矿采选业，通信设备、计算机及其他电子设备制造业，专用设备制造业；2007年与2000年相比，市场占有率提升较快的行业分别为：其他采矿业，煤炭开采与洗选业，电力热力的生产和供应业，饮料制造业，医药制造业，家具制造业，农副食品加工业，专用设备制造业。市场占有率下降的行业主要集中在烟草制造业、黑色金属矿采选业、黑色金属冶炼及压延加工业等几个少数行业（见表1）。

* 孙秋鹏，中国社会科学院马克思主义研究院副研究员。

表1　四川省各产业市场占有率变化情况

单位：千元，%

行　　业	2000 年		2005 年		2007 年	
	工　业 增加值	市　场 占有率	工　业 增加值	市　场 占有率	工　业 增加值	市　场 占有率
煤炭开采和洗选业	—	—	7895591	2.73	16755623	3.57
石油和天然气开采业	2874110	1.30	5558596	1.15	12384433	1.92
黑色金属矿采选业	164412	2.64	1683117	3.95	3501319	3.77
有色金属矿采选业	338919	5.96	1309822	3.06	5056415	5.19
非金属矿采选业	510613	4.16	1155436	4.12	2770159	5.36
其他采矿业	—	—	—	—	18782	5.75
农副食品加工业	2900140	3.34	14632102	5.33	26580117	5.73
食品制造业	750702	2.40	3310443	2.83	6271777	3.37
饮料制造业	7651022	12.36	16416510	14.09	28998915	15.39
烟草制品业	3640527	3.89	5168849	2.51	4854486	1.66
纺织业	1975823	1.61	5089610	1.57	10195720	2.07
纺织服装、鞋、帽制造业	193708	0.34	621617	0.44	1363079	0.60
皮革、毛皮、羽毛(绒)及其制品业	341610	1.12	2208598	2.34	4599063	3.11
木材加工及木、竹、藤、棕、草制品业	367660	3.14	1022751	2.00	2327924	2.26
家具制造业	141195	1.49	836213	2.17	2783006	4.30
造纸及纸制品业	799855	2.74	2854434	2.49	4991411	2.86
印刷业和记录媒介的复制	747833	3.65	1621366	3.50	3585272	5.18
文教体育用品制造业	5242	0.04	22856	0.06	88022	0.16
石油加工、炼焦及核燃料加工业	150625	0.19	2789024	1.41	5166245	1.67
化学原料及化学制品制造业	4103532	3.03	17933495	4.08	29379133	4.00
医药制造业	1218021	2.83	7355744	4.81	13040754	5.70
化学纤维制造业	428562	1.49	1037331	2.14	1916810	2.37
橡胶制品业	248428	1.20	1096605	1.84	1771543	1.85
塑料制品业	513772	1.15	2528174	1.99	5604305	2.62
非金属矿物制品业	4166246	3.70	11482758	4.09	21175994	4.37
黑色金属冶炼及压延加工业	6701406	5.08	22587947	3.91	34521774	3.83
有色金属冶炼及压延加工业	824044	2.51	5181825	2.69	13570932	3.03
金属制品业	640646	1.62	2640805	1.56	6513710	2.16
通用设备制造业	2659939	3.17	9890844	3.33	21492527	4.21
专用设备制造业	832122	1.79	5012181	2.98	12548061	4.09
交通运输设备制造业	2121322	1.75	12607265	3.29	17182046	2.46

续表 1

行　业	2000 年		2005 年		2007 年	
	工　业 增加值	市　场 占有率	工　业 增加值	市　场 占有率	工　业 增加值	市　场 占有率
电气机械及器材制造业	1762608	1.88	6085690	1.70	14225543	2.35
通信设备、计算机及其他电子设备制造业	5866843	4.58	8845280	1.55	21345597	2.69
仪器仪表及文化、办公用机械制造业	213878	0.95	690510	0.94	1606900	1.38
工艺品及其他制造业	—	—	503792	0.88	1077585	1.17
废弃资源和废旧材料回收加工业	—	—	35259	0.59	134072	0.83
电力、热力的生产和供应业	2145867	0.92	24153224	4.22	39360883	4.46
燃气生产和供应业	229402	6.60	1275663	9.48	2143817	6.99
水的生产和供应业	449500	2.98	880424	3.37	1027502	2.81

2. 显示比较优势指数

四川省各行业显示比较优势指数显示，2000 年在所有行业中该指标数值仅仅有 6 个行业大于 1，分别为：有色金属采矿业，非金属矿采选业，饮料制造业，黑色金属冶炼及压延加工业，通信设备、计算机及其他电子设备制造业，燃气生产和供应业。2005 年显示比较优势指标数值大于 1 的行业增加到 8 个，增加了农副产品加工业，化学原料及化学制品制造业，医药制造业，非金属矿物制品业，电力、热力的生产和供应业；而有色金属矿采选业，黑色金属冶炼及压延加工业，通信设备、计算机及其他电子设备制造业的显示比较优势指数数值减小到 1 以下。2007 年显示比较优势指标数值大于 1 的行业进一步增加到 11 个，新增了农副食品加工业、家具制造业、印刷业和记录媒介的复制、通用设备制造业。化学原料及化学制品制造业的该指标数值下降到 1 以下。（见表 2）

从近几年各行业显示比较优势指数的变化看，2007 年与 2005 年相比，有 31 个行业该数值上升，绝对值上升最大的几个行业分别为家具制造业，有色金属矿采选业，印刷业和记录媒介的复制，通信设备、计算机及其他电子设备制造业，非金属矿采选业和专用设备制造业。2007 年与 2000 年相比，有 33 个行业该数值上升，绝对值上升最大的几个行业分别为电力、热力的生产和供应业，医药制造业，家具制造业，饮料制造业，农副食品加工业和专用设备制造业。近年来，通过显示比较优势指数显示的四川省竞争力下降的行业主要有：黑色金属矿采选业，有色金属矿采选业，烟草制造业，木材加工及木竹藤棕草制品业，黑色金属冶炼及压延加工业，通信设备、计算机及其他电子设备制造业，水的生产和供应业。

表2　四川省各行业显示比较优势指数

行　业	2000年	2005年	2007年	行　业	2000年	2005年	2007年
煤炭开采和洗选业		0.68	0.85	医药制造业	0.70	1.19	1.35
石油和天然气开采业	0.32	0.29	0.46	化学纤维制造业	0.37	0.53	0.56
黑色金属矿采选业	0.65	0.98	0.90	橡胶制品业	0.30	0.46	0.44
有色金属矿采选业	1.47	0.76	1.23	塑料制品业	0.28	0.49	0.62
非金属矿采选业	1.03	1.02	1.27	非金属矿物制品业	0.91	1.01	1.04
其他采矿业			1.37	黑色金属冶炼及压延加工业	1.26	0.97	0.91
农副食品加工业	0.83	1.32	1.36				
食品制造业	0.59	0.70	0.80	有色金属冶炼及压延加工业	0.62	0.67	0.72
饮料制造业	3.06	3.50	3.66				
烟草制品业	0.96	0.62	0.40	金属制品业	0.40	0.39	0.51
纺织业	0.40	0.39	0.49	通用设备制造业	0.78	0.83	1.00
纺织服装、鞋、帽制造业	0.08	0.11	0.14	专用设备制造业	0.44	0.74	0.97
皮革、毛皮、羽毛(绒)及其制品业	0.28	0.58	0.74	交通运输设备制造业	0.43	0.82	0.59
				电气机械及器材制造业	0.46	0.42	0.56
木材加工及木、竹、藤、棕、草制品业	0.78	0.50	0.54	通信设备、计算机及其他电子设备制造业	1.13	0.38	0.64
家具制造业	0.37	0.54	1.02	仪器仪表及文化、办公用机械制造业	0.24	0.23	0.33
造纸及纸制品业	0.68	0.62	0.68				
印刷业和记录媒介的复制	0.90	0.87	1.23	工艺品及其他制造业		0.22	0.28
文教体育用品制造业	0.01	0.01	0.04	废弃资源和废旧材料回收加工业		0.15	0.20
石油加工、炼焦及核燃料加工业	0.05	0.35	0.40	电力、热力的生产和供应业	0.23	1.05	1.06
化学原料及化学制品制造业	0.75	1.01	0.95	燃气生产和供应业	1.63	2.35	1.66
				水的生产和供应业	0.74	0.83	0.67

3. 产品技术含量指数

四川省经过标准化的产品技术含量指数，2000年为0.1623，随后两年有所波动，2003年之后该数值呈现逐步上升的趋势，2004年增加到0.1726，2005年增加到0.1781，2006年增加到0.1851，2007年快速增加到0.2256。

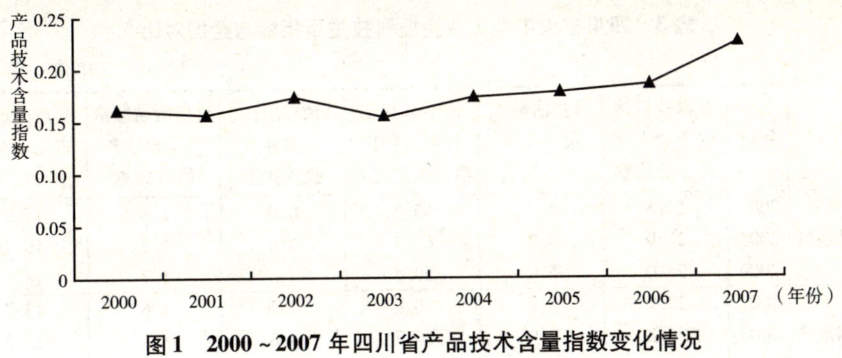

图1　2000～2007年四川省产品技术含量指数变化情况

二　四川产业竞争力的影响因素分析

对影响四川产业竞争力因素的研究，下面主要从科研投入、资产利润率、产品多样化指数和经济集中度几个角度来分析。

1. 产业创新

表3列出的指标中，除科学家与工程师占科技活动人员比重低于全国平均水平，其他指标均超过全国平均水平，并且有科技机构的企业占全部企业比重和科技活动人员占从业人员比重均高于东部地区平均水平。有科技机构的企业占全部企业的比重指标，四川省2007年高于全国平均水平3.6个百分点，2005年高于全国平均水平4.2个百分点，2000年高于全国平均水平0.2个百分点。科技活动人员占从业人员比重，四川省2007年高于全国平均水平2.2个百分点，2005年高于全国平均水平1.7个百分点，2000年高于全国平均水平1.6个百分点。研发经费占主营业务收入比重，四川省2007年和2005年均高于全国平均水平0.2个百分点。科技活动经费占主营业务收入比重，四川省2007年高于全国平均水平0.8个百分点，2005年高于全国平均水平1.8个百分点，2000年高于全国平均水平0.8个百分点。新产品产值占工业总产值比重，四川省2007年高于全国平均水平4.3个百分点，2005年高于全国平均水平1.0个百分点。

2000年，四川省科技费用内部支出为92.68亿元，2005年增加到236.91亿元，2008年则增加到327.92亿元，增长幅度较为明显。科技经费内部支出占GDP的比重与绝对额的增长并不一致，在2000年其比重为2.36%，之后逐年增

表3　四川省大中型工业企业科技主要指标与全国对比

单位：%

地　区	年份	有科技机构的企业占全部企业比重	科技活动人员占从业人员比重	科学家与工程师占科技活动人员比重	研发经费占主营业务收入比重	科技活动经费占主营业务收入比重	新产品产值占工业总产值比重
东部地区	2007	24.3	4.7	65.5	0.9	1.6	17.6
	2005	22.9	4.2	62.4	0.8	1.5	16.7
	2000	25.0	5.0	59.4	—	1.7	18.7
中部地区	2007	23.7	5.7	60.9	0.7	1.6	13.7
	2005	24.8	4.9	60.7	0.6	1.5	13.2
	2000	27.7	4.3	57.6	—	1.5	9.8
西部地区	2007	25.6	5.8	60.8	0.7	1.6	14.1
	2005	26.6	5.0	58.9	0.6	1.7	11.8
	2000	29.6	5.8	53.4	—	1.9	10.1
四　川	2007	27.9	7.2	63.3	1.0	2.4	20.7
	2005	27.9	6.2	55.1	1.0	3.3	16.5
	2000	26.4	6.5	49.1	—	2.5	15.0
全　国	2007	24.3	5.0	63.6	0.8	1.6	16.4
	2005	23.7	4.5	61.4	0.8	1.5	15.5
	2000	26.2	4.9	57.8	—	1.7	15.9

数据来源：历年《中国科技统计年鉴》。

加，到2005年达到最高值为3.21%，之后开始下降，到2008年下降到2.62%，已经接近于2001年的水平（见图2）。科研经费内部支出占GDP的比重下降将会制约四川产业竞争力的增长。

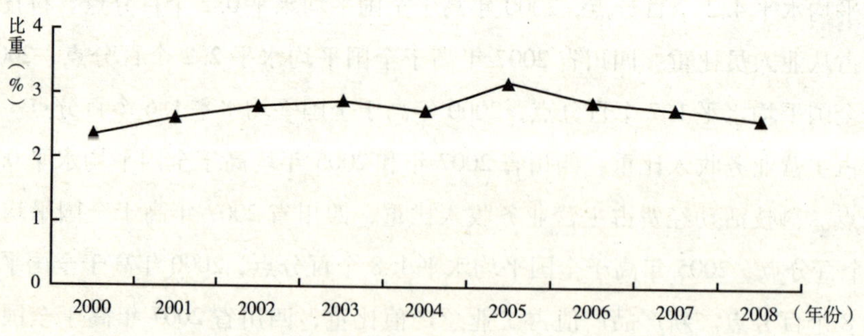

图2　2000～2008年四川省科技经费内部支出占GDP比重变化

数据来源：《四川省统计年鉴》（2001～2009），中国统计出版社。

2. 资产利润率

产业升级和技术进步总是伴随着企业利润和经济附加值提升。本文采用四川省

各行业资产利润率与全国相同行业平均资产利润率比较的方式加以考察，计算方法为四川省某行业的平均资产利润率减去全国相同行业的平均资产利润率，如果为正值说明四川省该行业的平均资产利润率高于全国平均水平，表明四川省该行业的经济附加值较高，反之则相反。2000 年，四川省有 6 个行业的平均利润率超过全国平均水平，分别为：有色金属矿采选业，饮料制造业，木材加工及木、竹、藤、棕、草制品业，印刷业和记录媒介的复制，文教体育用品制造业，石油加工、炼焦及核燃料加工业，燃气生产和供应业。2005 年，四川省有 9 个行业的平均利润率超过全国平均水平，分别为：煤炭开采和洗选业，黑色金属矿采选业，饮料制造业，石油加工、炼焦及核燃料加工业，化学原料及化学制品制造业，橡胶制品业，通用设备制造业，电力、热力的生产和供应业，燃气生产和供应业。2007 年则增加到 13 个产业。

表 4　四川省与全国各行业资产利润率比较

单位：%

行　　业	2000 年	2005 年	2007 年	行　　业	2000 年	2005 年	2007 年
煤炭开采和洗选业	0	0.47	1.08	医药制造业	-1.41	-1.79	-1.95
石油和天然气开采业	-27.61	-41.52	-31.9	化学纤维制造业	-1.72	-2.02	-3.14
黑色金属矿采选业	-0.86	2.56	-8.97	橡胶制品业	-1.03	1.63	2.67
有色金属矿采选业	0.86	-2.79	-1.43	塑料制品业	-2.03	-2.38	-1.99
非金属矿采选业	-2.37	-4.18	-4.94	非金属矿物制品业	-0.09	-1.31	-1.23
其他采矿业	0	-18.04	-7.95	黑色金属冶炼及压延加工业	-0.15	-2.99	-2.31
农副食品加工业	-0.68	-0.9	-2.05	有色金属冶炼及压延加工业	-1.33	-4.42	0.5
食品制造业	-1.01	-2.37	-4.67	金属制品业	-3.48	-2.45	-0.84
饮料制造业	5.93	2.61	2.33	通用设备制造业	-1.19	0.01	-1.78
烟草制品业	-3.96	-4.03	-5.11	专用设备制造业	-4.82	-2.89	-2.75
纺织业	-1.6	-1.76	-0.25	交通运输设备制造业	-3	-1.06	-1.07
纺织服装、鞋、帽制造业	-3.67	-2	0.28	电气机械及器材制造业	-2.61	-0.68	0.67
皮革、毛皮、羽毛(绒)及其制品业	-4.54	-2.46	1.48	通信设备、计算机及其他电子设备制造业	-3.89	-1.88	-0.34
木材加工及木、竹、藤、棕、草制品业	1.79	-2.22	-3.36	仪器仪表及文化、办公用机械制造业	-0.31	-3.37	-4.08
家具制造业	-2.5	-1.49	2.04	工艺品及其他制造业	0	-5.84	-3.89
造纸及纸制品业	-0.69	-1.86	-2.2	废弃资源和废旧材料回收加工业	0	-0.41	-1.91
印刷业和记录媒介的复制	1.82	-1.6	3.21	电力、热力的生产和供应业	-2.43	0.05	-0.78
文教体育用品制造业	1.26	-3.41	5.71	燃气生产和供应业	2.92	3.69	2.19
石油加工、炼焦及核燃料加工业	0.76	7.65	9.81	水的生产和供应业	-0.74	-0.51	0.83
化学原料及化学制品制造业	-0.55	0.24	-0.64				

3. 产品多样化指数

2000 年、2005 年和 2007 年，采用吉布斯－马丁多样化指数计算的全国工业产品多样化的数值分别为 0.9482、0.9534 和 0.9553；四川省工业产业多样化指数则分别为 0.9326、0.9418 和 0.9482。四川与全国该指标的数值变化幅度 2005 年与 2000 年相比，全国数值上升 0.55%，四川省上升 0.97%；2007 年与 2005 相比，全国数值上升 0.20%，四川省上升 0.68%；2007 年与 2000 相比，全国数值上升 0.75%，四川省下降 1.67%。

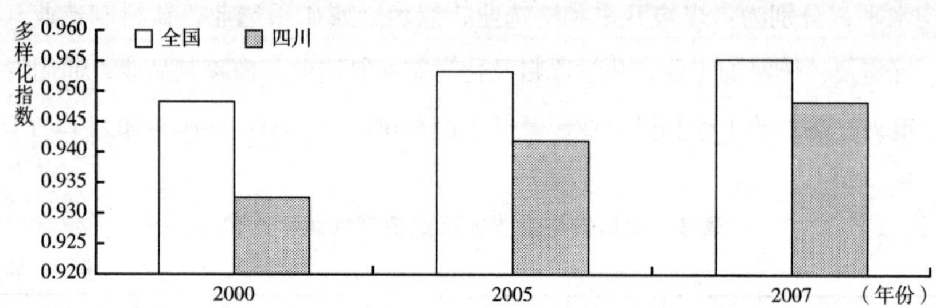

图 3　四川省和全国吉布斯－马丁多样化指数比较

4. 经济集中度

本文采用四川省排名前 4、前 8 和前 10 家工业企业的主营业务收入、资产总额和从业人员数量比全国规模以上工业企业的产值、资产总额和从业人员总数来计算经济集中度。2007 年，四川省前 4 家主营业务收入最高的企业占全国规模以上工业企业的产值比重为 12.54%，与此相应的资产比重达到 14.33%，而从业人员的比重仅占 9.14%。采用前 8 家和前 10 家主营收入最高的企业计算的经济集中度也存在相同的情况（见表 5、表 6）。

表 5　四川省经济集中度情况

单位：%

年份	经济集中度	主营业务收入占比	资产总计占比	从业人员占比
2006	CR_4	13.86	15.04	7.96
2007	CR_4	12.54	14.33	9.14
2006	CR_8	19.89	21.31	12.13
2007	CR_8	17.54	20.81	12.01
2006	CR_{10}	21.58	23.53	13.05
2007	CR_{10}	19.0	23.04	12.75

数据来源：《中国大型工业企业年鉴》（2007～2008），中国统计出版社；《四川省统计年鉴》（2007～2008），中国统计出版社。

表6 2007年主营业务收入前10家工业企业

单位：万元

企业名称	主营业务收入	企业名称	主营业务收入
四川省电力公司	4633781	四川石油管理局	1556100
攀枝花钢铁(集团)公司	3967054	四川省川威集团有限公司	1151822
四川长虹电子集团有限公司	2727186	东方锅炉(集团)股份有限公司	1075590
四川宜宾五粮液集团有限公司	2523554	成都飞机工业(集团)有限责任公司	822193
中国石油天然气股份有限公司西南油气田分公司	1743895	东方电气集团东方汽轮机有限公司	785210

数据来源：《中国大型工业企业年鉴》（2008），中国统计出版社。

三 四川优势产业分析

1. 农副产品加工业和饮料制造业

2008年农副产品加工业实现增加值776亿元，占全省工业总量的15.8%。四川省重点发展的名优白酒、生猪制品、茶叶加工、特色果蔬、竹浆造纸、丝麻棉革等特色优势产业，初步实现了由初级加工向精深加工的转变。拳头产品竞争力不断增强，名优白酒占到全国高端白酒市场份额的36.5%，位居全国第一；肉禽制品、羽毛（绒）加工、精制茶叶、优质饲料、中成药、果蔬饮料分别占到全国市场份额的28.9%、12.5%、7.6%、7.3%、5.9%和5.5%。加工企业规模不断扩大，规模以上农产品加工企业达到3144家，涌现出新希望、五粮液、通威等一批年销售收入上百亿的龙头企业。①

2. 矿产采掘业

2007年底，四川省已发现矿产132种，占全国总数的70%。已探明一定储量的有94种，有32种矿产保有储量居全国前5位，其中钛矿、钒矿、硫铁矿等7种矿产居全国第一位，钒、钛矿具有世界意义，钛矿储量占世界总储量的82%，钒矿储量占世界总储量的1/3；天然气、锂矿、芒硝等11种矿产居全国第二位；铂族金属、铁矿等5种矿居全国第三位；炼镁用白云岩、轻稀土矿等8种

① 四川省政府办公厅：《四川特色优势产业发展情况》，四川省政府官方网站，http://www.sc.gov.cn/hdjl/xwfbh/scjscjfbh/bqbjzl/200912/t20091216_871299.shtml。

矿产居全国第四位；磷矿居全国第五位。① 优势的矿产资源使四川各类矿产采掘业具有较强的市场竞争力。

3. 装备制造业

2008 年四川装备制造业实现增加值 660.5 亿元，占全省工业总量的 13.4%，实现销售收入 2038.6 亿元，利税 211.7 亿元。近几年，装备制造业发展尤为迅速，保持了年均 35% 的高速增长，成为四川工业快速发展的重要支柱，形成了产业规模较大、技术装备先进、研制水平领先、配套体系完善的发展格局，拥有德阳重大技术装备制造业基地和东方电气、二重集团、成飞集团、资阳机车、长征机床、新筑路桥等一批龙头企业，带动了大批地方配套企业迅猛发展，形成了清洁高效（含核电）发电设备、冶金化工成套设备、工程机械、石油钻采、铁道机车车辆等具有较强市场竞争力的优势产品，是国内三大重装基地之一。②

4. 医药制造业

根据《四川省工业“7 +3”产业发展规划（2008 ~2020 年)》，四川将大力发展“7 +3”产业，即重点发展电子信息、装备制造、能源电力、油气化工、钒钛钢铁、饮料食品和现代中药等优势产业，积极培育航空航天、汽车制造、生物工程等有潜力的产业。医药制造业在《四川省工业“7 +3”产业发展规划(2008 ~2020 年)》中有两次分别以现代中药和生物工程提出。2007 年，四川医药制造业增加值已经达到 130.41 亿元，全国市场占有率达到 5.70%，从 2000 年开始市场占有率一直呈现上升的趋势。

四　国际金融危机对四川产业竞争力的影响

金融危机对四川经济和各产业造成了影响，尤其是在 2008 年底和 2009 年初，经济下滑得幅度较大，但随着金融危机最艰难时期的渡过，四川省的经济和各产业得到了明显恢复。2009 年 1 ~11 月四川工业规模以上工业增加

① 《2007 年四川省矿产资源》，四川省政府官方网站，http：//www.sc.gov.cn/scgk1/sq/zrzy/200905/t20090514_735256.shtml。

② 四川省政府办公厅：《四川特色优势产业发展情况》，四川省政府官方网站，http：//www.sc.gov.cn/hdjl/xwfbh/scjscjfbh/bqbjzl/200912/t20091216_871299.shtml。

值同比增长比全国平均增幅高出 10.5 个百分点，位居全国各省市自治区第四位。①

1. 规模以上企业利润增长幅度较快，处于全国中上水平

2009 年 1～11 月，四川规模以上工业增加值同比增长比全国平均增幅高出 10.5 个百分点，位居全国各省市自治区第四位。（见图 4）2009 年 1～11 月，四川省规模以上工业企业利润增幅比全国高 17.9 个百分点，四川省利润总额占全国的比重首次突破 3%，达 3.07%，比上年提高 0.31 个百分点。2009 年 1～11 月，四川省工业经济效益综合指数为 241.91，比全国高 18.66 点。

2. 绝大多数行业利润增长

2009 年 1～11 月，在工业 39 个行业大类中，有 27 个行业利润同比增长；同年 12 个行业利润同比下降，其中 5 个行业利润降幅较 1～10 月收窄。（见图 5）四川省竞争力较强的几个行业：农副产品加工业、饮料制造业、医药制造业、非金属矿物制品业、非金属矿采选业以及各类设备制造业，都出现了同比较为强劲的增长，增长率都在 30% 以上，其中非金属矿采选业、通用设备制造业的利润增长率高达 99.47%、72.75%（见表 7）。

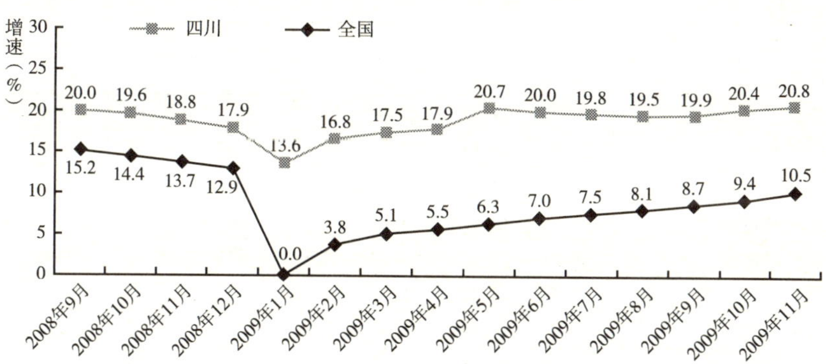

图 4　2008 年 9 月～2009 年 11 月四川省与全国规模以上工业增加值累计增速对比

资料来源：四川省统计局：《生产快速增长　形势继续向好——2009 年 1～11 月四川工业生产情况分析》，四川省统计局官方网站，http://www.sc.stats.gov.cn/Select.asp?Tag=F9005zxtjxx/200912/t20091218_105719.html。

① 参考四川省统计局《全年利润增幅波动上行　未来经济效益趋势向好》，四川省政府官方网站，http://www.sc.gov.cn/zwgk/zwdt/bmdt/201001/t20100107_884020.shtml。

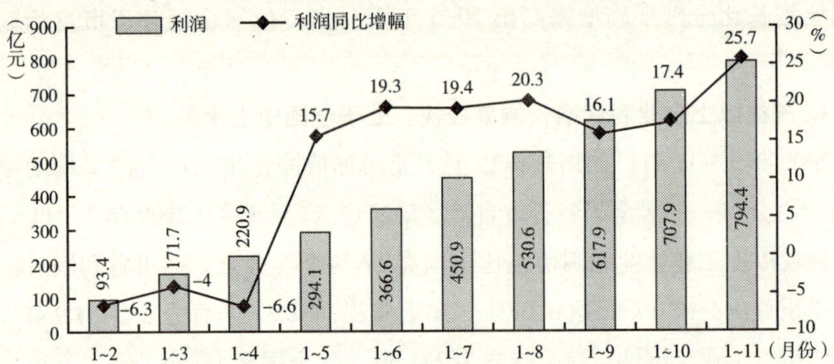

图5　2009 年 1～11 月四川省规模以上工业企业利润及利润同比增幅

资料来源：四川省统计局：《全年利润增幅波动上行　未来经济效益趋势向好》，四川省政府官方网站，http：//www. sc. gov. cn/zwgk/zwdt/bmdt/201001/t20100107_884020. shtml。

表7　2009 年 1～11 月利润同比增长的部分行业

单位：亿元，%

行　业	1～8月		1～9月		1～10月		1～11月	
	利润	同比增长	利润	同比增长	利润	同比增长	利润	同比增长
农副食品加工业	7.22	40.59	8.71	36.76	10.85	32.61	12.96	47.41
食品制造业	7.22	40.59	8.71	36.76	10.85	32.61	12.96	47.41
饮料制造业	74.44	24.69	86.25	27.78	94.1	28.43	103.35	33.91
纺织业	7.72	74.47	8.91	68.59	10.27	60.6	11.92	59.31
医药制造业	23.05	24.93	27.7	29.65	31.79	36.58	36.61	44.02
塑料制品业	9.88	46.38	11.39	42.33	12.89	47.34	14.09	60.03
非金属矿物制品业	47.63	49.11	55.15	42.7	64.29	46.19	73.29	44.94
非金属矿采选业	5.83	72.89	6.99	64.87	7.86	82.46	9.06	99.47
金属制品业	10.57	52.91	11.37	24.15	13.2	20.95	15.79	22.53
通用设备制造业	30.45	47.56	35.07	37.51	39.58	27.42	41.51	72.75
专用设备制造业	25.89	30.78	29.27	28.52	32.86	24.58	39.08	25.55
通信设备、计算机及其他电子设备制造业	28.39	30.13	33.29	32.78	38.05	30.81	43.58	38.73
总　计	530.59	20.34	617.85	16.13	707.89	17.4	794.36	25.69

资料来源：四川省统计局，《全年利润增幅波动上行　未来经济效益趋势向好》，四川省政府官方网站，http：//www. sc. gov. cn/zwgk/zwdt/bmdt/201001/t20100107_ 884020. shtml。

3. 某些利润大幅下降的行业，降幅有所收窄

这些行业主要集中在有色金属、石油化工及其相关行业，这些行业利润主要受国际市场价格的影响。2008 年下半年之后，有色金属和能源价格持续走低，价格波动直接影响到相关企业的经济效益。2009 年下半年，相关资源的价格开始回升，企业经济效益也开始好转。（见表 8）

表 8　2009 年 1～11 月利润同比降幅收窄的 5 个行业

单位：亿元，%

行　业	1～8 月		1～9 月		1～10 月		1～11 月	
	利润	同比增长	利润	同比增长	利润	同比增长	利润	同比增长
有色金属矿采选业	2.33	-78.26	3.45	-70.82	5.08	-59.76	7.12	-47.91
石油加工、炼焦及核燃料加工业	4.58	-57.95	5.02	-57.71	7.34	-49.96	9.92	-38.11
化学原料及化学制品制造业	32.18	-41.77	35.97	-43.64	40.38	-40.08	49.01	-27.5
化学纤维制造业	0.73	-27.13	0.8	-34.37	1.08	-23.87	1.45	-1.9
黑色金属矿采选业	7.15	-62.36	8.17	-54.13	10.1	-55.79	11.49	-50.89
总　计	530.59	20.34	617.85	16.13	707.89	17.4	794.36	25.69

资料来源：四川省统计局，《全年利润增幅波动上行　未来经济效益趋势向好》，四川省政府官方网站，http：//www.sc.gov.cn/zwgk/zwdt/bmdt/201001/t20100107_884020.shtml。

五　2010 年四川产业竞争力的判断

近些年四川省产业竞争力整体呈现上升趋势，主要体现在加工能力和产品的技术含量提升。2008 年，四川省经历了汶川大地震，对四川经济建设和产业发展构成冲击；下半年开始的国际金融危机又造成了四川省经济下滑。从 2009 年四川省的经济指标可以看出，四川经济恢复的速度较快，恢复的程度明显高于全国平均水平。对 2010 年四川省产业竞争力的整体判断是：在良好的产业基础、充足的劳动力资源、沿海产业向中西部地区转移的背景下，以及四川省各种产业扶持和促进政策的推进下，四川省整体产业竞争力将会提升。

1. 农业科技含量提升，农副产品加工业产业竞争力还会增强

四川农副产品加工业的市场竞争力一直位于全国前列。2009 年，四川省政府实行了一系列支持农业发展的政策，这些政策大大有利于 2010 年四川农业竞争力的提升。四川省在《2009 年四川省人民政府工作报告》中提出，要强化现代农业服务体系，加快农业科技创新步伐，加强农产品市场体系建设，推进基层农业公共服务机构建设。在具体实施中，进一步增加投入，加大对农业的支持保护力度，并且按照“一村一品”的发展思路，初步形成了优质水果、名优茶业、精细蔬菜、道地中药、优质生猪和特色林竹等区域优势明显的特色农业生产基地。①

2. 具有较好的工业基础和技术条件，迎接沿海产业转移，形成产业集聚效应

目前四川省已经形成了三江流域水电开发基地、德阳重大装备产业集群、以成都高新区和绵阳科技城为代表的“成德绵”高新技术产业带、攀西钒钛制造基地、川南综合化工产业基地和川东北天然气产业基地。围绕建设西部物流中心、西部商贸中心和西部金融中心，以生产性服务业为重点，已初步形成现代服务业集聚发展格局。② 随着沿海地区生产成本上升，2010 年加工型企业向内地转移的速度会加快，四川依据中部地区较为优越的条件必将吸引更多的企业入驻。

3. 政府实行的一系列产业政策将提升四川产业竞争力

2009 年 9 月四川省政府正式发布《四川省工业“7 + 3”产业发展规划(2008 ~ 2020)》和《四川八大优势产业振兴行动计划》。四川省将以成都为重要节点，在 7 个重点优势产业和 3 个潜力发展产业方面强力突破，力争将四川建设成为中西部最具竞争力的现代制造业基地。在产业布局方面，加快建设“八大工业产业带”，即“成绵乐广遂”电子信息产业带、“成德资自宜泸”装备制造产业带、“成德绵南资”汽车产业带、攀西钒钛稀土产业带、“成乐眉雅绵”硅产业带、川南沿江重化工产业带、川东北天然气化工产业带、“成遂南达”纺织服装鞋业产业带。到 2015 年，建成一批知名产业品牌，基本把四川省建成国际知名的重大技术装备制造基地、水电能源基地、钒钛稀土新材料基地，以及全国重要的化工产业基地、电子信息产业基地、中医药和生物医药产业基地。产业园区建设方面，到 2015 年，力争全省各类产业园区工业增加值达到 6700 亿元；到 2020 年，力争全省各类产业园区工业增加值占全省规模以上工业增加值的比重达到 65% 以上。投资方面，到 2010 年，全省“7 + 3”产业重点项目完成投资达

① 四川省人民政府：《2009 年四川省人民政府工作报告》，四川省政府官方网站，http: //www. sc. gov. cn/gdtp/200901/t20090121_ 570781. shtml。

② 四川省政府办公厅：《四川特色优势产业发展情况》，四川省政府官方网站，http: //www. sc. gov. cn/hdjl/xwfbh/scjscjfbh/bqbjzl/200912/t20091216_ 871299. shtml。

到6000亿元；2011～2012年，完成投资3170亿元；2013～2015年，完成投资3530亿元；2016～2020年，完成投资5300亿元。企业发展方面，到2020年，力争形成销售收入超1000亿元的企业1户、超过500亿元的企业10户、超过100亿元的企业50户；全省“7+3”产业建立60家以上国家级企业技术中心，新产品产值率达到30%。

4. 劳动力人口众多，劳动力成本低廉，将会增加四川的产业竞争力

2007年末，四川15岁以上人口为6080.9万人。① 从就业人员变动情况来看，四川省劳动者本地就业的增长幅度开始上升。四川省是中国劳务输出大省，就业地区主要是“长三角”、“珠三角”等沿海发达地区，随着四川产业竞争力提升和沿海发达地区产业转移，加之四川生产和生活成本显著低于沿海发达地区，势必吸引更多的劳动力在本地就业。

六 提升四川产业竞争力的对策建议

1. 加大科技投入、继续提升农副产品加工产业市场竞争力

确定一批升级发展的重点龙头企业、重点产品、重点品牌并给予扶持；要优化产业布局，使产业集中度升级，形成农产品生产和加工产业带；在关键重点技术方面加大投入，如农产品精深加工关键技术、低温冷冻保鲜技术、综合高效利用技术等，形成自主性技术和品牌。

2. 支持企业技术改造和调整产品结构、拓展市场空间

按照走新型工业化道路的要求，加快高新技术产业化，积极推进信息化，鼓励采用高新技术和先进适用技术改造传统产业，着力提升企业技术水平和装备水平。立足优化产业结构，积极向优势产业倾斜，推进产业集群的形成和产业链的延伸。大力支持重点优势企业做大做强，提高产业的集中度和企业的核心竞争力。加大对民营企业、中小企业的支持力度，支持具有地方特色的技术改造项目。采取项目投资补助、贷款贴息、设立专项补助资金等方式支持企业技术改造项目。

---

① 四川省统计局：《四川省第二次全国经济普查主要数据公报》，四川省政府官方网站，http：//www. sc. gov. cn/zwgk/jjjs/tjsj/tjgb/201001/t20100118_ 894296. shtml。

3. 大力发展现代服务业，为技术进步、产业升级提供支持

四川省现代服务业的比重还比较低，尤其是信息服务业、金融服务业、商务服务业、技术服务业等领域发展相对滞后，政府应当下大力气，大力促进现代服务业的发展。大力推进传统服务业实现跨越式发展。大力发展生产性服务业、民生性服务业和服务外包，促进运输、信息、金融、科技、咨询等服务业与现代制造业有机融合、互动发展。改善金融环境，争取各类金融机构在四川省设立后台服务中心，推进西部金融中心建设。

新疆产业竞争力

孙秋鹏*

一 “十一五”期间新疆产业竞争力的变化

对于产业发展目标，《新疆维吾尔自治区国民经济和社会发展十一五规划纲要》中指出，培育六大支柱产业体系：国家重要的能源基地和石油天然气化工、重化工产业体系，国家重要的矿产资源生产加工基地和矿产资源勘探开发体系，特色农牧产品生产基地和纺织、绿色食品加工产业体系，高新技术产业基地及相关科研、服务体系，民族特色旅游商品生产基地和特色旅游产业体系，向西出口加工基地及现代物流产业体系。产业发展目标是要通过产业竞争力的提高来实现，以下分析新疆近些年竞争力提升的情况。

1. 市场占有率

采用产业增加值计算的2007年新疆市场占有率前五位的产业分别为石油和天然气开采业，有色金属矿采选业，石油加工、炼焦及核燃料加工业，黑色金属矿采选业，化学纤维制造业。

2007年与2005年相比，市场占有率提升较快的行业分别为：有色金属矿采选业，石油和天然气开采业，化学纤维制造业，燃气生产和供应业，烟草制品业；2007年与2000年相比，市场占有率提升较快的行业分别为：石油和天然气开采业，有色金属矿采选业，化学纤维制造业，煤炭开采和洗选业，燃气生产和供应业，烟草制品业。2007年与2005年相比，市场占有率下降较为迅速的五个行业分别为：塑料制品业，家具制造业，专用设备制造，非金属矿采选业，皮革、毛皮、羽毛（绒）及其制品业；2007年与2000年相比，市场占有率下降较为迅速的五个行业分别为：石油加工、炼焦及核燃料加工业，家具制造业，纺织业，非金属矿物制品业，金属制品业（见表1）。

---

* 孙秋鹏，中国社会科学院马克思主义研究院副研究员。

表 1　新疆各产业市场占有率变化情况

单位：千元，%

行　业	2000 年		2005 年		2007 年	
	工　业 增加值	市　场 占有率	工　业 增加值	市　场 占有率	工　业 增加值	市　场 占有率
煤炭开采和洗选业	—	—	1712288	0.59	3232202	0.69
石油和天然气开采业	20702239	9.37	60736082	12.62	89762866	13.91
黑色金属矿采选业	102047	1.64	507222	1.19	1330255	1.43
有色金属矿采选业	61080	1.07	862438	2.02	3471777	3.57
非金属矿采选业	132768	1.08	169542	0.60	239430	0.46
农副食品加工业	712470	0.82	1611373	0.59	2577824	0.56
食品制造业	238043	0.76	915408	0.78	1469811	0.79
饮料制造业	620420	1.00	915849	0.79	1361187	0.72
烟草制品业	106325	0.11	0	0.00	999277	0.34
纺织业	1775197	1.44	1516513	0.47	3385258	0.69
纺织服装、鞋、帽制造业	18145	0.03	19429	0.01	30588	0.01
皮革、毛皮、羽毛(绒)及其制品业	17606	0.06	124944	0.13	103516	0.07
木材加工及木、竹、藤、棕、草制品业	24634	0.21	128215	0.25	225788	0.22
家具制造业	114334	1.21	170757	0.44	162624	0.25
造纸及纸制品业	187535	0.64	350851	0.31	428106	0.25
印刷业和记录媒介的复制	100718	0.49	128985	0.28	172603	0.25
石油加工、炼焦及核燃料加工业	3082921	3.91	3371920	1.70	4970182	1.60
化学原料及化学制品制造业	524693	0.39	1756254	0.40	4107316	0.56
医药制造业	89044	0.21	141777	0.09	269913	0.12
化学纤维制造业	23596	0.08	206600	0.43	961514	1.19
橡胶制品业	91315	0.44	105135	0.18	115062	0.12
塑料制品业	280060	0.63	1079416	0.85	955623	0.45
非金属矿物制品业	1198453	1.06	1722505	0.61	2694136	0.56
黑色金属冶炼及压延加工业	799266	0.61	2647478	0.46	4691969	0.52
有色金属冶炼及压延加工业	154555	0.47	432517	0.22	1062525	0.24
金属制品业	193004	0.49	266656	0.16	396398	0.13
通用设备制造业	153817	0.18	193580	0.07	262995	0.05
专用设备制造业	71972	0.15	194615	0.12	204613	0.07
交通运输设备制造业	115334	0.09	157634	0.04	86292	0.01
电气机械及器材制造业	404939	0.43	642089	0.18	1762183	0.29
通信设备、计算机及其他电子设备制造业	—	—	—	—	371246	0.05
仪器仪表及文化、办公用机械制造业	689	0.00	25754	0.04	26531	0.02
工艺品及其他制造业	—	—	—	—	27059	0.03
电力、热力的生产和供应业	2169731	0.93	4970860	0.87	7298961	0.83
燃气生产和供应业	13925	0.40	46268	0.34	233195	0.76
水的生产和供应业	102993	0.68	170752	0.65	216969	0.59

2. 显示比较优势指数

新疆各行业显示比较优势指数显示，2000 年在所有行业中该指标数值仅有 4 个行业大于 1，分别为石油和天然气开采业，石油加工、炼焦及核燃料加工业，纺织业，黑色金属矿采选业；2005 年该指标数值大于 1 的行业下降到 3 个，增加了有色金属矿采选业，而黑色金属矿采选业、纺织业的显示比较优势指数数值减小到 1 以下；2007 年该指标数值大于 1 的行业为 4 个，2005 年该指标下降到 1 以下的黑色金属矿采选业又重新上升到 1 以上。

从近几年各行业显示比较优势指数的变化可以看出，某些行业该指标的数值在下降，其他一些行业该指标的数值在上升。2007 年与 2005 年相比，显示 18 个

表 2　新疆各行业显示比较优势指数

行　业	2000 年	2005 年	2007 年	行　业	2000 年	2005 年	2007 年
煤炭开采和洗选业		0.42	0.49	医药制造业	0.15	0.07	0.08
石油和天然气开采业	6.81	8.88	9.86	化学纤维制造业	0.06	0.30	0.84
黑色金属矿采选业	1.19	0.84	1.01	橡胶制品业	0.32	0.12	0.08
有色金属矿采选业	0.78	1.42	2.53	塑料制品业	0.45	0.60	0.32
非金属矿采选业	0.79	0.43	0.33	非金属矿物制品业	0.77	0.43	0.39
农副食品加工业	0.60	0.41	0.39	黑色金属冶炼及压延加工业	0.44	0.32	0.37
食品制造业	0.55	0.55	0.56	有色金属冶炼及压延加工业	0.34	0.16	0.17
饮料制造业	0.73	0.55	0.51	金属制品业	0.35	0.11	0.09
烟草制品业	0.08	0.00	0.24	通用设备制造业	0.13	0.05	0.04
纺织业	1.05	0.33	0.49	专用设备制造业	0.11	0.08	0.05
纺织服装、鞋、帽制造业	0.02	0.01	0.01	交通运输设备制造业	0.07	0.03	0.01
皮革、毛皮、羽毛(绒)及其制品业	0.04	0.09	0.05	电气机械及器材制造业	0.31	0.13	0.21
木材加工及木竹藤棕草制品业	0.15	0.18	0.16	通信设备、计算机及其他电子设备制造业	0.00	0.00	0.03
家具制造业	0.88	0.31	0.18	仪器仪表及文化、办公用机械制造业		0.02	0.02
造纸及纸制品业	0.47	0.22	0.17	工艺品及其他制造业		0.00	0.02
印刷业和记录媒介的复制	0.36	0.20	0.18	电力、热力的生产和供应业	0.68	0.61	0.59
石油加工、炼焦及核燃料加工业	2.85	1.20	1.14	燃气生产和供应业	0.29	0.24	0.54
化学原料及化学制品制造业	0.28	0.28	0.40	水的生产和供应业	0.50	0.46	0.42

行业指标数值下降，14 个行业该指标数值上升。绝对值上升最大的几个行业分别为有色金属矿采选业、石油和天然气开采业、化学纤维制造业、燃气生产和供应业；其产业该指标数值呈现下降趋势，下降比较明显的为塑料制品业、家具制造业和非金属矿采选业。2007 年与 2000 年相比（无数据比较的行业除外），22 个行业该指标数值下降，9 个行业该指标数值上升，绝对值上升最大的几个行业分别为石油和天然气开采业、有色金属矿采选业、化学纤维制造业、煤炭开采和洗选业、燃气生产和供应业；下降比较明显的为石油加工、炼焦及核燃料加工业，家具制造业，纺织业，非金属矿采选业，非金属矿物制品业。

3. 产品技术含量指数

新疆经过标准化的产品技术含量指数，2000 年为 0. 0469，随后两年有所波动，2003 年之后该数值呈现下降趋势，2005 年达到最低值 0. 0409，2006 年增加到 0. 0417，2007 年快速增加到 0. 0472，基本恢复到 2000 年的水平。

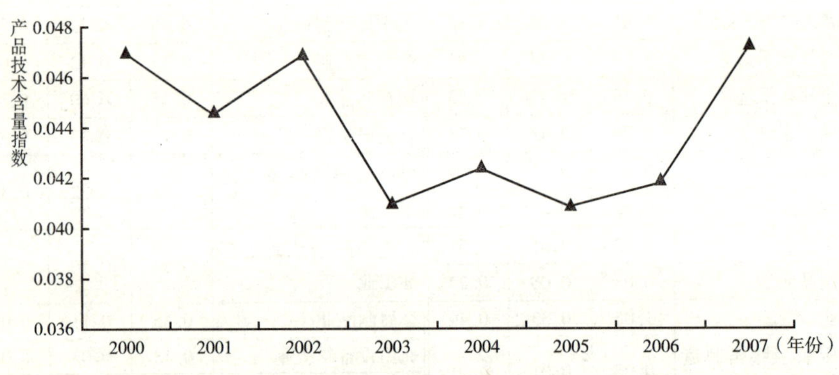

图 1　2000 ~ 2007 年新疆产品技术含量指数变化情况

二　新疆产业竞争力的影响因素分析

1. 产业创新

表 3 列出的主要指标中，新疆除科学家与工程师占科技活动人员比重高于全国平均水平，其他指标均低于全国平均水平，并且低于东部地区、中部地区和西部地区的平均水平。有科技机构的企业占全部企业比重指标，新疆 2007 年低于全国平均水平 2. 3 个百分点；科技活动人员占从业人员比重，新疆 2007 年低于

全国平均水平1.9个百分点；研发经费占主营业务收入比重，新疆2007年低于全国平均水平0.5个百分点；科技活动经费占主营业务收入比重，新疆2007年低于全国平均水平0.8个百分点；新产品产值占工业总产值比重，新疆2007年低于全国平均水平13.2个百分点。

表3 新疆大中型工业企业科技主要指标与全国对比

单位：%

地区	年份	有科技机构的企业占全部企业比重	科技活动人员占从业人员比重	科学家与工程师占科技活动人员比重	研发经费占主营业务收入比重	科技活动经费占主营业务收入比重	新产品产值占工业总产值比重
东部地区	2007	24.3	4.7	65.5	0.9	1.6	17.6
	2005	22.9	4.2	62.4	0.8	1.5	16.7
	2000	25.0	5.0	59.4	—	1.7	18.7
中部地区	2007	23.7	5.7	60.9	0.7	1.6	13.7
	2005	24.8	4.9	60.7	0.6	1.5	13.2
	2000	27.7	4.3	57.6	—	1.5	9.8
西部地区	2007	25.6	5.8	60.8	0.7	1.6	14.1
	2005	26.6	5.0	58.9	0.6	1.7	11.8
	2000	29.6	5.8	53.4	—	1.9	10.1
新疆	2007	22.0	3.1	70.3	0.3	0.8	3.2
	2005	18.8	3.1	70.5	0.1	0.5	1.9
	2000	27.5	3.1	68.4	—	0.9	1.8
全国	2007	24.3	5.0	63.6	0.8	1.6	16.4
	2005	23.7	4.5	61.4	0.8	1.5	15.5
	2000	26.2	4.9	57.8	—	1.7	15.9

数据来源：相关年份《中国科技统计年鉴》。

2000年，新疆科技费用内部支出为13.55亿元，2005年增加到23.52亿元，2008年则增加到49.57亿元，增长幅度较为明显。科技经费内部支出占GDP的比重与绝对额的增长并不一致，在2000年比重为0.99%，之后逐年增加，到2004年达到1.15%，之后开始下降，到2008年有所恢复，增长到1.18%（见图2）。与国内其他省市相比，新疆科研经费内部支出占GDP的比重一直处于较低水平，这将制约新疆产业竞争力的提升。

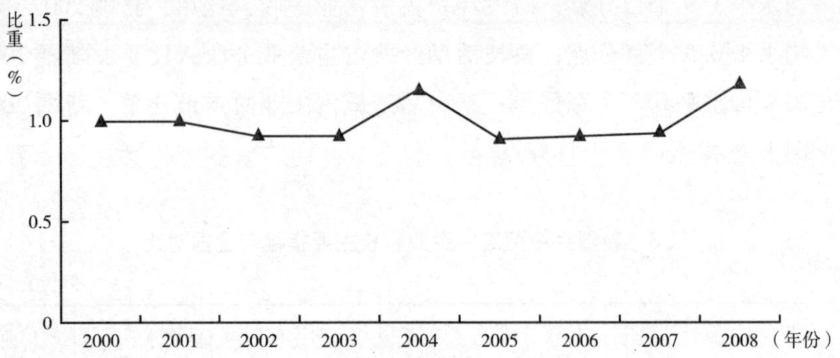

图 2　2000～2008 年新疆科技经费内部支出占 GDP 比重变化

数据来源：《新疆统计年鉴》（2001～2009），中国统计出版社。

2. 资产利润率

本文采用新疆各行业资产利润率与全国相同行业平均资产利润率比较的方式考察新疆产业的相对盈利能力，计算方法为新疆某行业的资产平均利润率减去全国相同行业的平均资产利润率，如果为正值说明新疆该行业的平均资产利润率高于全国平均水平，表明新疆该行业的经济附加值较高，反之则相反。2000 年，新疆有 8 个行业的平均资产利润率超过全国平均水平，分别为饮料制造业、家具制造业、化学原料及化学制品制造业、非金属矿物制品业、黑色金属冶炼及压延加工业、有色金属冶炼及压延加工业、金属制品业、电气机械及器材制造业。2005 年，新疆仅有 5 个行业的平均利润率超过全国平均水平，分别为黑色金属矿采选业，印刷业和记录媒介的复制，化学纤维制造业，黑色金属冶炼及压延加工业，仪器仪表及文化、办公用机械制造业。2007 年则增加到 9 个产业（见表 4）。

3. 产品多样化指数

采用吉布斯－马丁多样化指数计算的新疆产品多样化指数 2000 年、2005 年和 2007 年分别比全国平均水平低 34.65%、45.01% 和 39.52%。从该指标的数值变化看，2005 年与 2000 年相比，新疆下降幅度达 16.77%；2007 年与 2005 年相比，新疆上升幅度为 12.05%；2007 年与 2000 年相比，新疆下降幅度为 6.75%（见图 3）。较低的产品多样化指数，使新疆在未来的发展中面临产业转型升级的困难。

表4　新疆与全国各行业资产平均利润率的比较

单位：%

行　　业	2000 年	2005 年	2007 年	行　　业	2000 年	2005 年	2007 年
煤炭开采和洗选业	0	-4.85	-3.45	医药制造业	-2.84	-2.35	-1.09
石油和天然气开采业	-12.12	-7.80	3.29	化学纤维制造业	-5.93	10.43	16.21
黑色金属矿采选业	-3.26	0.99	0.09	橡胶制品业	-9.07	-4.15	-9.49
有色金属矿采选业	-2.30	-0.35	24.64	塑料制品业	-0.29	-2.86	-3.62
非金属矿采选业	-0.11	-1.27	-4.22	非金属矿物制品业	3.47	-1.30	-3.94
农副食品加工业	-3.58	-5.41	-5.15	黑色金属冶炼及压延加工业	2.37	0.29	0.23
食品制造业	-4.78	-5.99	-4.38				
饮料制造业	0.59	-5.52	-6.06	有色金属冶炼及压延加工业	1.80	-1.00	5.86
烟草制品业	-6.77	-12.46	-5.16				
纺织业	-2.24	-4.86	-2.40	金属制品业	0.27	-5.16	-4.71
纺织服装、鞋、帽制造业	-6.58	-5.42	-3.66	通用设备制造业	-6.74	-5.06	-4.69
				专用设备制造业	-1.64	-3.40	-1.91
皮革、毛皮、羽毛(绒)及其制品业	-11.34	-1.56	-7.80	交通运输设备制造业	-4.30	-2.65	-6.74
				电气机械及器材制造业	0.57	-0.53	-0.23
木材加工及木竹藤棕草制品业	-3.75	-5.31	-6.54	通信设备、计算机及其他电子设备制造业	-7.10	-4.94	1.31
家具制造业	0.45	-0.79	-4.65				
造纸及纸制品业	-2.03	-6.13	-5.29	仪器仪表及文化、办公用机械制造业	-8.66	5.16	4.88
印刷业和记录媒介的复制	-5.38	0.08	-2.33				
				工艺品及其他制造业	0.00	-6.65	12.92
石油加工、炼焦及核燃料加工业	-6.59	-7.21	-6.72	电力、热力的生产和供应业	-2.56	-3.76	-3.31
化学原料及化学制品制造业	2.25	-0.39	-2.40	燃气生产和供应业	-2.94	-2.37	-0.16
				水的生产和供应业	-0.81	-2.61	-2.28

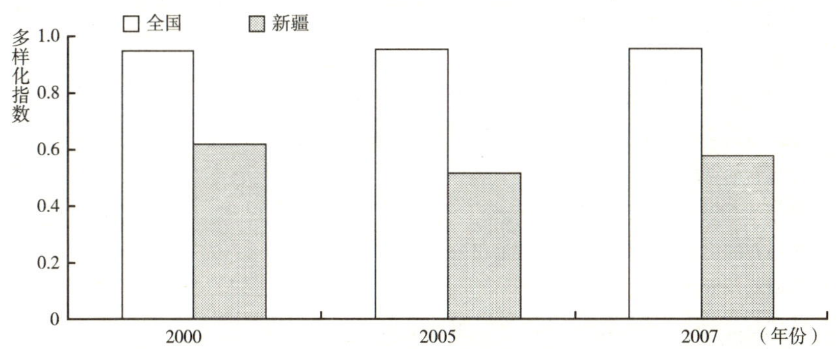

图3　新疆和全国吉布斯－马丁多样化指数对比

4. 经济集中度

本文采用新疆排名前4、前8和前10名工业企业的主营业务收入、资产总额和从业人员数量比规模以上工业企业的总产值、资产总计和从业人员总数来计算经济集中度。2007年，新疆前4名主营业务收入最高的企业占规模以上工业企业的总产值比重为35.15%，与此相应的资产比重达到29.01%，而从业人员的比重仅占9.87%，从业人员集中度与主营业务收入集中度之间相差25.28个百分点，从业人员集中度与资产集中度之间也相差19.14个百分点。采用前8家和前10家主营业务收入最高的企业计算的经济集中度也存在相同的情况（见表5、表6）。

表5 新疆经济集中度情况

单位：%

年份	经济集中度	主营业务收入占比	资产总计占比	从业人员占比
2006	CR_4	39.3	30.07	9.11
2007	CR_4	35.15	29.01	9.87
2006	CR_8	58.42	45.35	26.19
2007	CR_8	53.27	42.08	21.97
2006	CR_{10}	63.4	48.58	28.39
2007	CR_{10}	58.24	45.63	23.9

数据来源：《中国大型工业企业年鉴》（2007~2008），中国统计出版社；《新疆统计年鉴》（2007~2008），中国统计出版社。

表6 2007年新疆主营业务收入前10家工业企业

单位：万元

企业名称	主营业务收入
中国石油天然气股份有限公司新疆油田分公司	4082381
中国石油天然气股份有限公司塔里木油田分公司	3396687
中国石油天然气股份有限公司乌鲁木齐石化分公司	2185665
中国石油天然气股份有限公司独山子石化分公司	1924149
中国石油克拉玛依石化公司	1741234
新疆维吾尔自治区石油管理局	1514355
中国石油化工股份有限公司西北油田分公司	1438440
新疆八一钢铁股份有限公司	1279076
中国石油天然气股份有限公司吐哈油田分公司	1074467
宝钢集团新疆八一钢铁有限公司	561964

数据来源：《中国大型工业企业年鉴》（2008），中国统计出版社。

三　新疆优势产业分析

1. 新疆是石油、煤炭、天然气等矿产资源最丰富的地区之一，相关行业的市场竞争力一直位居全国前列

2006年以来，新疆的油气开发实现了产量、增量、外输气量三项全国第一。2008年，新疆原油产量达2722万吨，成为国家第二大原油产区；天然气产量240亿立方米，跃居全国第一。随着新疆石油、天然气的开发以及中国与中亚国家在相关领域的合作，新疆的管道运输建设快速发展，2008年新疆拥有各类油气运输管道4000多公里，基本形成了北疆、南疆、东疆油气管网的框架。与此同时，依托煤炭资源进行的煤电、煤化工产业在新疆快速兴起，能源及化工产业迅猛发展，不仅满足了新疆经济发展对能源和石化产品的需求，而且有力地带动了相关产业的发展。

2. 新疆特色农产品加工业优势显著

新疆是全国最大的商品棉生产基地，棉花总产、单产和人均占有量连续多年位居全国首位。2008年，新疆农业增加值达691亿元，比2000年增长了1.4倍；粮食总产量1002万吨，其中小麦439万吨，实现了大灾之年粮食全区平衡、略有节余的目标；肉类产量175万吨，牛奶产量207万吨，[①] 传统畜牧业快速向现代畜牧业转变，畜牧业产值已占农业总产值的27%。林果业每年以百万亩的速度递增，到2008年种植规模已达到1450万亩，林果总产460万吨，产值达到128亿元。各类农产品加工企业，截至2008年底已达1059家。新疆已成为中国最大的番茄制品加工出口基地。乳品日加工能力从不足1000吨提高到近3000吨，是全国增长速度最快的省区之一。农业的发展为新疆大力发展特色农产品加工业提供了基础。

四　2010年新疆产业竞争力的判断

总体判断：新疆传统优势产业，如石油和天然气、煤炭等矿产开采业及相关产业、特色农业和旅游业的市场竞争力将依然持续，加工类行业的市场竞争力依

---

① 《2009年新疆维吾尔自治区政府工作报告》，2009年2月13日《新疆日报》。

然较弱。

1. 以资源为导向的产业，市场竞争力继续增强

新疆是能源大区，石油、天然气，及以铜、金为代表的有色金属是新疆最具优势的矿产资源，石油、天然气、煤炭储量分别占全国陆上总量的30%以上。近年来，围绕自治区党委提出的优势资源转换战略，160多家大企业、大集团陆续参与新疆的产业发展，参与新疆的新型工业化建设，这些企业不仅带来了资金，更带来了先进的技术。目前，新疆有规模以上企业1624家，其中从事石油开采、石油加工、黑色金属冶炼、煤炭开采、电力供应的企业达373家，占规模以上企业的23.0%。[①]

2009年，新疆切实做大做强石油石化产业，下大力气延伸产业链，做精做深石油石化下游产业；全面启动哈密、吐鲁番一带20多家大型煤炭项目建设；推进准东煤电煤化工基地基础设施、神华2000万吨露天矿、潞安准东1500万吨矿井等项目建设，推进华电奇台2×66万千瓦电厂等项目的前期工作；加快伊犁河谷煤电煤化工产业发展；积极争取国家支持±1000千伏高压直流电网建设，尽快实现与西北电网联网。[②] 这一系列举措将会提高新疆相关产业在2010年的市场竞争力。

2. 特色农副产品加工业及相关领域市场竞争力进一步加强

新疆政府正在加快棉纺、制糖、肉乳、果蔬、生物制品等重点特色农产品加工业发展。坚定不移地实施大企业、大集团战略，整合资源，扩大规模，提升实力。继续推进农业结构优化升级，全面提升基地建设水平，加快构建高效特色现代农业产业体系。加快畜牧业、特色林果业、区域性特色农业、设施农业和生态农业的发展。以扶持、发展龙头企业为重点，积极推进农业产业化经营。在新疆政府实施上述一系列措施情况下，新疆特色农副产品加工业的竞争力将会进一步提升。

五　提升新疆产业竞争力的对策建议

1. 以特色农副产品加工业为主，多方面、多角度地提供支持

以四大基地建设为重点，大力推进农业结构战略性调整；调减棉花面积，提

---

① 新疆维吾尔自治区统计局：《金融危机下加快新疆新型工业化建设的思考》，中华人民共和国国家统计局官方网站，http：//www. xiuxianwu. com. cn/was40/gjtjj_ detail. jsp? searchword = %BD% F0% C8% DA% CE% A3% BB% FA&presearchword = % D0% C2% BD% AE&secondsearch = yes&channelid = 57792&record = 11。

② 《2009年新疆维吾尔自治区政府工作报告》，2009年2月13日《新疆日报》。

高棉花产业竞争能力；发展特色林果业，重点建设南疆优势林果主产区和吐哈盆地、伊犁河谷、天山北坡特色林果基地；加快发展现代畜牧业，围绕优质牛羊肉、牛奶、细羊毛、生猪、禽蛋五大产品产业带建设；积极发展区域性特色农业和设施农业。以发展龙头企业和推动产、加、销一体化经营为切入点，重点围绕棉花、粮食、特色林果产品、畜产品等优势特色农产品，发展加工业和贮运保鲜业，推动优势农产品产业带建设，增强农业整体竞争力。

2. 坚持优势资源转化战略，加快新型工业化建设

新疆经济发展要转变原有的资源型、粗放型和污染型增长方式，必须坚定不移地实施新型工业化战略。充分发挥油、气、煤炭等资源优势，加快下游产品的开发利用；进一步扩大以有色金属、钾盐为代表的矿业开发；振兴装备制造业，形成若干有竞争力的支柱产业，增强工业经济可持续发展的能力。采取专项资金补贴、财政贴息等多种方式引导企业开发中下游产品，延长产业链，提高附加值，推动传统优势产业向高端化、高新化发展。传统产业领域要加快技术进步和产业升级的速度，尤其是资源型行业，要加快资金和技术的投入力度，以优势资源为后盾，拓展产业链条，加快技术升级速度。

3. 工业服务体系整体水平需要提升

大力发展生产性服务业，依托新疆本地石油石化、煤电煤化工、特色矿产等重要能源和优势加工产业基地、重点矿区、中心城镇和大型工业园区，集中发展面向生产、生活的各类服务行业，为大企业、大集团提供社会化服务。积极推进金融服务、信息服务、科技服务、现代物流和商务服务等现代服务业发展。继续深化旅游和文化的结合，打造特色旅游和风情旅游，深入挖掘旅游资源，打造精品旅游景点。依据新疆的西域风情、独特文化，形成产品丰富的旅游市场新格局，将新疆打造成具有鲜明西部特色的旅游胜地。

4. 加快民营经济和中小企业的发展

新疆地处中国的西部，市场经济发展一直相对滞后，尤其是民营经济和中小企业的发展更是落后于全国。今后，需要继续加大对新疆民营经济尤其是中小企业的支持力度，加大财政投入，提供多层次的融资渠道，设立多层次的专项基金，为市场开拓和技术创新提供专项支持。

内蒙古产业竞争力

刘志雄 *

一 “十一五”期间内蒙古产业竞争力变化及其原因分析

1. 市场占有率

某地区产业在全国市场上份额的大小，是该地区产业竞争力大小的直观表现。因此，可以用地区的产业市场占有率等指标来考察内蒙古的产业竞争力变化。这里，我们用内蒙古各行业的工业增加值占全国各行业工业总增加值的比重来衡量内蒙古在全国的市场占有率。

2007 年，内蒙古的市场占有率最高的前 10 个行业是燃气生产和供应业，煤炭开采和洗选业，有色金属矿采选业，黑色金属矿采选业，食品制造业，其他采矿业，非金属矿采选业，有色金属冶炼及压延加工业，黑色金属冶炼及压延加工业，电力、热力的生产和供应业。具体各行业的市场占有率情况如表 1 所示。

从动态的角度来看，内蒙古以下 10 类产业的市场占有率提升较快：煤炭开采和洗选业，黑色金属矿采选业，有色金属矿采选业，非金属矿采选业，农副食品加工业，食品制造业，黑色金属冶炼及压延加工业，有色金属冶炼及压延加工业，电力、热力的生产和供应业和燃气生产和供应业。市场占有率增长最快的为燃气生产和供应业，从 2000 年的 0.7% 增加到 2007 年的 10.7%，其中 2006 年达到最高值，为 11.3%；其次为煤炭开采和洗选业（该产业 2003 年之前无相关数据），由 2003 年的 5.0% 增加到 2007 年的 10.2%；再次为黑色金属矿采选业、有色金属矿采选业、食品制造业 3 个大类产业，其增长速度相近，市场占有率平均从 2000 年的 1.9% 左右增长到 2007 年的 8.0% 左右；最后为非金属矿

* 刘志雄，中国政法大学副教授。

采选业，农副食品加工业，黑色金属冶炼及压延加工业，有色金属冶炼及压延加工业，电力、热力的生产和供应业 5 个大类产业，增长速度和市场占有率也大体相近，平均从 2000 年的 2.0% 左右增长到 2007 年的 4.0% 左右，增长幅度相对较小。

表 1　2007 年内蒙古各行业在全国的市场占有率

单位：%

行业名称	市场占有率	行业名称	市场占有率
燃气生产和供应业	10.7	专用设备制造业	1.5
煤炭开采和洗选业	10.2	石油和天然气开采业	0.8
有色金属矿采选业	8.9	烟草制品业	0.8
黑色金属矿采选业	7.1	造纸及纸制品业	0.6
食品制造业	7.0	工艺品及其他制造业	0.6
其他采矿业	6.1	家具制造业	0.5
非金属矿采选业	5.5	通用设备制造业	0.4
有色金属冶炼及压延加工业	4.6	交通运输设备制造业	0.4
黑色金属冶炼及压延加工业	3.8	塑料制品业	0.3
电力、热力的生产和供应业	3.7	金属制品业	0.3
农副食品加工业	3.1	通信设备、计算机及其他电子设备制造业	0.3
木材加工及木竹藤棕草制品业	2.0	纺织服装、鞋、帽制造业	0.2
饮料制造业	1.9	印刷业和记录媒介的复制	0.2
纺织业	1.8	电气机械及器材制造业	0.2
化学原料及化学制品制造业	1.8	皮革、毛皮、羽毛(绒)及其制品业	0.1
水的生产和供应业	1.7	橡胶制品业	0.1
非金属矿物制品业	1.6	废弃资源和废旧材料回收加工业	0.1
石油加工、炼焦及核燃料加工业	1.5	化学纤维制造业	0.0
医药制造业	1.5		

2. 显示比较优势指数

2007 年，内蒙古显示比较优势最为突出的行业是燃气生产和供应业、煤炭开采和洗选业、有色金属矿采选业 3 大类行业，显示比较优势指数都在 4 以上；其次是黑色金属矿采选业、食品制造业，显示比较优势指数在 3 以上；再次是其他采矿业、非金属矿采选业、有色金属冶炼及压延加工业，显示比较优势指数在 2 以上；接着是黑色金属冶炼及压延加工业，电力、热力的生产和供应业，农副食品加工业，显示比较优势指数在1以上；最后是木材加工及木竹藤棕草制品业，显示比较优势指数接近于1；余下各类产业的显示比较优势指数均低于1，具有明显的比较劣势。

表2　2007年内蒙古各行业的显示比较优势指数

行业名称	显示比较优势指数	行业名称	显示比较优势指数
燃气生产和供应业	4.94	医药制造业	0.68
煤炭开采和洗选业	4.73	石油和天然气开采业	0.39
有色金属矿采选业	4.09	烟草制品业	0.38
黑色金属矿采选业	3.29	造纸及纸制品业	0.28
食品制造业	3.22	工艺品及其他制造业	0.28
其他采矿业	2.80	家具制造业	0.21
非金属矿采选业	2.56	交通运输设备制造业	0.20
有色金属冶炼及压延加工业	2.14	通用设备制造业	0.18
黑色金属冶炼及压延加工业	1.77	金属制品业	0.14
电力、热力的生产和供应业	1.69	通信设备、计算机及其他电子设备制造业	0.14
农副食品加工业	1.41	塑料制品业	0.12
木材加工及木竹藤棕草制品业	0.91	纺织服装、鞋、帽制造业	0.10
饮料制造业	0.87	印刷业和记录媒介的复制	0.10
纺织业	0.84	电气机械及器材制造业	0.08
化学原料及化学制品制造业	0.83	皮革、毛皮、羽毛(绒)及其制品业	0.07
水的生产和供应业	0.80	废弃资源和废旧材料回收加工业	0.07
非金属矿物制品业	0.74	橡胶制品业	0.03
专用设备制造业	0.70	化学纤维制造业	0.02
石油加工、炼焦及核燃料加工业	0.68		

从整体看，显示比较优势指数的变化趋势与市场占有率的变化趋势基本相同，而且排名前十位的具有竞争优势的行业也与市场占有率领先的行业吻合。八年来显示比较优势指数变化幅度最大、增长速度最快的行业为燃气生产和供应业，从2000年的0.71增加到2007年的4.94，其中2005年达到最高值，为5.88；其次为煤炭开采和洗选业，2007年的最高值为4.73；再次为黑色金属矿采选业、有色金属矿采选业、食品制造业3个大类产业，其增长速度相近，显示比较优势指数平均从2000年的1.9左右增长到最高年份的4以上，当然不同年际间有所波动。

二　内蒙古产业竞争力的影响因素分析

1. 产业创新

表3显示的是2005~2008年全国和内蒙古科技活动经费内部支出及其强度的变化情况。从表3中可以看出，近年来内蒙古的科研投入总量虽有所增加，但仍显得很少，没有超过100亿元；从相对量上看，投入比重不足地区GDP的1%，远低于全国平均水平。这说明内蒙古整体的科技经费强度较弱，产业创新程度不高。

表3　内蒙古和全国科技活动经费内部支出及其强度

单位：万元，%

年份	全　国	占GDP的比重	内蒙古	占GDP比重
2005	48362221	2.64	332911	0.85
2006	57572683	2.72	423033	0.87
2007	70988733	2.84	483002	0.79
2008	85105643	2.83	741176	0.95

数据来源：历年《中国科技统计年鉴》，中国统计出版社。

大中型工业企业是一个地区乃至一个国家科技创新的主体，大中型工业企业的创新程度高低在很大程度上代表了国家或地区科技创新程度的高低。通过表4的对比分析发现，全国大中型科技经费内部支出从2004年的2002.0亿元增加到2008年的5040.7亿元，增幅很大，但是占主营业务收入的比重上升幅度却较慢，仅从1.49%增加到1.57%；就内蒙古而言，科技活动经费内部支出总量从16.5亿元增加到58.8亿元，5年增长了将近3倍，但是从其所占企业主营业务收入比重的角度来看，则显得相对较低，平均在1%左右，同样也低于全国平均水平。

2. 经济集中度

2005~2007年度，内蒙古的大型工业企业数量仅占全国总数的1.79%，大型工业企业的增加值在全国的比重接近1.90%，由此可见，其经济集聚性在全国也处于低水平，具体数据如表5所示。

按照中国企业联合会与中国企业家协会公布的企业排名，用内蒙古最大几家企业的销售收入占地区工业增加值的比重来计算经济集中度。

表4　2004～2008年内蒙古大中型工业企业科技活动经费内部支出

单位：亿元，%

年份	科技经费内部支出	占主营业务收入比重	内蒙古	占主营业务收入比重
2004	2002.0	1.49	16.5	—
2005	2543.3	1.54	22.5	—
2006	3175.8	1.50	30.6	1.1
2007	4123.7	1.58	34.8	0.9
2008	5040.7	1.57	58.8	1.1

注：“—”代表数据无法获得。

数据来源：历年《中国科技统计年鉴》，中国统计出版社。

表5　2005～2007年内蒙古与全国大型工业企业情况比较

项　目	年份	内蒙古	全国	内蒙古在全国的比重(%)
企业单位数(个)	2005	46	2503	1.84
	2006	49	2685	1.82
	2007	50	2910	1.72
工业增加值(亿元)	2005	483	26317	1.84
	2006	604	31614	1.91
	2007	773	39811	1.94

数据来源：历年《中国工业经济统计年鉴》，中国统计出版社。

2005年，内蒙古规模最大的4家企业分别是包钢集团公司、内蒙古伊利实业集团有限公司、内蒙古蒙牛乳业（集团）股份有限公司和内蒙古第一机械制造集团有限公司，其销售收入分别为281亿元、122亿元、108亿元和65亿元；2009年，内蒙古规模最大的4家企业分别是内蒙古电力（集团）有限公司、内蒙古蒙牛乳业（集团）股份有限公司、内蒙古伊泰集团有限公司和内蒙古伊利实业集团有限公司，其销售收入分别为369亿元、238亿元、229亿元和217亿元。以排名前4的企业销售收入占内蒙古工业增加值的比例来计算的内蒙古的经济集中度，2009年为30.2%，小于2005年的46.9%；以排名前4的企业销售收入占内蒙古 GDP 的比例来计算内蒙古经济集中度，2009 年为 10.9%，小于 2005 年的 14.8%。

三　内蒙古优势产业分析

近些年，内蒙古确定的优势特色产业主要有能源、化工、冶金建材、机械装备制造、农畜产品加工和高新技术六大产业，其工业增加值占规模以上工业增加值的比重达到 90% 以上，产业水平进一步提升，产业多元化发展的格局初步形成。如内蒙古自治区的毛纺织业、纸浆制造业、钢轧延加工业、屠宰及肉类蛋类加工业的地方化专业指数居全国第一位，稀土金属制造业、炼焦业居第二位，贵金属冶炼业居第四位，轻有色金属冶炼业、制糖业居全国第五位。这些优势产业的规模化发展，对于提升内蒙古的产业竞争力和促进当地经济的发展将起到至关重要的作用。

1. 内蒙古优势产业发展的有利条件

第一，经济区位优势。内蒙古共拥有 18 个边贸口岸，其中满洲里口岸是中国最大的陆路口岸，二连浩特是中国对蒙古国的最大口岸。内蒙古地域辽阔，人口比较少，有利于生产力布局适当收缩和相对集中，有利于劳动力转移和城镇化水平的提高，有利于生态环境的恢复和保护。

第二，资源优势。内蒙古可利用草场面积 6800 万公顷，占全国的 1/5。自治区肉、奶、蛋、绒毛、皮张五大类畜产品中，驼肉产量居全国第一，马肉产量居全国第二，羊肉产量居全国第三，牛肉产量居全国第九。绵羊毛、细羊毛、山羊绒、驼绒产量均居全国第一，山羊毛产量居全国第二。内蒙古煤炭资源累计探明储量居全国第二。稀土储量居世界首位，铌储量居全国首位。

第三，品牌优势。内蒙古的鄂尔多斯、鹿王、伊利、仕奇、草原兴发、河套（面粉）、蒙牛、河套（酒）、草原（糖）、塞飞亚、小肥羊、伊泰和远兴等 15 个品牌被认定为中国驰名商标，稳居西部省区第一名。

2. 内蒙古优势产业发展存在的问题

第一，产业技术研发经费投入水平低。整个产业研发投入占产品销售收入的比例一直处于较低的水平，研发投入占产品销售收入比重不足 0.5%。而且集中于大型国有企业，中小型企业和民营企业研发投入比例更低，研发投入少直接制约了制造企业自主创新能力的提高。

第二，研发基础设施不足。大部分企业没有自己大型的、高水平的实验室，一些重要的专项实验还要委托国内一些重点院校和实验室完成。而高校科研院所进行的研究转换为生产力周期较长，与企业发展的实际相脱离，科技成果转化率低。

第三，企业自主创新能力薄弱，缺乏拥有自主知识产权的技术和产品。内蒙古除了几大龙头企业外多数大中型企业技术开发与技术创新能力不足，缺乏参与国际竞争的能力。

第四，大部分企业缺乏有效激励自主创新的机制和高素质的人才，尤其是“领军人才”。自治区的多数企业因科技创新缺乏激励机制，企业培养的工程技术人员和高水平的技能人员流失严重，导致创新信心和动力不足。

3. 内蒙古发展优势产业的政策措施

第一，认真制定合理的产业发展规划和产业政策，积极引导优势产业健康发展。为此，要加强对内蒙古各地发展优势产业的正确领导，优化优势产业结构，指导优势产业的发展。

第二，推进优势产业集聚。要使工业园区成为优势产业集聚的生长平台。要进一步推进工业园区的体制创新，推进园区企业化运作模式的创新，建立具有法人资格的园区开发总公司，推动园区建设投资融资的市场化。

第三，壮大龙头企业，带动优势产业集聚。在积极引进龙头企业的同时，还应着力改造和培育现有的关联性大、带动性强的大企业和大集团，充分发挥其龙头作用。

四　国际金融危机对内蒙古产业竞争力的影响

内蒙古自治区最近几十年来的资本和自然资源密集型增长，是长期采用低利率、低能源价格、低土地价格、低原材料价格政策的必然结果。在金融危机背景下，中国宏观经济对内蒙古经济和产业的影响，是由本地区经济增长方式的不可持续性问题而产生的。在危机时期，不仅增长方式转变的紧迫性突出显现出来，以此为内涵的产业结构也面临调整。

1. 经济发展的总体趋势分析

在国际金融危机不断加剧的形势下，内蒙古自治区各地沉着应对。总的看，呈现出经济增长较快、社会安定的良好局面。2008 年，全区经济运行虽然呈现出前快后缓的趋势，但平稳较快的发展态势没有改变。2008 年，全区生产总值完成 7761. 8 亿元，按可比价格计算，比上年增长 17. 2%，增速连续 7 年保持全国第一。其中，第一产业增加值 906. 98 亿元，增长 7. 5%；第二产业增加值 4271. 03 亿元，增长 20. 5%；第三产业增加值 2583. 79 亿元，增长 15. 5%。

受全球性金融危机冲击导致中国经济不景气的影响，内蒙古的工业生产也受到较大的影响。2008 年第四季度特别是后两个月全区工业生产增长出现明显回落，2008 年 11、12 月连续两个月的当月增长都在两位数以下，直接拉低了全年的工业增速。2008 年，全区规模以上工业企业完成增加值 3450. 25 亿元，增长 24. 5%，比 2007 年增速回落 5. 5 个百分点，但增速仍在全国各省区市中排第一。

内蒙古是原材料地区，出口导向型的企业不多，出口额不大，金融危机对内蒙古的影响从时间上看相对滞后，比如说钢铁、煤炭行业，直到 2008 年 11 月对其影响才凸显出来。在金融危机的冲击下，直接服务于大企业的中小企业开工不足，甚至资金链紧张，出现停产、半停产现象，由此也产生了就业问题。

2. 克服金融危机，转变经济发展方式的战略举措

第一，大力发展劳动密集型产业。在内蒙古经济发展过程中，就业特别是弱势群体的就业问题成为全区宏观经济调控的一个重要目标。产业结构调整，既要考虑技术进步，又要考虑就业，只有这样才能保证经济增长的长期稳定。因此，从未来产业结构变动趋势看，劳动密集型产业的发展具有可行性和现实性。

第二，利用优势资源，扩大经济实力。内蒙古虽然是资源富集区，但在经济发展中表现出资源日趋紧张，环境压力和就业矛盾有所增加，经济增长以投资依赖为主、以资源的高消耗为代价，对自治区外依赖性大，具有不可持续性。因此，能源和化工等重工业必须走高技术含量、高经济效益、低消耗、低排放、人力资源得到充分利用的新型工业化道路。不能把数量作为能源工业的经济指标，一定要以效益、质量和利用效果作为衡量能源工业的经济指标，注重产品的品牌效益。

第三，装备制造业包括汽车工业在内的发展，将成为新的经济增长点。首先，装备制造业包括汽车工业在内的发展，是新型工业化的要求，能有效地促进产业结构升级。其次，内蒙古的装备制造业有着良好的基础，如果把整机及配套都发展起来，对内蒙古的经济会有很大的带动，而且可以营造一个很有利的投资环境。

五　2010 年内蒙古产业竞争力的判断

应该说，在过去应对国际金融危机的一年中，由于国家宏观经济政策和地方政府的产业政策得当，内蒙古的经济恢复较早，并取得了经济增长速度保持全国领先水平的骄人成绩。

就目前的经济发展实践来看，内蒙古经济增长能力由资源禀赋、投资空间、产业发展能力、新经济成长能力等因素决定。内蒙古土地资源、矿产资源、煤炭资源、风能及太阳能等可再生能源、农牧业资源方面的优势比较明显。内蒙古的产业结构，从能源、原材料的初级开发到深加工，已经形成了一定的产业竞争力。更为重要的是，内蒙古除了已经形成较大的产业规模外，在现有产业中的企业，也具有了较强的市场竞争力。展望 2010 年，内蒙古的产业竞争力在总体上仍然会保持较好的势头。

但是应该看到，2010 年内蒙古在产业结构优化、基础设施建设和生态环境保护等方面依然面临着巨大压力。

内蒙古产业结构单一，布局需要优化。其经济增长投资拉动的比例较高，内需不足。很多盟市第三产业发育不足，城市、城镇经济布局分散，产业集中度较低，形不成产业之间、产业内部的互动式发展机制。

基础设施建设与改善发展环境的压力仍然存在。公路交通中高等级公路比重低，铁路网密度较低，电网建设不足。

生态环境方面，方向是发展绿色经济、低碳经济。作为国家策略，节能减排的重点领域几乎涵盖了内蒙古能源、原材料产业的主体，内蒙古减排的任务十分艰巨。一方面需要经济的快速发展来转移人口、提供财力支持保护生态环境，另一方面，在生态环境比较脆弱的地区如何实现现有的工业体系发展等问题，都需要进行权衡和统筹。

六 提升内蒙古产业竞争力的对策建议

1. 充分发挥市场和政府两个推动力，促进产业结构升级

内蒙古在推进产业结构升级中，要充分发挥市场机制的作用，用市场经济的手段、方法和机制调整、优化产业结构，放开应当由市场调节的经济活动，实现计划导向型向市场导向型的转变。对落后的生产能力，通过市场的作用强行淘汰；对先进的产业，则通过创造良好的市场环境，推动其形成与发展。但是，市场经济体制在建立和发育的过程中，还不完善、不成熟，需要政府的政策纠正某些市场失灵，弥补市场的不足。因此，内蒙古产业结构升级要充分运用市场和政府两个推动力，并形成强大的合力。发挥市场机制的作用，推进产业结构升级，必须依靠经济体制改革，形成有利于节约资源、降低消耗、增加效益的企业经营机制，有利于自主创新的技术进步机制，有利于市场公平竞争和资源优化配置的经济运行机制。为弥补市场机制的不足，政府应本着“有所为，有所不为”的原则，进行有效的宏观管理，解决各种矛盾和问题，为产业结构升级创造良好的外部环境。在财政政策上，政府应采取加大财政投入、建立产业投资基金等办法，帮助解决那些技术创新周期长、投资风险大等市场难以调节的问题。在金融政策上，对推进产业升级的项目，银行给予积极贷款，优先安排高新技术企业股票上市，发展高科技风险投资基金。在投资政策上，以加快产业结构升级为导向，引导全社会资金更多地用在有利于产业结构升级的项目上。在消费政策上，强化需求的管理和引导，加快住房制度改革，改革户籍管理制度，加快城市化进程，彻底清理、取消、调整那些限制消费的政策。在政策法规上，发挥地方政府在法规、制度建设中维护公平竞争方面的作用。

2. 以增加农牧民收入为中心，加快农牧业结构调整步伐

一是农牧业生产要坚持“控制总量，调整结构，发挥优势，增加收入”，以效益求发展。重点以生产结构调整和产品结构调整为主，抓好优质农畜产品生产，农牧结合发展农区畜牧业，增加市场有效供给；着力发挥比较优势，突出发展具有市场竞争优势和出口创汇能力的优质农畜产品。

二是应减轻农牧民负担，提高农牧民的实际收入水平。

三是要大力推进农业科技进步，增加农畜产品，降低农牧业生产成本，提高

农牧业的经济效益。

四是要有计划地建立城乡、地区间的劳动力市场，促进城乡劳动力合理流动，增加农民的非家庭性经营收入。

五是要大力发展农村牧区非农产业，加快小城镇建设步伐，广泛开辟农牧民收入的来源渠道。

3. 充分发挥各种要素资源优势，培育和开发新兴产业

切实搞好工业园区建设、提高工业经济的核心竞争力，是加速实现内蒙古崛起的重要途径之一。一是要利用当前劳动密集型产业正在由东向西梯度转移的难得契机，千方百计地引进国内外资金与先进技术，加快传统工业的调整与升级换代，大力发展以农畜产品加工为重点的轻工业，尤其是牛、羊肉加工业，乳制品加工业，绒毛纺织业等劳动密集型产业，提高产品的技术与价值含量，扭转长期向东部输出原材料与初加工产品的不利局面。二是要充分发掘并利用呼和浩特、包头等中心城市科研院所众多、人才储备丰厚的科教资源优势，利用现有的高新技术开发区的优惠政策、措施与配套基础设施，扶持开发一批产业化前景明朗、具有市场潜力或拥有自主知识产权的高新技术产品，大力发展生物制药、稀土技术、新材料、新能源等高新技术产业。三是要以内蒙古的煤炭、电力、冶金、化工等优势资源为依托，延长产业链条，增加产品的经济技术附加值，形成以资源为依托的制造业产业集群。

图书在版编目（CIP）数据

中国产业竞争力报告.2010/张其仔主编.—北京：社会科学文献出版社，2010.8
（产业蓝皮书）
ISBN 978-7-5097-1663-2

Ⅰ.①中… Ⅱ.①张… Ⅲ.①产业-市场竞争-研究报告-中国-2010 Ⅳ.①F121.3

中国版本图书馆CIP数据核字（2010）第131803号

产业蓝皮书

中国产业竞争力报告（2010）

主　　编／张其仔
副 主 编／郭朝先　陈晓东

出 版 人／谢寿光
总 编 辑／邹东涛
出 版 者／社会科学文献出版社
地　　址／北京市西城区北三环中路甲29号院3号楼华龙大厦
邮政编码／100029
网　　址／http：//www.ssap.com.cn
网站支持／（010）59367077
责任部门／皮书出版中心（010）59367127
电子信箱／pishubu@ssap.cn
项目经理／任文武
责任编辑／徐小玖　陈　帅
责任校对／李海云
责任印制／蔡　静　董　然　米　扬
品牌推广／蔡继辉

总 经 销／社会科学文献出版社发行部
（010）59367080　59367097
经　　销／各地书店
读者服务／读者服务中心（010）59367028
排　　版／北京中文天地文化艺术有限公司
印　　刷／北京季蜂印刷有限公司

开　　本／787mm×1092mm　1/16
印　　张／26
字　　数／445千字
版　　次／2010年8月第1版
印　　次／2010年8月第1次印刷

书　　号／ISBN 978-7-5097-1663-2
定　　价／69.00元

本书如有破损、缺页、装订错误，
请与本社读者服务中心联系更换

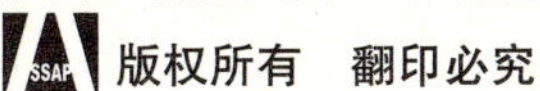

专家数据解析　权威资讯发布

社会科学文献出版社　皮书系列

皮书是非常珍贵实用的资讯，对社会各个阶层、各种职业的人士都能提供有益的帮助，适宜各级党政部门决策人员、科研机构研究人员、企事业单位领导、管理工作者、媒体记者、国外驻华商社和使领事馆工作人员，以及关注中国和世界经济、社会形势的各界人士阅读。

“皮书系列”是社会科学文献出版社十多年来连续推出的大型系列图书，由一系列权威研究报告组成，在每年的岁末年初对每一年度有关中国与世界的经济、社会、文化、法治、国际形势、区域等各个领域以及各个行业的现状和发展态势进行分析和预测，年出版百余种。

该系列图书的作者以中国社会科学院的专家为主，多为国内一流研究机构的一流专家，他们的看法和观点体现和反映了对中国与世界的现实和未来最高水平的解读与分析，具有不容置疑的权威性。

及时　准确　更新

咨询电话：010-59367028

邮　　箱：duzhe@ssap.cn

邮购地址：北京市西城区北三环中路甲29号院3号楼华龙大厦

社会科学文献出版社　学术传播中心

银行户名：社会科学文献出版社发行部

开户银行：工商银行北京东四南支行

账　　号：0200001009066109151

中国皮书网全新改版，增值服务大众

出版社首页 | 在线

中国皮书网
http://www.pishu.cn

图书 ▼ 在此输入关键字

页 皮书动态 皮书观点 皮书数据 皮书报道 皮书评价与研究 在线购书 皮书数据库 皮书博客 皮书留言

规划皮书行业标准，引领皮书出版潮流
发布皮书重要资讯，打造皮书服务平台

中国皮书网开通于2005年，作为皮书出版资讯的主要发布平台，在发布皮书相关资讯，推广皮书研究成果，以及促进皮书读者与编写者之间互动交流等方面发挥了重要的作用。2008年10月，中国出版工作者协会、中国出版科学研究所组织的“2008年全国出版业网站评选”中，中国皮书网荣获“最具商业价值网站奖”。

2010年，在皮书品牌化运作十年之后，随着皮书系列的品牌价值的不断提升、社会影响力的不断加大，社会科学文献出版社精益求精，力求为众多的皮书用户提供更加优质的服务，出版社在原有中国皮书网平台的基础上进行全新改版。新改版的中国皮书网在皮书内容资讯、出版资讯等信息的发布方面更加系统全面，在皮书数据库的登录方面更加便捷，同时，引入众多皮书编写单位参与该网站的内容更新维护，能够为广大用户提供更加增值的服务。

www.pishu.cn

中国皮书网提供：
- 皮书最新出版动态
- 专家最新观点数据
- 媒体影响力报道
- 在线购书服务
- 皮书数据库界面快速登录
- 电子期刊免费下载

盘点年度资讯，预测时代前程

从“盘阅读”到全程在线，使用更方便

品牌创新又一启程

· 产品更多样

从纸书到电子书，再到全程在线网络阅读，皮书系列产品更加多样化。2010年开始，皮书系列随书附赠产品将从原先的电子光盘改为更具价值的皮书数据库阅读卡。纸书的购买者凭借附赠的阅读卡将获得皮书数据库高价值的免费阅读服务。

· 内容更丰富

皮书数据库以皮书系列为基础，整合国内外其他相关资讯构建而成，下设六个子库，内容包括建社以来的700余种皮书、近20000篇文章，并且每年以120种皮书、4000篇文章的数量增加。可以为读者提供更加广泛的资讯服务；皮书数据库开创便捷的检索系统，可以实现精确查找与模糊匹配，为读者提供更加准确的资讯服务。

· 流程更方便

登录皮书数据库网站www.i-ssdb.cn，注册、登录、充值后，即可实现下载阅读，购买本书赠送您100元充值卡。请按以下方法进行充值。

充值卡使用步骤：

第一步

· 刮开下面密码涂层

· 登录 www.i-ssdb.cn 点击“注册”进行用户注册

第二步

登录后点击“会员中心”进入会员中心。

第三步

· 点击“在线充值”的“充值卡充值”，

· 输入正确的“卡号”和“密码”，即可使用。

社会科学文献出版社 SOCIAL SCIENCES ACADEMIC PRESS (CHINA) 皮书系列

卡号：39680133030945

密码：

（本卡为图书内容的一部分，不购书刮卡，视为盗书）

如果您还有疑问，可以点击网站的“使用帮助”或电话垂询010-59367071。